에듀트레이드허브

# 무역·물류 실무자 상담 사례집

에듀트레이드허브

# 무역·물류 실무자 상담 사례집

최주호 지음



매일경제신문사

　무역(물류) 업무는 아이템의 특성, 운송 및 결제방법 그리고 거래 상대국 등에 의해서 매번 다른 방식으로 진행되고, 여기에 예상치 못한 변수가 발생되기도 한다. 그러나 이러한 업무라고 할지라도 법의 테두리 내에서 어떠한 틀을 가지고 움직인다.

　무역실무 강사이자 현장에서 통관과 물류 서비스를 제공하는 입장에서 여전히 업무의 개념 및 절차뿐만 아니라, 정형화된 업무의 틀을 이해하지 못해서 어려움을 겪고 있는 실무자들을 보면 안타깝다. 그래서 그들이 보다 쉽게 업무 능력을 향상시킬 수 있도록 다양한 현장 사례를 제시하면서 사용되는 용어를 풀어서 초보자분들도 쉽게 그 개념을 이해하고 정리할 수 있도록 하기 위해서 이 책을 출간한다.

　많은 변수가 발생되는 무역(물류) 업무이지만, 분명한 것은 어떠한 틀에서 상황마다 다르게 움직이는 것이니 그 정형화된 틀과 용어 및 구조를 이해한다면, 상황별 대처 능력은 자연스럽게 습득할 것이다.

　이 책의 구성은 다음과 같다.

## 1. 실무는 이론과 법이 밑바탕 되어 있음을 잊지 말아야 한다

　많은 분들이 이론과 실무는 다르다고 한다. 나 역시 여기에 동의한다. 그러나 분명한 것은 이론과 법의 테두리 내에서 실무가 이루어진다는 것이다.

따라서 오랜 시간 현장에서 실제 업무만 하고, 교육이나 책을 통해서 이론으로 그 실무 내용을 정리하지 못하면, 더 이상의 성장은 어렵고 자신의 업무에 대한 이해의 폭은 좁을 수밖에 없다.

이 책은 실제 사례를 바탕으로 문제를 해결하는 과정에서 알아야 할 법과 규칙을 최대한 제시하고 있다.

## 2. 수출입 통관은 단순한 업무가 아니다

오늘날 관세사의 지위는 상당히 떨어져 있음을 체감한다. 무역회사는 통관의 중요성보다는 물류의 중요성과 물류비를 절감하기 위해서 포워더에게 의존하는 경향이 뚜렷하다. 그러나 수출입 통관을 위해서 확인해야 하는 HS Code, 거래구분, 관세환급을 위한 기초자료 및 FTA 협정세율을 적용받기 위해서 갖추어야 할 서류의 구비 등의 업무는 단순한 업무라고 할 수 없으며, 관세사의 도움이 필요하다. 결국, 이러한 모든 업무는 관세사의 업무 영역이라고 할 수 있다.

HS Code가 잘못 신고되면, 수입 건에서는 세액의 추징이 발생될 수 있고, 수출 건에서는 간이정액환급이 신청 불가할 수도 있다. 거래구분은 수출(입)하는 사유에 맞게 선택되어 세관으로 신고하는데, 이러한 거래구분이 잘못 신고되면, 역시 관세환급 및 재수입 면세 적용받는 업무 등에서 문제가 발생될 수 있다.

포워더의 업무만큼이나 관세사의 업무도 중요함을 인지해야 하고, 무역회사가 관세사무실로 잘못된 정보를 제공하면 관세사무실도 잘못된 정보로 세관 신고를 함으로써 향후에 세금 추징이라던지, 벌금 등 큰 문제가 발생될 수 있음을 무역회사 담당자는 반드시 인지해야 할 것이다.

이 책에서는 관세사무실의 업무인 수출입 신고와 관세환급 등의 내용을 다루고 있다. 여러 사례를 통해서 관세사의 역할에 대한 중요성을 인지하기 바란다.

### 3. 물류의 구조를 알아야 물류비를 줄일 수 있다

해상과 항공 물류에서 사용하는 용어와 업무 진행 절차에는 차이점이 있다. 그리고 해상 컨테이너 운송이라고 할지라도 컨테이너를 무역회사가 임대해서 단독 사용하는 FCL과 컨테이너를 여러 무역회사와 함께 공유하는 개념의 LCL 업무 진행 절차는 차이가 있다. 이러한 물류 업무를 담당할 때 물류비를 절감과 사고 발생을 방지하기 위해서 어떠한 사전 조치를 해야 하고, 수출자와 수입자가 어떠한 가격 조건으로 거래하는 것이 유리한지 알고 있어야 한다.

물론 이를 위해서 해상에서는 컨테이너의 규격과 컨테이너의 종류별 활용 사례 및 R.ton의 개념을 알고 있어야 하며, 항공에서는 General Cargo Rate에 대한 개념과 동시에 Actual Gross Weight, Volume Weight 그리고 Chargeable Weight의 개념을 이해하고 있어야 한다. 또한 운송서류(B/L, 화물운송장)의 전면에 명시되는 용어의 의미 이해와 이면조항에서 규정하는 운송인과 화주의 책임 및 면책사항 등을 알고 있어야 할 것이다.

이 책을 통해서 화물이 수출지 Door에서 수입지 Door까지 운송되는 과정과 발생되는 비용 및 안전하게 운송하기 위해서 어떠한 조치를 해야 하는지를 여러 사례를 통해서 간접 경험할 수 있기를 바란다.

### 4. 신용장은 현금 유동성 확보를 위한 결제조건이다

신용장은 안전한 거래를 보증하는 것이 아니라 은행의 대출 상품이며, 이로 인해 무역회사는 현금 유동성을 확보할 수 있다. 따라서 신용장 개설을 신청하는 수입자뿐만 아니라, 매입 신청하는 수출자 역시도 일정 수준의 신용도를 갖추어야 하며, 경우에 따라서는 은행으로 담보 제공해야 한다.

은행은 수출자와 수입자 간의 거래에서 물품에 발생되는 사고에 대한 관심이 없고, 책임도 없기 때문에(신용장 추상성의 원칙 : 은행은 오직 서류만 본

다) 신용장 거래에서 특히 수입자(L/C 개설의뢰인)는 수출자(Beneficiary)가 잘못된 행동(계약 불이행 또는 사기 등)을 할 수 없도록 사전 조치를 해야 한다. 여기에는 여러 가지 방법이 있는데, 그중 하나가 수입지에 도착한 화물을 수입자가 확인 후 수입자가 발행하는 증명서를 수출자가 은행으로 제출하면 잔액(Balance)을 결제받을 수 있도록 하는 FAC(Final Acceptance Certificate issued by L/C Applicant)의 활용이 있겠다(계약 불이행을 막는 방법은 Performance Bond를 활용하는 것).

이 책에서는 신용장 업무 담당자가 알고 있어야 할 이러한 구조적인 부분과 함께 사용되는 용어와 업무 진행 절차를 여러 사례와 UCP600(신용장 통일 규칙)의 테두리 내에서 설명하고 있다.

> **이메일 :** | 출강 등 문의 | choi@edutradehub.com
> 　　　　　 | 물류 및 통관 업무 문의 | info@edutradehub.com
> **에듀트레이드허브 :** www.edutradehub.co.kr
> **네이버 카페 :** https://cafe.naver.com/intotrade

마지막으로 이 책에서 미처 다루지 못한 내용, 또는 이 책의 사례에 대한 질문 사항이 있다면, 상기의 에듀트레이드허브(네이버 카페) Q&A 게시판을 이용하기 바란다.

최주호

# 차례

# Part 03 해상물류

# Part 04 항공물류

# Part 10 관세환급



# Part 11 특송[Courier] & EMS[우편물]

# PART 01

# 수출 통관 관련 업무

# I. 수출신고

## 🌐 관할지 세관의 의미

<질문> 수출 및 수입신고를 할 때, 종종 관할지 세관이라는 말을 듣습니다. 관할지 세관에 대한 의미를 알고 싶습니다.

<답변> **1. 관할지 세관의 의미** : 수출입 및 반송신고는 관할지 세관으로 진행합니다. 이때 관할지 세관은 수출입 회사의 사업장 소재지를 관할하는 세관을 뜻하는 것이 아니라, 신고 대상 물품이 위치한 지역을 관할하는 세관을 의미합니다. 수입자의 사업장 소재지가 서울이라도 수입신고 시점에 당해 물품의 위치가 인천공항에 있으면, 그 지역을 관할하는 인천공항세관으로 수입신고를 합니다. 그러나 인천공항에 도착한 물품을 성남에 위치한 보세창고로 보세운송 후 수입신고하면, 수입신고 시점의 물품 소재지 세관으로써 성남세관으로 수입신고를 해야 합니다.

**2. 수입신고필증의 '⑪ 수입자'와 '③ 세관·과'** : 다음 수입신고필증에 신고된 수입자(C/I의 Consignee)와 납세의무자의 주소지는 서울입니다. 그리고 '③ 세관·과'의 앞 3자리를 확인하면 어떤 세관 코드인지 확인 가능한데, 해당 세관이 바로 수입신고 시점에 물품이 위치한 지역을 관할하는 세관입니다. 수입 건은 수입자가 관세사 사무실로 C/I, P/L 및 운송서류(B/L, 화물운송장) 사본을 전달하면서 수입신고 의뢰하는데, 운송서류 번호를 조회[1]하면 물품이 장치(보관)되어 있는 보세구역

---

1) 관세청 유니패스(https://unipass.customs.go.kr) 홈페이지에서 '화물진행정보'에 운송서류 번호를 입력해서 조회할 수 있습니다.

의 위치를 확인할 수 있습니다. 수입신고필증 '④ B/L(AWB)번호'가 바로 운송서류 번호입니다.

**UNI-PASS** **수 입 신 고 필 증** （갑 지）

※ 처리기간 : 3일

| (1)신고번호 12312-14-123123U | (2)신고일 2014/10/15 | (3)세관.과 000-00 | (6)입항일 2014/09/29 | (7)전자인보이스 제출번호 |
|---|---|---|---|---|
| (4)B/L(AWB)번호 KKK20012312 | (5)화물관리번호 14KK0000000-0000-000 | | (8)반입일 2014/09/29 | (9)징수형태 11 |

| (10)신 고 인 ABC관세사사무실 홍길동 | (15)통관계획 D 보세구역장치후 | (19)원산지증명서 유무 N | (21)총중량 5,995KG |
|---|---|---|---|
| (11)수 입 자 Kaston (Kaston-0-00-0-00-0 A) | | | |
| (12)납세의무자 (Kaston-0-00-0-00-0 / 211-87-00000) | (16)신고구분 A 일반 P/L 신고 | (20)가격신고서 유무 Y | (22)총포장갯수 600GT |
| (주소) 서울 강남 논현 000-0 XX B/D #000 | (17)거래구분 11 일반형태수입 | (23)국내도착항 KRPUS 부산항 | (24)운송형태 10-FC |
| (상호) Kaston | | | |
| (전화번호) | | | |
| (이메일주소) | (18)종류 K 일반수입(내수용) | (25)적출기 U.S. | |
| (성명) 최주호 | | (26)선기명 ABC LINE | |
| (13)운송주선인 ㈜ABC 포워딩 | | | |
| (14)해외거래처 EDUTRADEHUB | (27)MASTER B/L 번호 12300000000 | (28)운수기관부호 | |

 3. 수출신고필증의 '②수출대행자/화주'와 '㉑물품 소재지' : 다음 수출신고필증에 신고된 수출화주(C/I의 Shipper)의 주소지는 서울입니다. '㉑물품 소재지'는 수출신고 시점에 물품의 위치를 의미하는데, 해당 건의 물품 소재지가 제조사의 청주 공장이라면 청주 세관에 수출신고하기 때문에, '⑥ 세관·과' 부분에는 청주 세관 3자리 코드가 들어갑니다. 물론 청주 공장에서 제조한 물품을 출항지로써 부산

**UNI-PASS** **수출신고필증(수출이행)**

※ 처리기간 : 즉시

| 제출번호 12312-11-123123U | (5)신고번호 00000-00-00000000 | (6)세관·과 000-00 | (7)신고일자 2011-06-30 | (8)신고구분 일반P/L신고 | (9)C/S구분 |
|---|---|---|---|---|---|
| (1) 신 고 자 ABC관세사사무실 홍길동 | | | | | |

| (2)수 출 대 행 자 에듀트레이드허브 | (10)거래구분 11 일반형태 | (11)종류 A 일반수출 | (12)결제방법 TT 단순송금방식 |
|---|---|---|---|
| (통관고유번호) 에듀트레이드허브-0-00-0-00 **수출자구분** C | (13)목적국 CN PR. CHINA | (14)적재항 KRINC 인천항 | (15)선박회사 (항공사) |
| 수 출 화 주 에듀트레이드허브 | (16)선박명(항공편명) | (17)출항예정일자 | (18)적재예정보세구역 |
| (통관고유번호) 에듀트레이드허브-0-00-0-00-0 | | | |
| (주소) 서울 강남 논현 000-0 XX B/D #000 | (19)운송형태 10 ETC | (20)검사희망일 | |
| (대표자) 홍길동 (소재지) 111 | | | |
| (사업자등록번호) 211-87-00000 | (21)물품소재지 123 인천중구XX동 000 | | |
| (3)제 조 자 카스톤 | (22)L/C번호 | (23)물품상태 N | |
| (통관고유번호) 카스톤-0-00-0-00-0 | | | |
| 제조장소 111 산업단지부호 111 | (24)사전임시개청통보여부 A | (25)반송 사유 | |
| (4)구 매 자 ABC COMPANY | (26)환급신청인 2 ( 1 : 수출대행자/수출화주, 2 : 제조자 ) | | |
| (구매자부호) ABC00000 | 간이환급 NO | | |

항구의 반입지 CY 또는 CFS로 반입 후 수출신고하면, 해당 지역을 관할하는 세관으로 수출신고를 해야 합니다.

**4. 수입 건 및 수출 건의 물품 소재지** : 수입 건은 관세청 유니패스에서 운송서류 번호를 조회하면, 입항적하목록신고 및 적하심사 완료 여부 그리고 물품의 위치를 확인할 수 있습니다(적하신고에 대한 세관 심사가 완료되어야 수입신고 가능). 그래서 관세사무실에서 수입자에게 물품의 위치를 특별히 문의하지 않습니다. 반면 수출 건은 수출자가 제조한 물품의 위치 또는 수출자가 국내 제조사로부터 구입한 물품의 위치를 수출신고하는 시점에 '신고인'으로서 관세사무실 직원이 확인할 수 없기 때문에 '물품 소재지'를 문의하는 경우가 많습니다.

## 🌐 수출신고할 때 관세사무실로 전달해야 할 서류와 정보

**질문** 폐사는 내수 거래가 대부분인데, 종종 국내 제조사의 물품을 폐사가 해외로 수출하는 경우가 있습니다. 수출을 아주 가끔 진행해서 그런지 수출할 때마다 관세사무실에 제출해야 할 서류와 정보가 무엇인지 매번 혼란스럽습니다. 내용 정리 부탁드립니다.

**〈답변〉 1. 신규 수출자와 신규 해외 거래처** : 수출입을 처음으로 하는 자는 세관장에게 '통관고유부호'를 신규 신청해야 합니다. 이때 수출자는 관세사무실에게 사업자등록증과 통관고유부호 신규 신청을 위한 위임장을 전달합니다. 그리고 한국의 업체와 거래하는 국외에 위치한 업체가 신규 업체일 때는 '해외거래거부호' 신규 신청을 해야 하는데, 이러한 업무 역시도 관세사무실에게 위임장을 전달해서 진행합니다.

# 위 임 장

※ 앞쪽 하단의 작성방법을 참고하여 작성하여 주시기 바랍니다.
※ 위임하고자 하는 사항 및 개인정보 열람동의 여부를 체크하여 주시기 바랍니다.

| ① 위임자 | 상호(한글) | | 사업자등록번호 | |
| --- | --- | --- | --- | --- |
| | 대표자 성명 | | 생년월일 | |
| | 전화번호 | | 휴대전화번호 | |

| ② 위임사항 | 통관고유부호의 신규신청 [ ● ]<br>통관고유부호의 변경신청 [  ]<br>통관고유부호의 지위승계신청 [  ]<br>해외거래처부호의 신규신청 [ ● ]<br>해외거래처부호의 변경신청 [  ] | ※ 통관고유부호 신규, 변경 신청만 해당<br><br>위 신청자 본인은 이 건 신청내역의 정확한 검증을 위하여 관세청 담당공무원이 「전자정부법」 제36조에 따른 행정정보 공동이용 등을 통하여 본인의 주민등록초본, 사업자 등록증, 법인등기부등본을 열람하는 데 동의합니다. [ ● ] |
| --- | --- | --- |

위 대표자는 아래의 수임자에게 위임사항에 관한 일체의 권리와 의무를 위임합니다.

20 년 월 일

대표자

○○ 세 관 장 　귀 하

## 2. C/I 및 P/L에 포함되어야 할 정보

**a) C/I Shipper, Consignee 및 Total Amount :** C/I의 Shipper는 수출신고필증의 수출화주/대행자, C/I의 Consignee는 수출신고필증의 구매자로 신고됩니다. 그리고 C/I의 총액은 수출신고필증 '㊾ 결제금액'으로 C/I의 가격조건(Price Term)이 반영되어 신고됩니다. C/I의 총액은 C/I의 Consignee가 Shipper에게 외국환 은행을 통해서 결제해야 할 금액이기 때문입니다.

**b) C/I의 Payment Term :** 수출신고필증 '⑫ 결제방법'에 신고됩니다. 만약 Free of Charge(No Commercial Value, 무상) 건이면, GN으로 표기됩니다. 그리고 결제조건이 L/C라면 C/I에 별도로 L/C No.를 기재해서 수출신고필증 '㉒ L/C 번호' 부분

에 L/C 번호가 신고될 수 있도록 합니다. 그 외의 경우에는 '㉒ L/C 번호' 부분에 은행 참조 번호 또는 계약서 번호를 기재할 수도 있습니다.

    **c) C/I No.(송품장 번호)** : 수출신고필증 '㊴ 송품장 부호'에 신고되며, 수출물품에 원상태수출물품이 일부 포함되어 수출되는 경우 맨 앞에 '72-'를 기재한 후 송품장 부호를 기재합니다.

    **d) C/I에 기재해야 할 기타 정보** : 수출신고물품의 수량, 단가 및 품명 등의 정보가 있습니다. 수출신고필증 '㉚ 모델·규격' 부분에는 품명뿐만 아니라 모델명, Serial No. Lot No.가 함께 기재될 수 있습니다. 재수출 건의 경우는 수입신고한 물품과 동일한 물품의 재수출을 입증해야 하기 때문에 품명 이외의 고유번호의 확인이 필요할 수 있습니다. 그리고 수출하는 물품이 항상 신품인 것은 아닙니다. 중고품이라면 C/I에 Used라는 문구를 표기할 필요가 있습니다. 수출신고필증 '㉓ 물품상태'에는 신품인 경우 N, 중고품인 경우 O, 신품과 중고품 혼재인 경우 M으로 신고됩니다.

    **e) P/L에 기재해야 할 정보** : P/L에는 순중량(Net Weight)과 총중량(Gross Weight)이 표기됩니다. 수출신고할 때 근거서류는 C/I과 P/L이 있는데, P/L에 포함되어 있는 순중량은 수출신고 수리 후 발행되는 수출신고필증 '㊱ 순중량' 부분에 신고되며, 총중량은 '㊹ 총중량' 부분에 신고됩니다. 이렇게 수출화주의 요청으로 관세사무실에서 세관에 수출신고된 총중량과 수출지 운송인이 세관으로 신고하는 출항적하목록에서의 총중량은 기본적으로 일치해야 하며, 불일치하면 미선적 처리될 수 있습니다. 따라서 불일치하는 경우에는 수출신고필증의 중량의 정정이 필요할 수도 있습니다.

## 3. 별도로 전달해야 할 정보

**a) 수출신고 사유(C/I 공란에 기재할 수도)** : 수출신고에 대한 거래구분은 수출신고필증 '⑩

거래구분'에 신고되며, 수출신고를 대행하는 관세사무실에서는 수출화주가 어떠한 이유로 수출하는지 알 수 없습니다. 따라서 정확한 수출신고를 위해서 수출화주는 신고 대행자인 관세사무실에게 수출신고하는 사유를 설명할 필요가 있습니다. 관세사무실은 이러한 사유에 맞는 거래구분을 선택해서 관할지 세관으로 수출신고하며, 세관은 거래구분을 설명하는 사유서와 그 사유서 내용일 입증할 수 있는 객관적인 자료의 제출을 요구할 수도 있습니다.

| 대표적인 수출거래 구분코드 | |
|---|---|
| 부호 | 한글명 |
| 92 | 무상으로 반출하는 상품의 견품 및 광고용품 |
| 72 | 외국물품을 수입통관 후 원상태로 수출 |
| 90 | 수출된 물품이 계약내용과 상이하여 반출하는 물품 |
| 93 | 수입된 물품이 계약내용과 상이하여 반출하는 물품 |
| 89 | 수리, 검사, 기타사유로 반입되어 작업 후 다시 반출되는 물품 |
| 85 | 외국에서 개최 국제행사 참가하기 위해 무상 반출하는 물품 |
| 83 | 외국에서 수리, 검사 목적으로 반출하는 물품(선, 기 제외) |
| 78 | 외국으로부터 보세구역에 반입된 물품으로 다시 반송되는 물품 |
| 29 | 위탁가공(국외가공)을 위한 원자재 수출 |
| 11 | 일반 형태 수출 |
| 15 | 전자상거래에 의한 수출 |
| 79 | 중계무역수출 |
| 91 | 해외 이주자가 반출하는 원자재, 시설재, 장비 등의 물품의 수출 |
| 94 | 기타 수출승인 면제 물품 |

**b) 물품 소재지** : 수출신고필증 '㉑ 물품 소재지'는 수출신고 시점에 신고 대상 물품의 소재지입니다. 신고된 소재지에 신고 대상 물품이 반드시 위치하고 있어야 하며, 그렇지 않은 경우 허위신고로 처벌받을 수 있습니다. 특히, 신고된 물품 소재지가 세관의 통제하에 있는 보세구역이면, 당해 보세구역에 물품이 정상적으로 반입 완료된 시점에 수출신고해야 합니다.

**c) 적재예정보세구역** : 수출신고필증 '⑱ 적재(예정)보세구역'에는 적재를 위한 장치장소의 보세구역 코드가 기재됩니다. 보세구역이 아닌 장소에 장치하거나 미정인 경우 '세관부호+99999'를 기재하고, 보세구역 반입 후 수출신고대상은 적재보세구역 코드를 필수 기재합니다. 관련 정보는 수출자가 포워더(Forwarder)에게 Shipment Booking 진행하면서 전달받을 수 있습니다.

**d) 운임과 보험료** : C/I의 가격조건이 EXW, FCA, FOB 중 하나면, 수출신고필증 '⑲ 결제금액' 및 '⑯ 총신고가격(FOB)'은 동일하게 신고[2]되며, '⑰ 운임'과 '⑱ 보험료'에는 금액이 기재되지 않습니다. 그리고 이러한 조건에서는 수출자가 해상(또는 항공) 운임(Freight)을 운송인에게 청구받지 않기 때문에 운임을 알지 못하며, 수출자가 적하보험에 가입하지 않기 때문에 적하보험료 역시 수출자는 알지 못합니다.

반면 C/I의 가격조건이 C 또는 D-Terms 중에 하나일 때는 수출신고필증의 '⑲ 결제금액'과 '⑯ 총신고가격(FOB)'이 다릅니다. '⑲ 결제금액'에서 '운임' 또는 '운임과 적하보험료'가 공제된 금액이 '⑯ 총신고가격(FOB)'에 신고되기 때문입니다. C 또는 D-Terms에서는 수출자가 운송인에게 해상(또는 항공) 운임을 청구받습니다. 따라서 운송인이 발행한 운송비 인보이스(청구서)를 수출자는 관세사무실에게 제공할 수 있습니다. 그리고 CFR, CPT[3]를 제외한 CIF, CIP에서는 수출자가 필수적으로 적하보험을 가입해야 하기 때문에 발생된 적하보험료가 얼마인지 수출자가 알고 있습니다. 따라서 CIF, CIP에서는 적하보험료가 얼마 발생되었는지 관세사무실에 통지해서 수출신고필증 '⑱ 보험료' 부분에 반영될 수 있도록 협조해야 합니다.

---

2) 수출신고필증 '⑲ 결제금액'은 C/I의 총액과 일치하고, '⑯ 총신고가격(FOB)'은 '운임'과 '적하보험료'를 공제한 금액이 됩니다.
3) CFR, CPT 조건에서 적하보험가입은 수입자의 선택 사항입니다. CFR, CPT의 위험분기점은 각각 FOB 및 FCA와 동일하기 때문에 적하보험가입은 수출자의 선택 사항이 아닙니다.

# 🌐 수출신고필증, '㊾ 결제금액'과 '㊻ 총신고가격<sup>FOB</sup>'

〈질문〉 다음은 수출신고필증의 하단 부분입니다. '㊾ 결제금액'은 C/I의 가격조건과 총액이라는 것은 알겠습니다. 그런데 '㊻ 총신고가격(FOB)' 부분의 금액이 가격조건별로 어떻게 반영되어 신고되는지 궁금합니다. 그리고 ㊻번란의 USD 금액을 KRW으로 변경할 때 적용되는 환율은 어디서 확인 가능한지 답변 부탁드립니다.

| (44) 총중량 | | (45) 총포장갯수 | | (46) 총신고가격(FOB) | $7,373<br>₩8,535,205 |
|---|---|---|---|---|---|
| (47) 운임(₩) | 115,763 | (48) 보험료(₩) | 17,364 | (49) 결제금액 | CIF – USD – 7,488.00 |
| (50) 수입화물 관리번호 | | | | (51) 컨테이너번호 | N |

〈답변〉 1. **'㊾ 결제금액'** : C/I의 총액이 반영되는 곳으로써, 유상 신고 건('⑫ 결제방법')에 대해서는 외국환 은행을 통해서 해외의 구매자(4번 란, C/I의 Consignee)에게 한국 수출화주(2번 란, C/I의 Shipper)가 결제받을 금액의 총액을 뜻합니다.

2. **'㊻ 총신고가격(FOB)'** : ㊻란의 FOB 가격은 수출실적으로 인정되는 금액인 동시에, 간이정액환급 건에서 FOB 1만 원당 환급액을 계산할 때 기초가격이 됩니다. 아울러 FTA 원산지 결정기준이 RVC(역내부가가치기준)일 때 '(FOB 가격 – 비원산지재료비)/FOB 가격×100'으로 공제법이 적용되는데, 이때의 FOB 가격과 수출신고필증 46번 FOB 가격이 일반적으로 동일합니다. 이렇게 활용되는 '㊻ 총신고가격(FOB)' 금액은 '㊾ 결제금액'을 기초로 '㊼ 운임'과 '㊽ 보험료' 및 관세청에서 매주 토요일에 고시하는 주간환율 중에 수출환율이 반영되어 계산됩니다.

3. **EXW, FCA, FOB 조건의 수출** : C/I를 기초로 신고되는 49번 란에는 C/I의 총액뿐만 아니라 가격조건 역시 신고되는데, 49번 란이 FOB 금액으로 신고되면, 46

번의 금액은 49번 란과 일치합니다. 실무에서는 49번 란에 EXW 또는 FCA 금액이 신고되더라도, 46번 란에는 수출지 내륙운송비 등을 포함한 FOB 금액이 아닌, 49번 란의 EXW 또는 FCA 금액이 그대로 반영됩니다.

**4. CFR, CPT, CIF, CIP 조건의 수출** : C-Terms의 금액에는 기본적으로 운임이 포함되어 있습니다. 그래서 운송인(ex : 포워더)으로부터 전달받은 On Board 이후의 물류비를 '㊼ 운임'에 KRW으로 반영하고, 당해 물류비를 49번 금액에서 공제한 차액을 '㊻ 총신고가격(FOB)'에 신고합니다.

아울러 CIF, CIP는 FOB 금액에서 On Board 이후의 물류비뿐만 아니라 적하보험료까지 포함되어 있습니다. 따라서 운송인으로부터 전달받은 On Board 이후 물류비와 적하보험사를 통해서 전달받은 적하보험료를 '㊼ 운임'과 '㊽ 보험료' 각각 반영하고, 당해 비용을 49번 금액에서 공제한 차액을 46번 란에 FOB 금액으로 신고합니다.

**5. D 조건의 수출** : 마지막으로 DDP로 신고되는 건에 대해서도 C-Term의 경우처럼 물류비와 적하보험료를 공제한 차액을 모두 46번 란에 FOB 금액으로 신고합니다. 비록 DDP 금액에는 수입국에서 발생되는 세액 등을 포함하고 있지만, 수출신고필증 '㊻ 총신고가격(FOB)' 금액을 신고할 때는 이를 고려하지 않습니다.

**6. 수출환율의 적용** : 49번 란에는 C/I의 통화(Currency)와 총액이 그대로 반영됩니다. 그러나 46번 란에는 USD와 KRW가 신고됩니다. 비록 C/I의 통화가 USD가 아닌, 다른 통화(JPY 등)라고 할지라도 46번 란에는 USD와 KRW이 표기됩니다.

그렇다면 적용되는 환율이 필요합니다. 이때 적용되는 환율은 수출신고 시점의 전 주(Last Week) 토요일에 관세청 유니패스를 통해서 고시되는 '수출환율'입니다.

| 〈경로〉 | 수출환율 조회 |
| --- | --- |

- 다음 링크(유니패스 홈페이지) 상단 메뉴 '정보조회' → '신고지원정보' → '주간환율' → '수출환율'
- https://unipass.customs.go.kr/csp/index.do#

# 🌐 수출신고 후 세관의 물품 검사 <sup>미</sup>지정과 검사 불이행에 따른 벌금

〈질문〉 수출신고를 진행하면 세관에서 물품 검사를 지정하는 경우가 있고, 미지정하는 경우가 있습니다. 그런데 미지정한 경우에도 세관에서 물품 검사를 진행하는 경우가 있는데, 관련 규정을 확인하고 싶습니다. 그리고 수출자로서 폐사가 유니패스에서 직접 수출신고한 건이 있는데, 이 건에 대해서 세관은 적재지 검사를 지정했습니다. 그런데 적재지에서 검사 없이 선박에 선적되어 화물이 수출되었습니다. 관련해서 처벌 규정이 있을 것 같은데, 확인 바랍니다.

〈답변〉 **1. 수출신고물품의 물품 검사 지정** : 수입신고 건과는 달리, 수출신고 건에 대해서 세관은 기본적으로 신고물품의 현품 검사를 생략합니다. 그러나 「수출통관 사무처리에 관한 고시」 제16조(검사대상 선별)에 의해서 물품 검사 건으로 지정될 수 있습니다. 물품 검사로 지정되면 신고지 검사와 적재지 검사로 구분되는데, 수출물품의 검사는 신고 수리 후 적재지에서 검사하는 것을 원칙으로 합니다(「수출통관 사무처리에 관한 고시」 제17조(물품 검사) 제2항).

**2. 물품 검사 생략 건에 대한 검사** : 적재지 관할 세관장은 필요하다고 인정되는 경우 물품 검사 생략대상으로 수출신고 수리된 물품에 대해서도 컨테이너 검색기 검사 등의 검사를 실시할 수 있습니다. 그리고 수출물품의 효율적인 검사를 위해서 필요한 경우 포장명세서 등 관계자료의 제출을 요구할 수 있겠습니다(「수출통관 사무처리에 관한 고시」 제17조(물품 검사) 제5항, 제6항).

**3. 적재지 검사 건 위반에 따른 벌금(가산세[4])** : 적재지 검사로 지정된 건에 대

해서 세관은 수출신고 수리된 것으로 인식하고 수출신고필증(적재 전)을 먼저 교부하는데, 이때 당해 신고 건은 적재지에서 검사를 해야 한다는 '적재지 검사 안내문'을 수출신고필증(적재 전)에 기재할 수 있습니다.





적재지 검사 안내문과 같이 적재지 검사 건은 적재지(출항지) 보세구역에 반입 후 적재지 세관으로 검사 요청해야 합니다. 만약 이러한 적재지 검사 건을 검사 요청 없이 적재(On Board)하게 되면 관세법 제276조제4항제7호에 따라 처벌(1천만 원 이하 벌금)받을 수 있습니다.

---

4) 가산세는 법 위반에 따른 벌금, 가산금은 납부 기한 경과에 따른 이자 성격을 가집니다.

# 🌐 수출신고의 정정과 취하

〈질문〉 한국에서 제조와 수출을 병행하는 회사이며, 수출신고물품의 HS Code에서 간이정액환급액이 FOB 1만 원당 30원입니다. 호주 바이어 A사에게 2개의 PO(Purchase Order)를 접수 받았고, 급한 화물 500개는 항공, 나머지 5,000개는 선박으로 진행하기 위해서 이미 수출신고를 수리받고 수출신고필증(적재 전)이 발행된 상태입니다. 그런데 호주 바이어 A사가 5,500개 전량을 해상으로 운송조건을 변경했습니다. 이와 같은 상황에서 질문 내용은 다음과 같습니다.

a) 항공수출신고 건을 취하(Cancel)가 가능한지, 가능하다면 관세사 수수료는 발생되지 않는지요?

b) 해상수출신고 건이 기존에 5,000개였는데, 500개를 추가해야 합니다. 그렇다면 수출신고 정정이 필요한데, 세관으로 제출하는 서류가 있는지요? 폐사는 간이정액환급업체입니다.

〈답변〉 **1. 수출신고 취하와 관세사 수수료** : 수출신고의 취하는 화물이 외국으로 나가는 배/비행기에 적재(On Board)되기 전이라면 가능할 수 있습니다. On Board 이후에는 불가합니다. On Board 이전의 상황에서 수출신고 취하를 하더라도 관세사무원이 전산으로 수출신고서를 작성해서 수출신고 대행한 건에 대한 수수료는 지불해야 합니다.

**2. 수출신고 정정으로 인해서 환급액과 수출금액이 증가하는 경우** : 수출신고 완료되어 수출신고 수리된 건에 대해서 사후에 세번부호, 신고가격, 수량(중량) 정정으로 인해서 환급받을 관세가 증가한다던지 수출금액이 증가하면, 이를 입증하는 서류를 세관에 제출해서 세관으로부터 확인을 받아야 합니다. 제출해야 할 서류

는 관련 내용을 규정하고 있는 「수출통관 사무처리에 관한 고시」 제26조(신고사항의 정정) 제3항에서 확인 가능합니다.



# 🌐 수출신고 및 수입신고 수리 건의 취하

**〈질문〉** 수출신고 수리된 물품이 외국으로 나가는 선박(항공기)에 On Board된 이후에 신고 취하가 가능한지 궁금합니다. 그리고 수입신고 수리된 물품이 보세구역에서 반출된 이후에도 수입신고 취하가 가능한지요?

**〈답변〉 1. 수출신고 수리된 건의 신고 취하** : 수출신고 수리된 건의 신고 취하를 위해서는 정당한 사유와 이를 입증하는 서류 제출이 필요합니다. 그런데 취하에 대한 정당한 사유가 있음에도 불구하고, 무조건 신고 취하를 세관에서 승인하는 것은 아닙니다. 수출신고 수리된 물품의 신고 취하 시점은 당해 물품이 외국으로 나가는 선박(항공기)에 On Board되기 전의 시점이라고 할 수 있습니다. 즉, On Board 완료된 수출신고 수리 물품에 대해서는 정당한 사유가 있더라도 신고 취하가 불가합니다. 물론 신고 수리된 물품이 On Board되기 전의 시점이라면, 신고 취하 신청을 세관이 승인할 수 있습니다.

**2. 수입신고 수리된 건의 신고 취하** : 수입신고 수리되어 보세구역에서 반출된 상태에서의 수입신고 취하 신고는 세관이 승인해주지 않을 것입니다. 그러나 보세구역에서 반출되기 전의 상태라면 신고 취하를 세관에서 승인해줄 수도 있는데, 이 또한 정당한 사유가 있어야 합니다. 아울러 수출 및 수입신고 모두 수리된 건에 대한 취하 신고를 세관에서 승인하면, 신고 수리 효력은 상실됩니다.

---

### 관세법

**제250조(신고의 취하 및 각하)** ① 신고는 정당한 이유가 있는 경우에만 세관장의 승인을 받아 취하할 수 있다. 다만, 수입 및 반송의 신고는 운송수단, 관세통로, 하역통로 또는 이 법에 규정된 장치 장소에서 물품을 반출한 후에는 취하할 수 없다.
② 수출·수입 또는 반송의 신고를 수리한 후 제1항에 따라 신고의 취하를 승인한 때에는 신고 수리의 효력이 상실된다.
③ 세관장은 제241조 및 제244조의 신고가 그 요건을 갖추지 못하였거나 부정한 방법으로 신고되었을 때에는 해당 수출·수입 또는 반송의 신고를 각하할 수 있다. [전문개정 2010.12.30.]

---

### 수출통관 사무처리에 관한 고시

**제27조(신고의 취하)** ① 법 제250조 제1항에 따라 수출신고를 취하하려는 자는 별지 제2호 서식의 수출신고 취하 승인(신청)서에 신고 취하신청내역을 기재하여 통관지세관장에게 전송하여야 한다.
② 제1항에 따라 수출신고 취하신청(승인)서를 접수한 세관장은 정당한 이유가 있는 경우에 한정하여 수출신고 취하를 승인하여야 한다.
③ 세관장이 제2항에 따라 수출신고 취하 승인하였을 때 수출신고 또는 수출신고 수리의 효력은 상실된다.

# 🌐 물품 소재지, 반입지<sup>장소</sup>, 장치장코드, 허위신고

〈질문〉 폐사는 구미에 공장이 있는 수출자입니다. 매번 구미 공장을 물품 소재지로 잡고 수출신고했는데, 이번 수출 건에 대해서는 수출신고 당시에 이미 수출신고 대상 물품이 구미 공장에서 출고가 된 상태라 포워더에게 전달받은 반입지를 물품 소재지로 잡고, 관세사무실로 수출신고 의뢰했습니다. 첫 번째 질문은 수출신고 이후에 바로 수출신고필증이 나올 줄 알았더니, 세관에서 '반입계' 제출을 요구했다고 합니다. 사실 현재 신고물품은 물품 소재지로 신고된 CFS에 반입이 되지 않고 이동 중에 있는 상태입니다. 그럼에도 불구하고 CFS로부터 반입계를 받을 수 있는지요?

두 번째 질문은 수출신고를 관세사무실로 요청하면 장치장코드를 요구하는데, 이때 장치장코드가 정확히 어떤 코드를 말하는 것인지요?

〈답변〉 **1. 수출신고 시점** : 수출물품의 생산이 완료된 이후에 수출신고 대상이 수출자의 Door(공장/창공)에 위치한 상태에서 해당 Door지역을 관할하는 세관으로 수출신고할 수도 있고, 포워더 쪽으로 Shipment Booking 후 포워더가 전달하는 반입지(CY, CFS, 공항창고 등)에 화물이 반입된 이후에 해당 지역을 관할하는 세관으로 수출신고할 수도 있습니다.

이때 중요한 것은 수출신고 당시에 수출신고 대상 물품이 '물품 소재지'에 위치하고 있어야 합니다. 만약 물품 소재지로 신고된 장소에 수출신고 대상 물품이 존재하지 않으면, 허위신고로 처벌받을 수 있습니다.

**2. 물품 소재지가 보세구역으로써 물품 검사가 지정된 경우** : 물품 소재지를 관할하는 관할지 세관으로 수출신고하면 P/L(Paperless), 서류 제출(수출신고서 근거 서류 제출), 물품 검사(전산으로 수출신고된 내역과 실제 신고된 물품의 현품 검사) 중에 하나가 지정됩니다. 이때 물품 소재지가 세관이 통제하는 보세구역(CFS 역시 보세구역)이라면, 세관은 실제로 해당 보세구역에 화물이 반입되었는지를 나타내는 '반입계' 제출을 요구할 수 있습니다. 반입계는 해당 보세구역에서 발급받아야 합니다. 물론 실제로 물품이 반입되지 않으면 반입계는 받을 수 없고, 수출자가 반입계를 세관으로 제출할 수도 없으니 허위신고로 처벌받을 수 있습니다.

**3. 장치장코드** : 장치장코드는 수출신고물품이 반입되는 반입장소에 대한 코드입니다. 수출물품을 포워더에게 Shipment Booking하면 포워더가 반입장소 주소와 담당자, 연락처와 함께 장치장코드(예. 02010012)를 전달합니다. 이후 수출신고할 때 장치장코드를 함께 기재해서 수출신고하게 됩니다. 수출신고필증에는 '㉑ 물품 소재지' 부분에 수출신고 당시 수출물품이 위치한 장소의 주소와 '⑱ 적재예상보세구역' 부분에 포워더가 수출자에게 통지한 반입지로 장치장코드가 숫자로 기재됩니다.

# KRW 결제와 수출신고필증 KRW 기초로 발행

〈질문〉 이번에 수출하는 건에 대해서 물품은 한국에서 중국으로 이동하지만, 결제는 한국 돈으로 한국에서 현금 결제받기로 했습니다. 그래서 C/I의 단가 및 총액을 작성할 때 KRW으로 작성했고, 수출신고 역시 관세사무실을 통해서 KRW으로 진행했습니다. KRW으로 결제 가능한지와 업무 진행 절차 설명 요청합니다.

〈답변〉 **1. 수출 건 C/I에 대해서 KRW으로 작성하는 사례**는 종종 있으며, 수출신고 역시 KRW을 기초로 가능합니다. 그리고 해당 건에 대해서 수출 대금을 현금으로 지급받았다면, 수출신고필증의 결제방법 부분에는 현금 거래 코드가 없기 때문에 T/T, 즉 단순송금방식으로 보통 신고됩니다. 결제방법 코드에 '기타 유상'으로서 GO가 있지만, 일반적으로 현금 거래는 T/T로 신고되는 것으로 알고 있습니다.

**2. 수출신고필증의 '결제방법' 부분이 T/T로 신고**되었다면, 이는 유상 수출에 해당됩니다. 세관에 신고된 유상 거래 건은 외국환 은행의 외국환 계좌를 통해서 입출금되어야 합니다. 그래서 현금 지급받은 KRW을 귀사의 외국환 계좌로 입금해서 무역 결제 건으로 별도 신고가 필요할 것으로 사료됩니다.

# 🌐 동시포장의 의미와 수출<sup>입</sup>신고, 화물 분리 보수작업

〈질문〉 이번에 동일 Consignee에게 수출하는 각각의 PO(Purchase Order) 건을 각각 1박스 3박스로 구분해 수출합니다. 이때 포장은 하나 Pallet으로 단일 포장했습니다. 포워더 쪽에서는 1박스와 3박스 각각의 건을 하나로 묶어서 운송서류(B/L, 화물운송장)는 1회 발행 가능하다고 합니다.

반면 관세사무실 쪽에서는 각각의 건이 제조사가 다르고, 3박스 제조사가 관세환급 신청을 원하고 있으니, 각각 C/I와 P/L을 작성해 수출신고 역시 각각 진행해야 한다고 합니다. 그러면서 동시포장 건이라고 하더군요. 동시포장의 의미는 정확히 무엇인지 알고 싶습니다.

그리고 수입자에게 운송서류는 1건으로 전달되는데, C/I와 P/L은 각각 전달해야 하는지, 아니면 하나의 건으로 전달해야 하는지 궁금합니다.

〈답변〉 **1. 동시포장의 의미** : 동시포장은 2건 이상의 수출신고 건을 하나의 포장 단위로 포장해 하나의 운송서류(B/L, 화물운송장)로 업무 진행하는 건이라고 할 수 있습니다. 이러한 동시포장 건은 C/I와 P/L이 각각의 건에 대해서 발행되고, 수출신고서를 각각 작성해서 수출신고하기 때문에 수리 후 수출신고필증 역시도 각각 발행됩니다. 따라서 관세사무실은 수출신고 수수료를 각각의 신고 건에 대해서 별도 청구합니다.[5] 반면 운송서류는 단일로 발행되기 때문에 운송서류 기준(e.g. per B/L)으로 포워더가 실화주에게 청구하는 운송 관련 비용은 1회 발생될 것입니다.

---

5) 2개 제조사 물품을 한 개 수출자가 수출하는 상황에서 제조사가 수출신고필증을 요구하면, 수출자는 제조사별로 수출신고해야 합니다. 수출신고필증을 기초로 제조사가 국내 제조된 물품의 관세환급을 신청하기 위해서는 수출자로부터 전달받는 수출신고필증의 '③ 제조사'란에 실제 제조사가 기재되어 있어야 합니다. 참고로 하나의 수출신고필증의 '③ 제조사'란에는 2개 이상의 제조사가 기재될 수 없습니다.

**2. 수입신고(한국으로 수입신고된다고 가정)** : 1 Pallet으로 단일 포장된 건으로(1 Pallet은 4 Boxes로 구성), 해외 수출자가 한국 수입자에게 전달하는 C/I, P/L 및 운송서류의 Description에는 1 Pallet으로 기재되어 있다고 가정하겠습니다. 한국 수입자는 1 Pallet을 한 번에 수입신고하고자 한다면, 수출자로부터 받은 당해 선적서류(Shipping Documents)를 기초로 특별히 문제없이 수입신고 가능합니다.

그러나 한국 수입자가 1 Box와 3 Boxes를 구분해 수입신고(분할통관)를 원할 때는 화물 분리에 대한 보수작업을 신청해야 합니다.[6] 그리고 1 Box 건과 3 Boxes 건의 수입 거래구분이 다르면, 역시 화물 분리 보수작업 신청 후 각각 구분해서 분할통관해야 할 것입니다.

---

6) 운송서류 단위로 신고되는 입항적하목록 정정은 필요하지 않습니다.

# 🌐 C/I에 기재되는 Bill to, Ship to의 의미

〈질문〉 폐사는 수입자입니다. 대부분의 해외 수출자들은 C/I를 발행할 때 Shipper, Consignee라는 용어를 기재합니다. 그런데 종종 Consignee라는 용어 대신에 Bill to를 기재하고, 추가적으로 Ship to라는 표현도 추가하기도 합니다. 각각의 의미에 대한 설명 부탁드립니다.

〈답변〉 1. C/I의 Bill to : C/I는 매매계약한 물품에 대한 확정된 가격을 명시해 대금을 청구하는 서류 역할을 합니다. 따라서 C/I의 Consignee는 대금을 결제하는 자인데, Consignee 대신에 Bill to를 기재하는 경우가 있습니다. 따라서 Bill to 뒤에는 C/I의 Shipper와 매매계약 체결한 자로서 Shipper에게 외국환 은행 통해서 대금 결제하는 자가 기재된다고 할 수 있습니다.

2. C/I의 Ship to : C/I는 매매계약 당사자와 이들 간에 이루어지는 물품의 가격과 대금결제 관련된 서류로, 물품의 이동 등 물류와는 아무런 관련이 없는 서류입니다. 그럼에도 불구하고 물품의 수하인을 C/I에 기재하는 경우가 있습니다. 이때 Ship to라는 문구를 넣어서 그 뒤에 목적국에 도착한 물품의 수하인을 기재하기도 합니다.

# 🌐 유상과 무상이 함께 존재하는 C/I 작성과 세관 신고

<질문> 폐사는 수출과 수입을 병행하는 제조사입니다. 이번에 제조해 유상 수출하는 원재료에 대해서 해외 구입자의 요청으로 아주 소량을 무상으로 함께 공급하기로 했습니다. 유상 공급되는 원재료와 동일한 원재료를 소량 무상 공급하는 것입니다. 이때 C/I 작성자로서 수출자인 폐사는 C/I 작성을 어떻게 해야 하는지요?

그리고 폐사는 제조사이기 때문에 유상 조건으로 원재료를 수입하면서, 종종 무상 샘플을 함께 공급받는 경우가 있습니다. 수입 건에서 유상과 무상 샘플을 함께 수입할 때 C/I 작성은 어떻게 되는지 알고 싶습니다.

<답변> **1. (수출) 유상과 무상 C/I 작성** : C/I는 수출자가 작성합니다. 수출지 세관으로 수출신고할 때 기초가 되는 C/I는 수출자가 작성해 수출신고 대행자인 관세사무실로 제공합니다. 이때 C/I에 유상 판매되는 물품과 소량 무상 공급하는 물품이 함께 기재될 수 있습니다. 기본적으로 유상과 무상은 수출신고할 때 '거래구분' 코드가 달라서 각각 수출신고하는 게 맞습니다. 그러나 유상 판매하는 물품이 대부분을 차지하고 있는 건에 무상 물품은 아주 소량 포함되어 있다면, 유상 수출 건을 기준으로 하나의 건으로 수출신고가 가능할 수 있습니다.

이러한 건에 대해서 C/I의 Description에 유·무상 품명과 수량(Q'ty) 및 Price Term을 기준으로 단가(U'price) 그리고 총액을 적습니다. 이때 무상 건이라도 기본적으로 단가는 기재하고, 무상 건 비고란(Remarks)에 Free of Charge(F.O.C.) 또는 No Commercial Value(N.C.V.)를 적어서 해당 건에 대해서는 Seller와 Buyer 간에 외국환 은행을 통해서 돈을 주고받지 않음을 나타냅니다.

아울러 수출 건 C/I 총액에는 유상 건의 금액만 포함되고, 무상 건의 금액은 C/I 총액에서 제외합니다.

**2. (수입) 유상과 무상 C/I 작성** : 수입자는 C/I를 수출자에게 기타의 선적서류와 함께 전달받아서 관세사무실로 다시 전달해 수입신고를 의뢰합니다. 이때 유상과 무상은 수출 건처럼 '거래구분'이 다르면 기본적으로 각각 신고하는 것이 맞으나 유상 구입하는 물품이 주된 건이고, 여기에 소량으로 샘플을 무상 공급한다면 함께 하나의 건으로 신고 가능합니다.

수입은 과세가격을 기준으로 신고물품의 HS Code상 관세율만큼 관세가 발생됩니다. 과세가격은 수출지에서 물품을 생산해 수입지 터미널(항구/공항)까지의 운송비를 합한 CIF에 근접하는 가격입니다. 따라서 무상 건이라고 해서 C/I에 무상 물품 내역을 기재하지 않거나, 무상 건이라는 이유로 가격을 USD0.00 또는 USD1.00으로 표기하면 안 됩니다. 무상 건이라도 수입 건의 C/I를 작성할 때는 무상 물품의 품명과 Price Term 기준으로 정상적인 가격을 기재해 세관에 가격신고를 해야 하며, 이렇게 신고된 가격을 기초로 과세가격을 산정해 신고물품의 HS Code상 관세율만큼의 세액을 납부해야 합니다.


# 🌐 하나의 Commercial Invoice와 2개 이상의 운송서류 발행<sub>수출, 분할선적</sub>

〈질문〉 폐사는 수출자로서 C/I 및 P/L을 작성해 수출신고 후 수출신고 수리까지 받았습니다. 물론 포워더 쪽으로의 Shipment Booking 역시 완료한 상태인데, 중국 수입자가 분할선적을 요구합니다. 예를 들어 100 CTNs에 대해서 수출신고를 했으나, 40 CTNs은 상하이 항구로 발송해 나머지 60 CTNs은 닝보 항으로 발송 요구하는 상황입니다. 포워더 쪽으로 Shipment Booking된 내용에 대해서는 수정해 선적을 진행하면 될 듯한데, 관세사를 통해서 수출신고된 내용은 취하 또는 수정 신고해야 하는지요?

<답변> **1. 세관 업무에서의 분할선적 개념과 목적항 수정** : 100 CTNs에 대해서 수출신고하고, 한 번에 외국으로 나가는 배/비행기에 On Board하는 것이 아니라 각각 구분해서 분할로 선적 가능합니다. 즉, 하나의 수출신고필증을 기준으로 그 신고된 내용의 물품을 한 번에 On Board하는 것이 아니라, 각각 나누어서 On Board하는 것을 세관에서는 분할선적이라고 합니다.[7]

이때 기존 신고 건에 대한 취하 또는 수정 신고는 필요치 않습니다. 세관으로 수출신고할 때는 적재항은 신고되나 목적항(양하항)은 신고되지 않고 목적국이 신고됩니다. 따라서 100CTNs이 각각 중국의 항구로 발송되니 목적국은 수정이 필요 없으며, 설령 각각 다른 목적국으로 향하더라도 목적국은 수정이 필요하지 않습니다.

**2. 적재의무기한 준수** : 수출신고필증에는 수출신고 수리일과 수리일을 기준으로 30일 이후에 해당되는 적재의무기한의 일자가 명시되어 있습니다.[8] 수출신고된 물품은 적재의무기한까지 모두 외국으로 나가는 배/비행기에 On Board되어야 합니다.[9] 이를 준수하지 않으면 일정한 벌금이 발생될 수 있습니다.

따라서 하나의 수출신고필증을 기준으로 분할선적을 하더라도, 모든 선적 건은 적재의무기한 이내에 선적될 수 있도록 수출자는 포워더를 통해서 Shipment Schedule을 조정해야 합니다.

---

7) 한 건의 수출신고필증에 운송서류(B/L, 화물운송장)는 여러 건 발행되는 경우.

8) 「수출통관 사무처리에 관한 고시」 제45조(수출물품의 적재) 제1항.

9) 적재의무기한은 수출신고 수리일로부터 1년의 범위 내에서 연장 가능합니다. 이때 적재 기간 연장신청서를 세관으로 제출하면, 30일 단위로 연장될 수 있습니다.

# 🌐 원산지증명서<sup>C/O</sup>와 C/I 등 기타 서류의 Description 차이점

〈질문〉 한국에서 중국으로 물품을 수출하는 회사입니다. 금번에 제품 A와 B를 수출하며, 2개 제품 모두 제조사는 동일합니다. 국내 제조사 측에서 수출자인 폐사로 A제품에 대해서만 원산지(포괄)확인서를 발행했고, B제품은 한-중 FTA 원산지 결정기준 불충족이라서 발급이 불가하다고 합니다. 그렇다면 C/I, P/L 및 운송서류(B/L, 화물운송장)에는 제품 A, B 모두가 기재될 것이고, 한-중 FTA C/O에는 A제품만 기재될 것인데, 수입국에서 문제되지 않는지요?

〈답변〉 C/I(Commercial Invoice)와 P/L(Packing List)은 계약 물품 중 선적을 위해서 수출신고가 필요한 물품 모두를 기재해 세관 신고 기초 서류로 활용합니다. C/I와 P/L을 기초로 수출신고되어 발행되는 수출신고필증에는 C/I와 P/L에 기재된 물품 정보와 동일한 정보가 기재될 것입니다. 그리고 수출신고 수리된 이후에 신고물품이 외국으로 나가는 선박에 On Board된 이후에 발행되는 운송서류(B/L, 화물운송장)는 P/L을 기초로 발행됩니다. 따라서 C/I, P/L 및 운송서류의 Description은 제품 A와 B 모두가 기재됩니다.

그러나 C/O(특혜 및 비특혜 모두)의 Description에는 원산지 결정기준 충족된 물품만이 기재됩니다. 제품 A만이 한-중 FTA 원산지 결정기준을 충족했으니, 한-중 FTA C/O의 Description에는 제품 A만 기재되어야 합니다.

# 🌐 결제조건 신용장과 수출신고필증

〈질문〉 관세사무실로 수출신고 의뢰해 전달받은 수출신고필증의 결제방법이 T/T로 기재되어 있습니다. 사실 폐사는 수출자로서 이 건에 대해서 L/C조건으로 해외 거래처와 거래합니다. 확인 결과 폐사 직원 실수로 Payment Term이 T/T in Advance로 되어 있는 C/I를 관세사무실로 전달했다고 합니다.

수출신고 내용을 정정해야 할 것 같아서 관세사무실 직원에게 문의하니 정정할 필요가 없다고 합니다. 폐사는 L/C Beneficiary로서 은행으로 매입신청할 때 수출신고필증을 전달해야 하는데, 결제조건이 T/T로 되어 있을 경우 은행에서 문제를 제기하지 않는지요?

〈답변〉 **1. 신용장 건의 수출신고필증** : 수출신고필증의 '⑫ 결제방법'이 신용장을 뜻하는 LU(기한부 L/C) 또는 LS(일람출급 L/C)로 신고되면, 수출신고필증 '㉒ L/C No'에 L/C 번호가 기재되어야 합니다. 따라서 수출자가 관세사무실로 제시하는 C/I의 Payment Term을 L/C로 기재했다면 C/I에 L/C No.까지 기재해야 합니다. 결제조건이 L/C가 아닌 건에 대해서는 '㉒ L/C No.' 부분은 공란 처리됩니다.

**2. 은행으로 제출되는 수출신고필증** : 수출자는 결제조건이 L/C 일 때, L/C 46A조항에서 요구하는 선적서류와 매입(추심)신청서, 환어음 그리고 수출신고필증 등의 서류를 은행으로 제출합니다. 이때 수출신고필증의 '⑫ 결제조건'이 LU 또는 LS 그리고 '㉒ L/C No.'에 실제 L/C 번호가 기재되어 있어야 합니다. 결국, 신용장 건의 수출신고필증이 T/T로 신고되어 있다면, 정정 신청하는 것이 적절해 보입니다.

# Ⅱ. 거래구분

## 🌐 유상 판매 수출과 거래구분이 다른 물품을 동시에 수출하는 경우

<질문> 폐사는 한국에서 해외로 물품을 수출하는 회사입니다. 동일 국가의 동일 수입자에게 지난달에 수출한 물품 중에 일부 물품에 하자가 있어 대체품(Replacement)을 무상(Free of Charge)으로 수출하면서, 유상 판매하는 물품을 함께 수출하게 되었습니다.
해상 건으로 진행하는데, 운송서류(B/L, 화물운송장)는 한 건으로 포워더 쪽에서 발행 가능하다고 합니다. 그런데 수출신고는 한 건으로 신고해 한 건의 수출신고필증을 받을 수 있는지 궁금합니다.

<답변> **1. 거래구분이 다르면 각각 수출입신고해야** : 기본적으로 수출물품의 수출사유를 기초로 한 거래구분이 다르면, 각각 C/I를 작성해서 각각 수출신고하고, 수출신고필증 역시 별도로 발급받는 게 원칙이라 보면 됩니다. 이 건은 유상 판매하는 물품과 과거 수출된 물품에 하자, 즉 계약과 상이한 내용이 발견되어 대체품을 수출하는 거래입니다. 따라서 유상 판매되는 수출은 거래구분 11번으로 일반 형태의 수출로 신고하고, 대체품 수출은 거래구분 90번 수출된 물품이 계약내용과 상이해 반출하는 물품으로 수출신고하는 것이 적절합니다.

이를 위해서 거래구분 11번 건의 수출물품과 거래구분 90번으로 수출신고되는 물품의 C/I와 P/L을 각각 작성할 필요가 있습니다. 이때 유상 판매 건은 결제조건을

T/T 등으로 유상 기재하고, 대체품 수출은 무상 건이니 C/I에 Free of Charge 또는 No Commercial Value를 기재해야 합니다.


  **2. 통관 수수료** : 유상 판매되는 건과 무상 대체품 건에 대해서 각각 수출신고서를 작성해 수출신고가 진행되기 때문에 관세사무실은 통관 수수료를 2건 구분해 각각 청구할 것입니다.


  **3. 거래구분이 다른 2건의 운송서류 발행** : 수출신고 업무는 관세사무실이 대행하는 세관 업무이고, 운송서류(B/L, 화물운송장) 업무는 물류 회사인 포워더의 업무입니다. 운송서류는 2건의 수출신고필증을 하나로 묶어서 하나의 운송서류 건으로 발급 가능합니다.
  심지어 수출화주/대행자가 다른 각각의 수출신고필증 건에 대해서도 하나의 운송서류를 발행해 운송 가능합니다.


  **4. 수입 통관** : 수입지가 한국이라는 가정하에 일반 유상 수입 건과 무상 대체품 수입은 각각 수입신고를 해야 합니다(거래구분이 다르기 때문). 물론 운송서류는 하나의 건으로 발행되어 수입될 것입니다. 그렇다면, 운송서류 하나의 건에 대해서 거래구분별로 수입신고를 해야 하니, 분할통관으로 진행되어야 합니다.


  **5. 예외** : 예외적으로 일반 유상 건과 소량의 무상 샘플 건이 함께 수출(입)될 때, 유상 물품을 주요한 거래 건으로 해서 1회 신고로 끝낼 수도 있습니다.

〈질문〉 수입신고하고 관세를 납부 후 인수한 물품에 심각한 하자가 발견되었습니다. 운송 중에 발생된 하자는 아니고, 수출자가 불량품을 생산 후 검수 없이 수출한 건입니다. 수출자에게 클레임 후 전량 해외 수출자에게 반품했습니다.

그런데 담당자가 관세사무실 직원에게 불량품 수출이라고 전달하지 않았습니다. 사실 폐사는 수출과 수입을 병행하는 회사입니다. 그래서 관세사무실 직원은 이 건의 수출을 유상 판매하는 일반 형태의 수출로 판단해 거래구분 11번으로 신고했습니다.

폐사가 관세사무실로 수출 형태를 전달하지 않은 잘못이 있으나, 이 건은 분명 불량품 수출입니다. 수출신고 내용을 정정 및 수입관세환급 신청이 가능한지요?

〈답변〉 **1. 세관 신고할 때 신고 형태 구분해야** : 수출(입)신고할 때, C/I와 P/L 등의 서류를 관세사무실로 전달하면서 수출(입)신고 사유를 설명해야 합니다. 이유는 수출(입)신고의 거래구분, 즉 신고 형태를 적절히 선택해 신고해야 하기 때문입니다.

그리고 신고받은 세관은 해당 건의 거래구분에 따라서 신고 내용을 입증하는 서류의 제출을 요구하기도 합니다. 만약 세관이 서류 제출을 요구한다면, 신고인(관세사무실)은 실화주(무역회사)에게 관련 입증서류를 전달받아서 세관으로 제출하게 됩니다. 이후 세관은 서류 검토 후 문제가 없으면 신고 수리합니다.

**2. 위약 물품의 재수출과 관세환급** : 수입한 물품에 불량 등의 문제가 있어 계약 상이 건으로 수출신고한다면, 거래구분은 93 '수입된 물품이 계약내용과 상이

해 반출하는 물품'으로 신고해야 합니다. 이 거래구분으로 신고된 건에 대해서 세관은 계약 상이 건이라는 사실을 입증하는 서류의 제출을 요구할 수 있습니다. 이때 필요한 서류는 해외 수출자와 주고받은 이메일 내용, 사진자료 등입니다. 물론 재수출되는 건이기 때문에 수입신고필증과 국내에서 추가 공정을 진행했는지 여부와 사용 여부 및 수입한 물품과 재수출하는 물품의 동일성 등을 함께 확인합니다.

　이러한 과정으로 세관은 서류 검토 후 계약 상이 건이라는 사실을 확인하면, 위약 건으로 수출신고 수리합니다. 이후에 수출자는 해당 건의 수출신고필증을 근거로 관세환급 신청 가능합니다.

　그러나 수출신고할 때, 일반 형태의 수출로 진행한 건을 다시 계약 상이로 거래구분 수정 불가할 것입니다. 따라서 귀사의 계약 상이 건은 수입관세환급 신청이 불가할 것으로 사료됩니다.


## 수출신고 거래구분 정정 일반 수출 건 → 계약 상이 또는 원상태 수출

〈질문〉 폐사는 원피(소가죽)를 수입 후 국내 제조 과정을 거쳐 원단을 제조하는 제조사이자 무역회사입니다. 원피를 가공해 원단을 만드는 과정에서 필요한 화학 액체 상태의 재료를 일본에서 플라스틱 용기에 담아서 수입합니다. 지난달에 수입한 100통 중에 10통 분량의 모델이 폐사가 오더한 모델과 다르다는 것을 확인하고, 일본으로 수출했습니다.
문제는 담당자가 업무에 미숙해 관세사무실에게 수출신고를 의뢰할 때, 이러한 사실을 전달하지 않아서 일반 수출로 진행되었습니다. 수입할 때 납부한 관세를 환급받고자 하는데, 그렇다면 거래구분을 계약 상이 수출로 정정해야 하는 듯합니다. 선적 완료된 상태에서 수출신고 거래구분 정정이 가능한지요?

<답변> **1. 수출신고 정정 규정** : 「수출통관 사무처리에 관한 고시」 제26조(신고사항의 정정) 제3항 5호에서 거래구분 정정이 가능하다고 되어 있습니다. 그러나 무조건 가능한 것은 아니라 입증서류가 필요하며, 특히 원상태 수출 또는 계약 상이 수출의 거래구분 정정은 선적이 완료되기 전에만 허용된다고 규정되어 있습니다. 따라서 선적 완료된 상태에서는 일반 수출신고 건을 계약 상이 건으로 거래구분 정정은 어려울 것으로 사료됩니다.

---

### 「수출통관 사무처리」에 관한 고시

**제26조(신고사항의 정정)**

③ 제2항에 따른 자율정정을 제외한 수출물품의 정정은 다음 각 호의 어느 하나인 경우에 승인한다.

1. 현품확인으로 정정내용을 확인한 경우

2. 품명·규격 및 세번부호 정정으로 환급액이 증가하는 경우는 계약서, 송품장, 해당 수출물품에 대한 품명·규격을 입증할 수 있는 객관적 자료(분석결과회보서 등)에 의하여 정정내용을 확인한 경우

3. 단가, 신고가격의 정정으로 환급액이 증가하는 경우는 계약서, L/C, 외화입금증명서, P/O(Purchase Order) 등 거래관련서류에 의하여 정정 내용을 확인한 경우

4. 수량(중량)정정으로 수출금액이 증가하는 경우는 계약서, L/C, 선하증권, 상대국 해당물품 수입신고서 사본 등 거래 관련 서류에 의하여 정정 내용을 확인한 경우

5. 거래구분 정정은 임가공계약서 등 거래형태를 증빙하는 서류에 의하여 정정내용을 확인한 경우. 다만, 원상태수출 또는 계약 상이수출의 거래구분정정은 원칙적으로 전산시스템상 선적이 완료되기 전에만 허용하고, 선적이 완료된 이후에는 계약서, 법원 판결문, 그 밖에 이에 준하는 객관적 증빙서류로 입증이 가능하여 세관장이 타당하다고 인정하는 경우에만 허용한다.

6. 계산착오, 소수점기재착오 등 작성(전송)오류가 수출신고인의 명백한 과실로 인정될 경우

7. 그 밖에 환급액 증가가 없는 경우로 관련 증빙서류에 의하여 정정사유가 타당하다고 인정될 경우

---

**2. 계약 상이(원상태) 수출이라는 사실 확인이 필요** : 계약 상이(위약) 건은 기본적으로 보세구역에 반입된 상태에서 수출신고하고, 세관은 국내에서 사용되지 않고 수입한 원상태 그대로 수입 시점과 동일한 상태의 동일한 물품이 재수출되는지, 그리고 실제로 계약과 상이한 부분이 있는지 검사할 수도 있습니다. 원상태 수출 건 역시 수출신고하면, 국내에서 사용되지 않고 수입한 원상태 그대로 유상 판매를

  무역·물류 실무자 상담 사례집

목적으로 수출되는 건인지 현품을 세관에서 확인할 수 있습니다. 그러나 이미 물품이 선적된 상황에서는 세관이 현품을 확인할 수 없으니 원상태 그대로 수출되었는지, 수입한 물품과 동일한 물품인지, 실제로 계약과 상이한 물품인지 등 필요한 사항을 확인할 길이 없습니다.

특히나 계약 상이 건과 원상태 건은 수출 이행 후 수출자가 관세환급 신청할 수 있는 건이기 때문에 세관 담당자 입장에서는 더욱 신중할 수밖에 없습니다. 결국 현실적으로 선적 이후 거래구분을 계약 상이 또는 원상태 건으로 정정하는 것은 세관에서 인정을 해주기 어려운 부분으로 사료됩니다.

# Ⅲ. 전략물자

## 🌐 전략물자제도 <sup>수출통제제도</sup> 이해와 통제품목



〈질문〉 전략물자의 의미와 전략물자에 해당되는 품목에 대해서 알고 싶습니다.


〈답변〉 **1. 전략물자의 의미 이해** : 전략물자는 대량파괴무기, 재래식무기, 그 운반 수단인 미사일 및 이들의 제조·개발·사용 또는 보관 등의 용도로 전용(轉用)될 수 있어 국제평화 및 국가안보를 위해 수출관리가 필요한 품목(물품, 기술, 소프트웨어)을 의미합니다. 그래서 전쟁 및 테러 등에 직접적으로 사용되는 무기뿐만 아니라 해당 무기를 제조·개발할 때 투입되는 원재료 등과 같은 하드웨어와 소프트웨어도 그 범위에 포함될 수 있습니다.


**2. 전략물자에 해당되는 품목** : 전략물자라 함은 「전략물자 수출입고시」 별표 2~3에 규정된 품목, 기술, 소프트웨어를 의미합니다. 참고로 「전략물자 수출입고시」는 대외무역법에 따라 산업통상자원부 장관이 지정·고시합니다.

| 전략물자 수출입고시 |
| --- |
| **제2조(용어의 정의)** 이 고시에서 사용하는 용어의 정의는 다음과 같다.<br>1. "물품 등"이라 함은 물품(물질, 시설, 장비, 부품), 소프트웨어 등 전자적 형태의 무체물 및 기술을 말한다.<br>2. "전략물자"라 함은 별표 2(이중용도품목) 및 별표 3(군용물자품목)에 해당하는 물품 등을 말한다. |

| 통제품목[10]<br>(전략물자 수출입고시 별표 2, 별표 3) | | 허가기관[11] |
| --- | --- | --- |
| 별표 2<br>(이중용도품목) | 제1부 : 소재(금속, 세라믹) 화학물질, 미생물, 독소<br>제2부 : 소재가공(기계)<br>제3부 : 전자<br>제4부 : 컴퓨터<br>제5부 : 정보통신 및 정보보안<br>제6부 : 선서 및 레이저<br>제7부 : 항법 및 항공전자<br>제8부 : 해양<br>제9부 : 추진장치, 우주비행체 및 관련 장비 | 산업통상자원부장관<br>(제1부부터 제9부까지 물품) |
| | 제10부 : 원자력 전용품목 | 원자력안전위원회 위원장<br>(제10부 물품) |
| 별표 3<br>(군용물자품목) | 군용물자 품목 | 방위사업청장<br>별표 3(군용물자품목)에 해당되는 물품 등과 별표 2(이중용도품목)에 해당되는 물품 등(수입국 정부가 군사목적으로 사용할 경우에 한함) |

▲ 판정기관 : 산업통상자원부장관 및 방위사업청장은 전략물자 수출입고시 별표 2(이중용도품목)에 해당되는 물품 및 별표 2의 2(상황허가 대상품목)에 해당되는 물품 등의 판정 업무를 전략물자관리원에 위탁합니다.

**3. 이중용도 품목의 이해** : 전략물자에 포함되는 품목은 대부분 첨단산업제품이라고 할 수 있는데, 여기에는 일반산업용과 군사용으로 모두 사용될 수 있는 이중용도 품목도 포함됩니다. 이중용도 품목의 예는 다음과 같습니다.

| | |
| --- | --- |
| • 트리에탄올아민 | 샴푸·화장품 제조에 쓰이지만, 화학무기 원료로 사용 가능해 전략물자로 분류 |
| • 탄소섬유 | 테니스 라켓 소재로 사용되지만, 미사일 동체 제조에 사용 가능해 전략물자로 분류 |
| • 동결건조기 | 인스턴트 커피 제조용으로 쓰이지만, 생물무기 제조장치에 사용가능한 요건을 충족시킬 경우 전략물자로 분류 |

출처 : 전략물자관리원

이렇게 전혀 전략물자라고 생각지 못한 품목이 전략물자가 될 수 있기 때문에 자가판정 또는 사전판정해 그 결과에 따라서 전략물자에 비해당 품목인지, 해당 품목인지 확인할 필요가 있습니다.

---

10) 출처 : 전략물자관리원.
11) 「전략물자 수출입고시」 제5조(허가기관).

# 전략물자 판정 자가, 사전판정과 수출허가의 종류 상황 및 개별허가

〈질문〉 폐사는 수출자인데, 사용하는 관세사무실 쪽에서 수출물품에 대해서 전략물자관리원으로 전략물자 '사전판정' 신청을 권하고 있습니다.

문제는 해외 수입자와의 매매계약서 선적기일(S/D)이 얼마 남지 않았고, 전략물자 사전판정 신청을 해본 적이 없어서 혼란스럽습니다. 전략물자 판정 절차에 대해서 알기 쉽게 설명 부탁드립니다.

〈답변〉 **1. 전략물자 여부 판정(자가판정 또는 사전판정)** : 전략물자 판정에 있어 자가판정은 수출업체 스스로 전략물자관리시스템(www.yestrade.go.kr)의 '온라인 자가판정'을 통해 진행되며, 판정 결과는 실시간으로 확인 가능합니다. 반면 사전판정은 수출자가 전략물자관리원에게 판정을 신청하는 것이며, 판정기관은 판정신청서를 접수한 날로부터 15일 이내에 전략물자 해당 여부를 판정합니다.

자가판정과 사전판정은 동일한 법적효력을 가지나, 자가판정은 업체 스스로 한 것이기 때문에 그 책임은 업체에게 있습니다. 따라서 시간적 여유를 가지고 가자판정보다는 사전판정을 신청해 전략물자 여부 판정을 받고, 전략물자에 해당되면 수출허가를 득한 후에 수출 진행하는 것이 적절할 것입니다.

**2. 전략물자 판정 절차** : 전략물자에 대한 허가는 수출 건에서는 수출허가와 상황허가로 구분될 수 있습니다. 그리고 전략물자로 판정된 물품에 대해서는 중개허가와 경유·환적허가 역시 존재합니다. 중개허가는 대한민국에 위치한 자가 전략물자 등을 제3국에서 다른 제3국으로 이전하거나 매매를 위해 중개하려는 경우, 고시 제54조(중개허가의 대상)에 의해서 허가기관의 장에게 중개허가를 신청해야 합니다. 그리고 전략물자 등을 국내 항만이나 공항을 경유하거나 국내에서 환적(換積)

하려는 자[12]는 고시 제56조(전략물자 등의 경유·환적허가)에 따라서 수출허가신청서를 허가기관의 장에게 제출해야 합니다.

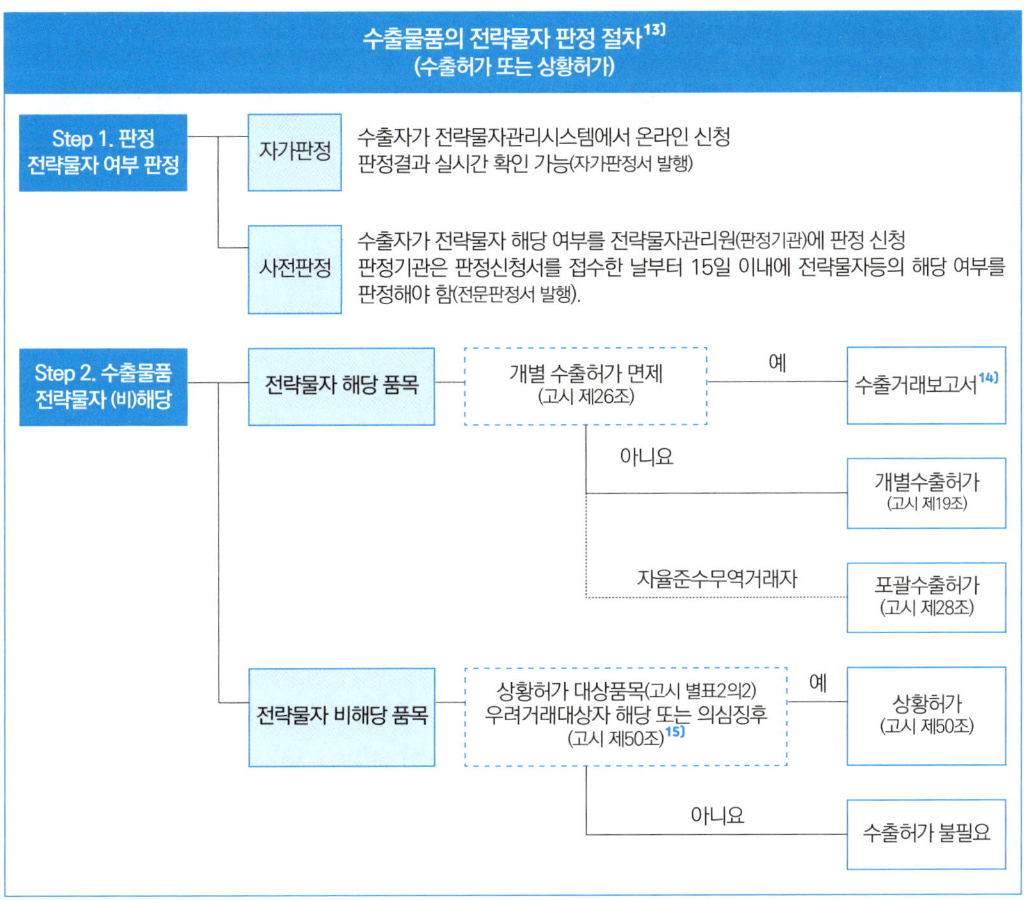



12) 물류정책기본법에 따른 국제물류주선업자 또는 해운법, 항만운송사업법 및 항공운송사업진흥법에서 규정하는 운송사업자 등을 말한다.

13) 참고 : 전략물자관리원 및 「전략물자 수출입고시」

14) 전략물자 수출입고시 제26조(개별수출허가의 면제) 제1항의 경우 수출자는 수출 후 7일 이내에 허가기관의 장에게 별지 제16호 서식에 따른 수출거래보고서를 제출해야 합니다.

15) 제50조(상황허가의 대상) ① 전략물자에는 해당되지 아니하나 대량파괴무기 등의 제조·개발·사용 또는 보관 등의 용도로 전용될 가능성이 높은 물품 등(이하 '대량파괴무기관련물품 등'이라 한다)을 별표 6의 '나'지역으로 수출하고자 하는 자는 해당 물품 등의 구매자, 최종수하인 또는 최종사용자가 그 물품 등을 대량파괴무기 등의 제조·개발·사용 또는 보관 등의 용도로 전용할 의도가 있음을 알았거나 그러한 의도가 의심되는 다음 각 호의 어느 하나에 해당되는 경우에는 허가기관의 장에게 상황허가를 신청해야 한다.

**3. 전략물자 해당 품목 수출** : 전략물자 판정 결과, 전략물자에 해당하는 품목이라고 해서 무조건 수출이 불가능한 것은 아닙니다. 전략물자 해당 품목을 수출하려는 자는 전략물자 수출허가신청서와 필요서류를 첨부해 허가기관으로 허가 신청할 수 있습니다.[16] 이후 전략물자 수출자의 수출허가 신청을 받은 허가기관의 장은 수출허가 신청서 접수일부터 15일 이내(다만, 제21조제1항에 따른 허가신청은 5일 이내)에 허가번호가 기재된 수출허가서를 발급하거나 거부 처리합니다. 이때「전략물자 수출입고시」별표 6(전략물자 수출지역 구분)의 '가'지역으로 수출하고자 하는 경우는 개별수출허가 신청서류 중 일부 서류의 제출을 면제받을 수도 있습니다.[17]

참고로 개별수출허가는 수출할 때마다 허가를 받아야 하는 제도로, 전략물자 수출허가신청서와 함께 수출계약서(또는 신용장, 가계약서 중 1부) 및 전문판정서(또는 자가판정서)[18] 등의 서류를 허가기관으로 제출해야 합니다.[19] 허가기관은 개별수출허가 심사 기준[20]에 의해서 처리하며, 처리기한은 15일 이내로 수출허가 받은 품목에 대해서는 수출허가서를 발급하며, 유효기간은 1년입니다.

이러한 개별수출허가는 비록 수출할 때마다 허가 받아야 하지만, 한 번 허가 받은 수량을 한 번에 선적하지 않고 1년의 유효기간 이내에 분할선적하는 방법으로 수출할 수도 있습니다. 반면에 포괄수출허가는 1번의 허가만으로 특정 기간 동안 반복 수출을 허락하는 제도이기는 하나, 자율준수무역거래자로 지정된 업체에 한합니다.

**4. 전략물자 비해당 품목 수출** : 전략물자 판정 결과 전략물자에 해당되지 않는 품목이라 해서 무조건 수출할 수 있는 것은 아닙니다. 전략물자에는 해당되지 아니하나 대량파괴무기 등의 제조·개발·사용 또는 보관 등의 용도로 전용될 가능성이

---

16)「전략물자 수출입고시」제19조(개별수출허가).
17)「전략물자 수출입고시」제21조(수출허가 신청 서류의 일부 면제 등).
18) 수출하고자 하는 품목이 전략물자에 해당하는 품목인지에 대한 판정이 수출자 자체적으로 진행한 '자가판정'의 경우라면 자가판정서(별지 제5호 서식)를 제출하고, 사전판정기관으로 사전판정 요청한 결과에 의하면 '전문판정서(별지 제4호 서식)'를 제출합니다.
19)「전략물자 수출입고시」제20조(개별수출허가 신청서류).
20)「전략물자 수출입고시」제22조(개별수출허가의 심사기준).

높은 물품 등을 「전략물자 수출입고시」 별표 6의 '나'지역으로 수출하고자 하는 자는 허가기관의 장에게 상황허가를 신청해야 합니다.

| 「전략물자 수출입고시」 별표 6 전략물자 수출지역 구분 | |
|---|---|
| '가' 지역 | 아르헨티나, 호주, 오스트리아, 불가리아, 벨기에, 캐나다, 체코, 덴마크, 핀란드, 프랑스, 독일, 그리스, 헝가리, 아일랜드, 이탈리아, 일본, 룩셈부르크, 네덜란드, 뉴질랜드, 노르웨이, 우크라이나, 폴란드, 포르투갈, 스페인, 스웨덴, 스위스, 터키, 영국, 미국(29개국) |
| '나' 지역 | 북한(제3국을 경유하여 재수출되는 경우에 한함), 나우루, 네팔, 말레이시아, 예멘, 오만, 요르단, 이란, 카타르, 이집트, 쿠웨이트, 바레인, 사우디아라비아, 아랍에미리트, 이라크, 이스라엘 … (중략) 등 '가' 지역에 해당하지 않는 국가 및 지역 |

## 🌐 개별수출허가를 위한 수입목적확인서

<질문> 한국에 위치한 수출자인데, 수출물품이 전략물자 해당 품목이라서 개별수출허가 신청해야 합니다. 이때 수출허가신청서와 함께 제출하는 수입국 정부가 발행하는 전략물자 수입목적확인서에 대한 개념을 설명 부탁드립니다.

<답변> 1. 수입목적확인서 개념 : 전략물자제도는 전략물자[21]에 대한 수출통제를 위한 제도로 수출자가 그 주체가 되며, 수입통제제도는 아니기 때문에 수입자와 전략물자제도는 기본적으로 연관이 없다고 할 수 있습니다. 그러나 수입자가 전략물자에 해당하는 품목을 수출자로부터 수입할 때, 수입국 발급기관이 발행한 '수입목적확인서'를 수출자로부터 요청받을 수 있습니다.

그 이유는 수입자가 혹시라도 전략물자를 테러 목적 또는 대량살상무기 생산의

---

21) 전략물자란 국제평화 및 안전유지와 국가안보를 위해 수출허가 등 제한이 필요한 물품을 말합니다.

원재료로 사용할 수 있기 때문입니다. 따라서 수출국에서 수출자가 전략물자를 수출하기 위해서 수입국에서의 사용 목적 확인서가 필요할 수 있습니다. 이렇게 전략물자를 수입하는 수입국에서 전략물자를 어떠한 용도로 사용할지에 대한 내용을 수입국 허가기관이 발급한 수입국에서의 최종사용용도 등을 표시한 확인서가 바로 수입목적확인서[22]입니다.

## 2. 개별수출허가 신청서류

전략물자 수출입고시

**제20조(개별수출허가 신청서류)** ① 전략물자 중 기술이 아닌 것을 수출하고자 하는 자는 별지 제1호 서식에 따른 전략물자 수출허가신청서에 다음 각 호의 서류를 첨부하여 허가기관의 장에게 허가를 신청하여야 한다.

1. 수출신용장, 수출계약서, 수출가계약서(의향서 및 이에 준하는 서류를 포함한다) 중 1부.
2. 별지 제4호 서식에 따른 전문판정서 또는 별지 제5호 서식에 따른 자가판정서 1부. 다만, 해당 전략물자와 관련한 국제수출통제체제 가입국으로부터 수출허가를 받은 경우 허가서로 갈음할 수 있다.
3. 〈삭제〉
4. 수입국 정부가 발행하는 전략물자 수입목적확인서 또는 별지 제2호 서식에 따른 최종수하인 진술서 1부. 다만, 별표 4의 화학무기금지협약 통제품목 중 3종 화학물질을 화학무기금지협약 가입국 이외의 지역으로 수출하려는 경우에는, 제18조제5항제4호의 수입국정부가 발행한 확인서를 제출하여야 한다.

~~~~~~~~~~~ 이하 생략 ~~~~~~~~~~~

## 3. 한국 수입자의 수입목적확인서 발급

<div style="background:#2E9BD6;color:white;text-align:center;font-weight:bold;">전략물자 수출입고시</div>

**제57조(수입목적확인서의 발급)** ① 전략물자를 수입하고자 하는 자가 수출국으로부터 해당 전략물자의 최종사용용도 등을 표시한 수입목적확인서의 제출을 요구받은 경우 제8조에 따른 수입목적확인서발급기관의 장(이하 "발급기관의 장"이라 한다)에게 수입목적확인서 발급 신청을 할 수 있다. 이 경우 신청자는 별지 제7호 서식에 따른 전략물자 수입목적확인신청서 4부(수출자용, 수출국정부용, 세관용, 수입목적확인서 발급기관용)에 다음 각 호의 서류를 첨부하여 제출하여야 한다.

1. 별지 제8호 서식에 따른 전략물자 수입내역 신고서 1부
2. 수입계약서 또는 그에 준하는 서류 1부
3. 그 밖에 발급기관의 장이 필요하다고 인정하는 서류

---

22) '수입목적확인서'라 함은 수입자가 해당 전략물자를 수입하여 사용하고자 하는 목적과 그 전략물자를 제3국으로 전송, 환적 또는 수출하지 않을 것임을 서약한 사실을 정부가 확인해 주는 서류를 말한다. 「전략물자 수출입고시」 제2조(용어의 정의)
~~~~~~~~~~~

# 🌐 전략물자의 재수출

〈질문〉 폐사는 한국에 위치한 수입자이며, 전략물자로 분류되는 품목을 수입하면
서 해외 수출자에게 '수입목적확인서'를 제공했습니다. 그런데 수입신고
완료한 제품에 하자가 있어서 해외 수출자에게 무상 조건으로 재수출하고
자 합니다. 전략물자를 기존 해외 수출자에게 재수출하기 전에 폐사가 전
략물자관리원을 통해서 확인 및 신청해야 할 내용이 있는지요?

〈답변〉 전략물자에 해당되는 품목을 수입한 이후 문제가 있어서 재수출하고자 할
때는, 자가판정 또는 사전판정을 통해서 전략물자 해당 여부를 확인하는 것이 선행
되어야 합니다. 이후에 개별수출허가를 신청해 수출허가서를 발급받은 이후에 수
출신고 및 선적을 진행해야 합니다. 전략물자임에도 불구하고 허가 면제되는 경우
는 「전략물자수출입고시」 '제26조(개별수출허가의 면제)'에서 확인 가능하며, 이러
한 면제 품목은 수출 이후에 7일 이내로 '수출거래보고서'를 허가기관으로 제출해
야 합니다.

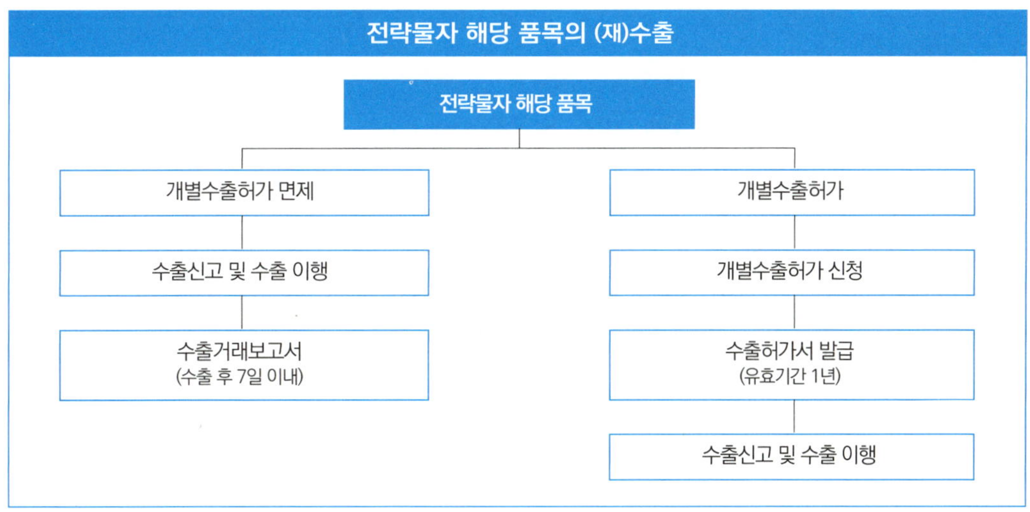

# Ⅳ. ATA 까르네 등 상공회의소 관련 업무

## 🌐 ATA 까르네 발급 절차와 비용

〈질문〉 한국에서 일본으로 전시회 출품을 목적으로 기계를 ATA 까르네를 활용해 수출하려고 합니다. 관세사무실에서는 수입지로써 일본에서의 통관을 일본 업체가 직접 핸들링할 수 있고, 일본 수입통관에서 특별히 문제가 없다면 수출지로써 한국에서 ATA 까르네가 아닌 전시회 출품을 목적으로 하는 무상 수출신고와 전시회 종료 후 재수입신고하는 것이 보다 적절하다면서 ATA 까르네 활용에 대한 재고를 요청했습니다.

그러면서 ATA 까르네는 발급받기 위해서 절차가 까다롭고 비용과 시간이 상당히 발생되며, 추가적으로 수입국에서 분실되면 문제가 된다고 합니다. 이러한 내용을 보다 세부적으로 정리해서 듣고자 합니다. 도움 바랍니다.

〈답변〉 **1. ATA 까르네 발급과 활용 및 주의점** : ATA 까르네는 상공회의소 무역인증서비스센터에서 발급받을 수 있습니다. 한국의 수출자는 까르네를 발급받아서 상대 수입국의 수입자에게 전달하면, 수입자는 해당 까르네로 관세와 부가세 등 세금을 납부하지 않은 상태에서 수입통관 진행이 가능합니다(세액 유예받을 수 있음). 물론 수입지 세관은 수입한 물품의 수량과 동일한 수량이 동일한 상태로 언제까지 재수출되어야 한다는 재수출 이행 기간을 설정하고, 그 기간 동안 재수출이 이루어져야 합니다.

만약 재수출기간 이내에 당해 물품이 재수출되지 않거나, 재수출기간이 경과했거나, 수입국에서 분실되었거나 또는 재수출 수량이 수입신고 당시와 상이한 상황이 발생되면, 수입국은 까르네를 발급한 수출국의 상공회의소로 수입신고 당시의 관세, 부가세 등의 세액을 추징할 수 있습니다.[23]

이후 수출국의 상공회의소는 까르네 신청인으로서 한국의 수출자에게 수입국의 세액을 청구하는데, 납부하지 않을 수도 있습니다. 따라서 까르네 신청인은 까르네를 신청하면서 SGI 서울보증을 통해서 까르네 신청인이 수입국 세액을 납부하지 않았을 때 보증인으로서 서울보증이 납부하겠다는 보증서를 제출해야 합니다.

**2. '서명등록'과 '이행지급보증보험증서' 발급** : ATA 까르네를 상공회의소 무역인증서비스센터로 신청하기 위해서는 신청인의 서명(Signature)을 먼저 등록해야 합니다. 등록된 서명은 향후에 까르네 전면 하단에 날인됩니다. 이때 서명등록 비용으로서 55,000원(VAT 포함)의 비용이 발생됩니다.

다음으로 SGI 서울보증으로 '이행지급보증보험증서' 발급을 신청해야 합니다. 보험증서를 발급 신청할 때, 가입자는 무역인증서비스센터 홈페이지에서('양식 및 견본' 메뉴) 'ATA 까르네 발급 신청서'를 다운받아 작성 후 서울보증으로 제출해야 합니다. 그리고 서울보증의 보증기간은 6개월 또는 12개월이 될 수 있으며, 보험료는 C/I 금액에 40%(일본으로 수출하는 경우)의 담보 범위를 곱한 값에 1.191% 등으로 결정되는 요율을 곱해 최종 계산됩니다. 한국에서 일본으로 C/I 금액 50,000,000원의 물품을 수출한다면 238,200원(=50,000,000×40%×1.191%)의 보험료가 발생될 수 있습니다.

이렇게 보험료를 납부하고 이행지급보증보험증서를 발급받을 수 있으며, 이 보증서와 함께 까르네 발급 신청인은 무역인증서비스센터로 까르네 발급 신청서 및 서약서, 총괄목록(양식은 무역인증서비스센터 '양식 및 견본' 메뉴에서 다운 가능)을 제

---

23) ATA 까르네를 활용해 수입한 물품에 대해서 향후에 수입국 세관에 정상적으로 수출신고하지 않고, 핸드캐리 또는 특송 등을 사용해 반출하더라도 수입할 때 유예받은 세액의 추징이 일어날 수 있습니다.

출합니다.

　마지막으로 까르네 발급수수료를 무역인증서비스센터에 결제해야 하는데, 대략 230,000원(1개 국가로 화물 이동 후 재수입되는 상황) 정도입니다. 결국 ATA 까르네를 발급받기까지 상당한 시간과 비용이 발생되며, 혹시라도 상대국에서 분실 및 재수출 이행 기간 이내에 정확한 수량이 재수출 이행되지 않으면, 그 피해는 고스란히 수출국의 수출자에게 전가될 수 있다는 위험에도 노출되어 있습니다.

## 🌐 ATA 까르네의 수출신고, 까르네 활용의 불요성과 필요한 사례

〈질문〉 전시회 출품을 목적으로 하는 물품의 수출 또는 해외 공연을 위한 설비의 수출에서 ATA 까르네가 활용될 수 있고, 까르네를 활용하면 수출과 수입 통관이 순조롭게 진행된다고 알고 있습니다. 그런데 관세사무실에서 이러한 상황에서 무조건 ATA 까르네를 활용하는 것이 아니라 ATA 까르네를 발급하는 수출자 입장에서 실익을 따져봐야 한다고 합니다. 수출자 입장에서 어떤 부분을 확인해야 하는지 설명 부탁드립니다.

　〈답변〉 1. ATA 까르네 건의 수출신고 : 일반적인 수출 건에서는 관세사무실에서 수출자가 제시하는 C/I와 P/L을 근거로 수출신고서를 작성 후 관할지 세관으로 전산 신고합니다. 그러나 까르네 건은 까르네 원본과 관세사무실에서 수출신고서를 작성해 발행되는 가면장(세관으로 관세사무실이 전산 신고는 하지 않음) 및 수출화물이 반입지에 반입되었음을 증명하는 반입계(보세구역에 반입된 상태에서 수출신고하는 경우) 등의 서류를 관할지 세관으로 제출합니다.[24] 이후 세관은 해당 서류를 기

---

24) 까르네 건의 수출신고를 내륙지 세관으로 진행한 경우는 적재지까지 보세운송을 해야 할 수 있습니다.

초로 세관에서 직접 수출신고 진행하며, 수출신고번호를 까르네에 기재해 까르네 발급 신청인에게 다시 전달합니다.

　수출신고 업무를 대행하는 관세사무실은 일반적인 수출 건 통관 수수료에 대해서 FOB 가격 기준으로 1.5/1,000의 요율(최저 15,000원)을 적용하고 있지만, 까르네 건은 요율 적용하지 않고 건당 일정한 금액을 청구합니다. 까르네를 활용해 수출 후 재수입될 때 역시 수입 건 통관 수수료가 CIF에 근접하는 총과세가격을 기준으로 2/1,000의 요율이 적용되지만, 까르네 건은 요율 적용 없이 건당 일정 금액을 청구합니다. 실제 업무에서 까르네 통관 건에 대해서 통관 수수료를 300,000원 정도 청구하고 있습니다.

**2. ATA 까르네의 불필요성** : 수입국에서의 수입통관을 수입자가 순조롭게 처리할 수 있는 능력과 환경만 조성되고, 한국 수출자가 수입국의 통관에 관여하지 않는다면, 굳이 한국 수출자가 까르네를 발급받아서 업무를 진행할 이유가 특별히 없습니다. 까르네를 발급받기까지 상당한 비용이 발생되고, 그에 따른 시간을 별도로 투자해야 하며, 수출(입) 통관 절차 역시 일반적인 수출(입)과 다르기 때문에 수출(입) 통관 수수료가 상대적으로 비쌉니다. 특히 수입국에서 재수출 이행 기간 이내에 재수출되지 않거나 분실 및 재수출되더라도 수량이 맞지 않았을 때, 수입국의 세액이 고스란히 한국 수출자에게 돌아옵니다. 아울러 한국에서 발행된 까르네를 수입지의 수입자에게 전달하고 다시 향후에 물품 재수입하면서 까르네를 회수해 무역인증서비스센터로 반납해야 합니다.

　이러한 복잡하고 추가 비용의 발생 및 시간 투자와 사후 관리까지 필요한 까르네를 활용하는 것보다는 수입지의 수입자가 통관을 순조롭게 할 수 있다면, 한국에서 재수입 조건으로 해외 전시회 출품을 목적으로 하는 수출신고를 하고, 재수입할 때 전시회 종료 후 동일한 물품이 재수입되는 것으로 신고하면 됩니다. 이렇게 간단하게 끝낼 수 있는 업무를 굳이 까르네를 발급해 진행할 필요가 있는지에 대한 재고가 충분히 필요해 보입니다.

**3. ATA 까르네의 활용이 필요한 사례** : 물론 수입국의 수입자가 무역을 알지 못할 때, 수입국에서 쉽게 통관할 수 있는 방법으로 까르네를 활용하는 것은 괜찮습니다. 한 사례로 한국의 공연 기획사가 일본에서 공연을 할 때 공연 물품을 한국에서 발송해 일본에서 수입통관 후 공연 종료되면, 한국으로 다시 재수입할 때는 일본 업체 및 한국 업체 모두가 무역을 잘 모르니 포워더의 도움을 받아서 까르네를 활용해 업무 진행하는 것이 편할 수 있습니다.

다른 사례로는 음악회에 필요한 악기를 수입해서 음악회를 종료하면, 다시 반출하는 경우에도 ATA 까르네의 활용 가치는 높다고 할 수 있습니다.


# 🌐 2개 제조사와 하나의 수출신고필증

〈질문〉 폐사는 국내 제조사(A사)입니다. 폐사의 물품을 국내 수출자가 구입해 수출하는데, 수출자는 타 제조사(B사)의 물품과 함께 수출합니다. 이 건에 대해서 수출자는 제조사별로 수출신고하는 것이 아니라, 제조사 A와 제조사 B의 물품을 하나의 C/I 및 P/L에 기재해 수출신고는 한 건으로 합니다. 즉, 2개 제조사 물품이 하나의 수출신고필증에 기재됩니다.

이와 같은 상황에서 상공회의소 무역인증서비스센터를 통해 비특혜(일반) 원산지증명서(C/O) 발급 신청이 가능한지요? 또한 폐사는 제조사로서 폐사가 제조한 물품의 수출 이행에 따른 관세환급 신청을 원합니다. 수출자가 2개 제조사 물품을 하나의 건으로 신고한 수출신고필증을 폐사가 전달받아서 관세환급 신청이 가능한지요?

〈답변〉 **1. 비특혜 C/O 발행 조건과 발급기관** : 상공회의소 무역인증서비스센터로 비특혜(일반) 원산지증명서(C/O, Certificate of Origin)를 발급 신청하기 위해서는 먼저, C/I(상업송장)와 P/L(포장명세서)을 작성해 관할지 세관에 수출신고 후 수출신고필증이 발행되어야 합니다. 그리고 수출신고필증의 '수출화주', '수출대행자' 또는 '제조사' 중 무역인증서비스센터에 서명(Signature) 등록된 자가 비특혜 C/O 신청 가능합니다. 이때 비특혜 C/O 신청하는 자가 비특혜 C/O의 Exporter가 되며, 수출신고필증의 '구매자'가 Consignee로 기재되어 발행됩니다.

**2. 수출신고필증의 '제조사' 미상과 비특혜 C/O의 발행** : 수출신고필증 '제조사' 부분에는 2개 이상의 제조사가 함께 기재되어 발행되지 못합니다. 그래서 수출자가 2개 제조사의 물품을 하나의 C/I와 P/L에 기재해 수출신고하면, 수출신고필증에는 2개 제조사 물품이 함께 신고되고, '제조사' 부분에는 '미상' 처리됩니다. 그럼에도 불구하고 2개 제조사 물품이 국내 제조사를 통해 국내에서 충분할 정도의 제조공정을 거친 물품이라면, 무역인증서비스센터로 비특혜 C/O 발급 신청 및 발급을 받을 수도 있습니다. 즉, 수출신고필증의 '제조사'가 미상 처리된 건이라는 이유로 비특혜 C/O 발급 신청이 불가한 것은 아닙니다.

**3. 수출신고필증의 '제조사' 미상과 제조사의 관세환급 신청** : 위약물품 재수출에 따른 관세환급 및 원상태 유상 수출에 따른 관세환급은 수출자가 신청하지만, 국내 제조 후 수출 이행에 따른 관세환급은 기본적으로 제조사가 수출자에게 제공받은 수출신고필증을 근거로 세관에 신청합니다. 이때 수출신고필증의 '제조사' 부분에는 관세환급을 신청하는 수출물품의 제조사가 기재되어 있어야 합니다.

제조사 A사는 자신이 제조해 수출자에게 공급한 물품에 대한 관세환급을 신청하려는 입장이니, 수출자에게 제공받는 수출신고필증의 '제조사' 부분에는 A사가 기재되어야 합니다. 이를 위해서 수출자는 제조사 A와 제조사 B의 물품을 제조사별로 각각 수출신고해 2건의 수출신고필증 '제조사' 부분에 제조사 A와 제조사 B가 각각 기재될 수 있도록 해야 합니다.

**4. 2건의 수출신고와 한 건의 운송서류 발행** : 수출자는 C/I와 P/L을 제조사별로 구분 발행해 관세사무실을 통해 제조사별로 수출신고합니다. 하나의 건으로 1회 수출신고할 수도 있으나, 이렇게 제조사별로 수출신고하면 통관 수수료는 2회 발생됩니다. 물론 운송은 제조사 A와 제조사 B를 하나의 건으로 묶어서 진행될 것이니 운송서류(B/L, 화물운송장)는 1회 발행됩니다. 다시 말해서 2건의 수출신고필증의 물품을 묶어서 하나의 운송서류에 기재해 운송서류는 1회 발행된다는 뜻입니다. 물론 수입국에서 화물을 인수하는 자는 1개 회사이고, 제조사 A와 제조사 B물품을 함께 인수하는 상황입니다.

수입국에서는 하나의 운송서류상의 물품을 하나의 Consignee가 인수하니, 한국의 수출자는 제조사 A와 제조사 B의 물품이 함께 기재된 하나의 C/I와 P/L을 운송서류와 함께 전달해야 합니다.

# 상공회의소 발급 C/O의 품명과 수출신고필증의 품명



〈답변〉 수출신고필증의 내역을 근거로 상공회의소 무역인증서비스센터에서 비특혜 또는 특혜 C/O를 발급합니다. 따라서 수출신고필증의 품명과 C/O의 품명은 동일합니다. 그러나 기발행된 C/O의 품명을 수정하기 위해서는 수출신고필증의 품명을 세관으로 정정 신고하는 것이 우선이며, 이후에 C/O 정정 신청이 가능합니다.

FTA C/O와 같은 특혜 C/O의 정정을 진행할 때는 원본을 상공회의소 무역인증서비스센터로 반납해야 합니다. 그리고 정정에 대한 별도 수수료가 발생될 것입니다.

# V. 다양한 형태의 거래

## 🌐 재수출 조건 수입 : 적절한 사유 있어야

〈질문〉 수입자인데, 이번에 수입하는 물품은 한국의 폐사가 일시적으로 소유하고 있다가 다시 외국의 제3자에게 재수출하는 건입니다. 그래서 재수출 조건으로 담보 설정해 수입신고할 수 있을 듯한데, 그 사유가 적절하지 못하다는 이유로 세액 납부할 것을 요구받았습니다.

분명 국내에서 소비하지 않고 외국으로 재수출할 것인데, 꼭 세액을 납부해야 하는지요? 만약 폐사가 수입관세 등을 납부 후 수입했을 때, 향후에 재수출하면 수입관세환급 신청은 가능한지요?

〈답변〉 1. 수입물품의 HS Code에 관세율이 0%가 아닌 이상 총과세가격을 기준으로 수입관세는 기본적으로 발생됩니다. 관세의 납부는 국내에서 수입신고물품이 소비된다는 전제를 두고 있습니다. 이때 수입자가 국내에서 소비하겠다는 조건으로 일반수입신고를 할 때는 당연히 관세를 납부해야 합니다. 그리고 수입자가 국내 소비를 전제하지 않고 수입 후 외국으로 다시 반출(재수출)하겠다는 조건으로 수입신고하더라도 그 적정한 사유와 이를 입증하는 증빙서류를 제출하지 못하면 관세를 납부해야 합니다.

2. 세관원 입장에서 귀사가 수입하는 사유를 적절히 제시 못했다는 것은 귀사가 물품을 수입해 일정한 용도로 사용하면서 재수출하지 않을 수도 있고, 재수출한다

하더라도 수입 후 재수출 기간 동안 국내에서 해당 물품으로 생산적인 활동을 할 수도 있다는 상당한 의심을 가질 수밖에 없습니다. 전시회 출품용이면 전시회 팜플렛을 제시해야 하고, 테스트 목적이면 이를 입증하는 적절한 입증서류를 제출해야 할 것입니다.

만약 적절한 사유를 제시하지 못한다면, 세액을 납부해야 수리받을 수 있습니다.

3. 마지막으로 수입신고 당시에 재수출 조건으로 세액만큼의 담보를 설정하고, 수입신고 수리받은 건은 재수출 이행 기한까지 수입한 용도에 맞게 사용(테스트 건은 테스트 건으로만 사용하고, 전시회 출품용은 전시회 출품 용도로만 사용해야)하고, 수출 이행 후 이행보고 및 담보해지를 신청하면 됩니다. 그러나 귀사의 수입 건은 재수출 조건부 수입이 아니라 수입신고할 때 세액을 납부하는 건입니다. 귀사가 정말로 그 물품을 수입 후 수입한 원상태 그대로 재수출한다고 하더라도, 계약 상이(불량 등)를 이유로 무상 수출(관세법상의 환급) 또는 판매를 목적으로 원상태 유상 수출(관세환급특례법상의 수출)하지 않는 이상 재수출 이행 후 수입관세환급 신청은 불가할 것입니다.

## 🌐 재수출 조건 수입 : 재수출면세 담보 설정 및 재수출면세기간 설정 규정

〈질문〉 폐사는 테스트를 목적으로 해외에서 기계를 일시 반입 후 약 2주 동안의 테스트를 종료 후에 다시 해외로 재수출합니다. 여기서 몇 가지 질문을 드립니다.

첫 번째로 국내에서 기계 테스트를 하기 위해서 재수출 조건으로 수입신고하면 '재수출 면세' 조건이 적용될 수 있다고 들었는데, 실제로 관세와 내국세가 함께 면세되는 것이 아니라 담보 제공해야 한다고 들었습니다. 그렇다면 담보 제공은 어떤 형태로 가능한지요?

두 번째 재수출 이행 기한에 대한 문의입니다. 재수출 이행 기한은 어떤 근거로 설정이 되는지요?

세 번째 이 건은 중국의 제조사로부터 수입하는 기계입니다. 만약 한-중 FTA C/O를 확보하면 한-중 FTA 협정세율을 적용받아서 재수출 조건으로 수입 가능할까요?

**〈답변〉 1. 재수출면세 건은 담보 제공해야** : 재수출 조건으로의 수입은 발생된 관세 등을 면세해주는 상황이 아닙니다. 관세 등을 면세하는 경우는 관세법 제40조(징수금액의 최저한)에 속하는 건으로 납부해야 할 세액의 합계가 1만 원 이하의 건 또는 [관세법 시행규칙] 제45조(관세가 면제되는 소액물품)에 해당되는 경우입니다.

질문의 상황은 재수출 조건의 수입이며, 재수출 조건 수입에서 관세의 면세(관세법 제97조 재수출면세)는 담보 제공이 필요합니다. 이유는 재수출 조건으로 수입하는 건에 대해서 무담보로 수입신고를 수리받고 수입자가 수입신고할 때의 용도(상

<table>
<tr><td>관세 등에 대한 담보 제도 운영에 관한 고시</td></tr>
</table>

**제14조(담보제공의 범위)** ① 세관장은 다음 각 호의 사항에 대하여 관세 등에 상당하는 담보의 제공을 요구할 수 있다.

1. 환특법 제6조제1항에 따른 수출용원재료에 대한 관세 등의 일괄납부. 다만, 제17조 및 제18조에 따라 설정한 신용담보한도액 초과분에 한한다.
2. 법 제248조에 따른 수입신고 수리 후 관세납부
3. 법 제252조에 따른 수입신고 수리 전 반출승인
4. 법 제97조 및 제98조에 따른 재수출면세 및 재수출감면세. 단, 감면세액이 50만 원 미만인 경우는 제외한다.
5. 법 제156조에 따른 보세구역외 장치허가
6. 법 제218조에 따른 보세운송신고 또는 승인
7. 법 제253조에 따른 수입신고 전 물품반출
8. 관세법 제9조제3항에 따른 월별납부의 승인
9. 관세법 제10조에 따른 납부기한의 연장
10. 관세법 제107조에 따른 분할납부의 승인
11. 그 밖에 법령에서 담보 제공을 요구할 수 있도록 규정한 경우

기 건은 테스트 용도) 이외의 용도로 사용할 수도 있고, 재수출하지 않고 국내에서 소비할 수도 있기 때문입니다.

담보 제공에 대한 근거 규정은 [관세 등에 대한 담보제도 운영에 관한 고시] 제14조(담보제공의 범위) 제4호입니다. 참고로 재수출면세에서 감면세액이 50만 원 미만인 경우는 제외한다는 조건이 있습니다.

**2. 재수출이행기한 설정** : 재수출 조건으로의 수입에서 관세 면세는 1년의 범위 내에서 세관장이 정할 수 있도록 관세법 제97조에서 규정하고 있습니다. 이때 그 기간의 설정은 관세법시행령 제115조(재수출면세기간)에 근거하고 있습니다.

| 관세법 | 관세법 시행령 |
| --- | --- |
| **제97조(재수출면세)** ① 수입신고 수리일부터 다음 각 호의 어느 하나의 기간에 다시 수출하는 물품에 대해서는 그 관세를 면제할 수 있다.<br><br>1. 기획재정부령으로 정하는 물품 : 1년의 범위에서 대통령령으로 정하는 기준에 따라 세관장이 정하는 기간. 다만, 세관장은 부득이한 사유가 있다고 인정될 때에는 1년의 범위에서 그 기간을 연장할 수 있다. | **제115조(재수출면세기간)** ① 세관장은 법 제97조제1항의 규정에 의하여 재수출면세기간을 정하고자 하는 때에는 다음 각 호의 기간을 재수출면세기간으로 한다. 이 경우 재수출면세 물품이 행정당국에 의하여 압류된 경우에는 당해 압류기간은 재수출면세 기간에 산입하지 아니한다. 〈개정 2002.12.30〉<br><br>1. 일시 입국하는 자가 본인이 사용하고 재수출할 목적으로 직접 휴대하여 수입하거나 별도로 수입하는 신변용품·취재용품 및 이와 유사한 물품의 경우에는 입국 후 처음 출국하는 날까지의 기간<br><br>2. 박람회·전시회·품평회 기타 이에 준하는 행사에 출품 또는 사용하기 위하여 수입하는 물품은 박람회 등의 행사기간종료일에 당해 물품을 재수출하는 데 필요한 기일을 더한 기간<br><br>3. 가공 또는 수리를 위한 물품 및 그 재료는 가공 또는 수리에 소요되는 것으로 인정되는 기간 |

참고로 세관이 수입 목적의 사유를 기초로 제시한 재수출 이행 시기까지 재수출을 신고해야 하며, 설정된 담보의 해지는 외국으로 나가는 배/비행기에 On Board 된 것이 확인된 이후에 가능합니다.

| 관세법 제97조 재수출면세 제도 시행에 관한 고시 |
| --- |
| **제5조(재수출시기 및 담보 해제시기)** ① 법 제97조제1항에 따른 수출시기는 재수출신고일까지의 기간을 말한다.<br>② 재수출 면세물품의 담보는 해당 물품의 선적이 완료된 것을 확인한 후 해제하여야 한다 |

**3. 재수출 조건 수입 건의 FTA 협정세율 적용 가능한가?** : 재수출 조건의 수입은 국내 소비를 전제하에 수입되는 건이 아니고, 수입 후 일정 기간 이후에 외국으로 다시 반출되는 조건의 수입입니다. 이러한 수입 건에 대해서 FTA C/O를 해외 수출자로부터 발급받아 FTA협정세율 적용해 수입한 사례를 접해보지 못했습니다. 특히나 재수출 조건의 수입 건은 유상이 아니라 무상 거래입니다. 그래서 수입자가 수출자에게 외국환 은행을 통해서 대금 결제하지 않으며, 거래물품에 대한 정확한 가격을 알지 못할 수 있습니다. 이러한 상태에서 정확한 과세가격 산출에 어려움이 있기에 결과적으로 세액의 합계를 알지 못하고, 제공해야 할 담보 금액 역시 산출하는 데 어려움이 있을 수 있습니다.

## 🌐 재수출 조건 수입의 담보설정기간과 납세보증보험 이해

〈질문〉 국내 전시회 출품 목적으로 재수출 조건 수입신고 예정입니다. SGI서울보증을 통해 납세보증보험에 가입해야 한다고 하는데, 이때 담보설정기간은 수입신고 수리일로부터 수출신고하는 날짜까지인지, 아니면 On Board Date까지인지 정확히 알고 싶습니다. 아울러 납세보증보험에 대한 개념 설명 부탁드립니다.

〈답변〉 **1. 담보설정기간** : 전시회 출품 등의 사유(용도)로 재수출 조건으로 수입되는 건은 담보 설정해야 하며, 수입신고한 용도로만 국내에서 사용 후 세관이 제시한 재수출이행기한[25] 이내까지 수출신고해야 합니다. 재수출신고는 재수출이행

---

25) 세관은 수입자가 수입신고할 때 제시하는 전시회 브로슈어를 참고해 재수출이행기한을 설정합니다.

기한까지 진행하되, 수출신고 수리된 물품의 On Board는 수리일로부터 30일 이내(적재의무기한)까지 진행하면 되기 때문에 재수출이행기한보다 On Board Date는 훗날이 될 수 있습니다. 따라서 재수출 조건으로 수입신고할 때 담보 기간은 재수출이행기한+적재의무기한 30일에 해당되는 날까지인데, 실무에서는 On Board Date를 기준으로 상당 기간 이후의 일자까지 담보설정기간을 적용해, SGI서울보증을 통해 납세보증보험을 가입하고 있습니다.

**2. SGI서울보증을 통한 납세보증보험** : 재수출 조건 수입에서 담보 제공 방법은 대부분 SGI서울보증을 통해 수입자가 납세보증보험이라는 보험상품을 가입하는 것입니다. 따라서 보험계약자는 재수출 조건으로 수입신고하는 수입자이며, 피보험자인 국가, 보험자(보험회사)는 SGI서울보증이 됩니다. 이러한 납세보증보험은 국세, 지방세, 관세, 기타 조세에 관한 법령에서 규정하는 납세담보 제공 의무자인 보험계약자[26]가 보험증권에 기재된 납세의무를 납기 안에 이행하지 아니함으로써 피보험자인 국가 또는 지방자치단체가 입은 재산상의 손해를 보상해주는 상품입니다.[27]


# 🌐 화물의 오배송과 한국 보세구역에서의 반송

〈질문〉 폐사는 한국에 위치한 무역회사이고, 중국에 제조 공장을 운영하고 있습니다. 중국 제조 공장에서 일본으로 발송하는 A물품이 있고, 동일한 제조 공장에서 한국 폐사로 발송되는 B물품이 있습니다. 문제는 A물품이 한국

---

26) SGI서울보증으로 보험계약자가 지불하는 보험료는 담보설정기간 등에 의해서 결정됩니다.
27) 출처 : SGI서울보증 홈페이지(www.sgic.co.kr)

으로 B물품이 일본으로 오배송되었습니다. 한국의 보세창고에 반입된 A물품을 일본으로 반송신고하려는데, 유상 중계반송으로 진행해야 하는지, 아니면 단순반송으로 진행해야 하는지 궁금합니다. 그리고 일본으로 운송된 B물품을 한국으로 수입할 때는 일반 수입 건으로 신고하는 것이 맞는지요?

**〈답변〉 1. A물품의 반송신고** : 보세상태에서 확인된 물품이 계약과 상이함을 입증하는 계약서, 이메일 및 사진 등의 자료를 확보하고 이를 설명하는 사유서가 준비되어야 할 것으로 보입니다. 이를 기초로 세관으로 계약 상이를 이유로 단순반송신고(무상, GN) 진행하는 것이 적절해 보입니다. 이 건은 보세상태의 물품을 해외로 유상 판매하는 건이 아니기 때문에 중계반송으로 신고 진행하는 것은 적절치 못합니다.

**2. B물품의 수입신고** : 일본으로 오배송되어 일본에서 출발하는 B물품은, 한국 수입자가 해외 Seller(중국 공장)에게 외국환 결제한 유상 건으로서 국내 소비 목적으로 수입되기 때문에 일반 수입신고해야 합니다.

## 🌐 보세공장으로의 납품과 반품 과정

**〈질문〉** 폐사는 국내 제조사인데, 이번에 대기업 공장으로 원재료 공급 계약을 맺고 처음으로 거래를 진행했습니다. 그런데 대기업 공장이 보세공장이라서 수출신고해야 한다고 하더군요. 물품을 국내의 공급자가 국내의 구매자에게 공급하는데, 왜 수출신고해야 하는지 이해가 되지 않습니다. 그리고 보세공장 담당자의 말로는 폐사가 공급한 물품에 하자가 있을 때는 폐사가 반품 받아야 하는데, 이때 수입신고해야 한다고 합니다. 국내 업체에서 반

**〈답변〉 1. 보세공장은 외국** : 보세공장은 국내에 위치하고 있더라도 외국으로 봅니다. 그래서 국내의 공급자가 보세공장으로 물품을 공급하기 위해서는 내국물품을 외국물품으로 만드는 일련의 과정으로서 수출신고해야 합니다. 이때 실제로 물품이 국내에서 외국으로 나가는 배/비행기에 On Board되는 수출은 아니기 때문에 실제로 수출신고하지는 않습니다. 그러나 수출신고에 갈음(다른 것으로 바꾸어 대신함)하는 신고로서 「수출용원재료에 대한 관세 등 환급사무처리에 관한 고시」의 별지 제1호서식 '환급대상수출물품 반입(적재) 확인(신청)서'를 작성합니다.[28]

**2. 관세환급** : 보세공장으로 물품을 공급하는 회사는 관세사무실로 '환급대상수출물품 반입 확인서' 작성을 요청합니다. 이때 국내의 공급자로서 제조사는 공급물품에 투입된 수입 원재료의 수입관세를 환급 신청할 수 있습니다. 그런데 보세공장으로 공급한 물품에 하자가 있어 국내의 공급자가 다시 반품받는 경우가 있습니다. 그래서 보세공장으로 공급한 물품에 대한 관세환급 신청은 공급 이후 상당 시간 지난 이후에 진행된다고 할 수 있습니다.

수입할 때 관세를 납부하는 이유는 수입 물품이 국내에서 소비될 것을 전제하는데, 외국으로 인식하는 보세공장에 공급하는 물품에 수입 원재료가 포함되어 공급되기에, 국내에서 수입 원재료가 소비된 것은 아닙니다. 따라서 공급자로서 제조사는 보세공장으로 물품을 공급 후 '환급대상수출물품 반입 확인서'를 기초로 관세환급 신청이 가능할 것입니다.

**3. 보세공장으로 공급한 건의 반품** : '환급대상수출물품 반입 확인서'를 작성해 보세공장에 공급된 물품 전량 또는 일부를 어떠한 적절한 사유(e.g. 불량)로 국내의

---

28) 참고로 과거에 이 서류는 2-3호 서식이었기 때문에 실무에서는 여전히 2-3호 서식이라고 하기도 합니다.

공급자가 반품받는 경우가 있습니다. 이때 '환급대상수출물품 반입 확인서' 작성 후 관세환급을 신청해 환급받은 건의 반품인지, 또는 관세환급 미신청 건의 반품인지에 의해서 그 절차가 달라집니다.

관세환급받은 건의 반품은 보세공장에서 보세창고로 화물을 이동시켜서 수입신고해야 합니다. 이때 재수입에 해당되는데, 재수입관세 면세의 조건은 수출 이행 후 관세환급받은 관세를 다시 환불해야 합니다. 따라서 이 건은 환급받은 관세를 환불하는 절차가 필요합니다.

반면 관세환급 신청하지 않은 건의 반품은 '환급대상수출물품 반입 확인서'의 정정이 필요합니다. 일부 반품 또는 전량 반품 모두 정정해야 할 것입니다.

보세공장 운영에 관한 고시

**제13조(물품의 반출입)** ③ 「수출용원재료에 대한 관세 등 환급사무처리에 관한 고시」(이하 "환급고시"라 한다)에 따른 환급대상물품의 반입신고는 다음 각 호의 어느 하나에 의한 방법으로 하며, 국내 반출신고는 환급고시 제5장제3절에 따른 반입확인서의 정정·취하 승인으로 갈음한다. 다만, 반입확인서의 정정·취하 승인 대상이 아닌 물품의 반출신고는 수입 등의 절차에 따른다. ('04.3, '10.12. 개정)

1. 환급고시 제5장제1절에 따른 반입확인 신청 물품 : 환급대상수출물품반입확인서(제1호 서식)의 확인
2. 환급고시 제5장제4절에 따른 지정받은 업체의 공급물품 : 보세사에 의한 반입명세의 기록

수출용원재료에 대한 관세 등 환급사무처리에 관한 고시<br>제5장제3절 반입(적재)확인(신청)서의 정정 등

**제70조(정정 및 취하)** ① 환급대상수출물품 반입(적재)확인(신청)내용을 정정 또는 취하하려는 자는 별표 11의 "환급대상수출물품 반입(적재)확인 정정(취하)신청서 작성요령"에 따라 전자문서로 작성한 신청 자료를 공항만시스템에 전송하고, 당초 확인서 발급세관장에게 별지 제29호서식의 환급대상수출물품 반입(적재)확인 정정(취하)승인(신청)서로 신청하여 승인을 받아야 한다.

② 세관장은 제1항 따라 정정·취하를 승인할 경우 해당 반입(적재)확인서가 환급에 사용되었는지 여부를 확인하여 정정·취하로 인하여 환급금의 변동이 있다고 판단되는 경우에는 해당 환급금을 추징한 후에 정정·취하 승인하여야 한다.

③ 제1항에 따라 정정·취하를 승인한 세관장은 정정·취하사항을 공항만시스템에 등록한 후 별표 10의 "승인인"과 "세관담당자의 인장"을 날인하여 승인서를 신청인에게 교부한다.

④ 제65조제2항에 따라 양수자에게 전자문서로 통보된 반입확인서를 정정·취하 승인한 세관장은 정정·취하사항을 양수자에게 전자문서로 통보하여야 한다.

⑤ 환급대상수출물품 반입(적재)확인(신청)서의 분실·도난 및 소실 등으로 재발급받으려는 자는 해당 서류를 발급한 세관장에게 재발급사유서를 제출하고 재발급받을 수 있다.

# 해외 임가공 무상 원재료의 일반 수출신고로 인한 문제점

〈질문〉 폐사는 한국 업체이며, 중국 제조사와 임가공 계약을 체결했습니다. 한국에서 무상 원재료를 중국 제조사로 수출할 때, 거래구분 29 '위탁가공(국외가공)을 위한 원재료 수출'로 신고했어야 하는데, 거래구분 11 '일반 형태 수출'로 신고했습니다.

비록 수출한 원재료에 대해서 폐사가 대금을 결제받지 않는 무상 건이지만, 거래구분 11로 유상 수출신고된 내용을 정정하지 않으려고 합니다. 이로 인해 발생될 수 있는 문제가 있을까요?

〈답변〉 **1. 해외 임가공 물품의 총과세가격** : 해외 임가공으로 인한 생산 물품이 국내로 수입될 때 총과세가격에는 해외 임가공 제조사에게 무상 공급된 원재료, 임가공 비용(Processing Fee), 왕복 운임(해외 제조사에게 한국으로 운송되는 생산품의 운임×2) 및 적하보험료가 포함됩니다. 여기서 무상 공급되는 원재료는 한국에서 무상 수출된 원재료뿐만 아니라 임가공 의뢰자로서 한국 업체가 해외에서 구매해 해외 임가공 업체로서 제조사에게 무상 공급하는 원재료 역시 포함됩니다.

**2. 원재료의 일반 형태 수출에 대한 문제점** : 첫 번째 문제는 비록 현재 유상 수출 이후에 발생되는 외상수출채권 회수 의무가 없어졌지만, 기본적으로 유상 수출된 물품의 한국 수출자는 외국환 은행을 통해서 해외 구매자로부터 수출신고된 결제금액을 결제받아야 합니다. 그런데 거래구분 11 '일반 형태 수출'로서 유상 수출신고된 건에 대해서, 한국의 임가공 의뢰자와 해외의 임가공업자 간에 무상 거래하는 물품이기 때문에 외국환 은행을 통해서 대금하지 않습니다. 따라서 이 건은 유상이 아닌 무상 건이며, 수출하는 사유가 해외 임가공 의뢰에 따른 원재료 무상 공

급 건이기 때문에 거래구분 29 '위탁가공(국외가공)을 위한 원재료 수출'로 신고하는 것이 정확합니다.

두 번째 문제는 거래구분 11로 신고했다는 것은, 해외 제조사에 의해서 생산 완료된 물품이 한국으로 수입될 때 과세가격에 원재료의 가격을 포함시키지 않겠다는 의도로 보일 수 있습니다.


## 🌐 Banking Day, Calendar Day, Working Day

〈질문〉 해외 수출자와 매매계약서를 작성하는데, 수출자가 계약서의 결제 관련 조항에 'Within 15 banking days after signature'라는 문구를 적었습니다. 이때 15일이라는 기간에는 주말, 공휴일이 제외되나요?
그리고 Calendar Day라는 용어도 보입니다. 관련해 설명 부탁드립니다.

〈답변〉 Banking Day는 은행이 근무하는 은행영업일이라고 보면 적절할 것입니다. 일반적으로 은행은 토요일, 일요일 및 공휴일에 근무하지 않습니다. 우리나라와 해외의 공휴일은 다를 수 있으니, 서명한 날로부터 은행 근무일 기준 15일이 되는 결제 만기일(Due Date)이 몇 월 몇 일인지 상호 확인하기 바랍니다.

그리고 Calendar day는 달력 기준으로서 공휴일을 포함한 모든 일자이며, Working day는 말 그대로 영업일만 포함됩니다.

마지막으로 해외 업체와 대화하는 중간에 Week 2, Week 10과 같은 표현을 사용하는 경우가 있습니다. Week 2는 1년 중에 2번째 주(Week)를 뜻합니다. 그리고 Week 10은 1년 중에 10번째 주를 뜻합니다.

## 🌐 구매확인서, 사전발급과 사후발급의 개념

〈질문〉 구매확인서 업무를 배우고 있습니다. 상사가 구매확인서 관련 내용을 말하면서 사전발급과 사후발급이라는 용어를 사용합니다. 그러면서 사후발급되더라도 부가세 10%의 일반 세금계산서를 수정하는 것이 아니라, 부가세 영세율 세금계산서 발행이 가능하다고 합니다. 제가 이해하고 있는 사전발급과 사후발급의 개념이 잘못된 것 같습니다. 정확한 의미를 알고 싶습니다.

〈답변〉 **1. 구매확인서의 발행일자와 사전·사후발급** : 사전발급은 거래가 이루어진 날(세금계산서상의 거래 일자) 이전에 구매확인서가 발행되는 경우이며, 사후발급은 거래가 이루어진 날 이후에 구매확인서가 발행된 경우입니다. 즉, 구매확인서 발급 건에서 사전발급과 사후발급은 국내의 공급자가 국내의 구매자에게 공급하는 물품의 공급 시기를 기준으로 그 전에 구매확인서를 발급하면 사전발급이고, 그 이후에 구매확인서를 발급하면 사후발급입니다.

**2. 구매확인서의 사후발급과 영세율 세금계산서** : 거래가 이루어지면, 그 거래가 이루어진 날로부터 익월 10일까지 세금계산서를 발행해야 합니다. 이때 실제 거래일을 기준으로 거래일 이전에 구매확인서가 발행될 수도 있고, 거래일 이후에 구매확인서가 발행될 수도 있습니다. 만약 거래일 이전에 구매확인서가 발행되었다면, 부가세 영세율 세금계산서를 즉시 발급 가능합니다.

그러나 거래일 이후에 구매확인서가 발행되는 경우에는 다시 2가지 경우로 나누어질 수 있습니다. 거래가 이루어진 날을 기준으로 익월 10일까지 세금계산서(부가세 10%의 일반 세금계산서 또는 부가세 영세율 세금계산서)를 발행해야 함에 있어, 익월 10일까지 구매확인서가 발행되었다면 이를 근거로 부가세 영세율 세금계산서를 발행하면 됩니다.[29] 그러나 익월 10일까지 당해 거래에 대해서 구매확인서가 발행되지 않으면, 부가세 10%의 일반 세금계산서를 발행해야 합니다. 이렇게 부가세 10%의 일반 세금계산서가 발행된 이후에 구매확인서가 발행되었다면, 기발행된 일반 세금계산서를 부가세 영세율로 수정 발급할 수 있습니다.

## 🌐 구매확인서의 발행과 세금계산서의 발행

〈질문〉 국내 유통만 해오다가 이번에 국내 제조사의 물품을 폐사가 직접 수출하게 되었습니다. 국내 제조사로부터 9월 27일경에 물품을 공급받았는데, 이 건의 세금계산서가 부가세 영세율로 발급되기 위해서는 구매확인서가 필요하다는 것을 알게 되었습니다.
일단 부가세 10%의 세금계산서를 발급받고 향후에 구매확인서를 수출자로서 폐사가 제조사에게 전달하면 부가세 영세율로 세금계산서 정정 가능할까요?

〈답변〉 **1. 세금계산서의 발행기간과 영세율 세금계산서 발행 조건** : 국내의 공

---

29) 거래가 이루어진 날이 9월 20일이고, 당해 거래에 대한 구매확인서의 발행일은 9월 20일과 익월 10일 이전이라고 가정하겠습니다. 이 경우에는 구매확인서가 발급된 상태이기 때문에 부가세 영세율 세금계산서를 발행할 수 있습니다. 물론 9월 20일 이후에 구매확인서가 발행되었기 때문에 실제 세금계산서의 발행일은 9월 20일과 익월 10일 사이이지만, 세금계산서상의 일자는 실제 거래일인 9월 20일로 해서 발행합니다.

급자와 국내의 구매자 사이에 국내에 위치한 부가세 발생 물품을 거래하면 거래가 이루어진 달의 익월 10일까지 부가세 10%의 일반 세금계산서가 발생되어야 합니다. 그런데 만약 공급자와 구매자 사이에 거래하는 물품이 수출을 목적으로 한다는 사실을 증명하는 서류가 세금계산서 발행인으로서 공급자에게 제시되면, 부가세 영세율로 세금계산서가 발행될 수 있습니다. 그 서류가 바로 구매확인서이며, 구매확인서는 Utradehub를 통해서 국내 구매자로서 수출자가 발급 신청해 발급받을 수 있습니다.

**2. 구매확인서의 발행 시점과 세금계산서의 발행과 정정** : 일반 세금계산서는 거래가 이루어진 달의 익월 10일까지 발행되어야 합니다. 이때 구매확인서를 세금계산서 발행인에게 거래가 이루어진 달의 익월 10일까지 전달되면, 부가세 영세율로 세금계산서를 발행할 수 있습니다. 물론 구매확인서 발행일 역시 거래가 이루어진 달의 익월 10일 이내여야 합니다.

그러나 익월 10일 이전까지 구매확인서가 발행되지 않아서 공급자가 전달받지 못하면, 부가세 10%의 일반 세금계산서가 발행되어야 합니다. 이렇게 부가세 10%의 일반 세금계산서가 발행되고, 이후에 구매확인서가 발급되어(구매확인서 발행일이 익월 10일 이후) 공급자에게 전달되는 경우도 있습니다. 이러한 경우에는 발행된 부가세 10%의 일반 세금계산서에 대해서 마이너스 세금계산서가 발행되고, 부가세 영세율 세금계산서가 별도 발행됩니다(수정발급).

**3. 세금계산서의 발행일자** : 비록 세금계산서의 발행기간이 거래가 이루어진 달의 익월 10일까지이나, 그 기간까지 세금계산서를 발행할 때 세금계산서 날짜는 거래가 이루어진 날로 기재해 발행하는 것이 적절합니다. 다시 말해서 거래가 이루어진 날이 9월 27일일 때 10월 10일까지 발행 가능한데, 9월 27일과 10월 10일 사이에 언제 발행되더라도 발행되는 세금계산서 날짜는 발행일이 아니라, 실제로 거래가 이루어진 9월 27일이 되어야 합니다.

# 구매확인서, 영세율 세금계산서가 발행된 경우, 수출 이행 시점 등

〈질문〉 국내에 위치한 수출자입니다. 제조사에게 구매확인서를 제공하고 부가세 영세율로 세금계산서를 발급받았는데, 갑자기 해외 수입자가 거래물품의 선적을 한 달 지연 요청하고 있습니다. 폐사에서 내부적으로 수입자의 요구를 허용할지, 아니면 계약을 파기할지 고민 중입니다.

만약 구매확인서가 발행되고 영세율 세금계산서가 발행된 건에 대해서 그 발행일을 기준으로 한 달이라는 상당히 시간이 지난 이후에 선적을 하더라도 문제되지 않는지요? 그리고 만약 이 계약이 파기될 경우, 발행된 영세율 세금계산서의 처리를 어떻게 해야 할지요?

〈답변〉 1. 구매확인서의 발행일과 이를 기초로 발행된 부가세 영세율 세금계산서의 거래 일자보다 해당 건의 수출물품 선적(On Board)이 훨씬 이후에 이루어지더라도 기본적으로 문제되지 않습니다. 정상적으로 수출 이행만 이루어지면 됩니다. 문제가 되는 부분은 선적일이 구매확인서 발행일자 및 영세율 세금계산서의 거래 일자보다 앞선 날짜임에도 불구하고, 구매확인서와 영세율 세금계산서가 발행되었을 때입니다.

2. 구매확인서를 기초로 부가세 영세율로 세금계산서가 발행되었는데, 해당 건에 대해서 해외 수입자와 국내 수출자 사이에 계약이 해지되는 경우가 있습니다. 이러한 경우, 국내 수출자로서 구매자와 국내 제조사로서 공급자 사이에 계약 역시 해지되는지, 또는 국내 거래 건에 대해서는 계약이 유지되는지에 따라서 세금계산서의 수정 내용은 달라질 수 있습니다.

# 🌐 4자 거래, 계산서 발행되는 상황

〈질문〉 물품이 중국에서 생산해 미국으로 이동합니다. 그러나 거래는 다음과 같이 4자 간에 진행됩니다.

> • 거래 당사자 : A(중국 제조사/수출자), B(한국 중개인), C(한국 중개인), D(미국 수입자)
> • 물품의 이동 : 중국 → 미국 구간 한 건의 운송서류 발행

한국 B는 한국 C에게 물품을 판매하는 형태인데, 세금계산서를 발행해야 하는지, 아니면 계산서를 발행해야 하는지 궁금합니다. 만약 세금계산서가 발행되는 거래라면, 한국 C가 수출계약서를 근거로 구매확인서를 발급받아서 C가 B에게 전달하고, 영세율로 세금계산서를 발급받을 수 있는지 궁금합니다.

〈답변〉 **1. 세금계산서와 계산서** : 세금계산서는 부가가치세(이하 부가세)가 과세되는 상품에 대한 거래가 국내의 공급자와 국내의 구매자 사이에 진행되고, 거래 대상 물품이 국내에 위치하고 있는 상황에서 부가세가 발생되어 세금계산서가 발행됩니다. 국내 거래처 간에 거래하는 대상 물품이 국내에 존재하지 않고, 국외에서 국외로 이동될 때는 부가세 과세 상품이라도 계산서가 발행됩니다.

**2. 영세율 세금계산서** : 부가세 발생되는 상품의 국내 거래에서 매입 부가세를 국내 구매자가 국내 판매자에게 지급하고 물품을 구입하면, 국내 구매자 입장에서 부가세만큼의 현금 유동성에 악화가 발생됩니다. 따라서 수출을 조건으로 하는 물품의 국내 매입 건에 대해서는 구매확인서를 Utradehub를 통해 발급받아서 국내 판매자에게 전달하면, 부가세 영세율로 세금계산서를 발급할 수 있습니다.

**3. 외국에서 외국으로 이동되는 물품에 대한 구매확인서 발행** : 구매확인서는 국내에서 해외로 수출되는 건의 물품을 국내에서 구입할 때 부가세 0%만큼의 현금 유동성 확보를 제공하기 위한 수출 지원제도라고 할 수 있습니다. 즉, 국내에서 거래되는 부가세 과세 물품은 원칙적으로 부가세 10%를 포함한 세금계산서를 발행해야 하는데, 수출을 근거로 거래되는 물품에 대해서는 구매확인서를 기초로 부가세 0%의 세금계산서가 발행되는 것입니다.

결국, 거래물품이 국내에 존재하지 않는 건에 대해서는 세금계산서가 아닌 계산서가 발행되니, 구매확인서를 기초로 부가세 영세율을 적용받고자 하는 의도는 앞뒤가 안 맞는다고 할 수 있습니다.


## 🌐 물류비에 대한 부가세 영세율 세금계산서 발행

〈질문〉 안녕하세요? FOB 조건으로 수입하는 한국의 수입자입니다. 한국의 포워더에게 운송비 Invoice를 받고 운송비를 결제했습니다. 해당 운송비는 Ocean Freight, Port of Discharge에서의 비용(e.g. THC) 및 Port of Discharge에서 폐사의 Door까지의 Trucking Charge로 구성되어 있습니다.

포워더 쪽으로 관련 비용에 대한 세금계산서 발행을 요청했는데, 국내에서의 Trucking Charge는 부가세 10%가 발생되어 세금계산서를 발행하고, 나머지 비용에 대해서는 부가세 영세율로 세금계산서를 발행한다고 합니다.

전체 비용에 대해서 세금계산서를 발행하면 안 되는 것인가요? 굳이 왜 2건으로 세금계산서를 발행해야 하는지 모르겠습니다. 설명 부탁드립니다.

<답변> **1. Ocean 및 Air Freight는 부가세 영세율 적용** : 기본적으로 국내와 외국을 오가는 선박/항공기를 이용해 발생되는 Ocean Freight 및 Air Freight에 대한 비용은 부가가치세법 제23조(외국항행용역의 공급)에 의해 국내의 포워더가 국내의 무역회사(이하 '화주')에게 세금계산서를 발행함에 있어 부가세 영의 세율(영세율, 0%)을 적용할 수 있습니다.

아울러 한국의 항구에서 발생되는 THC(Terminal Handling Charge) 및 CFS Charge 등 항구 부대비용에 대해서도 부가세 영의 세율을 적용해 O/F를 포함해 하나의 건으로 부가세 0%의 세금계산서를 발행 가능합니다.

---

### 부가가치세법

**제23조(외국항행용역의 공급)** ① 선박 또는 항공기에 의한 외국항행용역의 공급에 대해서는 제30조에도 불구하고 영세율을 적용한다.

② 제1항에 따른 외국항행용역은 선박 또는 항공기에 의하여 여객이나 화물을 국내에서 국외로, 국외에서 국내로 또는 국외에서 국외로 수송하는 것을 말하며, 외국항행사업자가 자기의 사업에 부수하여 공급하는 재화 또는 용역으로서 대통령령으로 정하는 것을 포함한다.

③ 제1항에 따른 외국항행용역의 범위에 관하여 필요한 사항은 대통령령으로 정한다.

---

### 부가가치세법 시행령(대통령령)

**제32조(선박 또는 항공기에 의한 외국항행용역의 범위)** ① 법 제23조제2항에서 "대통령령으로 정하는 것"이란 다음 각 호의 것을 말한다.

    1. 다른 외국항행사업자가 운용하는 선박 또는 항공기의 탑승권을 판매하거나 화물운송계약을 체결하는 것
    2. 외국을 항행하는 선박 또는 항공기 내에서 승객에게 공급하는 것
    3. 자기의 승객만이 전용(專用)하는 버스를 탑승하게 하는 것
    4. 자기의 승객만이 전용하는 호텔에 투숙하게 하는 것

② 다음 각 호의 어느 하나에 해당하는 용역은 법 제23조제3항에 따라 외국항행용역의 범위에 포함된다. 〈개정 2017. 3. 29〉

    1. 운송주선업자가 국제복합운송계약에 의하여 화주(貨主)로부터 화물을 인수하고 자기 책임과 계산으로 타인의 선박 또는 항공기 등의 운송수단을 이용하여 화물을 운송하고 화주로부터 운임을 받는 국제운송용역
    2. 「항공사업법」에 따른 상업서류 송달용역

---

### 2. 국내의 Trucking Charge, 부가세 10% 발생 : 포워더는 국내의 내륙운송에 대해서 트럭을 보유한 내륙운송사에 화주의 요청을 받아서 Port of Discharge에

서 Final Destination까지 내륙운송을 요청합니다. 그러면 계약 관계가 내륙운송사와 포워더 그리고 포워더와 화주가 됩니다. 따라서 내륙운송사는 내륙운송비에 대해서 부가세 10%를 붙여서 포워더에게 세금계산서를 발행합니다. 포워더는 다시 화주에게 내륙운송비에 대해서 세금계산서를 발행함에 있어 역시 부가세 10%를 붙입니다. 만약 포워더가 매입 부가세를 납부하고 화주에게 발행하는 세금계산서에 부가세 10%를 붙이지 않고 부가세 영세율로 세금계산서를 발행하면 포워더는 향후에 매입 부가세 환급을 받지 못할 수도 있습니다.

포워더는 Ocean Freight와 수입국의 항구에서 발생되는 비용뿐만 아니라 수입국에서의 내륙운송비에 대해서 하나의 건으로 묶어서 부가세 영세율로 세금계산서를 발행할 수도 있으나, 국내 사업자로서 내륙운송사가 포워더에게 부가세 10%에 대해서 세금계산서를 발행하면, 포워더 역시도 부가세 10%를 발생시켜서 화주에게 세금계산서를 발행합니다.

Ocean Freight와 항구 부대비용은 포워더가 선사에게 청구받을 때, 선사는 포워더에게 부가세 10%를 발생시켜서 세금계산서를 발행하지 않습니다.


**3. Wharfage(W/F, 부두사용료)** : Wharfage는 항만청에서 청구하는 비용으로서, 「부가가치세법」 제26조(재화 또는 용역의 공급에 대한 면세) 제1항 제19호에 의해서 부가세가 면세됩니다.

**부가가치세법**

**제26조(재화 또는 용역의 공급에 대한 면세)** ① 다음 각 호의 재화 또는 용역의 공급에 대해서는 부가가치세를 면제한다. 〈개정 2015. 8. 11, 2016. 1. 19, 2018. 12. 31〉

1. 가공되지 아니한 식료품[식용(食用)으로 제공되는 농산물, 축산물, 수산물과 임산물을 포함한다] 및 우리나라에서 생산되어 식용으로 제공되지 아니하는 농산물, 축산물, 수산물과 임산물로서 대통령령으로 정하는 것

~~~~ 중략 ~~~~

19. 국가, 지방자치단체 또는 지방자치단체조합이 공급하는 재화 또는 용역으로서 대통령령으로 정하는 것

</div>
~~~~

# 수출자의 매출 부가세 신고를 위한 운송서류 Back Date

〈질문〉 포워더 업무 직원입니다. 폐사의 영업사원이 영업해 CFR로 수출하는 수출회사의 오더를 받고 수출하고 있습니다. 그런데 이번에 On Board된 화물에 대해서 운송서류(B/L, 화물운송장)상의 On Board Date(=B/L Date)를 실제 선적일 10월 2일이 아닌, 9월 30일로 기재할 것을 요청받았습니다(Back Date). 담당 영업사원은 단순히 Back Date 요청만 받고 그 내막은 알지 못합니다. 수출회사 쪽에서 Back Date를 요청하는 것이 부가세 매출 신고와 관련이 있는 것으로 추측되는데 맞는지요?

〈답변〉 **1. 수출재화의 공급시기(부가가치세법)** : 부가세법 시행령 제28조6항에 따라 수출재화의 공급시기는 선(기)적일입니다. 수출자가 세무사무실로 수출에 따른 부가세법상 매출(과세표준) 신고를 위해서 수출신고필증을 전달하는데, 사실 수출신고필증의 수출신고일 또는 수출신고 수리일은 수출재화의 매출이 발생된 공급시기가 아닙니다.

수출재화의 매출이 발생된 시기는 운송서류(B/L, 화물운송장)에 기재된 On Board Date입니다. 따라서 수출자는 세무사무실에 매출 부가세 신고를 위한 매출액 계산의 근거가 되는 수출신고필증과 운송서류 사본을 함께 전달해야 합니다.

| 부가가치세법 시행령 | |
|---|---|
| **제28조(구체적인 거래 형태에 따른 재화의 공급시기)** ⑥ 수출재화의 경우 다음 표의 구분에 따른 때를 재화의 공급시기로 본다. | |
| **구분** | **공급시기** |
| 1. 법 제21조제2항제1호 또는 이 영 제31조제1항제1호에 해당하는 경우 | 수출재화의 선(기)적일 |

**2. 수출자가 포워더에게 Back Date를 요청하는 이유** : 앞에서 언급했듯이 부가세 신고를 위한 매출 부가세 발생 시기는 C/I 발행일, 수출신고 신고일(또는 수리일) 등이 아니라, 운송서류(B/L, 화물운송장)상의 On Board Date입니다. 따라서 운송서류를 발행하는 운송인(Carrier)으로서 포워더 입장에서는 실제 화물이 외국으로 나가는 선박에 On Board된 날을 On Board Date로 기재해야 하는 반면, 매출 부가세 신고해야 하는 수출자 입장에서는 Back Date 요청이 필요할 수 있습니다.

실제 선적일로 운송서류에 기재되어야 하는 On Board Date는 10월 2일이지만, 해당 수출 건의 매출을 7월, 8월, 9월이 속하는 3/4분기 매출로 신고하기 위해서는 운송서류의 On Board Date를 9월 말일로 해야 합니다.

참고로 수출재화에 대한 과세표준은 수출신고필증의 '결제금액' 부분의 금액에 '서울외국환중개(www.smbs.biz)' 매매기준율을 적용해 결정합니다.


## 🌐 법 적용 우선순위

〈질문〉 관세사무실 신입 사원입니다. 폐사의 관세사님께서는 FTA 관련 업무를 하실 때 국문 협정문보다는 영문 협정문을 보십니다. 그 이유를 알고 싶습니다.

그리고 한국으로 수입되는 건에 대해서 수입신고 수리일로부터 1년 이내에 FTA C/O 받아서 사후 협정세율 적용 가능하고 이때 사본 제출로도 가능한데, 왜 다른 국가에서는 이러한 사후 협정세율 신청 조건이 한국과 일치하지 않는지요?

<답변> **1. 법 적용 우선순위** : 법 적용 우선순위는 기본적으로 다음과 같습니다.

a) 국내법이 협정과 다르면 협정을 우선 적용한다.
b) 영문 협정문과 국문 협정문이 다르면 영문 협정문을 우선 적용한다.
c) 협정 또는 국내법에서 정하지 않는 사항은 관세법을 준용한다.



**2. 협정문에 없는 내용은 특례법 또는 관세법을 준용** : 수입신고 당시 FTA C/O를 수입체약국의 수입자가 확보하지 못해 FTA 협정세율을 미적용 후 수입신고 수리받은 일정 시간 이후에 당해 건의 FTA C/O를 확보해 사후 협정세율 적용을 신청하는 내용은 기본적으로 FTA 협정에서 규정하지 않습니다. 따라서 국내법으로서 FTA 특례법 또는 관세법을 준용해야 합니다. 이때 관세법보다는 특례법이 우선 적용되기 때문에 FTA 특례법을 확인해야 합니다.

다시 말해서 수입체약국의 국내법을 적용한다는 의미입니다. 한국의 경우는 수입신고 수리일로부터 1년 이내까지 FTA C/O 원본 또는 사본을 확보해 사후 협정세율을 신청할 수 있고, 수입신고 당시에 사후 협정세율을 적용하겠다는 별도의 의사 표시가 없어도 가능합니다. 그러나 다른 국가는 이러한 사후협정세율 적용 관련 규정이 한국과 다를 수 있습니다.

# 🌐 대외무역법, 관세법, 외국환거래법

<질문> 수입 업무할 때 관계되는 법이 무엇이 있는지 알고 싶습니다. 관련해 설명 부탁드립니다.

## <답변> 1. 적용되는 법규

| 구분 | 목적 |
|---|---|
| 대외무역법 | - **법제1조(목적)** 이 법은 대외 무역을 진흥하고 공정한 거래 질서를 확립하여 국제 수지의 균형과 통상의 확대를 도모함으로써 국민 경제를 발전시키는 데 이바지함을 목적으로 한다.<br>- 수출입공고, 통합공고, 전략물자, 원산지 표시 등 |
| 관세법 | - **법제1조(목적)** 이 법은 관세의 부과·징수 및 수출입물품의 통관을 적정하게 하고 관세수입을 확보함으로써 국민경제의 발전에 이바지함을 목적으로 한다. [전문개정 2010.12.30]<br>- 통관, 과세가격 결정, 관세율 적용 등 |
| 외국환거래법 | - **법제1조(목적)** 이 법은 외국환[30]거래와 그 밖의 대외거래의 자유를 보장하고 시장기능을 활성화하여 대외거래의 원활화 및 국제수지의 균형과 통화가치의 안정을 도모함으로써 국민경제의 건전한 발전에 이바지함을 목적으로 한다. [전문개정 2009.1.30]<br>- 대금지급 형태에 따른 적정 신고 |

| 구분 | 적용되는 법과 설명 |
|---|---|
| 대외무역법 | - 원산지표시대상물품이라면 법에서 정하는 기준으로 원산지를 적합하게 표기해야 함<br>- 수출입공고에서 수입제한 품목이라면 별도의 승인을 받아야 함<br>- 통합공고에서 요건 존재하는 경우, 요건확인기관을 통하여 요건 확인받아야 함<br>  (세관장확인대상물품이 아니라면, 세관에 수입신고 수리받은 이후에 요건 확인 가능) |
| 관세법 | - C/I(상업송장)를 기초로 과세가격 결정하여 관할지 세관으로 수입신고해야 함<br>- HS Code 정하고 관세율 적용 우선순위에 따라 정해진 관세율로 수입신고<br>- 세관장확인대상물품이면 요건확인 기관을 통하여 요건 확인받아야 수입신고 가능<br>- 과세가격에 관세율 적용하여 발생된 관세 납부하여 수리받으면 수입신고필증 발행 |
| 외국환거래법 | - C/I의 Shipper(대금청구자)와 Consignee(대금결제자) 사이에 거래되는 물품으로써 세관에 신고한 유상 건에 대해서 외국환 은행을 통해서 일정 기간 이내에 거래 당사자 간에 결제가 이루어져야 함 |
| 부가가치세 등 내국세 관련 법 | - 부가가치세가 발생되는 물품인 경우, 관세와 과세가격 합한 가격에서 10% 발생<br>- 기타 내국세로서 지방소비세, 담배소비세, 지방교육세, 개별소비세, 주세, 교육세, 교통·에너지·환경세 및 농어촌특별세 발생되는 물품인지 확인 필요 |

---

30) "외국환"이란 대외지급수단, 외화증권, 외화파생상품 및 외화채권을 말한다.「외국환거래법」제3조 (정의)

## 2. 통합공고에 대한 이해

<table><tr><td align="center">대외무역법</td></tr></table>

**제12조(통합 공고)** ① 관계 행정기관의 장은 수출·수입요령을 제정하거나 개정하는 경우에는 그 수출·수입요령이 그 시행일 전에 제2항에 따라 공고될 수 있도록 이를 산업통상자원부장관에게 제출하여야 한다. 〈개정 2008.2.29, 2013.3.23〉
② 산업통상자원부장관은 제1항에 따라 제출받은 수출·수입요령을 통합하여 공고하여야 한다. 〈개정 2008.2.29, 2013.3.23〉

<table><tr><td align="center">통합공고</td></tr></table>

**제1조(목적)** 이 고시는 대외무역법 제12조의 규정에 의하여 동법 이외의 다른 법령에서 해당물품의 수출입의 요건 및 절차 등을 정하고 있는 경우에 수출입 요건확인 및 통관 업무의 간소화와 무역질서 유지를 위하여 다른 법령이 정한 물품의 수출입의 요건 및 절차에 관한 사항을 조정하고 이를 통합 규정함을 목적으로 한다.

**제2조(정의)** 이 고시에서 사용하는 용어의 정의는 다음과 같다.
1. "요건확인품목"이라 함은 수출입요령에서 주무부처의 장 또는 관련단체의 장으로부터 허가, 추천, 신고, 검사, 검정, 시험방법, 형식승인 등을 받도록 한 물품을 말한다.
2. "수출입요건확인기관"이라 함은 수출입 통관전후에 허가, 추천, 신고, 검사, 검정, 시험방법, 형식승인 등의 수출입을 위한 요건 확인서를 발급하는 주무부처 또는 관련단체를 말한다.
3. "요건면제물품"이라 함은 수출입시 이 고시 또는 제3조제1항의 법령의 규정에 의하여 수출입 요건 및 절차의 적용이 면제되는 물품을 말한다.
4. "요건면제확인기관"이라 함은 이 고시 및 제3조제1항의 법령에 의하여 관계행정기관의 장이 별표 2에 규정된 수입요령의 적용면제를 확인하도록 지정한 기관을 말한다. 다만, 요건면제확인기관이 별도로 지정되지 아니한 경우에는 당해물품의 요건확인기관을 요건면제확인기관으로 본다.
5. 기타 용어의 정의는 대외무역법령을 준용한다.

**제3조(적용 법령 등)** ① 제1조의 규정에 의하여 이 고시에서 해당물품의 수출입 요건 및 절차 등을 규정할 법령은 다음 각 호 1과 같다.
1. 약사법
2. 마약류관리에 관한 법률
3. 화장품법
4. 식품위생법
5. 검역법
6. 화학물질 관리법

~~~~~~~~~~~~~~ 이하 생략 ~~~~~~~~~~~~~~
~~~~~~~~~~~~~~

# 🌐 관세법, 무역서류의 보관 기간

〈질문〉 폐사는 수출과 수입을 병행하는 무역회사입니다. 수출입 관련 서류의 보관 기간이 있을 텐데, 그 기간이 어떻게 되는지와 관련 법령 정보를 알고 싶습니다.

〈답변〉 관세법에서는 수출입신고 등의 서류 보관기간을 5년의 범위로 규정하고 있습니다. 관련 법령은 다음과 같습니다.

| 관세법 |
| --- |
| **제12조(신고 서류의 보관기간)** 이 법에 따라 가격신고, 납세신고, 수출입신고, 반송신고, 보세화물반출입신고, 보세운송신고를 하거나 적하목록을 제출한 자는 신고 또는 제출한 자료(신고필증을 포함한다)를 신고 또는 제출한 날부터 5년의 범위에서 대통령령으로 정하는 기간 동안 보관하여야 한다. 〈개정 2011. 12. 31〉 [전문개정 2010. 12. 30.] |

| 관세법 시행령 |
| --- |
| **제3조(신고서류의 보관기간)** ① 법 제12조에서 "대통령령으로 정하는 기간"이란 다음 각 호의 구분에 따른 기간을 말한다. 〈개정 2001. 12. 31, 2007. 4. 5, 2011. 4. 1〉<br><br>1. 다음 각 목의 어느 하나에 해당하는 서류 : 해당 신고에 대한 수리일부터 5년<br>　가. 수입신고필증<br>　나. 수입거래관련 계약서 또는 이에 갈음하는 서류<br>　다. 제237조에 따른 지식재산권의 거래에 관련된 계약서 또는 이에 갈음하는 서류<br>　라. 수입물품 가격결정에 관한 자료<br><br>2. 다음 각 목의 어느 하나에 해당하는 서류 : 해당 신고에 대한 수리일부터 3년<br>　가. 수출신고필증<br>　나. 반송신고필증<br>　다. 수출물품·반송물품 가격결정에 관한 자료<br>　라. 수출거래·반송거래 관련 계약서 또는 이에 갈음하는 서류<br><br>3. 다음 각 목의 어느 하나에 해당하는 서류 : 당해 신고에 대한 수리일부터 2년<br>　가. 보세화물반출입에 관한 자료<br>　나. 적하목록에 관한 자료<br>　다. 보세운송에 관한 자료<br><br>② 제1항 각 호의 자료는 관세청장이 정하는 바에 따라 마이크로필름·광디스크 등 자료전달 및 보관 매체에 의하여 보관할 수 있다. 〈개정 2015. 2. 6〉 |

# 수입 통관 관련 업무

# Ⅰ. 수입신고

## 🌐 입항적하목록 제출 당사자와 출항적하목록 제출의 의미

<질문> 포워더 근무자입니다. 해상 FCL, LCL 및 항공 건에서 입항적하목록 제출하는 자와 제출 시기를 알고 싶습니다. 그리고 출항적하목록 제출의 의미가 앞서 수출신고 수리된 물품의 선적 이행 보고를 의미하는지요?

<답변> 1. 입항적하목록 제출 구조 : 운송인은 한국으로 입항하는 선박(또는 항공기)에 적재된 화물의 정보를 당해 선박(또는 항공기)이 한국의 터미널(항구, 공항)에 입항하기 전에 한국 세관으로 제출해야 합니다. 이것을 입항적하목록 제출이라고 합니다.

FCL은 실화주에게 House 운송서류(B/L, 화물운송장)를 발행한 수출지 포워더의 수입지 파트너 포워더가 수입지 선사로 적하목록을 제출(EDI 신고)하고, 선사가 House 취합해서 최종적으로 세관에 입항적하목록을 신고합니다. LCL은 포워더가 House 운송서류 Consignee 정보를 수입지 콘솔사에게 제공(실화주 신고)하고, 콘솔사가 적하목록을 선사로 제출하면, 선사가 최종적으로 세관에 입항적하목록을 신고합니다. 즉, LCL 건에서 포워더는 적하목록을 제출하지 않습니다. 항공의 경우는 해외 수출지 항공 콘솔사가 항공사 전산을 통해서 수입지 세관으로서 한국 세관으로 입항적하목록을 제출합니다. 수입지 포워더는 창고배정 및 오류 발생 건에 대한 업무를 핸들링합니다.

**2. 출항적하목록 제출의 의미** : 세관 신고물품에 대한 선적(기적) 이행 보고의 의미가 있습니다. 수출자가 신고인(관세사무실 또는 수출자 자신)을 통해서 세관에 수출신고 후 수리받은 물품은 수리일로부터 30일 이내(적재의무기한)에 외국으로 나가는 운송수단(선박, 항공기)에 적재해 수출을 이행해야 합니다. 이때 수출신고는 관세사무실을 통해서 진행하지만, 운송수단에 적재하는 업무는 운송인(일반적으로 포워더)이 진행합니다. 따라서 수출자로부터 운송인이 수출신고물품을 인수해 외국으로 나가는 운송수단에 적재하는데, 이 과정에서 운송인은 수출신고물품이 운송수단에 적재된다는 사실을 세관으로 신고합니다. 즉, 출항적하목록을 신고합니다.

출항적하목록 신고 내용은 앞서서 수출신고된 수출신고필증상의 내용과 불일치한 부분이 없어야 할 것입니다. 결국, 관세사무실을 통해서 수출신고 후 수출신고필증이 발행되면, 운송인은 당해 건의 출항적하목록 신고하고, 신고물품의 선적(기적)이 완료됩니다.


**3. 적하목록 제출 시기(한국 기준)[31]** : 입항(출항)적하목록의 제출 주체는 해상은 선사이고, 항공은 항공사입니다. 입항적하목록 제출 시기는 선사 입장에서 선박의 입항 24시간 전입니다.[32] 따라서 선사로 House 운송서류의 적하목록을 제출하는 포워더 또는 콘솔사는 입항 24시간 전보다 앞서서 House 운송서류의 정보를 선사로 신고해야 합니다.

---

31) 출처 : 관세청 홈페이지 공지사항.

32) 입항적하목록은 「보세화물 입출항 하선하기 및 적재에 관한 고시」 제8조에서 선적지 출항 24시간 전까지 제출하도록 규정하고 있으나, 부칙(고시 제2011-7호, 2011.3.18.) 제2조 1항에서 선박이 입항하기 24시간 전까지(근거리 지역의 경우에는 선박입항 시까지) 제출하도록 규정하고 있습니다. 즉, 실무에서 선사의 입항적하목록 제출은 입항 24시간까지입니다.

| 구분 | | 제출 시기 |
| --- | --- | --- |
| 해상<br>화물 | 수입 | • (원칙) 적재항에서 선박에 적재하기 24시간 전<br>• (근거리지역) 적재항에서 선박이 출항하기 전<br>• (벌크화물) 선박이 입항하기 4시간 전 |
| | 수출 | • (원칙) 선박에 적재하기 24시간 전<br>• (근거리지역) 선박에 적재하기 전, 출항 30분 전 최종 마감<br>• (벌크, 환적화물) 선박이 출항하기 전까지<br>• (선상수출신고물품) 선박이 출항한 후 익일 24시까지 |
| 항공<br>화물 | 수입 | • (원칙) 항공기가 입항하기 4시간 전<br>• (근거리지역) 적재항에서 항공기가 출항하기 전<br>• (특송화물) 항공기가 입항하기 1시간 전 |
| | 수출 | • 항공기에 적재하기 전, 출항 30분 전 최종 마감 |

# 🌐 FCL 건의 입항 전 신고와 수리 시점, LCL 건의 반입 전 신고와 수리 시점

〈질문〉 해상 FCL 수입 건에서 신고물품의 HS Code에 세관장확인(수입요건)이 없으면 입항 전에도 수입신고가 가능하다고 압니다. 그렇다면 수입자가 수출자로부터 선적서류를 확보하면 바로 입항 전 신고가 가능한지, 그리고 입항 전 신고해 세액만 납부하면 선박이 목적항에 입항되기 전에도 수리될 수 있는지 알고 싶습니다.

폐사는 LCL 수입도 있는데, 지난번 수입 때 LCL은 입항 전 신고는 안 되고, 보세구역에 반입되기 전에 신고는 가능하다고 확인받았습니다. 그렇다면 LCL 건에서 반입 전 신고하면 화물이 보세창고에 반입되기 전에 수입신고 수리까지 완료되는지요?

〈답변〉 **1. 해상 FCL의 입항 전 신고 시점과 수리 시점** : 화물이 선박 또는 항공기에 적재되어 한국으로 운송되면 먼저 운송인이 입항적하목록(Manifest, EDI 신고)

을 세관으로 제출하고, 세관은 적하목록 심사를 진행합니다. 이후 적하목록 심사완료된 건에 대해서 수입자가 관세사무실을 통해 세관으로 수입신고할 수 있습니다. 그리고 수입신고의 시기는 입항 전, 보세구역도착 전(반입 전), 보세구역장치 후(반입 후) 신고로 구분됩니다.

따라서 가장 빠른 수입신고 시기인 입항 전 신고를 진행할 수 있는 조건의 상황일지라도, 세관이 운송인에 의해서 제출된 적하목록을 심사 완료처리하지 않으면, 관세사무실을 통해서 입항 전 신고할 수 없습니다.

만약 적하목록 심사완료되고 입항 전에 전산으로 제출된 수입신고서를 세관에서 확인 후 Paperless(P/L 건)로 지정하면,[33] 해당 화물을 선적한 선박이 목적항에 입항, 접안 그리고 보세구역으로서 CY에 반입되기 전에도 수리될 수 있습니다. 단, 수입자로서 납세의무자가 세액을 납부해야 합니다.[34] 그러나 입항 전 신고를 했더라

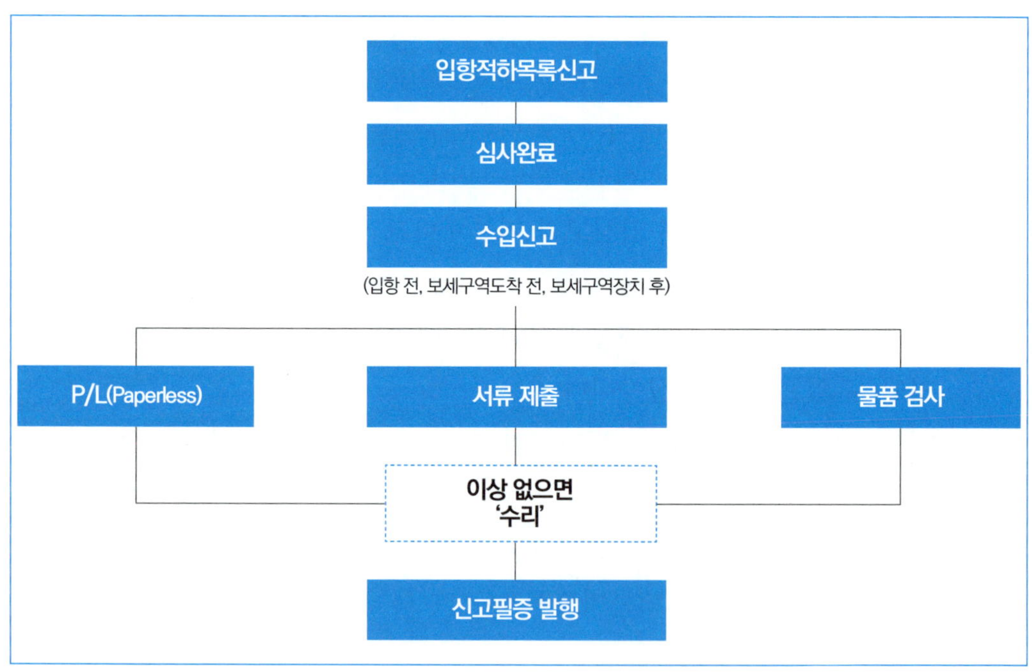


---

33) FCL 건으로서 수입신고물품의 HS Code에 세관장확인이 존재하지 않으면, 입항 전 신고 가능합니다. LCL은 어떠한 경우에도 입항 전 신고는 불가합니다.
34) 사후납부 업체의 경우는 수입신고 수리 이후에 세액 납부 가능합니다. 기본적으로 사전납부합니다.

도, 세관에서 전산 신고된 수입신고서에 대한 내용을 입증하는 근거 서류로써 선적 서류 등의 서류 제출을 요구하거나 또는 신고된 물품의 상태를 확인하는 물품 검사를 지정하면 화물이 입항 후 해당 결과에 따라서 수리될 수 있습니다(이 경우에도 세액이 납부되어야 수리됨).

FCL 건에서 물품 검사는 CY 내에서 할 수 없기 때문에 물품 검사로 지정된 경우 검사장으로 이동하는 비용 등 추가 비용이 발생될 수 있습니다.

**2. LCL 건의 반입 전 신고와 수리 시점** : 해상 LCL 화물은 기본적으로 입항 전 신고가 불가합니다. 그리고 LCL 화물은 컨테이너에 적입된 상태에서 D/O 없이도 콘솔사가 지정한 CFS로 반입(FCL 건의 경우, CY에서 CFS로 보세운송되려면 D/O가 필요함)됩니다. 이러한 LCL 화물은 보세창고에 반입되기 전에도 수입신고가 가능할 수 있습니다. 수입신고는 전산으로 수입신고서를 작성해 진행하는 것이기 때문에 사실 해상업무 담당 세관의 근무 외 시간(근무시간 : 평일 09시~18시)에도 가능합니다. 그러나 세관에서 신고서를 확인 후 Paperless, 신고 내용을 입증하는 서류 제출 또는 물품이 신고 내용 등과 일치하는지 확인을 위한 물품 검사 중에 지정됩니다.[35] 반입 전에 전산 신고된 건에 대해서 비록 Paperless로 지정되더라도 LCL 건의 수입신고에 대한 수리는 보세창고에 반입이 전산으로 잡혀야 가능합니다. 물론 세액의 납부가 선행되어야 하는데, 세액의 납부는 신고물품이 보세창고에 반입되기 전에 은행 홈페이지에서 국세로 납부할 수 있습니다. 그러나 수입신고 수리는 보세창고에서 도착한 물품의 이상 유무를 확인 후 전산으로 반입 잡고 정상적으로 반입이 완료되면 수리됩니다.

---

35) LCL은 보세창고로 반입되기 전에 수입신고하는 경우가 많습니다(보세구역반입 전 신고). 신고를 미리 하면, 당해 건에 대해서 서류 제출이 지정되었을 때 반입 전에 미리 당해 서류를 확보할 수 있기 때문입니다(신고하면 Paperless, 서류 제출 또는 물품 검사 중 하나가 지정).

# 🌐 수입신고 수리 시점에 대한 이해<sup>항공, FCL, LCL</sup>

〈질문〉 수입신고 이후 세액 납부한 건에 대한 신고 수리 시점에 대해서 질문 드립니다. FCL은 입항 전에 수입신고하고 세액 납부하면 보세구역에 반입되기 전에 수리되었던 기억이 있습니다. 그런데 LCL 및 항공 건은 어떠한지요?

**〈답변〉 1. 수입신고 가능한 시점** : 외국에서 화물이 한국으로 이동하는 선박/비행기에 On Board되어 한국이라는 목적국에 입항하기 위해서는 입항 전에 운송인에 의해서 입항적하목록 제출이 선행되어야 합니다. 여기서 적하라는 것은 화물(Cargo)을 뜻합니다.

입항적하목록은 Consignee의 위치에 따라서 인바운드 건과 T/S(환적) 건으로 구분해 운송인에 의해서 제출됩니다. 인바운드 건은 한국으로 입항하는 운송수단에서 한국의 터미널에 Discharge(양하)되는 화물의 Consignee가 한국에 위치한 화물이고, T/S 건은 Consignee가 국외에 위치한 화물입니다. 해상 화물은 입항 24시간 전, 항공화물은 입항 4시간 전까지 운송인이 입항적하목록을 세관으로 제출해야 합니다. 적하목록을 제출받은 세관은 적하목록 심사를 이행하고 완료되면, C/I의 Consignee로서 수입자가 관세사무실을 통해서 관할지 세관으로 수입신고할 수 있습니다. 참고로 T/S 건은 수입신고 및 반송신고하지 않기 때문에 관세사무실과 연관이 없습니다.

**2. 입항 전 신고 가능한 화물과 불가능한 화물** : 해상 FCL 및 항공 건은 수입신고물품의 HS Code상에 수입요건(세관장 확인)이 존재하지 않으면, 입항 전에 신고할 수 있습니다. 반면에 LCL은 입항 전 신고가 불가합니다. 이러한 LCL 화물은 입항된 후 보세구역으로 반입되기 전에 수입신고(보세구역반입 전 신고) 또는 보세구역

으로 반입이 전산으로 잡힌 이후에 수입신고(보세구역장치 후 신고)할 수 있습니다.

　입항 전 신고가 가능한 해상 FCL 및 항공수입의 경우, 입항 전에 수입신고하고 세관이 별도의 서류 제출 또는 물품 검사를 요구하지 않으면 바로 세액 납부해 화물이 입항되기 전에 수입신고 수리 처리될 수 있습니다(입항 전에 수입신고필증 발행 가능). 물론 입항 전 신고에 대해서 세관이 물품 검사를 지정하면, 입항 후에 화물의 검사(항공은 공항 지정보세창고에서 검사, 해상 FCL은 세관 검사장 또는 X-ray검사)가 진행되고 문제없으면 세액 납부 후 수리될 수도 있습니다.

　반면에 LCL 화물은 입항 전 신고가 불가하기 때문에 LCL 건이 입항 전에 수입신고 수리되는 일은 없습니다. 아울러 LCL 건에 대해서 보세구역 도착 전 신고(반입 전 신고)할 수 있고, 보세구역 도착 전에 세액 납부까지 진행될 수 있으나, 신고 화물이 보세창고에 반입 처리 완료된 이후 시점에 수입신고 수리됩니다. 즉, LCL은 입항 전에 수입신고가 불가하며, 보세구역 도착 전에 수입신고할 수 있으나, 수리 시점은 보세구역에서 화물의 반입이 전산으로 처리되어야 합니다.

## 🌐 수입화물의 관리대상 지정 관련

<질문> 해상과 항공으로 수입업무를 담당하고 있습니다. 이번에 해상 건으로 화물이 들어오는데, 관리대상 건으로 지정되어 X-ray검사가 진행된다고 관세사무실을 통해서 내용을 전달받았습니다. 이후 투시해제로 변경되었고, X-Ray 비용이 발생된다고 하네요.

과거에도 관리대상 건으로 지정되었는데, 그때는 X-Ray 비용이 청구되지 않았습니다. 과거와 현재의 건이 동일하게 관리대상 지정 건인데, 왜 차이가 나는 것일까요? 또한, 항공으로 수입할 때도 관리대상으로 지정되는 경우 X-Ray 비용이 별도 청구되지 않았습니다. 관련해 설명 부탁드립니다.

<답변> **1. 해상 건의 관리대상** : 수입화물은 B/L No. 또는 화물관리번호를 관세청 유니패스 홈페이지에서 조회하면, 운송인이 입항적하목록을 제출한 시점부터 적하목록 심사완료, 그리고 수입자가 관세사무실을 통해서 수입신고하고, 수리받아서 보세구역에서 반출되는 상황을 실시간으로 확인 가능합니다(수입화물진행정보). 관리대상 건으로 지정되면, '수입화물진행정보조회' 화면의 '관리대상지정여부' 부분에 Y로 표기됩니다.

해상 건에서의 관리대상은 지정장치장(세관검사장)으로 화물을 이동시켜서 컨테이너를 개장해 실제로 화물 검사 진행하는 건과 컨테이너를 개장하지 않고 컨테이너를 그대로 터미널 내에 X-ray검사 장소로 이동시켜서 X-ray검사하는 건으로 구분될 수 있습니다. X-ray검사의 경우 투시 해제되면, 이후에 X-ray검사 비용이 별도로 수입자에게 청구될 수 있습니다.[36]

<table>
<tr><td>〈참고〉</td><td>**관리대상화물은 무엇인가요?**[37]</td></tr>
</table>

- 관리대상화물은 수입화물의 하역단계에서 총기, 마약, 밀수 등 사회안전을 위해 물품의 반입을 방지하기 위해 세관에서 특별하게 관리하는 화물을 말하며, 적하목록 제출시점에 전산에 의한 자동선별과 세관의 자체분석에 의한 전산 추적 선별이 있습니다.

- 관리대상화물로 선별되면 컨테이너 검색기 검사대상과 정밀검사 대상으로 구분되어지며, 관리화물 검사가 끝나기 전에는 하선장소반입이 되지 않는 등 아무런 절차를 진행할 수 없습니다.


**2. 항공 건의 관리대상** : 항공은 해상과 다르게 관리대상 건으로 지정되면 X-ray 검사는 없고, 인천공항 세관검사장(지정장치장)으로 화물을 이동시켜서 실제로 화물 확인 작업이 진행됩니다. 인천공항 화물터미널 내에 세관검사장이 별도로 마련되어 있습니다.

---

36) 관리대상으로 지정된 LCL 화물에 대해서는 X-ray검사하지 않고 지정장치장으로 반입되어 화물 검사가 진행됩니다. 아울러 FCL 건이 관리대상으로 지정되어 X-ray검사가 진행되면 해당 터미널에서 순차적으로 X-ray검사가 진행되기 때문에 특정 컨테이너의 X-ray검사를 특별히 빨리 진행하기는 어렵습니다.
37) 출처 : 부산세관 통관지원과 2015. 6. 「기초부터 알고 보는 적하목록 정정 Q&A」 발췌.

# 🌐 과세환율의 결정과 적용기간

〈질문〉 수입신고할 당시에 총과세가격을 결정할 때 적용되는 과세환율은 어떤 기준으로 고시되는 것이며, 고시된 환율은 언제부터 언제까지의 수입신고 건에 대해서 적용되는지요?

〈답변〉 **1. 과세환율 결정 기준과 적용 기간** : 과세환율은 주요 외국환 은행의 월요일부터 금요일까지 최초 고시된 대고객 전신환매도율을 평균해 결정됩니다. 이렇게 결정된 과세환율은 매주 토요일 관세청 유니패스를 통해서 공개되며, 적용기간은 일요일 00시부터 토요일 24시까지입니다.

## 2. 관련 법규

### 수입물품 과세가격 결정에 관한 고시

**제3조(과세환율)** ① 「관세법」(이하 "법"이라 한다) 제18조 및 「관세법시행령」(이하 "영"이라 한다) 제288조에 따라 관세평가분류원장은 주요 외국환은행이 전주 월요일부터 금요일까지 매일 최초 고시하는 대고객 전신환매도율을 평균하여 과세환율을 결정하며, 대고객 전신환매도율이 제공되지 않는 경우에는 대고객 현찰매도율을 평균하여 과세환율을 결정한다.

② 제1항에 따라 과세환율을 결정할 때에는 외국환은행에서 적용하는 환율 자릿수와 동일하게 산정하되 동 자릿수 미만에서 사사오입하여 산정한다.

③ 제1항에 따라 결정된 과세환율의 적용기간은 일요일 00시부터 토요일 24시까지로 하며, 관세청 전자통관시스템(UNI-PASS)을 통하여 시달한다.

~~~~~~ 이하 생략 ~~~~~~
~~~~~~

# 🌐 수입 건, 수량할인과 총과세가격

〈질문〉 유럽의 수출자로부터 한국으로 물품을 수입하는 회사에 근무하는 수입 담당자입니다. 이번에 유럽 수출자에게 기존의 거래 수량보다 상당히 많은 수량을 수입하게 되었는데, 5% Discount를 해준다고 합니다. 그러면서 C/I에는 기존 가격과 5% DC된 금액을 함께 기재해서 수입자에게 전달했습니다.

수입자인 폐사가 관세사무실을 통해서 수입신고할 때 과세가격은 5% DC된 금액이 되어 그 금액을 기준으로 관세를 납부할 수 있는지요?

〈답변〉 **1. 수량 할인** : 세관은 기본적으로 할인(Discount)을 인정하지 않습니다. 그러나 수량 할인에 대해서 입증서류를 유럽 수출자에게 제공받아서 한국 세관으로 전달하면, 수량 할인 인증을 받을 수도 있습니다. 이때 한국 수입자만을 위한 수량 할인 자료가 아닌, 해당 수출자가 전 세계 바이어에게 제공하는 수량 할인 리스트가 유효할 수 있습니다.

**〈참고〉**

현금 결제에 대한 할인 역시 세관이 인정할 수 있습니다. 그런데 세관에 수출입 신고할 때(수출(입)신고서 작성할 때), 현금에 대한 '결제방법코드'는 존재하지 않습니다. 그래서 Seller와 Buyer가 직접 만나서 현금을 주고받는 건의 수출(입)신고필증 '결제방법'은 단순송금방식의 TT로 표기된다고 할 수 있습니다. 그러나 해당 건의 결제가 현금으로 이루어졌다는 것이 확인되면, 현금 결제에 대한 할인을 세관으로부터 인정받아서 총과세가격 계산에 반영될 수도 있을 것입니다.

**2. 수입신고필증 결제금액과 총과세가격** : 수입신고필증의 물품 단가와 '54 결제금액'은 모두 정상적인 기존의 가격과 일치하게 신고합니다. 그리고 '60 공제금액'에 5% DC된 금액이 기재되고, '55 총과세가격'에는 결제금액에서 공제금액을

공제한 금액이 신고됩니다. 이후 신고물품의 '50 세율'의 관세율이 총과세가격에 적용되어 관세가 계산됩니다. 그리고 수입신고필증의 '관세사기재란'에 관련 내용에 대한 보충 설명이 기재될 수 있습니다.

# 🌐 하나의 Commercial Invoice와 2개 이상의 운송서류 발행<sup>수입</sup>

〈질문〉 폐사는 한국에 위치한 수입자입니다. 이번에 폐사가 오더한 PO 건에 대해서 수출자가 분할선적(Partial Shipment)해 운송서류(B/L, 화물운송장)가 2건으로 발행되었습니다. 이유는 수출지 A제조사가 생산하는 물품은 LCL 건이고, B제조사가 생산하는 물품은 FCL 건이기 때문이라고 합니다. 그런데, 폐사가 인수한 선적서류(Shipping Documents)는 각각의 선적 건에 대해서 운송서류는 2건이 포함되어 있으나, C/I와 P/L은 한 건으로 발행되었습니다. 즉, 운송서류 2건의 물품이 하나의 C/I와 P/L에 들어 있습니다. 이때 한국에서 수입신고는 어떻게 진행해야 하는지요?

〈답변〉 1. 적하목록신고와 수입신고 관계 : 수입신고는 운송인이 세관으로 입항 적하목록을 제출하고, 세관이 심사완료 처리한 이후에 가능합니다. 적하목록은 운송서류(B/L, 화물운송장)를 기초로 신고되며, 이후 당해 건에 대한 수입신고는 C/I와 P/L을 기초로 신고됩니다.

예를 들어 하나의 운송서류가 10 CTNs, 100kg 화물에 대해서 발행되었다면, 운송인은 10 CTNs, 100kg에 대해서 입항적하목록을 신고합니다. 이후 수입신고 내용은 적하신고된 내용과 불일치가 없어야 합니다.

참고로 FCL 건은 포워더가 House 운송서류의 적하목록을 선사로 제출하고, LCL 건[38]은 콘솔사가 선사로 제출한 적하목록을 선사가 취합해 최종적으로 세관에 적하목록을 신고합니다. 따라서 수입신고 역시 운송서류를 기초로 신고되어야 합니다.

**2. 입항적하목록 신고 건 별로 수입신고** : 수출지에서는 16 CTNs, 160kg 화물을 C/I, P/L에 기재해 수출신고 후 수출신고필증을 발급받았다고 가정해봅니다. 그러나 당해 신고 건에 대해서 선적은 2회로 나누어 선적하면, 10 CTNs, 100kg에 대한 1차 선적분의 운송서류와 6 CTNs, 60kg에 대한 2차 선적분의 운송서류가 각각 발행됩니다. 이후 수입국으로 화물이 도착하기 전에 운송인은 운송서류 단위로 입항적하목록을 수입지 세관으로 신고합니다. 그리고 Consignee는 적하 신고된 건을 기준으로 수입신고할 수 있습니다. 다시 말해서 10 CTNs, 100kg 화물과 6 CTNs, 60kg 화물은 별도로 운송서류가 발행되었기 때문에 각각 입항적하목록으로 신고됩니다. 따라서 Consignee는 Shipper로부터 각각의 운송서류 건 별로 C/I, P/L을 각각 발급받아야 수입신고할 수 있습니다.

## 🌐 보수작업 대상, 승인신청 및 완료보고

〈질문〉 조제청정제, 즉 물비누를 플라스틱 통에 담아서 수입하는 수입자입니다. 목적항 도착 후 CFS에 반입되는 과정에서 일부 플라스틱 통이 파손되었음을 알게 되었습니다. 폐사의 제품은 CFS에서 수입통관 후 바로 국내 거래처에 납품되는 건이라 파손된 플라스틱 통을 CFS라는 보세창고에서 교체해야 합니다. 파손된 플라스틱 통의 교체 작업에 대해서도 보수작업을 신청해야 하는지요?

---

38) LCL 건에서 포워더는 콘솔사로 실화주의 사업자번호 등의 정보를 제공합니다.

<답변> **1. 보수작업 대상** : 보세물품은 해외에서 한국의 항구 또는 공항에 도착해 수입신고 수리 이전 상태의 물품으로써 외국물품을 뜻합니다. 이러한 보세상태의 물품을 일시 보관(장치)하는 곳이 보세구역이며, 보세물품은 세관의 통제 속에서 세관이 통제하는 보세구역에서 일시 보관됩니다.

보세상태의 물품을 보세구역에서 개장, 재포장, 원산지표기 또는 운송 도중 파손되거나 변질되어 시급하게 보수해야 한다면, 세관으로 보수작업승인(신청)서를 제출해 세관 승인을 득한 이후에 이러한 작업(보수작업)을 진행할 수 있습니다. 보세물품을 세관 승인 절차 없이 재포장 등 어떠한 작업을 진행하면, 과태료 대상이 될 수 있습니다.

| 보세화물관리에 관한 고시 |
| --- |
| **제20조(보수작업 대상)** 세관장은 다음 각 호의 어느 하나에 해당하는 사유가 발생한 경우에는 보수작업을 승인할 수 있다.<br><br>1. 보세구역에 장치된 물품이 운송도중에 파손되거나 변질되어 시급히 보수하여야 할 필요가 있는 경우<br>2. 보세구역에 장치된 물품의 통관을 위하여 개장, 분할구분, 합병, 원산지표시, 그 밖에 이와 유사한 작업을 하려는 경우<br>3. 「대외무역관리규정」 제2조제11호에 따른 중계무역물품을 수출하거나 보세판매장에서 판매할 물품을 공급하기 위하여 제품검사, 선별, 기능보완 등 이와 유사한 작업이 필요한 경우 |

**2. 보수작업 신청과 보수작업 완료보고** : 기본적으로 보수작업 전에 세관으로 보수작업 신청해야 하며, 보수작업 전의 화물 이미지와 완료된 이후의 이미지를 확보해 보수작업 완료 후에 세관으로 완료보고서를 제출해야 합니다.

**제21조(보수작업 승인신청)** ① 보세구역에 장치된 물품에 대하여 보수작업을 하려는 자는 별지 제20호서식의 보수작업승인(신청)서를 제출하여 세관장의 승인을 받아야 한다. 다만, 세관장은 수입신고 후 법 제230조 단서의 규정에 의한 원산지표시 시정요구에 따른 보수작업신청 건에 대하여 자동승인 처리할 수 있다.

② 제1항에도 불구하고 운영인이 동일 품목을 대상으로 동일한 보수작업을 반복적으로 하려는 경우에 세관장은 외국물품의 장치 및 세관 감시단속에 지장이 없을 때에는 1년 이내의 기간을 정하여 이를 포괄적으로 승인할 수 있다. 이 경우 운영인은 별지 제21호서식의 포괄보수작업승인(신청)서를 제출하여 세관장의 승인을 받아야 한다.

③ 복합물류보세창고 운영인이 사업계획에 따른 보수작업을 하려는 경우 제2항에 따른 포괄보수작업승인(신청)서를 제출하여 세관장의 승인을 받아야 한다.

**제23조(보수작업의 감독)** ① 보수작업은 보세구역 내의 다른 보세화물에 장애되지 않는 범위에서 이루어져야 하며, 세관장은 필요한 경우에 화물관리 세관공무원으로 하여금 작업과정을 감독하게 할 수 있다.

② 보수작업 신청인이 보수작업을 완료한 경우에는 별지 제22호서식의 보수작업 완료보고서를 세관장에게 제출하여 그 확인을 받아야 한다. 다만, 제21조제2항 및 제3항에 따른 포괄보수작업승인을 받은 경우에는 매월 말 기준으로 다음 달 1일에 별지 제23호서식의 보수작업 완료보고서를 일괄하여 제출할 수 있으며, 법 제230조 단서에 따른 원산지표시 시정요구에 따른 보수작업에 대해서는 「원산지제도 운영에 관한 고시」 제17조제3항의 보수작업 완료확인 절차를 따른다.

**3. 참고** :「보세화물관리에 관한 고시」 제21조 1항에서 언급되는 '법 제230조'는 관세법을 뜻하며, 관세법 제230조는 '원산지 허위표시물품 등의 통관 제한'입니다. 수입신고서를 전산으로 작성해 관할지 세관으로 제출하면, 세관에서 Paperless, 서류 제출 또는 물품 검사를 지정합니다. 만약 물품 검사가 지정되면 세관은 반드시 원산지 표기의 적정성을 확인하는데, 원산지 표기가 적정하게 되어 있지 않으면 통관을 불허합니다. 물론 원산지 보수작업이 가능 상황이라면, 보수작업을 신청(실제로는 관세사무실에서 화주 대신에 보수작업 신청)해 원산지 보수작업을 이행하고 완료보고서 제출 후 통관 진행이 가능할 수 있습니다.



**제230조(원산지 허위표시물품 등의 통관 제한)** 세관장은 법령에 따라 원산지를 표시하여야 하는 물품이 다음 각 호의 어느 하나에 해당하는 경우에는 해당 물품의 통관을 허용하여서는 아니 된다. 다만, 그 위반사항이 경미한 경우에는 이를 보완·정정하도록 한 후 통관을 허용할 수 있다.

1. 원산지 표시가 법령에서 정하는 기준과 방법에 부합되지 아니하게 표시된 경우
2. 원산지 표시가 부정한 방법으로 사실과 다르게 표시된 경우
3. 원산지 표시가 되어 있지 아니한 경우

# 중계반송 건의 보수작업 허용범위

〈질문〉 폐사는 중국과 베트남 공장에서 생산된 물품을 한국 보세창고로 반입시켜서 한국에서 디자인한 포장재에 담아서 미국으로 중계 반송하려고 합니다. 국내 보세창고에서 원산지를 허위 표기하는 일은 없으며 단순히 포장재를 변경하기 위함이고, 또한 미국 바이어가 중국산 물품과 베트남산 물품을 한 번에 같이 받고자 해서 한국으로 물품을 이동시켜서 다시 미국으로 보내고자 합니다.

이러한 형태의 반송과 한국 보세창고에서 재포장 작업이 이루어질 때, 한국 세관에서 문제 제기 및 기타 문제될 내용이 있는지요?

〈답변〉 **1. 중계반송 조건** : 반송은 최초 수출국으로 무상(GN) 반품되는 단순반송과 제3국으로 유상 반송되는 중계반송으로 구분됩니다. 운송인이 입항적하목록을 신고할 때 운송서류상의 Consignee가 국내에 있는 인바운드 건으로 신고했는데, 실화주가 세관 신고는 반송으로 하면, 세관은 반송에 대한 사유서와 그 사유서 입증 서류 제출을 요구합니다. 귀사의 중계반송 건은 매매계약서를 근거로 한국 보세창고에서 한국에서 제작한 포장재로 재포장 작업한다는 사유를 주장하면, 문제되지는 않을 것으로 사료됩니다.

**2. 보수작업의 허용범위(한계)** : 중계반송신고 이전에 국내 보세창고에서 보세물품에 대한 보수작업을 위해서는 일단 세관으로 보수작업승인신청서를 제출해 세관으로부터 승인을 받아야 합니다. 이를 이행하지 않으면 과태료 대상이 될 수 있으니 주의가 필요합니다. 그리고 모든 형태의 보수작업이 허용되는 것은 아니고 보수작업의 허용범위가 별도 존재하는데, 가장 기본 내용은 보수작업으로 인해서 세번(HS Code)의 변화가 없어야 합니다.

**제22조(보수작업의 한계)** ① 보수작업의 허용범위는 다음 각 호만 해당되며 법 제50조제1항에 따른 별표 관세율표 (HSK 10단위)의 변화를 가져오는 것은 보수작업으로 인정할 수 없다. 다만, 수출이나 반송 과정에서 부패·변질의 우려가 있는 경우 등 세관장이 타당하다고 인정하는 경우에는 그러하지 아니하다.

1. 물품의 보존을 위해 필요한 작업(부패, 손상 등을 방지하기 위한 보존 작업 등)
2. 물품의 상품성 향상을 위한 개수작업(포장개선, 라벨표시, 단순절단 등)
3. 선적을 위한 준비작업(선별, 분류, 용기변경 등)
4. 단순한 조립작업(간단한 세팅, 완제품의 특성을 가진 구성요소의 조립 등)
5. 제1호부터 제4호까지와 유사한 작업

② 수출입허가(승인)한 규격과 세번을 합치시키기 위한 작업을 하려는 경우에는 관세청장이 별도로 규정하는 것을 제외하고 이를 보수작업의 범위로 인정할 수 없다.

「보세화물관리에 관한 고시」 제22조에 따르면 반송 과정에서의 물품 중에 물품의 상품성 향상을 위한 포장개선 작업은 보수작업으로 허용될 수 있는 상황으로 제시되어 있습니다. 마지막으로 보수작업 과정을 세관원이 확인할 수도 있으며, 보수작업 신청인은 보수작업 완료 후에 보수작업 완료보고서를 세관으로 제출해 확인받아야 합니다.

## 🌐 해상 LCL 수입 건의 임시개청 시점과 진행 절차

〈질문〉 한국의 수입자이며, 입항 스케줄을 보니 금요일 오후 19시에 부산항 입항 예정입니다. 접안해서 하역 작업 후 CFS까지 반입되려면 상당한 시간이 소요될 것으로 예상됩니다. 해상 LCL 건이기 때문에 입항 전 신고도 안 되고, 반입 전에 수입신고하더라도 반입이 잡혀야 수리될 것인데요.
그래서 임시개청 신청이 필요할 것 같습니다. 관세사를 통해서 임시개청 신청하는 시점과 비용(수수료) 그리고 업무 진행 절차를 알고 싶습니다. 설명 부탁드립니다.

<답변> **1. 임시개청 신청 시점** : 2018년 8월 현재, 해상 화물의 수입신고 접수 시간은 평일 오전 09시~오후 6시까지(해상 화물의 세관 공무원 근무시간)입니다. 그 외 세관 공무원의 근무시간(세관의 개청 시간) 외에 수입통관 절차를 진행하려는 자는 세관 공무원의 근무시간 내에 임시개청 신청서를 작성(사무의 종류, 시간, 사유 등을 기재)해 세관장에게 미리 제출해야 합니다.

현재 선박의 입항 예정 시간은 금요일 오후 19시이며, 수입자가 수입신고를 원하는 시점은 토요일입니다. 토요일은 해상 화물의 통관을 담당하는 세관의 개청시간이 아닙니다. 따라서 임시개청 신청을 사전에 관세사무실을 통해 신청해야 합니다.

임시개청 신청 시점은 해당 건에 대해서 운송인이 세관에 입항적하목록을 제출하고, 세관이 적하목록 심사 완료한 이후 시점입니다. 해상 화물의 입항적하목록 제출 주체는 선사이며, 제출 시기는 원칙적으로 적재항에서 선박에 적재하기 24시간 전이지만, 실무적으로 입항하기 24시간 전까지 제출하도록 되어 있습니다. 따라서 금요일 오후 19시 입항 선박의 입항적하목록 제출에 대한 심사 완료는 세관의 개청 시간인 평일 오후 18시 이전에 이루어질 것이니, 금요일 오후 18시 이전에 관세사를 통해서 세관으로 토요일 임시개청 신청이 가능할 것으로 보입니다.

토요일 또는 일요일에 입항하는 선박은 금요일 오후 18시 이전까지 입항적하목록 제출이 되지 않고 심사 완료도 떨어지지 않을 수 있습니다. 그렇다면 이러한 건은 세관 개청 시간에 임시개청 신청을 할 수 없으니, 월요일 오전 9시 이후에 수입통관 진행 가능합니다. 따라서 해상 건의 입항 스케줄을 고려해 수출지에서 선적하는 것이 중요하다고 판단됩니다.


**2. 임시개청 신청 사유의 타당성** : 개청 시간 이외의 시간에 업무 처리를 요청하는 것이 임시개청 신청입니다. 수입통관에 대한 임시개청 신청을 할 때는 '임시개청 신청(통보)서'를 작성하는데, 이 신청서에는 임시개청 신청 시간과 사유 및 임시개청 신청 물품에 대한 명세가 있습니다. 여기서 임시개청 사유가 타당해야 세관에

서 근무 외 시간에 수입통관 업무 처리 요청에 대한 임시개청 신청을 받아줄 것입니다. 이를테면 국내의 제조공장에 신속히 납품해야 하는 원재료의 수입 건에 대한 임시개청 신청이라면 타당할 것입니다.



### 임시개청 신청(통보)서

문서번호 : ×××××-개청-××-××××　　　신청일 : YYYY년 MM월 DD일
수　　신 : ××세관 ××××과장
신 고 자 : (상호) ××××××××××　　　(성명) ××××××
제　　목 : 임시개청 신청(통보)

관세법 제321조 제2항 및 같은법시행령 제275조의규정에 의하여 다음과 같이 수입통관 임시개청을 신청(통보)합니다.

다음

1. 임시개청신청시간 : YYYY년 MM월 DD일 ××시 ××분부터
　　　　　　　　　　　YYYY년 MM월 DD일 ××시 ××분까지

2. 임시개청사유 :

3. 임시개청신청 물품

| ① 수입신고번호 | ② 납세의무자 | ③ 품명 | ④ 금액(US$) | ⑤ 포장개수 | ⑥ 총중량 | ⑦ 장치(예정)장소 |
|---|---|---|---|---|---|---|
| | | | | | | |
| | | | | | | |

(1) 수입신고 아니한 건은 ① 수입신고번호 란에 화물관리번호를 기재
(2) 기재 란의 해당 항목을 알 수 없는 경우에는 공란으로 둘 수 있으나
　　② 납세의무자 ③ 품명 ④ 장치(예정)장소는 기재

* 문서번호체계 : 신고자부호-개청-년도-일련번호

**3. 운송인으로부터의 D/O와 CFS 근무시간 확인** : 임시개청을 신청해서 토요일에 관세사무실을 통해 세관에 수입신고 후 세액 납부하고 수리가 되더라도, D/O가 없으면 보세구역에서 화물을 반출하지 못합니다. 그리고 LCL 건이니 CFS로 반

입된 이후에 수입신고필증과 D/O 및 보세창고료가 결제되면 반출이 가능한데, 문제는 CFS라는 보세창고에서 반출할 수 있는 조건을 갖추었음에도 불구하고, CFS 근무시간 이외의 시간일 때는 반출이 불가합니다.

참고로 LCL 건은 D/O가 없이도 컨테이너 상태로 CFS로 보세운송되며, CFS에 반입되기 전에 수입신고를 하고, 세액까지 납부를 하더라도 수입신고 수리는 반입이 잡힌 이후에 처리됩니다.

**4. 임시개청 신청에 따른 수수료** : 해상수입화물의 근무 외 시간 수입신고를 위해서 임시개청이 진행되면, 관세사무실의 직원 역시 근무 외 시간에 출근해야 합니다. 그리고 기본적으로 임시개청에 따른 수입신고 건에 대해서 기본적인 관세사무실의 통관 수수료에 임시개청 수수료라는 명목으로 일정 금액이 추가될 것입니다. 아울러 관세법 시행규칙 제81조에 의해 개청 수수료가 별도로 발생될 수 있습니다.

### 관세법 시행규칙

**제81조(개청시간 및 물품취급시간외 통관절차 등에 관한 수수료)** ① 법 제321조제3항의 규정에 의하여 납부하여야 하는 개청시간외 통관절차·보세운송절차 또는 입출항절차에 관한 수수료(구호용 물품의 경우 당해 수수료를 면제한다)는 기본수수료 4천 원(휴일은 1만 2천 원)에 다음 각 호의 구분에 의한 금액을 합한 금액으로 한다. 다만, 수출물품의 통관절차 또는 출항절차에 관한 수수료는 수입물품의 통관절차 또는 출항절차에 관한 수수료의 4분의 1에 상당하는 금액으로 한다. 〈개정 2003. 2. 14〉

1. 오전 6시부터 오후 6시까지 : 1시간당 3천 원
2. 오후 6시부터 오후 10시까지 : 1시간당 4천 8백 원
3. 오후 10시부터 그다음 날 오전 6시까지 : 1시간당 7천 원

② 제1항의 규정에 의하여 수수료를 계산함에 있어서 관세청장이 정하는 물품의 경우 여러 건의 수출입물품을 1건으로 하여 통관절차·보세운송절차 또는 입출항절차를 신청하는 때에는 이를 1건으로 한다.

③ 법 제321조제3항의 규정에 의하여 납부하여야 하는 물품취급시간외의 물품취급에 관한 수수료는 당해 물품을 취급하는 때에 세관공무원이 참여하는 경우에는 기본수수료 2천 원(휴일은 6천 원)에 다음 각 호의 1에 해당하는 금액을 합한 금액으로 하며, 세관공무원이 참여하지 아니하는 경우에는 기본수수료 2천 원(휴일은 6천 원)으로 한다. 다만, 수출물품을 취급하는 때에는 그 금액의 4분의 1에 상당하는 금액(보세구역에 야적하는 산물인 광석류의 경우에는 그 금액의 5분의 1에 상당하는 금액)으로 한다.

1. 오전 6시부터 오후 6시까지 : 1시간당 1천 5백 원
2. 오후 6시부터 오후 10시까지 : 1시간당 2천 4백 원
3. 오후 10시부터 그다음 날 오전 6시까지 : 1시간당 3천 6백 원

# 🌐 불완전<sup>미완성</sup> 또는 미조립<sup>분해</sup> 물품의 수입과 HS Code<sup>SKD, CKD</sup>

〈질문〉 데스크탑 본체를 구성하는 부품을 개별 포장해서 수입하고자 합니다. 그렇다면 부품별로 HS Code를 정해서 수입신고할 수 있는지요? 이때 수입한 부품만으로 데스크탑 본체를 조립할 수도 있고, 국내에서 다른 부품을 조달해서 조립할 수도 있습니다. 전자를 CKD, 후자를 SKD라고 하는데, 이러한 용어 설명 및 이 상황에서의 C/I와 P/L 작성법도 부탁드립니다.

〈답변〉 **1. 품목분류 통칙** : 통칙은 품목분류표의 모든 상품 분류에 적용되는 일반원칙이며 법적 구속력이 있습니다. 이러한 통칙은 제1~6호로 구분되며, 질문 내용은 통칙 2(가)를 기초로 설명 가능합니다. 따라서 데스크탑 본체를 구성하는 부품이 개별 포장되어 있더라도 각각의 부품 HS Code로 수입신고하는 것이 아니라, 완성된 물품으로서 데스크탑 본체 HS Code로 수입신고해야 할 것입니다. 이것은 수입한 부품만으로 데스크탑 본체를 조립할 수 있는 경우라고 할 수 있습니다. 만약 수입한 부품과 국내 조달 부품을 활용해서 추가 가공 공정을 진행해 데스크탑 본체를 생산한다면, '통칙 2(가)'를 적용하기 어려운 상황으로서 개별 부품의 HS Code를 확인해서 수입신고 가능할 수 있습니다. 참고로 부품의 HS Code가 '특게'되어 있으면, 특게된 HS Code로 수입신고해야 합니다.



**2. SKD와 CKD로 구분되는 KD** : KD(Knock Down)는 완성품이 아닌 미조립(미완성) 상태의 부품을 수출해서 수입국에서 조립하는 방식의 거래라고 할 수 있습니다. KD는 완성품을 조립할 수 있는 부품 전체를 수입해서 완성품을 제작하는 CKD(Complete Knock Down) 방식과 수입한 부품과 수입국에서 조달한 부품을 사용해서 완성품을 제작하는 SKD(Semi Knock Down) 방식으로 구분됩니다.

수입한 부품만으로 완성품(데스크탑 본체)을 제작하는 경우라면, CKD 방식에 해당되며, 수입신고할 때 품목분류는 통칙 2(가)에 의해서 완성품의 HS Code로 분류해서 세관 신고를 해야 할 것으로 사료됩니다.

**3. C/I와 P/L 작성** : Packing List는 개별 포장한 부품별로 구분해서 부품의 품명과 Net Weight, Gross Weight 및 CBM 그리고 Carton Running Number를 기재하면 될 것입니다. 반면 수입하는 부품으로만 데스크탑 본체를 조립할 수 있는 경우라면, C/I에는 완성품의 품명을 기재해 완성품의 HS Code로 수입신고해야 할 것입니다.

## 🌐 화물관리번호 체계와 분할

〈질문〉 저는 포워더에서 해상 인바운드 업무 담당자입니다. 수입화물에 대해서 화물관리번호가 있는데, 화물관리번호의 의미와 어떤 기준으로 구성되어 있는지 궁금합니다. 그리고 이번에 수입 건에 대해서 Consignee가 전체 수량 중에 일부는 입항지 보세구역에서 수입신고하고, 나머지는 타 보세구역으로 보세운송해 수입신고하는 건이 있는데, 이 건에 대해서 화물관리번호의 분할이 필요하다고 합니다. 맞는지 궁금하며, 화물관리번호의 분할은 기타 어떤 경우에 필요한지 추가 설명 부탁드립니다.
아울러 화물관리번호의 분할이 B/L 분할과 같은 뜻인지에 대해서도 설명 부탁드립니다.

〈답변〉 **1. 화물관리번호의 의미** : 개별 화물 단위에 부여한 고유번호로 사람으로 치면 주민등록번호에 해당됩니다.

**2. 화물관리번호의 구성** : 화물관리번호는 적하목록의 적하목록관리번호(Manifest Reference Number, MRN)에 Master B/L 일련번호(MSN)와 House B/L 일련번호(HSN)를 합한 번호를 말합니다. 이렇게 MRN, MSN과 HSN으로 구성된 화물관리번호는 수입화물에만 존재합니다. 수출화물에는 이런 식으로 구성된 화물관리번호가 존재하지 않습니다. 단, 수출 건 역시 적하목록 신고가 이루어지니, MRN은

존재합니다. 참고로 입항적하목록 신고 건의 MRN 마지막 코드는 I이며, 출항 적하목록 신고 건의 MRN 마지막 코드는 E입니다.

입출항 건의 MRN은 선사가 제시하는데, 한국에서 출항하는 선박 스케줄을 선사 홈페이지에서 조회하는 과정에서 해당 선박에 대한 스케줄과 함께 MRN을 미리 확인할 수도 있습니다.

| 화물관리번호 | 적하목록관리번호<br>(MRN, 영문숫자 11자리) | + | Master B/L일련 번호<br>(MSN, 숫자 4자리) | + | House B/L<br>(HSN, 숫자 4자리) |
|---|---|---|---|---|---|
| | 15HJSC0633I<br>(15년 한진해운) | | 0109 | | 0001 |
| MRN 구성 | 해상 : 연도(2)+선사부호(4)+제출일련번호(4)+입출항구분(I or E)<br>항공 : 연도(2)+항공사부호(2)+제출일련번호(6)+입출항구분(I or E) | | | | |

[화물관리번호 예]
18WDFCT000I-0100-0007 :
18년도 ㈜위동해운(WDFC)에 의한 해상수입화물, Master와 House 운송서류 각각 발행
18POZ00000I-0007-0013 :
18년도에 폴라에어카고 월드와이드 인크(PO)에 의한 항공수입화물, Master와 House 운송서류 각각 발행
11HJSC11071-5006 :
11년도 ㈜한진해운(HJSC)에 의한 해상수입화물, Line 운송서류 발행 건(House 발행되지 않음)

MRN+MSN+HSN으로 화물관리번호가 구성되어 있다는 뜻은, House 운송서류가 발행되었다는 뜻입니다. 이때 House 건이 항공, 해상 FCL, LCL 구분 없이 House가 발행되면 HSN은 존재합니다. 그리고 해상 건에서 House가 발행되지 않는 Line B/L 건, 항공에서 Master Single 건은 HSN 없이 MRN과 MSN으로만 구성되어 있습니다.


3. **화물관리번호의 분할** : B/L 분할이라고도 합니다. Consignee가 Edutrade-hub라는 회사인데, a보세창고에서 해당 건의 운송서류(B/L, 화물운송장) 전체 화물 중에 일부만을 수입신고하고, 나머지는 내륙의 b보세창고로 보세운송해 수입신고한다면, 화물관리번호의 분할이 필요합니다. 물론 a라는 보세창고에서 일정 시간을

두고 분할통관[39]하는 건이라면, 화물관리번호의 분할은 필요치 않습니다.

화물관리번호의 분할은 기본적으로 동일 보세창고에서의 분할통관 건은 분할이 필요 없다는 뜻입니다. 분할을 하더라도 수입신고하는 화주는 동일해야 합니다. 물론 양수도 계약 건은 분할 건에 대한 수입신고 화주가 다를 수 있습니다.

4. 화물관리번호 분할 신청 시점 : B/L 분할은 화물이 보세구역에 반입된 이후에 신청 가능합니다. 참고로 양수도 계약 건으로서 양수자가 2개 회사 이상의 건일 때, B/L 분할은 보세구역에 반입된 이후에 신청하겠으나, 양수도 계약서의 작성은 보세구역에 반입되기 전 또는 입항 전에도 가능합니다.

## ⊕ 일부 수입신고, 일부 단순반송 건의 화물관리번호 분할

<질문> 관세사무실에서 사무를 보고 있는 직원입니다. 이번에 수입 건이 있는데, 보세창고에서 한글표기사항에 대한 보수작업 중에 물품에 하자가 있다는 것을 확인했습니다. 하자가 있는 물품은 전체 수량 중에 일부라서 그 일부 수량에 대해서만 반송하고, 나머지 정상 물품은 식품 등의 수입을 신고해 적합 통지를 받으면 수입신고할 계획입니다.

관련해 관세사님께서 화물관리번호 분할을 신청해야 한다고 합니다. 그러면서 HSN을 추가 생성해야 한다고 하는데, 이해가 잘 안 됩니다. 설명 부탁드립니다.

---

39) 한 건의 운송서류(B/L, 화물운송장) 정보를 기초로 2회 이상 수입신고하는 것을 분할통관이라 합니다. 이때 운송서류의 포장 수량이 1 Pallet 또는 1 Carton일 때는 분할통관할 수 없습니다. 1 Pallet에 대해서 분할통관하기 위해서는 1 Pallet에 대한 화물 분리 보수작업을 통해서 2개 이상의 Carton 화물로 변경해야 합니다.

<답변> **1. B/L 분할의 의미** : 화물관리번호를 분할하는 것이 B/L 분할을 의미합니다. 그리고 화물관리번호의 분할이라는 것은 해당 B/L 건에 대해서 추가로 화물관리번호를 생성한다는 뜻입니다. 이때 B/L 분할이라 해서, B/L 발행인으로서 운송인에게 기존 B/L을 전달해 B/L 자체를 분할하거나 기존 B/L에서 추가적으로 B/L을 발행한다는 뜻은 아닙니다.

적하목록 신고는 B/L을 기초로 하며, 화물관리번호는 해당 건의 MRN, MSN 그리고 HSN으로 구성되어 있습니다. 즉, 하나의 B/L 건에 대해서 하나의 화물관리번호가 있는데, 그 하나의 화물을 분할해 수입신고하고자 할 때 화물관리번호를 하나 더 생성한다는 뜻입니다. 이때 동일 보세창고에서 시간을 두고 수입신고하는 분할통관은 화물관리번호 분할이 필요치 않으며, 일부 수입신고하고 나머지 일부 보세운송하는 경우 또는 일부 수입신고하고 나머지 일부는 반송하는 경우 등에 화물관리번호의 분할이 필요합니다.

물론 화물관리번호 분할(B/L 분할)이 진행되더라도 과세가격 산출에는 어려움이 없어야 합니다.

---

### 수입통관 사무처리에 관한 고시

**제16조(B/L분할신고 및 수리)** ① 수입신고는 B/L 1건에 대하여 수입신고서 1건으로 한다. 다만, 다음 각 호의 어느 하나에 해당하는 경우에는 B/L분할신고 및 수리를 할 수 있으며, 보세창고에 입고된 물품으로서 세관장이 「보세화물관리에 관한 고시」에 따른 보세화물관리에 지장이 없다고 인정하는 경우에는 여러 건의 B/L에 관련되는 물품을 1건으로 수입신고할 수 있다.

    1. B/L을 분할하여도 물품 검사와 과세가격 산출에 어려움이 없는 경우
    2. 신고물품 중 일부만 통관이 허용되고 일부는 통관이 보류되는 경우
    3. 검사·검역결과 일부는 합격되고 일부는 불합격된 경우이거나 일부만 검사·검역 신청하여 통관하려는 경우
    4. 일괄사후납부 적용·비적용 물품을 구분하여 신고하려는 경우

② 제1항 제1호에 해당하는 물품으로서 분할된 물품의 납부세액이 영 제37조 제1항에 따른 징수금액 최저한인 1만 원 미만이 되는 경우에는 B/L을 분할하여 신고할 수 없다.

③ 제1항 단서에 따른 수입물품이 물품 검사 대상인 경우 처음 수입신고할 때 분할 전 B/L물품 전량에 대하여 물품 검사를 하여야 하며 이후 분할 신고되는 물품에 대해서는 물품 검사를 생략할 수 있다.

**2. HSN 추가 생성의 의미** : HSN은 House 운송서류 발행된 건에 대해서 MSN 뒤에 붙은 4자리 숫자입니다. HSN이 0001, 0002, 0003이라면 Master 운송서류에 House가 3건이라는 뜻이며, 해당 수입자의 화물관리번호에서 HSN이 0003으로 끝나면 0004를 하나 추가해야 합니다. 이렇게 HSN을 추가 생성해 또 하나의 화물관리번호를 만들어냅니다. 이를 B/L 분할이라고 하는데, 다음의 「보세화물에 관한 고시」 제14조에 의거해 B/L 분할 신청해야 합니다. 이후에 수입신고와 단순반송(거래구분 78번) 신고를 진행합니다.

### 보세화물관리에 관한 고시[40]

**제14조(B/L분할·합병)** ① B/L을 분할·합병하려는 자는 별지 제17호서식의 B/L 분할·합병 승인신청서를 전자문서로 제출하여 세관장의 승인을 받아야 한다. 다만, B/L분할·합병승인신청서를 전자문서로 제출할 수 없는 경우에는 서류 제출할 수 있다.

② 제1항에 따라 B/L분할·합병승인신청서를 접수한 화물관리 세관공무원은 결재를 받은 후 승인사항을 세관화물정보시스템에 등록하여야 한다.

**2. 반송신고필증 '수입화물 관리번호'** : 반송은 크게 단순반송(거래구분 78)과 중계반송(거래구분 79)으로 구분됩니다. 단순반송은 국내의 보세구역에 도착한 보세상태의 화물에 하자가 있거나 또는 기타의 이유로 수출자에게 무상 반품하는 건입니다. 그리고 중계반송은 국내의 보세구역에 도착한 보세상태의 화물을 유상으로 제3국의 바이어에게 판매하는 반송입니다. 단순반송과 중계반송 모두 수입 건을 내국물품화 시키지 않고, 보세상태에서 그대로 외국으로 나가는 배/비행기에 On Board하는 건이니 반송신고필증의 '수입화물 관리번호' 부분에 화물관리번호가 들어갑니다. 이때 화물관리번호의 MRN은 I로 끝납니다.

수출신고필증에도 '수입화물 관리번호' 부분은 존재하지만, 수출 건의 MRN은 수출신고필증이 발행되고 외국으로 나가는 배/비행기를 Booking하니 수출신고필증

---

40) 참고로 B/L 분할의 사례는 많으나, B/L 합병하는 사례는 실무에서 접해보지 못했고 그 사례를 찾을 수 없었습니다.

발행 시점에 E로 끝나는 수출 건의 MRN은 알지 못할 것입니다. 따라서 수출신고필 증의 '수입화물 관리번호'에는 해당 번호가 기재되지 않습니다.

## 🌐 양수도 계약 건의 화물관리번호 분할과 화주

〈질문〉 관세사무실에서 근무하는 사무원입니다. 제가 알기로는 화물관리번호 분할(B/L 분할) 건의 수입 화주는 기존 화물관리번호 건과 추가 생성된 화물관리번호 건 모두 동일해야 하는 것으로 압니다. 그런데 이번에 수입자 A가 국내 거래처 B, C, D와 양수도 계약서 작성한 건이 있는데, 이 건에 대해서 화물관리번호를 분할해야 한다더군요. 그래서 HSN을 추가로 생성하는 B/L 분할을 신청했습니다. 양수도 계약서 작성 건은 예외가 되는지요?

〈답변〉 **1. 양수도 계약에 대한 이해** : 해외 수출자와 매매계약하고 그 건의 매매계약서 Payment Term을 기초로 외국환 은행을 통해서 대금결제하는 한국의 수입자(C/I의 Consignee)가 자신의 국내 거래처와 양수도 계약하는 경우가 있습니다. 양수도 계약은 보세상태의 화물을 해외 수출자와 매매계약한 Consignee가 자신의 국내 거래처로 화물의 소유권을 양도하는 거래입니다. 이러한 양수도 계약은 입항하기 전에 이루어질 수도 있고, 입항된 화물을 보세구역에 반입시킨 후에 이루어질 수도 있습니다. 양수도 계약 건은 양도인(Consignee)이 양수인(Consignee의 국내 거래처)에게 해외 수출자로부터 전달받은 선적서류(Shipping Documents : C/I, P/L, B/L 등)를 전달해 양수인이 관세사를 통해서 수입신고하고 세액 납부하니 수입신고필증의 수입자와 납세의무자는 양수인입니다. 물론 양수도 계약서를 근거로 B/L의 Consignee가 비록 양도인이지만 양수인이 포워더에게 D/O 요청까지 합니다.

**2. 양수도 계약 건의 화물관리번호 분할** : 양수도 계약 건에서 양수인이 1개 회사가 아니라 2개 이상의 회사일 때, 화물관리번호는 양수인별로 각각 분할됩니다. 화물관리번호가 분할되는 경우, 기본적으로 분할된 각각의 화물관리번호 화주는 동일해야 합니다. 그러나 양수도 계약 건으로서 양수인이 2개 이상의 회사인 경우는 분할된 각각의 화물관리번호의 화주는 모두 다를 수 있습니다. 실제로 이러한 사례도 접하고 있습니다.

## 🌐 화물분할에 대한 보수작업 신청

〈질문〉 수입 건이 있는데, 수량 및 포장 단위가 30 Pallet입니다. 수입화주가 Carton 단위로 포장을 분할해 분할통관을 요청합니다. 이 건에 대해서 화물관리번호 분할을 신청해야 하는지요? 관련해 진행 절차 문의드립니다.

〈답변〉 30 Pallet에 대해서 관세사사무실에서 화물분할 보수작업을 신청합니다. 그래서 1 Pallet가 10 CTNs으로 구성되어 있으니, 300 CTNs으로 화물분할이 됩니다. 이러한 화물분할 건에 대해서는 운송인 쪽에서 적하목록 정정이 필요하지 않습니다. 적하목록 정정이 필요한 경우는 적하목록 신고된 중량과 실제 수입신고할 때의 중량에 차이가 있을 때 정정이 필요할 수 있습니다.

상기와 같이 30 Pallet을 300 CTNs으로 화물분할 후에 동일 보세창고에서 시간을 두고 수입신고를 진행하면, 화물관리번호의 분할은 필요하지 않습니다. 그러나 300 CTNs 중에 일부는 A보세창고에서 수입신고하고, 나머지는 B보세창고로 보세운송해 수입신고할 때는 화물관리번호의 분할이 필요합니다.

# Ⅲ. 관세 등의 감면세

## 🌐 관세가 면세되는 상황

<질문> 물품을 해외에서 국내로 수입할 때, 관세를 면제받는 경우가 있습니다. 관세 면제받는 상황과 조건에 대한 설명 부탁드립니다.

<답변> **1. 기본적인 사항** : 해외에서 물품을 국내에 수입하기 위해서는 기본적으로 수입신고물품의 HS Code를 기준으로 정해진 관세율만큼의 관세를 납부해야 합니다. 이때 총과세가격은 해외에서 물품을 생산해 수입국으로서 한국의 항구/공항에 도착하는 시점까지 발생된 모든 비용이기 때문에 0원이 될 수 없습니다. 그래서 수입신고물품의 HS Code상 관세율이 0%가 아닌 이상 관세는 과세됩니다.

그러나 일정한 조건을 갖추면 납부해야 할 관세의 납부를 면제받을 수 있는데, 이를 면세라고 합니다.

**2. 관세법 제40조(징수금액의 최저한)** : 납세의무자가 납부해야 하는 세액의 합계가 1만 원 미만이면 그 세액을 징수하지 아니합니다. 그래서 총과세가격을 기준

| 관세법 | 관세법 시행령 |
|---|---|
| **제40조(징수금액의 최저한)** 세관장은 납세의무자가 납부하여야 하는 세액이 대통령령으로 정하는 금액 미만인 경우에는 이를 징수하지 아니한다. [전문개정 2010. 12. 30.] | **제37조(징수금액의 최저한)** ① 법 제40조의 규정에 의하여 세관장이 징수하지 아니하는 금액은 1만 원으로 한다. 〈개정 2001. 12. 31, 2006. 5. 22〉<br><br>② 제1항의 규정에 따라 관세를 징수하지 아니하게 된 경우에는 당해 물품의 수입신고 수리일을 그 납부일로 본다. 〈신설 2001. 12. 31〉 |

으로 계산된 관세와 부가세 등 수입 당시에 납부해야 할 세액의 합계가 1만 원이 안되면 관세 등의 세액은 면제됩니다. 이러한 경우는 총과세가격이 상당히 낮은 소량의 소액 수입이어야 할 것입니다.

**3. 관세법 제94조(소액물품 등의 면세) 시행규칙 제45조(관세가 면제되는 소액물품)** : 국내 거주자가 판매를 목적으로 하지 않는 자가사용물품으로 수입하는 물품가격 USD150 이하의 소액물품 건에 대해서 관세를 면세 받을 수도 있습니다. 다만, 반복 또는 분할해 수입하는 경우는 제외됩니다.

그리고 국내의 사업자가 판매를 목적으로 하지 않는 견본품(샘플)으로 수입하는 과세가격 USD250 이하의 소액물품 건에 대해서 역시 관세를 면세 받을 수도 있습니다. 만약 이러한 이유로 관세를 면세 받는다면, 부가세까지 함께 면세될 것입니다. 참고로 이때 수입 물품의 수량이 상당하면, 과세가격 USD250 이하의 수입건이라도 견본품의 수입으로 인정받지 못할 수도 있습니다. 그렇다면, 관세 등의 세액을 납부해야 합니다. 아울러 USD250 이하일지라도 판매를 목적으로 하는 건에 대해서는 관세 등의 세액을 납부해야 하는데, 그 세액의 합계가 1만 원 미만이면 면세됩니다.

관세법 시행규칙

**제45조(관세가 면제되는 소액물품)** ① 법 제94조제3호의 규정에 의하여 관세가 면제되는 물품은 다음 각 호와 같다.

1. 물품이 천공 또는 절단되었거나 통상적인 조건으로 판매할 수 없는 상태로 처리되어 견품으로 사용될 것으로 인정되는 물품
2. 판매 또는 임대를 위한 물품의 상품목록·가격표 및 교역안내서 등
3. 과세가격이 미화 250달러 이하인 물품으로서 견품으로 사용될 것으로 인정되는 물품
4. 물품의 형상·성질 및 성능으로 보아 견품으로 사용될 것으로 인정되는 물품

② 법 제94조제4호의 규정에 의하여 관세가 면제되는 물품은 다음 각 호와 같다. 〈개정 2003. 2. 14, 2004. 3. 30, 2015. 12. 1〉

1. 물품가격이 미화 150달러 이하의 물품으로서 자가사용 물품으로 인정되는 것. 다만, 반복 또는 분할하여 수입되는 물품으로서 관세청장이 정하는 기준에 해당하는 것을 제외한다.
2. 박람회 기타 이에 준하는 행사에 참가하는 자가 행사장 안에서 관람자에게 무상으로 제공하기 위하여 수입하는 물품(전시할 기계의 성능을 보여주기 위한 원료를 포함한다). 다만, 관람자 1인당 제공량의 정상도착가격이 미화 5달러 상당액 이하의 것으로서 세관장이 타당하다고 인정하는 것에 한한다.

마지막으로 박람회 등의 관람자에게 행사장 안에서 무상 제공하기 위해서 수입하는 물품으로써 정상도착가격이 USD5.00 이하의 수입 물품에 대해서 역시 관세를 면세 받을 수도 있습니다.

물론 이러한 3가지 상황 모두 자가사용물품, 견본품, 국내 박람회장 내에서 관람객에게 제공하는 물품이라는 사실을 수입자가 서류로 입증해야 할 수도 있습니다.

**3. 관세법 제99조(재수입면세)** : 한국에서 해외로 수출된 물품이 해외에서 추가 가공 및 사용하지 않고 수출할 때의 원상태 그대로 수출신고 수리일로부터 2년 이내에 재수입되면 관세가 면세될 수도 있습니다. 단, 재수입에 대한 적절한 사유 및 이를 입증하는 서류의 제출이 필요하며, 수출 이행 후 관세환급받은 건에 대해서는 그 환급액을 반환해야 재수입관세 면세를 받을 수 있습니다. 단순히 재수입한다고 해서 관세를 면세 받을 수는 없습니다.

<참고>

관세법에는 수입물품의 면세 상황을 여러 가지로 규정하고 있으나, 그 상황의 수입이라고 할지라도 기본적으로 면세되지 않고 관세는 과세됩니다. 해당 상황에서 관세를 면세 받으려면 별도의 조건을 갖추어야한다는 것을 알고 있어야 합니다.

**4. 한미 FTA 협정문 제2.6조 수리 또는 개조 후 재반입되는 상품** : 법이 적용되는 원칙에서 국내법이 국가 간의 협정과 상충될 때 협정을 우선 적용합니다. 국내법으로서 관세법 제101조(해외임가공물품 등의 감세)에서는 '가공 또는 수리할 목적으로 수출한 물품'이 재수입될 때는 관세를 감세(세액의 일부를 면세하는 것)할 수 있다고 규정하고 있습니다.

반면에 협정으로서 한미 FTA 협정문 제2.6조에서는 "수리 또는 개조를 위하여 자국 영역에서 다른 쪽 당사국의 영역으로 일시적으로 수출된 후 자국 영역으로 재반입되는 상품에 대하여 그 상품의 원산지와 관계없이 관세를 적용할 수 없다"라고 규정하고 있습니다.

따라서 한국에서 사용 중인 상품을 수리·복구 목적으로 한미 FTA 상대체약국으로서 미국으로 발송해 수리·복구 후 재수입할 때, 당해 물품의 원산지(Origin)와 관계없이 관세가 면세된다고 할 수 있습니다(한미 FTA C/O 필요치 않음).

## 🌐 재수출 조건 수입의 관세 면세와 담보 제공 범위

〈질문〉 폐사는 한국으로 기계를 테스트 용도로 수입하며, 테스트가 완료되면 미국 제조사의 기계를 미국 제조사의 요청에 따라서 중국 고객으로 발송합니다. 과거에 재수출 조건으로 수입한 경험이 있어 담보 설정 과정과 수리받아서 수출이행 후 이행 보고 및 담보 해지 신청하는 과정은 알고 있습니다. 그런데, 테스트용으로 수입하고자 하는 기계는 HS Code에 관세율이 0%이며, 대당 금액이 USD3,000 정도입니다. USD3,000 기준은 CFR 기준입니다. 관세사무원 말로는 감면 받을 세액의 합계가 50만 원 미만인 경우에는 담보 제공하지 않아도 된다고 하는데, 확인받고 싶습니다. 그리고 관련 근거 조항 확인도 부탁드립니다.

〈답변〉 1. 관세법 제97조 재수출면세는 수입신고할 때 재수출 조건으로 수입신고하는 건에 대해서 관세를 면세하는 법 조항입니다. 그러나 재수출 면세를 받기 위해서는 관세와 내국세의 합계만큼의 담보를 제공해야 합니다. 수입자가 재수출 조건으로 수입신고 후 수리받아서 국내에서 수입신고할 때 신고한 용도와는 다른 용도로 사용하거나 또는 재수출을 이행하지 않을 수도 있기 때문입니다. 따라서 표면적으로 면세로 보이는 것일 뿐, 그 세액만큼의 담보를 수입자는 제공해야 합니다.

그럼에도 불구하고 면세되는 세액의 합계, 즉 담보 제공해야 할 금액의 합계가 50만 원 미만인 경우, 세관장은 담보 제공을 요구할 수 없습니다.

관세 등에 대한 담보제도 운영에 관한 고시

**제14조(담보제공의 범위)** ① 세관장은 다음 각 호의 사항에 대하여 관세 등에 상당하는 담보의 제공을 요구할 수 있다.

4. 법 제97조 및 제98조에 따른 재수출면세 및 재수출감면세. 단, 감면세액이 50만 원 미만인 경우는 제외한다.

2. 귀사의 수입 물품 HS Code 관세율은 0%입니다. 그리고 CFR 기준으로 USD 3,000 정도의 기계 1대를 수입합니다. 적하보험 미가입 및 가산금액과 공제금액이 존재하지 않는 상태에서 총과세가격은 CFR C/I 총액으로서 USD3,000이 될 것입니다.

관세는 총과세가격에서 관세율만큼 발생되고, 부가세는 총과세가격에 관세를 합한 금액에서 부가세율 10%가 발생됩니다. 관세율이 0%이니 관세는 0원이고, 부가세는 발생될 것이나, 50만 원까지는 아닙니다.

따라서 귀사의 재수출 조건의 수입 건에 대해서는 무담보 조건으로 수입 진행 가능할 것으로 사료됩니다.

# 🌐 학술 연구용품의 감면세

〈질문〉 폐사는 과학 기자재를 수입해 학교와 의료기관으로 공급하고 있습니다. 매번 세액을 납부하고 수입해왔는데, 갑자기 사장님께서 교육용으로 학교 등에 납품하기 위해서 수입하는 물품은 관세 면세를 받을 수 있다고 하시면서 확인 요청하셨습니다.

그래서 폐사와 거래하는 관세사에게 문의하니 교육용 제품을 학교 등에 공급하기 위해서 수입한다고 해서 무조건 관세를 감면해주는 것이 아니라 일정한 조건을 갖추어야 하며, 그 조건에 해당되더라도 관세 면세가 아니라 일정 수준으로 면세가 된다고 합니다.
관련해 상세한 설명을 듣고 싶습니다. 도움 부탁드립니다.

**〈답변〉 1. 관세법 제90조(학술연구용품의 감면세)** : 국가기관, 지방자치단체 등에서 사용할 학술연구용품, 교육용품 및 실험실습용품 그리고 학교, 공공의료기관 등에서 학술연구용, 교육용 등으로 사용되는 물품을 수입할 때는 그 관세를 감면할 수 있다는 것이 관세법 제90조(학술연구용품의 감면세)와 관세법 시행규칙 제37조(관세가 감면되는 학술연구용품)입니다.

그러나 이러한 기관이 수입하는 학술연구용품, 교육용품 등 모든 물품에 대해서 관세의 감면세를 주는 것은 아닙니다. 관세법 제90조의 관세 감면세를 받기 위해서는 관세법 시행규칙 제37조 제1항에서 제시하는 '관세가 감면되는 물품'이어야 하며(물품요건), 제2항에서 제시하는 특정기관(기관요건)에 속해야 합니다. 아울러 제5항에서는 '관세의 감면율을 100분의 80으로 한다'라는 규정을 확인할 수 있습니다. 조건을 갖추더라도 관세가 면세되는 것이 아니라는 뜻입니다.

**2. 관세의 감면은 추가적인 조건을 갖추어야** : [학술연구용품국내제작곤란물품추천업무처리규정]에서는 관세법 제90조, 시행규칙 제37조에 해당되는 건에 대한 관세 감면을 위해서는 '국내에서 제작하기 곤란한 물품'으로써 '한국기계산업진흥회장'의 추천이 있어야 관세의 감면이 가능하도록 규정하고 있습니다. 결국, 단순히 학술연구용품을 수입한다고 해서 관세법 제90조의 관세 감면 혜택을 받을 수 있는 것은 아닙니다.

<table>
<tr><th>관세법</th><th>관세법 시행규칙(기획재정부령)</th></tr>
<tr><td>

**제90조(학술연구용품의 감면세)** ① 다음 각 호의 어느 하나에 해당하는 물품이 수입될 때에는 그 관세를 감면할 수 있다.

1. 국가기관, 지방자치단체 및 기획재정부령으로 정하는 기관에서 사용할 학술연구용품·교육용품 및 실험실습용품으로서 기획재정부령으로 정하는 물품

2. 학교, 공공의료기관, 공공직업훈련원, 박물관, 그 밖에 이에 준하는 기획재정부령으로 정하는 기관에서 학술연구용·교육용·훈련용·실험실습용 및 과학기술연구용으로 사용할 물품 중 기획재정부령으로 정하는 물품

3. 제2호의 기관에서 사용할 학술연구용품·교육용품·훈련용품·실험실습용품 및 과학기술연구용품으로서 외국으로부터 기증되는 물품. 다만, 기획재정부령으로 정하는 물품은 제외한다.

4. 기획재정부령으로 정하는 자가 산업기술의 연구개발에 사용하기 위하여 수입하는 물품으로서 기획재정부령으로 정하는 물품

② 제1항에 따라 관세를 감면하는 경우 그 감면율은 기획재정부령으로 정한다.

</td><td>

**제37조(관세가 감면되는 학술연구용품)** ① 법 제90조제1항제1호 및 제2호에 따라 관세가 감면되는 물품은 다음 각 호와 같다.

1. 표본, 참고품, 도서, 음반, 녹음된 테이프, 녹화된 슬라이드, 촬영된 필름, 시험지, 시약류, 그 밖에 이와 유사한 물품 및 자료

~~~~~ 중략 ~~~~~

② 법 제90조제1항제2호에서 "기획재정부령으로 정하는 기관"이란 다음 각 호와 같다.

1. 「정부조직법」 제4조 또는 지방자치단체의 조례에 의하여 설치된 시험소·연구소·공공도서관·동물원·식물원 및 전시관(이들 기관에서 사용하기 위하여 중앙행정기관의 장이 수입하는 경우를 포함한다.)

2. 대한무역투자진흥공사 전시관

3. 「산업집적활성화 및 공장설립에 관한 법률」 제31조에 따라 설립된 산업단지관리공단의 전시관

~~~~~ 중략 ~~~~~

⑤ 법 제90조제2항의 규정에 의한 관세의 감면율은 100분의 80으로 한다. 다만, 공공의료기관(제2항제25호의 규정에 의한 국립암센터 및 국립중앙의료원은 제외한다) 및 학교부설의료기관에서 사용할 물품에 대한 관세의 감면율은 100분의 50으로 한다.

</td></tr>
</table>

## 학술연구용품국내제작곤란물품추천업무처리규정

**제1조(목적)** 이 규정은 관세법 제90조제1항, 같은법 시행규칙 제37조제1항 제2호에 따른 학술연구용품으로 수입하는 물품의 관세감면을 위한 「국내에서 제작하기 곤란한 물품」에 대한 추천업무 처리에 필요한 사항을 규정함을 목적으로 한다.

**제2조(추천기관)** 관세법시행규칙 제37조제1항 제2호에서 해당 물품의 생산에 관한 업무를 담당하는 중앙행정기관의 장이 지정하는 자라 함은 한국기계산업진흥회장(이하 "추천기관장"이라 한다)을 말한다.

**제3조(추천대상)** 국내에서 제작하기 곤란한 학술연구용품의 추천대상은 관세법 제90조제1항, 같은 법 시행규칙 제37조제1항 제2호에 따른 학술연구용품·교육용품·훈련용품·실험 실습용품 또는 과학기술연구용품으로서 국내에서 제작하기 곤란한 것을 말한다.

**제4조(추천판단기준)** 제3조에 따른 국내에서 제작하기 곤란하다고 하는 것은 다음 각 호 어느 하나에 해당하는 것을 말한다.

가. 수입하고자 하는 물품과 대등한 품질이나 성능을 가진 국산품이 없는 경우
나. 수입하고자 하는 물품과 대등한 성질이나 성능의 국산품이 생산되더라도 납품실적이 없는 경우
다. 기타 국산공급이 부적합한 것으로서 판단되는 경우

# 재수입 건의 부가세 면세인가? 과세인가?

〈질문〉 폐사는 기계 제조사로서 직접 수출까지 하고 있습니다. 대부분의 수출이 유상 판매되는 수출이지만, 종종 무상(Free of Charge)으로 일시 수출했다가 다시 재수입하는 경우도 있습니다.

그런데 무상 수출 후 재수입하는 건에 대해서 재수입 부가세를 그동안 면세 받았는데, 갑자기 부가세를 납부하라고 합니다. 해외에서 폐사의 기계를 이용해 생산적인 활동을 하거나 추가 공정이 이루어지는 경우는 아닙니다. 간단한 테스트 후에 수출했을 때와 동일한 상태로 재수입하는 건이며, 재수입할 때 관세는 면세 받고 있습니다. 관련해 부가세 면세와 과세 기준을 알고 싶습니다.

〈답변〉 **1. 재수입관세 면세와 재수입 부가세 면세의 근거 규정** : 한국에서 수출신고해 수출신고필증이 발행된 건이 해외에서 추가 가공 및 사용하지 않고 수출했을 때와 동일한 상태로 수출신고 수리일로부터 2년 이내에 한국으로 재수입되면 관세는 면세될 수 있는 조건을 갖추었다고 할 수 있습니다(물론 재수입관세 면세를 받

| 부가가치세법 | 부가가치세법 시행령 |
|---|---|
| **제27조(재화의 수입에 대한 면세)** 다음 각 호에 해당하는 재화의 수입에 대해서는 부가가치세를 면제한다.<br><br>1. 가공되지 아니한 식료품(식용으로 제공되는 농산물, 축산물, 수산물 및 임산물을 포함한다)으로서 대통령령으로 정하는 것<br>2. 도서, 신문 및 잡지로서 대통령령으로 정하는 것<br><br>~~~~~~~ 중략 ~~~~~~~<br><br>12. 수출된 후 다시 수입하는 재화로서 관세가 감면되는 것 중 대통령령으로 정하는 것. 다만, 관세가 경감(輕減)되는 경우에는 경감되는 비율만큼만 면제한다. | **제54조(다시 수입하는 재화로서 관세가 감면되는 것의 범위)** 법 제27조제12호 본문에 따른 수출된 후 다시 수입하는 재화로서 관세가 감면되는 것은 사업자가 재화를 사용하거나 소비할 권한을 이전하지 아니하고 외국으로 반출하였다가 다시 수입하는 재화로서 「관세법」 제99조에 따라 관세가 면제되거나 같은 법 제101조에 따라 관세가 경감되는 재화로 한다. |

기 위한 조건은 기타 여러 가지를 충족해야 합니다).

재수입관세를 면세 받았다고 해서 부가세까지 면세 받는 것은 아닙니다. 재수입 관세는 관세법에서 규정(관세법 제99조 재수입면세)하고 있는 내용이며, 재수입 부가세 면세는 부가가치세법에서 규정(부가가치세법 제27조 재화의 수입에 대한 면세, 12호)하고 있는 내용입니다.

**2. 소비 권한 이전 없이 수출 후 재수입하는 재화의 부가세** : 부가가치세법 시행령 제54조의 내용을 충족하면 재수입 부가세는 면세될 수 있을 것입니다. 귀사의 물품은 해외로 수출될 때 수출신고필증의 '결제방법'이 T/T 등으로 '유상' 신고된 건이 아닌 Free of Charge로서 무상 'GN' 신고된 건입니다. 이는 소비 권한의 이전을 한국 업체가 해외 업체로 이전하지 않았다는 뜻이 될 수 있고, 해외에서 추가적인 가공 및 사용하지 않고 원상태 그대로 다시 한국으로 재수입하는 건이니 관세와 함께 부가세까지 면세될 수도 있을 것입니다.

과거에는 이러한 상황에서 재수입 부가세까지 면세 받는 것이 일반적이었으나, 최근에는 재수입관세만 면세 받고 부가세는 납부하는 경향이 있습니다.[41] 재수입 부가세는 매입 부가세로서 향후 부가세를 신고해 매출 부가세를 대비해 공제받기 때문입니다. 물론 매입 부가세를 공제받는다고 하더라도 수입할 때 부가세에 대한 현금을 납부해야 하니, 현금 유동성에 문제는 발생될 수 있습니다.

---

41) 수출신고필증의 '결제방법'이 무상(GN)으로 신고된 화물이 한국으로 재수입될 때, 부가가치세법에서 규정하는 소비 권한 이전 유무를 입증해야 부가세 면세를 허용하는 경우도 있습니다. 이때 수입자가 소비 권한 이전 유무를 입증할 수 있는 객관적인 자료의 확보가 어렵기 때문에, 재수입 건에 대해서 부가세를 납부하고 향후에 공제 받는 업체도 있습니다.

# 수입 관세와 부가세 감면부호

<질문> 판매를 목적으로 하지 않는 샘플을 유상(T/T) 조건으로 수입신고했습니다. 이 건에 대해서 관세율이 8%인데, 관세가 발생되지 않았고 부가세 역시 발생되지 않았습니다. 그 이유에 대한 설명을 듣고 싶습니다.

| (49) 세종 | (50) 세율(구분) | (51) 감면율 | (52) 세액 | (53) 감면분납부호 | 감면액 | *내국세종부호 |
|---|---|---|---|---|---|---|
| 관 | 8.00(C 가가) | 100.00 | 0 | A09400000303 | | |
| 부 | 10.00(B 면세) | 100.00 | 0 | K090000 | | |

| (54) 결제금액(인도조건-통화종류-금액-결제방법) | | CFR-USD-195-TT | | (56) 환율 | 1,180.50 |
|---|---|---|---|---|---|
| (55) 총과세가격 | $ 195 | (57) 운임 | (59) 가산금액 | (64) 납부번호 | |
| | ₩ 230,198 | (58) 보험료 | (60) 공제금액 | (65) 부가가치세과표 | 0 |

<답변> **1. 관세 감면부호** : 수입신고필증 '감면분납부호', 'A09400000303'은 '관세법 제94조제3호 해당물품 중 시행규칙 제45조제1항제3호 물품'이라는 사유로 관세감면율 100%가 적용되었다는 관세감면부호입니다.

> **「관세법 시행규칙」 제45조(관세가 면세되는 소액물품)제1항제3호**
>
> ; 과세가격이 미화 250달러 이하인 물품으로서 견품으로 사용될 것으로 인정되는 물품

**2. 부가가치세 감면부호** : 수입신고필증 '감면분납부호' 'K090000'은 '부가가치세법 제27조제9호 해당물품'이라는 사유로 부가세 감면율 100%가 적용되었다는 부가가치세 감면부호입니다.

> **부가가치세법 제27조제9호**
>
> ; 수입하는 상품의 견본과 광고용 물품으로서 관세가 면제되는 재화

> **관세(부가세) 감면부호 확인 절차**
>
> 유니패스(https://unipass.customs.go.kr) 접속 → 상단 메뉴 '정보조회' → 신고지원정보 → 관세감면/분납부호 또는 부가가치세감면부호 → 검색창에 부호 입력 후 조회

# ⊕ 'Steel Keg of Beer'의 재수출이행기간과 가산세

〈질문〉 맥주를 수입하는 업체입니다. 맥주를 수입할 때 Steel Keg를 이용하며, 맥주에 대해서는 세액 납부하고 Steel Keg에 대해서는 무담보로 세액 감면[42] 받고 재수출이행기간 1년 받았습니다.

문제는 Steel Keg에 맥주를 담아 국내 유통 후 회수해서 재수출해야 하는데, 재수출이행기간 1년이 지났음에도 불구하고 현재까지도 재수출을 이행하지 못하고 있습니다. 이유는 맥주와 함께 유통된 Keg의 회수가 늦어지고 있기 때문입니다. 현 시점에서 재수출이행기간 연장할 수 있는지와 수입할 때 감면받은 세액을 납부해야 하는지 궁금합니다.

**품명, 규격**(란번호/총란수 : 003/003)

| (30) 품　　명 STEEL KEG OF BEER<br>(31) 거래품명 STEEL KEG OF BEER | | | (32) 상표 | | |
|---|---|---|---|---|---|
| (33) 모델·규격 | | (34) 성분 | (35) 수량 | (36) 단가(USD) | (37) 금액(USD) |
| (NO. 01) STEEL KEG OF BEER<br>(KEG SHALL BE RETURENED), (5Kg/KEG) | | | 30KE | 50 | 1,500 |
| (38) 세번부호 | 7310.29-0000 | (40) 순중량　180KG | (43) C/S검사 | | (45) 사후기관 |
| (39) 과세가격<br>(CIF) | $　　2,212 | (41) 수량 | (44) 검사변경 | | |
| | ₩　2,500,000 | (42) 환급물량　30U | (46) 원산지　US-2-B-B | (47) 특수세액 | |
| (48) 수입요건확인<br>　(발급서류명) | | | | | |
| (49) 세종 | (50) 세율(구분) | (51) 감면율 | (52) 세액 | (53) 감면분납부호　감면액 | *내국세종부호 |
| 관<br>부 | 8.00(A　가가)<br>10.00(B　) | 100.00<br>100.00 | 0<br>0 | A09700010101　190,512<br>K130000　238,141 | |

　　〈답변〉 **1. 재수출이행기간 1년과 연장** : 관세법 제97조(재수출면세) 1항에서는 수입신고 수리일로부터 1년의 범위 내에서 재수출하는 물품에 대해서 그 관세를 면제할 수 있고, 이때 부득이한 사유가 있다고 인정되면 그 기간을 연장할 수 있다고 규정하고 있습니다.

　　따라서 수입신고 수리일로부터 1년으로 정해진 재수출이행기간 이내에 재수출

---

42) 재수출 조건으로 수입신고하는 경우 세액만큼의 담보를 제공해야 수입 가능합니다. 그러나 '명백히' 반복 사용 가능한 용기를 재수출 조건으로 수입신고하면, 무담보로 수입 가능합니다. 그리고 납부해야 할 세액의 합계가 50만 원 미만일 때 역시 담보를 제공하지 않습니다.

이행할 수 없는 타당한 사유를 세관으로 소명하면, 재수출이행기간은 연장될 수도 있을 것입니다. 그러나 재수출이행기간이 지난 상태에서는 그 기간의 연장은 불가할 것입니다.

**2. 가산세** : 재수출이행기간 이내에 면세받은 물품을 재수출 신고하지 않으면, 국가는 면세받은 관세뿐만 아니라 가산세 역시 함께 징수할 것입니다.

## 3. 감면분납부호

| 관세감면/분납부호 | 관세감면율(%) | 관련법령 |
|---|---|---|
| A09700010101 | 100 | 관세법 제97조제1항제1호 해당물품 중 시행규칙 제50조제1항제1호 해당물품 |

| 부가가치세 감면부호 | 부호내역 |
|---|---|
| K130000 | 부가세법 제27조제13호 해당물품 |

| 관세법 |
|---|

**제97조(재수출면세)** ① 수입신고 수리일부터 다음 각 호의 어느 하나의 기간에 다시 수출하는 물품에 대하여는 그 관세를 면제할 수 있다.

  1. 기획재정부령으로 정하는 물품 : 1년의 범위에서 대통령령으로 정하는 기준에 따라 세관장이 정하는 기간. 다만, 세관장은 부득이한 사유가 있다고 인정될 때에는 1년의 범위에서 그 기간을 연장할 수 있다.
  2. 1년을 초과하여 수출하여야 할 부득이한 사유가 있는 물품으로서 기획재정부령으로 정하는 물품 : 세관장이 정하는 기간

② 제1항에 따라 관세를 면제받은 물품은 같은 항의 기간에 같은 항에서 정한 용도 외의 다른 용도로 사용되거나 양도될 수 없다. 다만, 대통령령으로 정하는 바에 따라 미리 세관장의 승인을 받았을 때에는 그러하지 아니하다.

③ 다음 각 호의 어느 하나에 해당하는 경우에는 수출하지 아니한 자, 용도 외로 사용한 자 또는 양도를 한 자로부터 면제된 관세를 즉시 징수하며, 양도인으로부터 해당 관세를 징수할 수 없을 때에는 양수인으로부터 면제된 관세를 즉시 징수한다. 다만, 재해나 그 밖의 부득이한 사유로 멸실되었거나 미리 세관장의 승인을 받아 폐기하였을 때에는 그러하지 아니하다.

  1. 제1항에 따라 관세를 면제받은 물품을 같은 항에 규정된 기간 내에 수출하지 아니한 경우
  2. 제1항에서 정한 용도 외의 다른 용도로 사용하거나 해당 용도 외의 다른 용도로 사용하려는 자에게 양도한 경우

④ 세관장은 제1항에 따라 관세를 면제받은 물품 중 기획재정부령으로 정하는 물품이 같은 항에 규정된 기간 내에 수출되지 아니한 경우에는 500만 원을 넘지 아니하는 범위에서 해당 물품에 부과될 관세의 100분의 20에 상당하는 금액을 가산세로 징수한다. 〈개정 2013. 1. 1.〉

# Ⅳ. 과세가격

## 연지급방식 이자 과세여부 Shipper's Usance 및 D/A

〈질문〉 폐사는 한국에 위치한 수입자입니다. 그동안 해외 수출자와의 거래에서 수입 물품 또는 그 선적서류를 영수 후 물품 대금을 지급하는 연불 조건부 거래를 수차례 해왔습니다(결제조건 : Shipper's Usance 또는 D/A). 그리고 해외 수출자는 거래물품에 대한 C/I와 별도로 연불 이자에 대한 청구서를 발행했고, 수입자로서 폐사는 당해 이자를 수입 물품의 지급액(C/I 총액)과 별도로 외국환 은행을 통해서 결제했습니다.

지금까지 폐사는 관세사무실로 연불 이자에 대한 청구서를 전달하지 않았기 때문에 지금까지의 연불이자는 과세가격에 가산되지 않았습니다. 연불이자가 과세가격에 가산되지 않는 것이 맞는지 설명 부탁드립니다.

〈답변〉 **연불이자의 관세가격 공제 여부** : 관세법 제30조(과세가격 결정의 원칙) 제2항 4호에는 연불조건에서 발생되는 연불이자는 과세가격에서 공제된다고 규정하고 있습니다. 그러나 관세법시행령 제20조(운임 등의 결정) 제7항에서는 연불이자가 과세가격에서 공제(제외)되려면 C/I 금액 중 이자 금액이 구분되고, 연불이자 지급에 대한 서면 계약이 있어야 하며, 또한 당해 이자율이 금융이 제공된 국가에서의 통상적인 이자율을 초과하지 않아야 한다고 규정합니다. 이러한 내용은 객관적인 자료를 근거로 수입자가 입증해야 연불이자가 과세가격에서 공제되는 것이라고 할 수 있고, 입증하지 못하면 기본적으로 가산된다고 할 수 있습니다.

| 관세법 | 관세법 시행령 |
| --- | --- |
| **제30조(과세가격 결정의 원칙)** ② 제1항 각 호 외의 부분 본문에서 "구매자가 실제로 지급하였거나 지급하여야 할 가격"이란 해당 수입물품의 대가로서 구매자가 지급하였거나 지급하여야 할 총금액을 말하며, 구매자가 해당 수입물품의 대가와 판매자의 채무를 상계(相計)하는 금액, 구매자가 판매자의 채무를 변제하는 금액, 그 밖의 간접적인 지급액을 포함한다. 다만, 구매자가 지급하였거나 지급하여야 할 총금액에서 다음 각 호의 어느 하나에 해당하는 금액을 명백히 구분할 수 있을 때에는 그 금액을 뺀 금액을 말한다.<br><br>1. 수입 후에 하는 해당 수입물품의 건설, 설치, 조립, 정비, 유지 또는 해당 수입물품에 관한 기술지원에 필요한 비용<br><br>2. 수입항에 도착한 후 해당 수입물품을 운송하는 데에 필요한 운임·보험료와 그 밖에 운송과 관련되는 비용<br><br>3. 우리나라에서 해당 수입물품에 부과된 관세 등의 세금과 그 밖의 공과금<br><br>4. 연불조건(延拂條件)의 수입인 경우에는 해당 수입물품에 대한 연불이자 | **제20조(운임 등의 결정)** ⑦ 법 제30조제2항제4호의 규정에 의하여 구매자가 지급하였거나 지급하여야 할 총금액에서 수입물품에 대한 연불이자를 빼고자 할 때에는 당해 연불이자가 다음 각 호의 요건을 갖춘 것이어야 한다.<br><br>1. 연불이자가 수입물품의 대가로 실제로 지급하였거나 지급하여야 할 금액과 구분될 것<br><br>2. 서면에 의한 계약서로 확인될 것<br><br>3. 당해 물품이 수입신고된 가격으로 판매되고, 이자율이 금융이 제공된 국가에서 당시 그러한 거래에서 통용되는 수준을 초과하지 아니할 것 |

# C 또는 D조건, 무상 수입에서 '운임'을 가산금액으로 신고

〈질문〉 CFR 조건으로 USD15,000 정도의 가치를 가진 물품 1 CTN을 무상(Free of Charge)으로 수입신고했습니다(C/I에 무상 제품 1 CTN, C/I 총액은 무상 건의 총액). CFR 건이라 수입자인 폐사로 포워더는 Ocean Freight를 청구하지 않았으나(O/F 수출자가 청구받음), O/F의 할증료는 청구했습니다. O/F의 할증료는 '가산금액'으로 신고해 총과세가격에 포함시켜야 하기 때문에 관세사무실로 O/F의 할증료 내역을 전달했습니다.

그런데 관세사무실 담당자가 무상 건은 C/I의 가격조건과 상관없이 C/I 총액에 대해서 FOB로 신고되고, 운임을 확인해 총과세가격에 가산해야

**〈답변〉 1. 무상 건의 수입신고** : 무상 건은 거래물품에 대한 대금 결제가 이루어지지 않는 건입니다. 이러한 무상 건에 대해서 C/I의 가격조건에 관계없이 세관은 무상 건 C/I 가격에는 운임이 제외되었다고 판단해, 수입신고할 때 운임을 별도로 신고해 총과세가격에 포함할 것을 요구하는 경우가 많은 것으로 확인됩니다.

따라서 무상 건으로서 C/I의 가격조건(인도조건)에 관계없이 수입신고필증 '54) 결제금액(인도조건-통화종류-금액-결제방법)'란에 FOB로 신고되고, 금액은 C/I 총액이며, 결제방법은 무상을 뜻하는 GN으로 신고됩니다. 그리고 운임을 별도로 운임 또는 '59)가산금액' 부분에 기재해 '55)총과세가격'을 계산합니다.

**2. 가격조건과 과세가격에 포함되어야 할 운송비의 계산** : EXW, FCA, FOB 건에 대해서 무상 수입하면 운임이 수입자에게 청구되기 때문에 청구받은 운송비 내역에서 과세가격에 포함되어야 할 운송비를 찾아내서 총과세가격에 포함시키면 됩니다.

그러나 CFR, CPT 등 C-Terms 그리고 DAP, DDP와 같은 조건으로 무상 수입할 때는 과세가격에 포함되어야 할 운송비가 모두 수출자에게 청구되니 수입자는 해당 내역을 알 수 없습니다. 그래서 「수입물품 과세가격 결정에 관한 고시」 별표 제1호 특급탁송화물 과세운임표'를 기준으로 과세가격에 포함되어야 할 운송비를 산정해 가산금액에 포함시킵니다.

**3. CFR 수입에서 가산금액에 포함되는 대표적인 항목** : CFR 수입에서는 O/F의 할증료는 기본적으로 목적국에서 청구됩니다. 그래서 수입자가 O/F의 할증료를 청구받는데, O/F의 할증료는 과세가격에 포함되는 비용입니다. 그리고 CFR 무

상 수입에서 운임을 확인해 과세가격에 합산해야 하기 때문에, 가산금액에는 O/F 의 할증료와 운임이 함께 신고될 수 있습니다.

| 특급탁송화물 과세운임표 | | | | | | | | | |
|---|---|---|---|---|---|---|---|---|---|
| 중량(KG) | 1지역 | 2지역 | 3지역 | 4지역 | 중량(KG) | 1지역 | 2지역 | 3지역 | 4지역 |
| 1.0 | 10,500 | 12,950 | 18,900 | 19,600 | 16.0 | 59,700 | 105,000 | 129,000 | 217,000 |
| 2.0 | 14,140 | 19,600 | 29,050 | 30,100 | 17.0 | 63,100 | 111,000 | 135,000 | 230,000 |
| 3.0 | 17,150 | 22,400 | 35,700 | 38,500 | 18.0 | 66,500 | 117,000 | 141,000 | 243,000 |
| 4.0 | 26,500 | 38,000 | 57,000 | 67,000 | 19.0 | 69,900 | 123,000 | 147,000 | 256,000 |
| 5.0 | 28,500 | 43,400 | 63,000 | 79,000 | 20.0 | 73,300 | 129,000 | 153,000 | 269,000 |
| 6.0 | 30,500 | 48,800 | 69,000 | 91,000 | 21.0 | 76,700 | 135,000 | 159,000 | 281,600 |
| 7.0 | 32,500 | 54,200 | 75,000 | 103,000 | 22.0 | 79,900 | 140,500 | 165,000 | 294,200 |
| 8.0 | 35,500 | 59,600 | 81,000 | 115,000 | 23.0 | 82,900 | 144,100 | 171,000 | 306,800 |
| 9.0 | 38,500 | 65,000 | 87,000 | 127,000 | 24.0 | 85,700 | 146,700 | 177,000 | 319,400 |
| 10.0 | 41,500 | 70,400 | 93,000 | 139,000 | 25.0 | 88,300 | 149,300 | 183,000 | 332,000 |
| 11.0 | 44,500 | 75,800 | 99,000 | 152,000 | 26.0 | 90,900 | 151,900 | 189,000 | 344,600 |
| 12.0 | 47,500 | 81,000 | 105,000 | 165,000 | 27.0 | 93,500 | 154,500 | 195,000 | 357,200 |
| 13.0 | 50,500 | 87,000 | 111,000 | 178,000 | 28.0 | 96,100 | 157,100 | 201,000 | 369,800 |
| 14.0 | 53,500 | 93,000 | 117,000 | 191,000 | 29.0 | 98,700 | 159,700 | 207,000 | 382,400 |
| 15.0 | 56,500 | 99,000 | 123,000 | 204,000 | 30.0 | 101,300 | 162,300 | 213,000 | 395,000 |

※ 물품의 중량이 30KG을 초과하는 경우에는 지역별 30KG 해당 운임에 30KG과 29KG 간의 지역별 운임차액을 30KG 초과중량에 곱해 산출된 금액을 가산

| 제1지역 | | 중국, 홍콩, 일본, 마카오, 대만 |
|---|---|---|
| 제2지역 | | 방글라데시, 브루나이, 미얀마, 캄보디아, 인도네시아, 말레이시아, 몽골, 싱가포르, 필리핀, 태국, 베트남, 라오스, 동티모르, 기타 동남아시아 국가 |
| 제3지역 | 북미 | 미국(하와이, 알래스카 포함), 캐나다 |
| | 서유럽 | 벨기에, 덴마크, 핀란드, 프랑스, 독일, 영국, 그리스, 이탈리아, 네덜란드, 노르웨이, 포르투갈, 스페인, 스위스, 스웨덴, 오스트리아 등 |
| | 동유럽 | 러시아, 루마니아, 폴란드, 헝가리, 체코, 구소련연방 등 |
| | 중동 | 바레인, 이란, 이라크, 이스라엘, 요르단, 터키, 쿠웨이트, 사우디아라비아 등 |
| | 대양주 | 호주, 뉴질랜드, 파푸아뉴기니, 괌, 사이판 등 |
| | 아시아 | 아프가니스탄, 인도, 네팔, 파키스탄, 스리랑카 등 |
| 제4지역 | 아프리카 | 이집트, 케냐, 리비아 등 |
| | 중남미 | 멕시코, 파나마, 아르헨티나, 브라질, 우루과이, 페루 등 |
| | 서인도제도 | 쿠바, 타이티, 도미니카 등 |
| | 남태평양 | 피지, 키리바티, 솔로몬제도, 사모아 등 |

CFR 무상 수입에서 가산금액에 O/F의 할증료만을 기재해 신고하더라도 세관에서 그 금액이 운임이 포함된 것으로 알고 넘어가는 경우도 있습니다.

# 🌐 수입신고필증의 총과세가격과 가산금액 및 공제금액

〈질문〉 수입신고필증에는 결제금액, 운임, 보험료, 가산금액, 공제금액, 환율, 총과세가격이 있습니다. 수입자가 관세사무실로 수입신고 의뢰하면서 전달하는 서류는 C/I를 포함한 선적서류와 포워더로부터 청구받은 운송비 인보이스(또는 운송비 청구서)입니다. 관세사무실에서는 C/I와 운송비 인보이스를 기초로 수입신고하면서, 가산금액 및 공제금액에 반영되어야 할 금액이 무엇이 있는지 어떻게 확인하는지요?

〈답변〉 **1. 과세가격의 의미** : 과세가격은 CIF 금액이 아니라(CIF C/I 총액은 결제금액), 수출지에서 물품을 생산할 때 투입되는 원재료 구입비용, 인건비, 전기료 등 제조 원가에 포장비, 수출자의 마진 그리고 수출자 공장/창고에서 수입지로써 한국의 항구/공항에 배/항공기가 접안할 때까지 발생된 모든 운송비 및 기타 모든 비용을 말합니다. 수출지에서의 검수 비용, 각종 증명서의 발급기관으로 결제하는 관련 수수료 역시도 C/I 단가에 포함되지 않은 경우에는 별도로 확인해서 총과세가격에 가산되어야 할 가산금액입니다.

물론 C/I 총액에는 포함되어 있으나, 과세가격에는 공제되어야 할 비용이 있고, 포워더의 운송비 인보이스에는 포함되어 있으나 과세가격에는 공제되어야 할 비용도 있습니다. 이러한 공제금액은 소명할 추가 자료를 구비해 세관으로 제출해야 공제금액으로 인정되어 총과세가격에 반영되지 않습니다.

**2. 가산금액과 공제금액** : 수입신고를 대행하는 관세사무실 직원은 해당 신고 건의 C/I 총액으로서 결제금액에 포함되지 않고 한국의 수입자가 해외 수출자에게 별도로 결제한 과세가격에는 포함되어야 할 내역 유무를 알지 못합니다. 아울러 C/I 총액에서 과세가격에서 공제되어야 할 내역이 분명히 명시되어 있지 않으면, 관세사무실 직원 입장에서는 공제할 금액이 없다고 인식할 수밖에 없습니다.

따라서 수입자는 과세가격의 의미와 가산 및 공제금액의 의미를 바로 알고 과세가격에 가산 또는 공제할 금액이 당해 수입신고 건에 대해서 존재하는지 확인할 필요가 있습니다. 확인 결과, 가산 또는 공제할 금액의 내역이 있다면 관세사무실로 수입신고 의뢰하면서 그 내역을 소명(설명)하는 근거 서류를 함께 제출해야 합니다.

참고로 공제금액 자료가 설득력이 부족한 경우, 세관에서는 해당 금액을 공제하지 않을 수 있습니다. 그러면 총과세가격은 그만큼 높아지고 납부해야 할 세액은 적정 세액보다 높아질 수 있습니다.

## 🌐 하자보증비의 과세가격 가산 및 공제 여부

〈질문〉 폐사는 일본 제조사로부터 기계 부품을 하자 보증기간을 3년 받아서 수입하고 있습니다. 그런데 수년 동안 수입하면서 하자가 발생된 경우는 거의 없습니다. 그래서 하자보증비를 제외한 금액의 C/I를 받아서 수입신고하고, 향후에 하자가 발생되었을 때 별도로 일본 제조사에게 하자보증비를 지급하고 하자처리를 받고자 합니다. 일본 제조사가 받아들이면, 하자보증비를 공제한 금액의 C/I를 기초로 수입신고해 세액 납부해도 문제되지 않는지요?

**〈답변〉 하자보증비의 과세가격 가산** : 구매자가 수입 물품의 하자보증비를 판매자에게 별도로 지급하지 않고 자신의 비용으로 하자처리한다면, 과세가격에 하자보증비는 가산되지 않을 것입니다. 그러나 구매자가 해당 수입 물품의 거래조건으로 판매자 또는 제3자가 수행해야 하는 하자보증을 대신하고, 그에 해당하는 금액을 할인받았거나 하자보증비 중 전부 또는 일부를 별도로 지급하는 경우 해당 금액은 과세가격에 가산(포함)시켜야 합니다.

**관세법 시행령**

**제20조(운임 등의 결정)** ⑥ 법 제30조제2항[43] 각 호 외의 부분 본문에 따른 "그 밖의 간접적인 지급액"에는 다음 각 호의 금액이 포함되는 것으로 한다. 〈개정 2011. 4. 1〉

1. 판매자의 요청으로 수입물품의 대가 중 전부 또는 일부를 제3자에게 지급하는 경우 그 지급금액

2. 구매자가 해당 수입물품의 거래조건으로 판매자 또는 제3자가 수행하여야 하는 하자보증을 대신하고 그에 해당하는 금액을 할인받았거나 하자보증비 중 전부 또는 일부를 별도로 지급하는 경우 해당 금액

3. 수입물품의 거래조건으로 구매자가 지급하는 외국훈련비 또는 외국교육비

4. 그 밖에 일반적으로 판매자가 부담하는 금융비용 등을 구매자가 지급하는 경우 그 지급금액

# 🌐 수입 설비의 시운전, 성능 시험 비용의 과세가격 공제 여부

**〈질문〉** 폐사는 일본 업체와 기계 설비를 FOB 조건으로 수입하는 계약을 체결했습니다. 기계 설비의 설치는 수입자인 폐사 소속 기술자를 활용해 폐사 비용으로 직접 진행합니다. 그러나 조립과 설치 과정에서의 감독, 시운전, 성능 시험을 수행함에 있어 지도를 위한 일본 기술자가 폐사 공장으로 방문합니다. 일본 제조사는 C/I에 기계 설비와 일본 제조사의 인력 파견에 대한 비용을 구분해 발행한 상태입니다. 이 건을 수입신고할 때, 일본 기술자의 관리·감독비용은 과세가격에서 공제되는지 알고자 합니다.

---

43) 「관세법」 제30조(과세가격 결정의 원칙).

<답변> **1. 관세법에서 규정하는 과세가격의 의미와 가산 및 공제 요소** : 수입물품의 과세가격은 우리나라에 수출하기 위해 판매되는 물품에 대해 구매자가 실제로 지급했거나 지급해야 할 가격입니다. 물론 과세가격에는 수입항까지의 운임·보험료와 그 밖에 운송과 관련된 비용 등 관세법 제30조 제1항 각 호의 금액을 가산해야 하고, 수입항에 도착 후 발생되는 운임·보험료, 수입물품의 건설, 설치, 조립 등 기술지원에 필요한 비용, 연불이자 등 관세법 제30조 제2항의 각 호의 금액은 객관적인 자료의 제시로 공제될 수 있습니다.

**2. 설치, 시운전 등 기술지원에 필요한 비용의 공제** : 일본 제조사의 기술자(또는 감독관) 파견 비용이 수입 후 수입자가 조립, 설치, 시운전, 성능 시험을 수행함에 있어 그 지도를 위한 비용이라면, 관세법 제30조 제2항 제1호에 따라서 과세가격에서 공제될 수 있을 것으로 사료됩니다. 물론 C/I에 기계 설비의 내역과 기술자 파견 비용은 명백히 구분되어 있어야 할 것이며, 실제로 일본 기술자가 국내에서 관리·감독을 수행하는지에 대한 객관적인 입증 자료를 확보해 세관으로 제출해야 할 수도 있습니다.

# V. 세관장확인대상

## 🌐 HS Code <sup>세번부호</sup>상의 수입요건 <sup>세관장확인</sup> 면제 범위

〈질문〉 국내 전시회 출품을 목적으로 수입요건(세관장확인)이 존재하는 물품을 재수출 조건으로 수입하고자 합니다. 이때 무상으로 재수출할 것을 예정으로 전시회 출품 용도로 무상 수입하는 경우에도 수입요건을 득해야 하는지 알고 싶습니다.

그리고 폐사는 제조사로서 국내에서 직접 제조한 물품을 해외 전시회 출품을 위해서 무상 반출 후 무상으로 재수입할 예정입니다. 당해 물품의 HS Code에 수입요건이 존재하면, 이 상황에서도 수입요건 득해야 수입신고 가능한지요? 관련해 설명 부탁드립니다.

〈답변〉 **1. 무상 반출할 예정으로 무상 반입하는 물품의 수입승인 면제** : 국내 전시장(보세 전시장 아닌 일반 전시장의 경우) 출품 목적으로 수입되는 물품은 일반적으로 '무상(Free of Charge)' 건이며, 세액만큼의 담보(서울보증의 '납세보증서' 제공) 설정 후 수입신고 수리받습니다. 이후 전시회가 종료되면 수입신고 당시 세관이 제시한 재수출 이행 기한[44]까지 수출신고하고, 수리일로부터 30일 이내(적재의무기한)에 On Board 진행합니다(On Board 이후에 이행보고 및 담보해지 신청해야 합니다). 이때 재수출신고 역시 신고 대상 물품에 대해서 외국환 은행을 통해 대금 거래를 하지 않기 때문에 '무상' 건이 됩니다.

---

44) 수입신고할 때 세관이 전시회 기간을 고려해 재수출 이행 기한을 제시합니다.

이처럼 국내 전시회 출품을 목적으로 무상 반입해 전시회 종료 후 무상 반출하는 물품의 수입요건[45] 면제 여부 '대외무역관리규정'의 '별표 4 수입승인의 면제' 부분을 확인할 필요가 있습니다.

**2. 무상 반출된 물품을 다시 무상으로 반입할 때 수입승인 면제** : 해외 전시회 목적으로 수출되는 경우는 기본적으로 무상 신고되며, 전시회 종료 후 동일한 물품을 한국으로 재수입할 때 역시 무상 신고됩니다. 이러한 상황에서 '대외무역관리규정'의 '별표 4 수입승인의 면제'에서 규정하듯이 수입요건 면제가 될 수도 있을 것으로 보이나, 실무에서는 달리 해석될 수도 있으니 참고하기 바랍니다.

## 3. 관련 규정

### 대외무역법 시행령(대통령령)

**제19조(수출입승인의 면제)** 법 제11조제2항 단서에서 "대통령령으로 정하는 기준에 해당하는 물품 등"이란 다음 각 호의 물품 등을 말한다. 〈개정 2008. 2. 29, 2013. 3. 23〉

1. 산업통상자원부장관이 정하여 고시하는 물품 등으로서 외교관이나 그 밖에 산업통상자원부장관이 정하는 자가 출국하거나 입국하는 경우에 휴대하거나 세관에 신고하고 송부하는 물품 등

2. 다음 각 목의 어느 하나에 해당하는 물품 등 중 산업통상자원부장관이 관계 행정기관의 장과의 협의를 거쳐 고시하는 물품 등

　나. 무역거래를 원활하게 하기 위하여 주된 수출 또는 수입에 부수된 거래로서 수출·수입하는 물품 등

　라. 무상(無償)으로 수출·수입하여 무상으로 수입·수출하거나, 무상으로 수입·수출할 목적으로 수출·수입하는 것으로서 사업 목적을 달성하기 위하여 부득이하다고 인정되는 물품 등

　사. 그 밖에 상행위 이외의 목적으로 수출·수입하는 물품 등

### 대외무역관리규정(산업통상자원부고시)

**제19조(수출입의 승인 면제)** 영 제19조제1호 및 제2호에 따라 수출·수입의 승인이 면제되는 수출·수입의 범위는 별표 3 및 별표 4와 같다.

---

45) 수입요건과 수출요건(수출입 승인) 확인에 대한 권한은 '대외무역법시행령 제91조(권한의 위임·위탁)'에서 규정하듯이 산업통상자원부장관이 세관장에게 위탁해 운영됩니다. 따라서 세관에 수출입 신고하는 물품의 HS Code에 요건(세관장확인대상)이 존재하면, 세관에서 요건 득한 물품인지에 대해서 확인 후 문제없으면 수출(입)신고 수리합니다.

### 3. 영 제19조제2호나목에 따른 수입승인면제

가. 반입하는 상품의 견품 또는 광고용 물품으로서 세관장이 타당하다고 인정하는 물품. 다만, 유상으로 반입하는 경우 미화 5만 달러 상당액(과세가격 기준)이하의 물품

나. 상품의 견품 또는 광고용 물품 제조용 원료로서 세관장이 타당하다고 인정하는 물품

다. 우리나라에서 수출된 물품으로서 수출할 때의 성질 및 형상을 변경하지 아니하고 다시 반입하는 물품

라. 수입된 물품이나 수출된 물품이 계약조건과 상이하거나, 하자보증이행 또는 용도변경 등의 부득이한 사유로 대체를 위하여 반입하는 물품 또는 수입된 물품의 누락이나 부족품에 대하여 보충을 위하여 반입하는 물품

마. 수입물품의 하자보증기간 내에 동 물품의 유지보수 및 성능보장을 위해 해당 물품의 수출자가 무상으로 공급하는 물품

바. 수출물품의 성능보장기간 내에 해당 물품의 수리 또는 검사를 위하여 반출한 물품으로 다시 반입하는 물품

사. 수출물품의 제조 가공에 공할 일부 외화획득용 원료로서 세관장이 해당 수출계약 이행에 필요하다고 인정하여 무상으로 반입하는 물품

아. 무상으로 반입하는 라벨(LABEL), 택(TAG)등 부자재

~~~~~ 중략 ~~~~~

### 4. 영 제19조제2호라목에 따른 수입승인면제

가. 무상으로 반출할 예정으로 무상으로 반입하는 물품 중 다음에 열거하는 물품
　　7) 우리나라에서 개최한 박람회, 전시회, 견본 시, 영화제 등에 출품하기 위한 물품

나. 무상으로 반출된 물품을 다시 무상으로 반입하는 물품으로서 다음에 열거하는 물품
　　4) 외국에서 개최된 박람회, 전시회, 견본 시, 영화제 등에 출품된 물품으로서 반송되어 온 물품

다. 외국에서 수리 또는 검사를 받을 목적으로 반출한 물품을 반입하거나 국내에서 수리 또는 검사를 받을 목적으로 외국으로부터 반입하는 물품

### 7. 영 제19조제2호 사목에 따른 수입승인면제

파. 국내거주자가 자가사용을 위하여 정보통신망 등을 이용하여 구매신청 후 대금을 지급하는 거래에 의하여 외국으로부터 우편 등으로 반입하는 물품으로서, 가격 및 수량 등 그 반입의 목적·사유에 의하여 세관장이 타당하다고 인정하는 경우
~~~~~

# 식물방역법 대상 물품의 검역 신청 기한<sup>10일 이내</sup>

〈질문〉 0804.40-0000으로 분류되는 아보카도를 뉴질랜드에서 한국으로 수입하는 회사입니다. 이번에 인천공항에 도착한 아보카도의 식물검역 신청을 담당자의 실수로 제시간에 하지 못했습니다. 화물이 도착한 이후에 상당 기간 지나서 검역 신청을 하니, 인천공항에 도착한 항공기에서 화물이 하기(Discharge)된 날로부터 10일이 지난 이후에 검역 신청한 건이라 과태료 부과 대상이라고 합니다. 관련 규정을 확인하고자 하며, 과태료 기준 및 예상되는 과태료는 어느 정도 되는지 확인 바랍니다.

〈답변〉 식물검역대상물품은 최초 도착하는 목적항(공항)에서 지체 없이 식물검역기관으로 검역 신고해야 합니다. 최초 목적항에서 식물검역 받지 않고 보세운송 진행하거나, 또는 도착 후 10일 이내까지 검역 신고하지 않으면 과태료가 발생됩니다. 이때 발생되는 과태료는 식물방역법에서 규정하며, 부과기준은 식물방역법 시

| 식물방역법 | 식물방역법 시행령 |
|---|---|
| **제12조(식물검역대상물품의 검역)** ① 식물검역대상물품을 수입하는 자는 처음으로 도착한 수입항에서 지체 없이 식물검역기관의 장에게 신고하고 식물검역관의 검역을 받아야 한다. 다만, 제5항·제6항 및 제8항에 따라 검역을 받는 경우에는 그러하지 아니하다. 〈개정 2011. 7. 14, 2016. 12. 2〉<br><br>**제50조(과태료)** ① 다음 각 호의 어느 하나에 해당하는 자에게는 1천만 원 이하의 과태료를 부과한다. 〈개정 2016. 12. 2〉<br><br>　1. 제12조제1항을 위반하여 처음으로 도착한 수입항에서 검역을 받지 아니하고 식물검역대상물품을 보세운송한 자<br><br>③ 다음 각 호의 어느 하나에 해당하는 자에게는 300만 원 이하의 과태료를 부과한다. 〈개정 2016. 12. 2〉<br><br>　3. 제12조제1항·제2항에 따른 신고를 지체한 자 | 제7조(과태료의 부과기준) 법 제50조제1항부터 제3항까지의 규정에 따른 과태료의 부과기준은 별표와 같다. 〈개정 2012. 1. 13〉 |

**제2조(위반행위의 적용기준)** ② 영 제7조 별표의 과태료의 부과기준 중 제2호마목의 위반행위는 다음 각 호의 어느 하나에 해당하는 경우를 말한다.

1. 식물검역대상물품의 당해 화물을 적재한 선박 또는 항공기 등이 항만, 공항, 통관역에 도착하여 농림축산식품부령이 정하는 검역장소로 운송 하역한 날로부터 10일 이내 검역을 받지 아니한 경우

### 식물방역법 시행령 제7조 과태료의 부과기준

(단위 : 만 원)

| 위반행위 | 근거 법조문 | 과태료 금액 | | |
|---|---|---|---|---|
| | | 1회 | 2회 | 3회 이상 |
| 바. 법 제12조제1항·제2항에 따른 신고를 지체한 경우<br> 1) 이사물품을 수입하여 신고를 지체한 경우<br> 2) 이사물품을 제외한 모든 수입화물에 대해 검사신청을 지체한 경우 | 법 제50조<br>제3항제3호 | 10<br>100 | 30<br>200 | 90<br>300 |

행령 '별표'에서 상황별로 금액을 정하고 있습니다.

질문자가 제시한 상황은 목적항에 도착 후 10일 이내에 검역 신고하지 않은 건으로서 식물방역법 제12조제1항에 따른 신고 지체 상황이며, 이에 대한 과태료는 100만 원 정도가 될 것입니다.

## 🌐 식물검역 대상 물품의 검역 입항지 또는 내륙지

〈질문〉 원목으로 된 가구를 수입합니다. 입항지는 부산항인데, 입항지가 아닌 경기도 보세창고로 보세운송 후에 식물검역을 진행하고자 합니다. 식물검역은 기본적으로 화물이 최초로 도착한 항구/공항의 검역장에서 진행해야 하는 것으로 알고 있는데, 보세운송 후 내륙에서 검역 가능할까요?

<답변> **1. 식물검역 대상 물품의 검역(최초 입항지)** : 식물검역 대상 물품[46]에 대한 식물검역은 기본적으로 최초로 도착한 검역장(항구, 공항, 통관역 내에 있는 식물검역 검사장소로 지정된 장소)에서 지체 없이 식물검역기관의 장에게 신고하고 식물검역관의 검역을 받아야 합니다.[47] 이렇게 화물이 양하된 항구, 공항 등에서 식물검역이 진행되는 경우는 수입일(입항)로부터 10일 이내에 검역을 신청해야 합니다. 그렇지 않으면 과태료가 발생될 수 있으니 주의가 필요합니다.[48]

**2. 식물검역 대상 물품의 보세운송(내륙지에서 검역)** : 최초 입항지에서 검역 받아야 함에도 불구하고, 법에서 규정하는 수송 기준을 준수해 농림축산검역본부에 의해서 승인(지정)된 내륙지 보세창고로 보세운송한다면 내륙에서 식물검역 신청이 가능할 수 있습니다. 이때 수송 기준은 「식물방역법」 제7조(식물검역대상물품의 안전관리) 및 「식물방역법 시행규칙」 제7조(식물검역대상물품의 안전관리기준)에 규정되어 있습니다. 기본적으로 식물검역 대상 물품이 노출되지 않도록 천막 등으로 완전히 덮어야 하는데, 가장 확실한 방법은 밀폐형 컨테이너에 당해 물품이 적입된 상태에서 운송되는 것이라고 할 수 있습니다. 따라서 식물검역증과 운송서류(B/L, 화물운송장)의 Seal No.는 실제 컨테이너의 Seal No.와 일치해야 할 것입니다.

**3. 경기도로 보세운송하는 경우** : 부산항으로 입항한 식물검역 대상 물품을 경기도에 위치한 보세창고로 보세운송하는 경우가 있습니다. 이때 법에서 규정하는 수송 기준을 준수해 운송함에 있어, 컨테이너에 밀봉된 상태로 내륙 컨테이너 기지로 운송되어져야 합니다(「식물방역법」 제12조 제2항 제1호).

경기도에 위치한 내륙 컨테이너 기지(ICD, Inland Container Depot)는 의왕 ICD

---

46) 「식물방역법」 제2조(정의) "식물검역대상물품"이란 식물과 그 식물을 넣거나 싸는 용기·포장, 병해충 및 농림축산식품부령으로 정하는 흙(이하 "흙"이라 한다)을 말한다.
47) 「식물방역법」 제9조(수입항) 식물검역대상물품은 항만·공항·기차역 등 농림축산식품부령으로 정하는 장소(이하 "수입항"이라 한다) 외의 장소를 통하여 수입하지 못한다.
48) 「식물방역법 위반자에 대한 과태료 부과요령」 제2조(위반행위의 적용기준) 제2항 제1호.

이며, 경남에는 양산 ICD가 있습니다. 컨테이너에 밀봉된 상태에서 의왕 ICD로 보세운송한다면, 식물검역검사 장소를 보유하고 있으면서 농림축산검역본부에 의해서 승인(지정)된 보세창고로 보세운송해야 합니다.[49] 참고로 내륙 컨테이너 기지에서

<table>
<tr><td colspan="2" align="center">**식물방역법**</td></tr>
</table>

**제12조(식물검역대상물품의 검역)** ① 식물검역대상물품을 수입하는 자는 처음으로 도착한 수입항에서 지체 없이 식물검역기관의 장에게 신고하고 식물검역관의 검역을 받아야 한다. 다만, 제5항·제6항 및 제8항에 따라 검역을 받는 경우에는 그러하지 아니하다. 〈개정 2011. 7. 14, 2016. 12. 2〉

② 제1항에도 불구하고 제7조에 따른 수송 기준을 준수하여 운송하는 경우로서 다음 각 호의 어느 하나에 해당하는 경우에는 해당 도착지에서 지체 없이 식물검역기관의 장에게 신고하고 식물검역관의 검역을 받을 수 있다. 〈신설 2011. 7. 14, 2016. 12. 2〉

　1. 식물검역대상물품을 내륙 컨테이너 기지로 운송(재식용 또는 번식용 식물이 아닌 것만 해당한다)하거나 해상 또는 항공으로 운송하는 경우

~~~~~ 이하 생략 ~~~~~

<table>
<tr><td colspan="2" align="center">**식물방역법 시행규칙**</td></tr>
</table>

**제7조(식물검역대상물품의 안전관리기준)** ① 법 제7조에 따라 수입 중인 식물검역대상물품을 수송하는 자는 다음 각 호의 어느 하나에 해당하는 안전관리기준을 준수하여야 한다. 〈개정 2011. 6. 15, 2013. 3. 23, 2017. 12. 1〉

　1. 밀폐형 컨테이너나 용기에 넣을 것
　2. 식물검역대상물품이 노출되지 아니하도록 천막 등으로 완전히 덮을 것
　3. 그 밖에 검역본부장이 정하여 고시한 방법으로 조치를 할 것

<table>
<tr><td colspan="2" align="center">**식물방역법**</td></tr>
</table>

**제8조(식물검역증명서 등)** ① 식물과 그 식물을 넣거나 싸는 용기·포장(이하 "식물 등"이라 한다)을 수입하려는 자는 식물검역증명서 또는 전자식물검역증명서(이하 "검역증명서"라 한다)를 첨부·전송하여야 한다.

② 제1항에 따른 검역증명서는 수출국의 정부기관에서 발급한 것으로서 「국제식물보호협약」의 서식에 따른 것이어야 한다.

~~~~~ 중략 ~~~~~

**제28조(식물등에 대한 수출검역)** ① 식물 등을 수출하려는 자는 그 식물 등이 수입국의 요구사항을 충족하는지에 관하여 식물검역관에게 검역을 받아야 하며, 그 검역에서 합격하지 못하면 수출하지 못한다. 다만, 수입국이 검역증명서를 요구하지 아니하는 식물 등의 경우에는 그러하지 아니하다. 〈개정 2011. 7. 14, 2016. 12. 2〉

② 식물검역관은 제1항에 따라 검역을 한 결과 합격한 경우에는 농림축산식품부령으로 정하는 검역증명서를 발급하거나 그 식물 등에 검역에 합격하였다는 표시를 하여야 한다. 〈신설 2011. 7. 14, 2013. 3. 23, 2016. 12. 2〉

---

49) 농림축산검역본부가 지정한 보세창고가 아닌 내륙의 보세창고로 보세운송 하는 경우도 있습니다. 그러나 지정된 보세창고가 아닌 곳에서 검역 진행이 불가하기 때문에 다시 지정된 보세창고로의 보세운송이 진행되어야 합니다.

검역을 받는 경우, 검역 장소에 도착한 날로부터 10일 이내에 검역 신청해야 합니다.

참고로 「식물방역법」 제10조(수입 금지 등)에서는 국내에 유입될 경우 국내 식물에 피해가 크다고 인정되는 병해충이 분포되어 있는 지역에서 생산 또는 발송되거나 그 지역을 경유한 식물은 기본적으로 수입하지 못하는 금지품으로 규정합니다. 이러한 수입 금지 식물, 금지 지역, 금지 병해충은 「식물방역법 시행규칙」 별표 1과 같습니다.

## 🌐 생과일 수입에 대한 규제 식물방역법

〈질문〉 중국에서 석류를 한국으로 수입하고자 합니다. 듣자 하니 생과일은 상대 수출국이 어디인지에 따라서 수입이 불가할 수도 있다고 들었는데, 중국으로부터 석류 수입이 가능한지 궁금합니다. 가능하다면, HS Code와 관세율 및 수입요건(세관장 확인)을 확인 부탁드립니다.

〈답변〉 1. 식물방역법 : 식물 등으로서 생과실(감, 포도, 자몽 등)을 가공하지 않고 그대로 해외 수출국으로부터 국내로 수입하면, 병해충이 함께 유입되어 자연환경이 파괴될 수 있습니다. 수입되는 식물 등의 병해충을 방제하기 위한 규정은 식물방역법에서 다루고 있습니다.

「식물방역법」 제10조에서는 기본적으로 흙이 붙어 있는 식물의 수입은 금지하며, 국내 식물에 피해가 크다고 인정되는 병해충이 분포되어 있는 지역에서 생산 또는 발송된 식물은 수입 금지하고 있습니다. 「식물방역법 시행규칙」 제12조에서는 수입 금지 식물, 금지 지역, 금지 병해충을 규정하고 있습니다.

**제10조(수입 금지 등)** ① 다음 각 호의 어느 하나에 해당하는 물품 등(이하 "금지품"이라 한다)은 수입하지 못한다. 〈개정 2013. 3. 23〉

1. 제6조에 따른 병해충위험분석 결과 국내에 유입될 경우 국내 식물에 피해가 크다고 인정되는 병해충이 분포되어 있는 지역에서 생산 또는 발송되거나 그 지역을 경유(농림축산식품부령으로 정하는 단순 경유는 제외한다)한 식물로서 농림축산식품부령으로 정하는 것
2. 병해충. 다만, 농림축산식품부장관이 병해충위험분석 결과 국내 식물에 경제적 피해를 줄 우려가 없다고 인정한 병해충은 제외한다.
3. 흙 또는 흙이 붙어 있는 식물
4. 제1호부터 제3호까지에 규정된 물품 등의 용기·포장



**제4조(검역병해충)** 법 제2조제5호에서 "농림축산식품부령으로 정하는 것"이란 다음 각 호의 병해충을 말한다. 〈개정 2011. 6. 15, 2012. 1. 13, 2013. 3. 23, 2017. 2. 23〉

1. 금지 병해충
국내에 유입될 경우 폐기 또는 반송 조치를 하지 아니하면 식물에 해를 끼치는 정도가 크다고 인정하여 그 병해충이 붙어 있는 식물의 수입을 금지하는 다음 각 목의 병해충

　가. 별표 1의 병해충
　나. 법 제6조에 따라 병해충위험분석을 한 결과 가목의 병해충에 준하는 위험이 있다고 인정하여 검역본부장이 정하여 고시하는 병해충

2. 관리 병해충
국내에 유입될 경우 소독 등의 조치를 하지 아니하면 식물에 해를 끼치는 정도가 크다고 인정하여 검역본부장이 정하여 고시하는 병해충

**제12조(수입 금지 식물 등)** ① 법 제10조제1항제1호에서 "농림축산식품부령으로 정하는 단순 경유"란 선박, 차량 또는 항공기에 실린 식물이 병해충에 감염되지 아니한 상태로 보관되어 수입 금지 지역을 통과하는 경우를 말한다. 〈개정 2013. 3. 23〉

② 법 제10조제1항제1호에 따른 수입 금지 식물, 금지 지역, 금지 병해충은 별표 1과 같다.

③ 검역본부장은 제2항에 따라 수입 금지 식물, 금지 지역, 금지 병해충에 해당되는지의 여부가 분명하지 아니한 경우에는 그 적용기준 및 적용례를 고시할 수 있다. 〈개정 2011. 6. 15, 2013. 3. 23〉

**2. 석류의 수입허용지역** : 생과실에 속하는 석류 역시 기본적으로 가공하지 않았기에 병해충이 석류와 함께 국내로 유입될 수 있습니다. 그러나 석류는 이란의 특정 지역을 제외한 곳에서 생산되거나 우즈베키스탄 전 지역에서 생산된 경우에는 국내로의 수입이 허용되어 있습니다.

## 3. 석류의 HS Code와 세관장확인 : 석류는 0810.90-9000으로 분류될 수 있습니다. 0810.90-9000의 기본세율은 45%이며, 세관장확인으로서 수입요건은 다음과 같습니다. 아울러 석류의 수입 허용 지역은 이란과 우즈베키스탄이니 한국으로 석

| 0810.90-9000(석류)의 세관장 확인 |
| --- |
| [원산지증명] [농산물 품질관리법] [2002-01-01 ~ ]<br>통관자료제공 |
| [식물검역증명서] [식물방역법] [2017-01-01~ ]<br>[식물방역법]<br>• 식물검역기관의 장에게 신고하고, 식물검역관의 검역을 받아야 한다(식물방역법 제10조에 따른 수입금지지역으로부터는 수입할 수 없음). |
| [수입식품등 수입신고확인증] [수입식품안전관리 특별법] [2017-01-01 ~ ]<br>[수입식품안전관리 특별법]<br>• 식품 또는 식품첨가물의 것은 수입식품안전관리 특별법 제20조에 따라 지방식품의약품안전청장에게 신고하여야 한다. |

| 「식물방역법 시행규칙」 제4조제1호가목 및 제12조제2항 관련 / 별표 1<br>(일부 내용만 발췌) | | |
| --- | --- | --- |
| **금지식물** | **금지지역** | **주요관심병해충** |
| 1. 벼·왕겨·볏짚과 그 가공품<br>(껍질을 벗긴 쌀과 식물검역-농림축산검역본부장이 정하여 고시한 뉘는 제외한다) | 세계 전 지역(일본 및 대만은 제외한다) | · 벼줄기선충 [Ditylenchus angustus]<br>· 벼이삭미이라병 [Balansia oryzae-sativae] |
| 2. 생과실, 열매채소의 생과실, 콩과 식물의 풋콩류(코코넛·파인애플 및 덜 익은 바나나는 제외한다) | 품목별로 다음의 수입 허용지역을 제외한 세계 전 지역 | 법령 참고 |

품목별로 다음의 수입 허용지역을 제외한 세계 전 지역

| 품목별 | 수입허용지역 |
| --- | --- |
| 감 | [미국] 하와이주, 텍사스주 및 플로리다주를 제외한 전 지역<br>[일본] 전 지역<br>[뉴질랜드] 전 지역 |
| 자몽 | [미국] 하와이주, 텍사스주 및 플로리다주를 제외한 전 지역<br>[일본] 규슈와 류큐열도를 제외한 전 지역 |
| 아보카도 | [미국] 하와이주, 텍사스주 및 플로리다주를 제외한 전 지역<br>[뉴질랜드] 전 지역 |
| 석류 | [이란] Sistan 및 Baluchistan Provine를 제외한 전 지역<br>[우즈베키스탄] 전 지역 |
| 참외 | [일본] 전 지역<br>[우즈베키스탄] 전 지역 |
| ~~~ 이하 생략 ~~~ | |

류를 수입신고할 때는 비특혜 C/O로 원산지증명이 필요할 수도 있습니다. 이란이 수출국이지만, 인접 국가에서 재배·생산해 수입 허용 지역으로써 이란을 단순 경유해 한국으로 수입될 수도 있기 때문입니다.

## 🌐 애견용 장난감과 밥그릇 수입

〈질문〉 애완동물을 위한 장난감과 밥그릇을 수입하고자 합니다. 그런데 거래하는 관세사무실의 관세사님께서 충분히 유아용으로 판매가 가능한 형태라고 하면서, 장난감은 KC 인증과 밥그릇은 식품 등의 수입신고가 필요할 수 있다고 합니다. 폐사는 애견용으로 판매하고자 수입하는 것이기 때문에, 수입신고 당시에 이를 세관으로 설명하면 문제되지 않을 듯합니다. 관련해 의견을 묻고자 합니다.

〈답변〉 1. 제품인증제도(KC) : "전기용품 및 생활용품 안전관리법, 어린이제품 안전특별법"에 따라 안전관리가 필요하다고 인정되는 일부 제품에 대해 제품 출시 전(국내 유통 이전)에 사업자가 최소한의 안전요구조건을 만족하는지를 인증 등을 통해 확인 후 시장에 출시하도록 의무로 하는 제도입니다. 만일 이러한 제품인증 충족 없이 유통하면, 향후에 리콜 처리해야 할 수 있습니다.

이러한 인증은 세관으로 수입신고 이전에 요건을 득해야 하는 세관장확인 대상 물품이 있는가 하면, 수입신고 이전에는 요건을 득할 필요가 없지만, 수입통관 후 국내 유통 전에 인증을 득해야 하는 물품도 있습니다.[50]

---

50) 전자는 통합공고 및 세관장확인 대상 물품으로 분류되는 품목이며, 후자는 통합공고에는 요건 대상이나 세관장확인 대상 품목은 아닙니다. 전자는 수입신고 이전에 요건을 득해야 하는 반면, 후자는 요건의 득함 없이 수입신고해 수리받은 이후에 국내 유통 전에 요건을 득해야 합니다.

2. 귀사께서는 수입하고자 하는 장난감이 애완용이라고 주장하지만, 해당 장난감은 유아에게도 충분히 판매 및 사용될 수 있다면, KC 인증을 득해야 할 수도 있습니다. 그리고 애견용 밥그릇 역시도 귀사께서는 애견용으로 판매하기 위한 수입을 주장하지만, 수입 후 유아에게 판매될 수도 있습니다. 유아에게 판매되면 식품용기로서 지방식약처로 식품 등의 수입신고를 진행해 적합 통지받아야 세관으로 수입신고 가능(세관장확인 대상 물품)합니다.

3. 따라서 이러한 식으로 애견용이지만 충분히 다른 용도로 사용될 수 있는 제품에 대해서는 용도설명서와 판매 경로에 대한 확인이 필요할 수 있습니다. 사용하시는 관세사무실과 충분히 검토해서 수입 결정하시기 바랍니다.


# 🌐 전기용품의 수입과 전기안전 및 전파인증 요건 면제 신청

〈질문〉 HS Code 8479.60-0000(증발식 에어쿨러)으로 분류되는 냉풍기를 판매 목적이 아닌 품질 확인 목적으로 수입하고자 합니다. 그런데 당해 물품은 세관장확인대상인데, 이러한 요건을 면제 받고 수입할 수 있는 방법이 있을까요?

〈답변〉 **1. 전기용품의 샘플 수입** : 수입신고 물품이 세관장확인 대상 물품(HS Code 통해서 확인)이라면, 요건 확인 기관을 통해서 요건을 득해야 세관으로 수입신고 가능합니다. 그러나 판매를 목적으로 하지 않는 소량의 샘플(견본품)을 수입할 때는 요건 면제 받을 수도 있습니다.

전기용품은 '전기용품 및 생활용품 안전관리법'과 '전파법' 대상 물품으로서, 세관장은 요건 확인 기관으로부터 수입자가 요건을 득했는지 확인 후 수입신고 접수합니다(세관장확인 대상). 이러한 절차는 당해 물품을 소비하는 국민의 안전을 위함입니다. 그런데 수입자 입장에서 소비자에게 판매하지 않는 샘플을 수입하면서 상당한 비용과 시간이 필요한 요건 확인 절차를 이행하는 것은 다소 부당한 부분이 있습니다.

**2. 요건 면제 신청** : 전기용품의 경우는 수입자가 관세청 유니패스에 접속해서 요건 확인 기관으로 요건 면제 신청 후 요건 면제확인서를 발급받을 수 있습니다. 물론 제품 용도설명서[51] 및 사유서의 제출이 필요할 것입니다.

이후에 요건 확인 기관으로부터 승인 번호를 받고 면제 확인에 따른 스티커를 현품에 부착합니다. 이러한 절차를 통해서 수입자가 요건 승인 면제 받고, 세관으로 수입신고 후 세액 납부[52]하면 수입신고필증을 교부 받습니다.

> **전기용품 요건 면제 확인서 제출 절차**
>
> 유니패스(https://unipass.customs.go.kr) 로그인 → 통관단일창구 → 요건신청 → 신청서 작성 → 탭에서 '전체' 클릭 → 검색창에 '면제' 조회 → 국립전파연구원 및 한국제품안전관리원으로 면제 확인(신청)서 작성 후 제출(용도설명서 및 사유서 첨부)

---

51) 제품 스펙, 이미지 등의 정보를 포함해서 당해 제품을 어떠한 용도로 국내에서 사용하겠다는 내용을 설명하는 수입자가 작성하는 서류.
52) (무상) 샘플 수입일지라도 C/I 가격은 정상가로 기재해 세관으로 수입신고 해야 합니다. 그리고 과세가격이 USD250 이하의 샘플 건이라면 관세와 부가세를 면세 받지만, 과세가격 USD250을 초과하면 샘플 건이라도 세액 납부해야 합니다.

# Ⅵ. 다양한 형태의 수입

## 🌐 반송을 위한 세관 신고 및 운송업무 진행 절차

〈질문〉 폐사는 수입지 포워더입니다. 수입지로서 한국에 화물이 도착했고, House 운송서류(B/L, 화물운송장)의 Consignee는 한국에 위치한 회사로서 인바운드 신고 화물입니다. 문제는 Consignee가 화물 인수에 관심이 없고, Shipper는 물품 대금(C/I 총액)까지 결제받지 못한 상태라서 Shipper 측에서는 반송(Ship Back)을 고려하고 있습니다. 이와 같은 상황에서 최초 수출국으로 반송하려면 어떠한 조치를 취해야 하나요?

### 〈답변〉 1. Consignee가 반송에 협조하는 상황

#### A. 세관으로의 반송신고

**a) 기본절차(전량 반송 경우)** : Shipper(A사)가 Consignee(한국 업체, B사)에게 전달한 C/I, P/L의 Shipper, Consignee를 Switch하고, Description은 그대로 해서 Consignee(B사)가 반송신고를 위한 C/I, P/L을 작성합니다. 즉, B사가 반송신고를 위한 C/I, P/L의 Shipper가 되고, Consignee는 A사가 되는 것입니다.

반송신고의 '수출화주'로서 C/I의 Shipper B사는 반송신고를 하는 사유를 기재한 사유서와 사유서 내용을 입증할 만한 증빙 자료를 첨부해서 관세사무실로 반송신고 요청합니다. 이때 최초 수출국으로의 '단순반송'이라는 사실을 함께 통지해야 관세사무실에서 거래구분 78(외국으로부터 보세구역에 반입된 물품으로 다시 반송되는 물품)로 무상(Free Of Charge) 신고합니다.

**b) 일부 반송, 일부 수입신고 경우(화물관리번호 분할)** : 운송인이 세관으로 입항적하목록 신고할 때는 운송서류(B/L, 화물운송장)를 기준으로 합니다.[53] 이후에 '적하목록관리번호(Manifest Reference Number, MRN), Master B/L 일련번호(MSN)와 House B/L 일련번호(HSN)'로 구성된 '화물관리번호'가 만들어집니다.

하나의 화물관리번호 화물을 전량 반송하지 않고 일부만 반송하고 일부는 수입신고할 때는 관세사무실로 화물관리번호 분할(B/L 분할이라고 표현하기도) 요청해야 합니다.

---

53) 운송인에 의해서 운송서류 기준으로 입항적하목록 제출받은 세관은 적하목록 심사를 하고 이후에 C/I의 Consignee가 '수입자'가 되어 C/I, P/L을 기초로 관세사무실을 통하여 수입신고서를 작성해서 세관으로 수입 신고합니다.

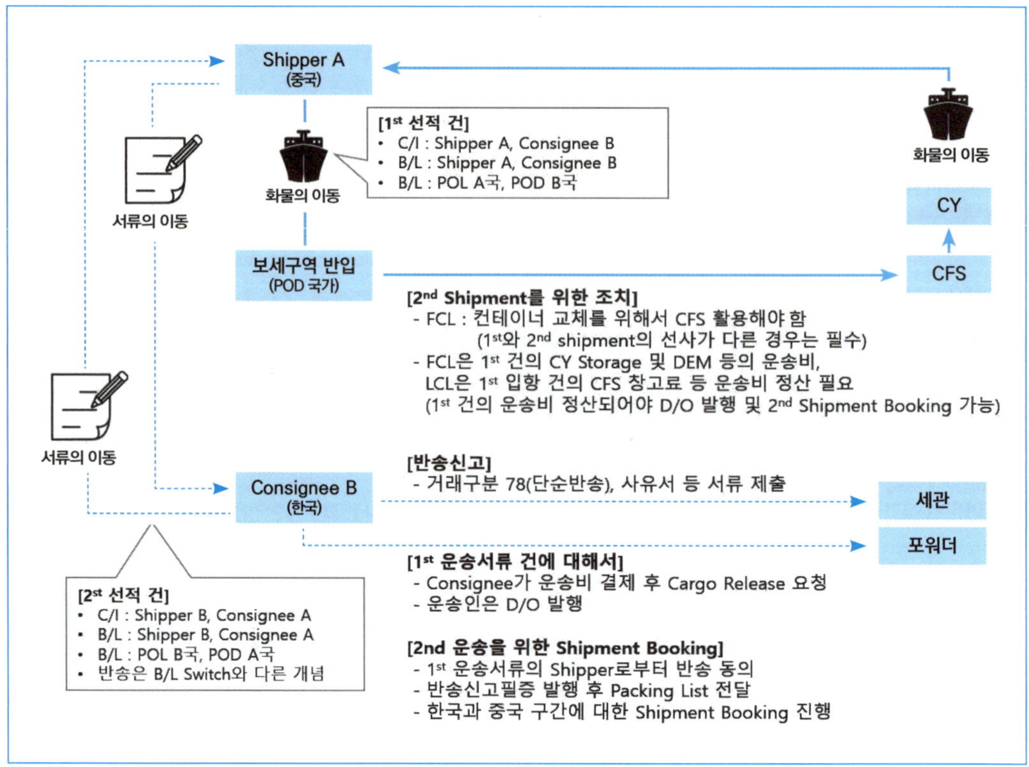


## B. 반송을 위한 운송 부분의 절차

**a) D/O 발행** : 한국 보세구역에 장치(보관)되어 있는 보세상태의 화물을 최초 수출국으로 반송하기 위해서는 Port of Discharge가 한국 터미널로서 Consignee가 한국 업체인 운송서류 건에 대해서 Consignee가 청구받은 운송비를 결제하고 D/O가 발행되어야 합니다. D/O가 발행되지 않고서는 반송을 위한 Shipment Booking 이후 과정을 진행하기 어려울 것입니다.

**b) D/O 발행을 위한 운송비 결제** : FCL과 LCL 건 구분 없이 목적국(Port of Discharge 국가)에서는 Price Term(인코텀스)에 의해서 Consignee에게 청구되는 비용이 있습니다. 이를테면 CFR 조건에서는 Handing Charge, Wharfage, DOC Fee, Container Cleaning Fee 및 O/F의 할증료 등의 비용을 Consignee가 운송인(House

건이면 포워더)에게 청구받습니다. 이때 'Per B/L' 기준으로 청구되는 Handling Charge와 DOC Fee를 제외하고 FCL 건은 Per Container, LCL 건은 R.ton 기준으로 청구됩니다. Consignee는 청구받은 이러한 운송비를 결제해야 운송인이 D/O 발행하고, FCL은 CY에서, LCL은 CFS에서 Cargo Release 가능합니다.

물론 FCL 건은 CY에서 발생되는 Storage와 Demurrage Charge, LCL 건은 창고료 정산까지 완료해야 합니다. FCL은 최초 반입된 CY에서 Storage 및 Demurrage Free Time 이내에 반출되면 관련 비용이 청구되지 않지만, Free Time 이후에 반출되는 상황이라면 관련 비용을 Consignee가 결제해야 합니다. LCL 건은 CFS에 반입되는데, 수입지 CFS에서의 창고료는 Free Time이 없으니, 창고료는 무조건 청구된다고 봐야 합니다. 항공 화물은 공항창고에서의 Free Time은 24시간으로서 그 이후 반출 화물은 창고료가 청구될 수 있습니다.


**c) 컨테이너 교체 작업이 필요한 FCL 건** : FCL 건의 반송을 위해서는 새로운 컨테이너를 픽업해서 교체하는 작업이 필요합니다. 입항한 건의 선사와 반송 건의 선사가 다르면 필수적으로 컨테이너 교체 작업이 필요하며(COC 사용 경우), 선사가 동일하더라도 컨테이너 교체가 필요할 수 있는데, 선사의 허락을 받으면 교체 없이 그대로 반송 가능할 수도 있습니다.

컨테이너 교체는 CY가 아닌 CFS에서 가능하며, CY에서 컨테이너를 반출하기 위해서 운송비 결제와 D/O가 발행되어야 합니다. 그리고 반송을 위한 Shipment Booking 후에 새로운 컨테이너 픽업지 CY에서 Empty 컨테이너를 픽업해서 CFS로 이동시켜서 화물의 적출입 작업을 해야 합니다. 이로 인해서 CY-CFS 간의 셔틀 운송비, 컨테이너 픽업 비용 및 CFS에서의 작업비, 보관료 등이 추가 발생될 수 있습니다. 마지막으로 CFS에서는 화물의 분실과 파손이 발생될 수도 있다는 점을 인지해야 할 것입니다.

## 2. Consignee가 반송에 협조하지 않는 상황

### A. 포워더의 협조가 절대적으로 필요

Shipper(A사)는 반송을 원하지만, Consignee(B사)는 협조를 하지 않는 상황에 직면할 수도 있습니다. 이때 Shipper는 포워더의 도움이 필요하기 때문에 CFR와 같이 Shipper가 포워더를 지정(Nomi)한 상황이, EXW 또는 FOB처럼 Consignee가 포워더를 지정한 상황보다 반송 업무 진행하는 데 유리할 것입니다.

### B. 반송을 위한 세관 및 운송업무 절차

**a) 양수도계약서(세관, 관세사무실)** : 기존 Consignee가 아닌 다른 자가 수입신고 또는 반송신고의 화주가 되기 위해서는 양자 사이에 양수도계약이 필요합니다. 즉, 이와 같은 상황에서는 반송에 대한 사유서와 함께 양수도계약서를 세관으로 제출해야 할 것입니다.

양수도계약서의 양도자는 반송에 협조하지 않는 운송서류의 Consignee이고, 양수자는 보세상태의 화물 소유권을 이전받아 세관으로 반송신고하는 자가 됩니다. 이때 포워더가 양수자가 되어 반송신고 화주가 될 수 없다면, 포워더가 반송 대행자를 찾아야 할 것이며, 이에 대한 수수료가 발생되어 Shipper에게 청구될 수 있습니다.

> **〈참고〉　화물의 소유권 이전**
>
> 양수도계약서는 보세상태의 화물 소유권이 운송서류의 Consignee로부터 제3자에게 이전되었다는 사실을 입증하는 서류라고 할 수 있습니다. 이는 물류(운송)에서의 On Board 화물 소유권 이전과는 별개의 개념으로 봐야겠습니다.

**b) 화물포기각서(Letter of Abandonment)** : 운송업무에서 운송서류 Consignee는 목적국에서 화물을 인수할 권리를 갖으며, 유가증권으로서 B/L을 Shipper에게 인수한 상태라면 화물의 소유권까지 보유한 자가 됩니다. 이러한 Consignee가 반송 업무에 협조하지 않는다면, 운송인은 유가증권으로서 B/L의 회수(Consignee의 직인/명

판 날인해서)와 함께 화물에 대한 일체의 권리를 포기한다는 내용의 각서(LOI)를 Consignee로부터 받아야 합니다.

이러한 화물포기각서를 운송인이 확보한 상태에서 기존 Consignee가 아닌 제3의 업체를 Shipper로 해서 반송 업무 절차를 진행해야겠습니다.

## 화물 포기 각서[54]

| • 날짜 | (Date) | | | |
|---|---|---|---|---|
| • 수신 | OO해운 | | | |
| • 발신 | (업체명) | (담당자명) | (전화번호) | (email address) |
| • 수화주명(B/L Consignee) | (B/L Consignee 명) | | | |

| • Booking or B/L No. | (No.) | |
|---|---|---|
| • 선적지/양하지 | (POL) | (POD) |
| • Vessel | (Vessel Name) | (Voyage No.) |
| • Container | (Type) | (Qtty) |
| • Container No. | (No., 쉼표 구분) | |
| • Description of Goods | (Description of Goods) | |

1. 당사는 상기와 같이 ○○해운과 화물운송계약을 체결하여 운송된 [B/L에 따른 화물 내 품명 및 설명사항] (이하 화물)의 수화주입니다.

---

54) 출처 : 고려해운(KMTC) 양식 참조

2. 당사는 화물의 소유권을 포함한 일체의 권리를 자발적으로 포기하고, ○○해운이 선택
   하는 방법에 따라 화물을 처분하는 데 동의하는 바입니다. 화물을 처분함에 따라 생기
   는 수익에 대해서는, 그 수익을 당사가 ○○해운에 지불해야 하는 비용의 일부를 공제
   하는 용도로 ○○해운이 취득함에 동의합니다.

3. 아울러, 당사는 화물 및 화물운송계약과 관련한 어떠한 청구나 소송도 ○○해운에 제
   기하지 않을 것이며, 화물 소유권에 따른 제3자의 청구 또는 소송에 대하여 ○○해운
   에게는 일체의 비용과 책임이 없음을 확약합니다.

4. 본 화물포기각서는 대한민국법에 따르며, 재판관할권은 서울지방법원에 있습니다.


# 🌐 수출된 물품의 하자로 인한 재수입과 대체품 수출

〈질문〉 제조사이며, 직접 제조한 물품의 대부분을 수출하는 회사입니다. 이번에
수출한 물품에 하자가 있어서 하자 수량은 반품(재수입) 받을 것이고, 그
수량만큼은 대체품으로 공급할 예정입니다.
재수입할 때 수입관세 면세 기준과 대체품을 무상으로 공급함에도 불구하
고 해당 건에 대한 관세를 환급 신청할 수 있는지 확인 바랍니다.


〈답변〉 1. 재수입 : 재수입신고할 때는 수출신고필증의 품명, 가격, HS Code 및
Serial No.가 동일해야 하고, 수출신고 수리일로부터 2년 이내에 수출한 원상태 그
대로 수입되어야 합니다. 즉, 재수입이 성립되기 위해서는 수출신고를 이행한 물품

이 수출했을 때와 동일한 상태로 동일한 물품이 일정 기간 이내에 재수입신고되어야 한다는 의미입니다. 그리고 이러한 재수입 성립 조건을 갖추었다 해서 「관세법」 제99조(재수입면세)에 따라서 무조건 재수입 면세를 받을 수 있는 것은 아닙니다. 재수입 면세를 받기 위해서는 재수입 사유가 적정해야 하며, 당해 사유를 입증하는 객관적인 자료와 사유를 설명하는 사유서의 제출이 필요합니다.

**2. 대체품(Replacement) 수출** : 수출된 물품이 계약내용과 상이해 대체품을 반출하는 수출에서의 거래구분은 90번입니다(수입신고 수리된 물품에 불량이 있어 계약 상이를 이유로 재수출하는 건과는 별개의 것). 90번으로 거래구분을 정해 수출신고하면 무상(GN) 신고되는데, 무상 신고되더라도 조건을 갖추면 관세환급특례법상의 관세환급을 신청할 수도 있습니다. 간이정액환급의 경우는 보다 간단하고, 개별환급의 경우는 대체품 수출할 때의 생산품에 투입되는 원재료는 기존 수출한 물품의 생산에 투입된 원재료와 다른 원재료가 투입되어야 할 것입니다.

아울러 대체품 수출 후 관세환급을 받기 위해서는 기본 수출신고필증, 재수입 건의 수입신고필증과 대체품 수출신고할 때의 내용에 연관성이 있어야 합니다.

| 관세환급특례법 |
| --- |
| **제4조(환급대상 수출 등)** 수출용 원재료에 대한 관세 등을 환급받을 수 있는 수출 등은 다음 각 호의 어느 하나에 해당하는 것으로 한다.<br><br>1. 「관세법」에 따라 수출신고가 수리(受理)된 수출. 다만, 무상으로 수출하는 것에 대해서는 기획재정부령으로 정하는 수출로 한정한다.<br><br>~~~~~ 이하 생략 ~~~~~ |

**제2조(환급대상 수출 등)** ① 「수출용 원재료에 대한 관세 등 환급에 관한 특례법」(이하 "법"이라 한다) 제4조제1호 단서에서 "기획재정부령으로 정하는 수출"이란 다음 각 호의 수출을 말한다. 〈개정 1999. 3. 20, 2001. 11. 3, 2005. 9. 12, 2007. 4. 23, 2010. 3. 30, 2014. 3. 14〉

1. 외국에서 개최되는 박람회·전시회·견본시장·영화제 등에 출품하기 위하여 무상으로 반출하는 물품의 수출. 다만, 외국에서 외화를 받고 판매된 경우에 한한다.

2. 해외에서 투자·건설·용역·산업설비수출 기타 이에 준하는 사업에 종사하고 있는 우리나라의 국민(법인을 포함한다)에게 무상으로 송부하기 위하여 반출하는 기계·시설자재 및 근로자용 생활필수품 기타 그 사업과 관련하여 사용하는 물품으로서 주무부장관이 지정한 기관의 장이 확인한 물품의 수출

3. 수출된 물품이 계약조건과 서로 달라서 반품된 물품에 대체하기 위한 물품의 수출

4. 해외구매자와의 수출계약을 위하여 무상으로 송부하는 견본용 물품의 수출

5. 외국으로부터 가공임 또는 수리비를 받고 국내에서 가공 또는 수리를 할 목적으로 수입된 원재료로 가공하거나 수리한 물품의 수출 또는 당해 원재료 중 가공하거나 수리하는 데 사용되지 아니한 물품의 반환을 위한 수출

5의 2. 외국에서 위탁가공할 목적으로 반출하는 물품의 수출

6. 위탁판매를 위하여 무상으로 반출하는 물품의 수출(외국에서 외화를 받고 판매된 경우에 한한다)

# 🌐 중고 기계의 유상 수입과 수리·복구 후 유상 재수출

〈질문〉 한국에 위치한 회사입니다. 폐사는 멕시코에서 중고(Used) 기계를 무상(Free of Charge)으로 수입해, 한국에서 수리·복구 후 베트남으로 판매합니다. 중고 무상 기계를 수입할 때 관세를 납부해야 하는지, 만약에 관세를 납부한다면, 수리·복구 후 베트남으로 수출 이행 후에 당해 관세를 환급 신청할 수 있는지요?

<답변> **1. 중고(Used) 기계의 수입** : 멕시코에서 중고 기계를 수입해 수리·복구 후 베트남으로 판매해 한국의 귀사께서 이에 따른 이익을 취하니, 멕시코에서 수입하는 기계에 대해서는 무상이 아니라 일정한 금액을 지불하는 유상 건으로 추측됩니다. 유상과 무상은 세관에 수출입 신고하는 건에 대해서 외국환 은행을 통해 Shipper 와 Consignee 양자 간에 대금을 주고받으면 유상이고, 그렇지 않으면 무상입니다.

수입신고할 때는 중고(Used) 제품이기 때문에 정상적인 물품의 가격보다 일정 비율 낮은 금액으로 신고할 수 있습니다. 멕시코에서 한국까지의 물류비, 적하보험료 및 과세가격에 포함되어야 할 가산금액과 제외되어야 할 공제금액을 고려해 총 과세가격을 산정해서 신고물품의 HS Code상 관세율만큼의 관세가 발생됩니다. 물론 총과세가격과 관세의 합계액의 10% 만큼의 부가세 역시 발생됩니다.

**2. 수입 중고 기계의 수출과 관세환급** : 수입할 때 납부하는 관세는 국내에서 소비를 전제로 미리 납부하는 것이며, 국내에서 소비되지 않고 수입한 원상태 그대로 또는 국내 제조 공정에 투입되어 수출 이행되면, 수입할 때 납부한 관세를 환급받을 수도 있습니다.

그러나 수입한 물품을 수리·복구 후에 수출하는 건에 대해서는 원상태 수출이라고 볼 수 없으며, 국내 제조 후 수출이행이라고도 보기 어렵습니다. 따라서 실무적으로 수입관세를 납부 후 수입한 중고 기계를 국내에서 수리·복구 등의 작업 이후에 수출하는 건에 대해서 관세환급이 이루어지는 경우는 드문 것으로 확인됩니다.

# 🌐 무상 수리·복구 후 재수입 건에 대한 왕복 운임 산정

〈질문〉 일본에서 수입한 기계에 문제가 있어서 일본으로 수리·복구 목적으로 수출 후 재수입신고 진행 중입니다. 매매계약서 하자보증 기간 중에 발생된 상황이라서 수리비용은 무상이고, 운임은 일본 판매자가 포워더에게 지불합니다.

그런데 관세사무실에서 수입신고 수리 후 1년이 지난 건에 대한 수리·복구 후 재수입이기 때문에 수리비용과 왕복운임 및 적하보험료에 대해서 과세가 된다고 합니다. 그러면서 수리비용과 운임 확인을 요청하는데, 여기서 운임을 포워더가 한국의 폐사에게 청구하지 않는데 어떻게 확인하나요? 운임을 확인 못하면 또 어떻게 되는지요?

**〈답변〉 1. 수리·복구 후 재수입 건의 과세가격** : 수리·복구 대상 물품은 과거에 국내 소비 목적으로 수입될 당시에 당해 물품에 대한 가격을 기준으로 관세가 납부된 상태입니다. 따라서 수리·복구 후 재수입될 당시에 수리·복구 대상 물품에 대해서는 관세가 발생되지 않습니다.

그러나 과세가격이라는 것은 우리나라의 항구/공항에 화물이 선적된 선박/항공기가 접안하는 시점 이전에 발생된 모든 비용이기 때문에, 수리·복구 목적으로 외국으로 나가는 선박/항공기에 On Board되는 순간부터 수리·복구 국가까지의 운임, 수리·복구 국가 내에서 발생된 수리비용을 포함한 모든 비용, 수리·복구 종료 후 한국의 항구/공항에 수리·복구 완료된 물품이 도착하는 시점까지 발생된 수리비용과 왕복 운임 등은 추가적으로 과세가격으로 형성되어 수리·복구 물품의 HS Code상 관세율만큼 관세를 납부해야 합니다. 물론 부가세는 '과세가격+관세' 금액에 부가가치세율 10%가 발생됩니다.

| Step 1. 기계 수입 | Step 2. 수리·복구 목적 수출 | Step 3. 수리·복구 후 재수입 |
| --- | --- | --- |
| 기계 가격에 대해서 관세 납부 | 수리·복구 후 재수입 조건 | 과세가격 추가 발생<br>(수리비용, 왕복운임, 보험료) |

**2. 무상 수입에 대한 운임 적용** : 수리·복구 후 재수입 물품은 무상(GN, Free of Charge) 수입신고됩니다. 무상 건은 수입신고서 작성의 근거 서류가 되는 C/I의 가격조건이 어떤 조건이든 상관없이 C/I상의 가격을 FOB 가격으로 인식해 FOB로 신고됩니다. 따라서 '결제금액'은 FOB C/I 총액이 되기 때문에 과세가격에 포함되어야 할 '운임'을 수입자는 수입신고서 작성자인 신고인에게 제공해야 합니다.

문제는 수리·복구 후 재수입 건의 운임을 한국 업체가 포워더에게 청구받지 않았기 때문에 발생된 운임의 객관적 자료가 확보되지 않았습니다. 수입자가 신고인으로서 관세사무실에게 당해 건의 운임을 전달하지 않으면 「수입물품 과세가격 결정에 관한 고시」 별표 제1호 특급탁송화물 과세운임표'의 운임이 적용됩니다. 「수입물품 과세가격 결정에 관한 고시」 별표 제1호의 운임이 적용되면, 실제로 발생된 운임보다 더 높게 운임이 반영될 수 있고, 과세가격은 더 커질 수 있습니다.

# 🌐 수탁 가공 계약에 따른 원재료의 수입과 생산품의 수출

〈질문〉 한국에 위치한 제조사로서 폐사는 일본 업체와 수탁 가공 계약을 체결했습니다. 일본 업체는 주요한 원재료를 폐사로 무상(Free of Charge) 공급하고, 생산품을 생산해 임가공 Fee를 결제받은 후 일본으로 수출합니다. 이때 무상 수입하는 원재료에 대해서 관세를 면세 받을 수 있는 방법이 없을까요? 중국 같은 경우 '수책'이라는 제도가 있어서 가능하다고 들었는데, 우리나라는 어떤지 모르겠습니다. 만약 불가하다면, 생산품 수출 이행 후 수입관세환급 신청이 가능한지요?
설명 부탁드립니다.

〈답변〉 **1. 중국 '수책' 제도** : 중국은 해외로부터 원재료를 무상 공급받아서 중국 내에서 가공 후 임가공 Fee를 받고 생산품 수출하는 수탁 가공 건의 원재료 수입에서 신고 수량에 대한 수입관세를 면세 받을 수 있는 제도가 있습니다. 이를 '수책'이라고 합니다. 그러나 한국은 이러한 제도가 없습니다.

수탁 가공을 체결한 한국의 제조사는 무상 원재료를 수입할 때 수입관세를 납부해야 하고, 생산품 수출 이행 후 해당 원재료에 대한 관세를 환급 신청하는 절차를 거쳐야 합니다. 수탁 가공 원재료의 수입에서 관세에 대한 담보 제공 역시 불가합니다. 이 건의 관세는 현금으로 납부하고 수출 이행 후 관세환급을 신청하는 것입니다.

**2. 수탁 가공 원재료의 수입과 생산품의 수출 및 관세환급** : 국내의 제조사가 해외로부터 원재료를 무상 공급받아서 국내에서 생산 후 가공 Fee(가공임, Processing Fee)만 결제받고 해외로 수출하는 형태의 거래는 수탁 가공입니다. 과거에 우리나라는 인건비가 저렴해 수탁 가공을 많이 했으나, 현재는 상황이 변경되

어 우리나라가 해외로 임가공을 의뢰하고 있습니다.

그럼에도 불구하고 종종 이러한 수탁 가공 거래가 이루어지고 있습니다. 우리나라로 수탁 가공을 위한 원재료를 무상 수입할 때는 수입신고 거래구분 22번(수탁가공 수출을 위한 원자재 수입)으로 신고하고 관세를 납부합니다. 그리고 생산품을 생산해 해외로 수출할 때의 거래구분 역시 22번(수탁 받아 가공 후 수출)으로 수출신고합니다.

이후 수출신고필증이 발행되고 해외로 나가는 배/비행기에 On Board되면, 수입관세환급 신청이 가능합니다. 수입신고의 거래구분과 수출신고의 거래구분이 연결성이 없으면 관세환급 신청에 문제가 발생될 수 있습니다. 그렇기 때문에 수입신고 및 수출신고할 때 관세사 사무원에게 수탁 가공 건이라는 사실을 설명해 관세사 사무원이 수출입 신고할 때 거래구분을 정확하게 선택해서 신고할 수 있도록 협조해야 합니다.

수출 이행 후 무상 수입 원재료의 수입관세환급 신청을 위해서는 수탁 가공에 대한 계약서, 수입신고필증, 제조 증빙 가능한 서류, 외화 영수증(가공임 결제) 등의 서류를 구비해야 할 것입니다.

## 🌐 양수도 계약, 물류비를 청구받는 자 그리고 관세환급을 받는 자

〈질문〉 폐사는 CFR 조건으로 물품을 해외 Seller(이하 'A')와 매매계약한 한국의 수입자(이하 'B')입니다. 폐사는 국내 거래처(이하 'C')와 마진을 공개해 거래하는 관계라서 굳이 폐사가 세액 납부 후 국내 거래처 C에게 물품을 공급할 이유가 없습니다. 그래서 이번에 양수도 계약서를 작성해서 보세상태로 화물의 소유권을 C에게 양도하려고 합니다.

그렇다면 양수자인 C가 포워더에게 D/O 요청할 것이고, 관세사를 통해서 수입신고해 세액을 납부할 것입니다. 이때 포워더는 CFR 조건으로서 한국 내에서 발생되는 물류비의 청구를 양도자로서 폐사에게 하는지, 아니면 양수자로서 C에게 하는지요? 그리고 양수자는 자신이 관세를 납부하고 수입한 물품을 원상태로 유상 재수출하면 환급 신청할 수 있는지요?

**〈답변〉 1. 양수도 계약 건에서 물류비 결제** : CFR 조건이기 때문에 CFR 뒤에 지정된 목적항에 선박이 접안하는 시점 이전에 발생된 물류비는 수출자에게 청구될 것입니다. 그러나 목적항에서부터 발생되는 물류비는 포워더가 Consignee에게 청구해야 하는데, Consignee는 양수도 계약서를 작성해 화물의 소유권을 국내 자신의 거래처인 C사에게 넘겼습니다.

그렇다고 물류비에 대한 매출 채권 회수를 해야 하는 목적국 포워더가 불이익을 받으면 안 됩니다. 따라서 양수자와 양도자 사이에서 물류비 청구를 누가 받을지 사전에 협의해 목적국 포워더가 불이익을 보지 않도록 사전 조치를 취해주는 것이 적절해 보입니다. 만약 양자 모두가 물류비를 결제하지 않으면 포워더는 D/O 발행을 거부하면서 화물의 유치권을 행사할 수 있습니다.

**2. 양수도 계약 건에서의 관세환급** : 양수도 계약 건에서는 양수자가 수입자이며, 국가에 세액을 납부하는 납세의무자입니다. 따라서 수입할 때 양수자가 납부한 관세에 대해서 수입물품을 국내에서 소비하지 않고 원상태로 유상 수출하면 양수자로서 수출자가 관세환급 신청이 가능합니다. 그리고 양수자가 세액을 납부하고 국내의 타 업체에게 물품을 판매할 때는 가격에 관세를 포함해 전가시키는 것입니다.

# 🌐 DDP 유상 수입, 세관장이 발행한 수입세금계산서 매입세액공제 여부

〈질문〉 DDP 유상으로 물품 수입하는 경우가 종종 있습니다. 폐사는 DDP 등 가격조건과 상관없이 세관장이 발행한 수입 세금계산서의 매입세액공제를 지금까지 받아 왔습니다. 그런데 DDP 유상 수입 건으로서 부가세를 수출자가 지정한 포워더가 대납해 해외 수출자에게 청구하는 경우에는 한국 수입자가 수입세금계산서를 발급받더라도 매입세액을 공제할 수 없다는 말이 있습니다.

유상 수입이라 수입자로서 폐사가 해외 수출자에게 지급하는 C/I 단가에는 매입 부가세가 포함되어 있는데, 수입자가 이를 공제받지 못하는 것이 이해되지 않습니다. 설명 부탁드립니다.

〈답변〉 **1. DDP 유상 거래에 대한 이해** : 대부분의 무역 거래는 유상으로 진행됩니다. 따라서 수출자가 수입자에게 제시하는 C/I 가격에는 가격조건(Price Term) 뒤에 지정된 장소까지의 비용을 포함하고 있습니다.

DDP Busan Port이면 CFR Busan Port가격에 부산항에서 발생되는 일반적인 비용과 관세 및 부가세까지 C/I 단가에 포함하는 것이 일반적입니다. DDP 대구 공장 조건이면 DDP Busan Port가격에서 대구 공장까지의 내륙운송비용을 C/I 단가에 포함합니다(물론 DDP 조건에서 C/I 단가에 관세만 포함시키고, 부가세는 미포함하는 경우도 있습니다).

수입지에서 발생되는 관세와 부가세를 C/I 단가에 포함하는 DDP 거래에서 해외의 수출자가 수입국에 세액을 납부할 수 없으니, 수출자가 지정한 포워더가 대납 후 수출자에게 청구합니다. 물론 당해 세액은 수입자의 주머니에서 나온 것입니다.

B/L No. : 0000000000<br>징수형태 : 11

**수입세금계산서**(수입자 보관용)

No. 00000000

| 세<br>관<br>장 | 등록번호 | 000-00-00000 | 수<br><br>입<br><br>자 | 등 록 번 호 | 000-00-00000 | |
|---|---|---|---|---|---|---|
| | 세 관 명 | OO 세관장 | | 상 호 | 에듀트레이드허브 | |
| | 세관주소 | OO시 OO동 O가00-0 | | 성 명 | 최주호 | |
| 수입신고번호 또는 | | OOOOO-OO-OOOOOM | | 사업장주소 | | |
| 일괄발급기간(총건) | | | | 업 태 | | 종 목 |

| 납부 | 과세표준 | | 세액 | 비고 | | |
|---|---|---|---|---|---|---|
| | | | | | | |

| 월 | 일 | 품목 | 규격 | 수량 | 단가 | 공급가격 | 세액 | 비고 |
|---|---|---|---|---|---|---|---|---|
| | | 수입신고필증 | 참조 | | | | | |
| | | | | | | | | |

**2. 수입세금계산서의 발행과 매입세액 공제** : 수입신고 당시 물품의 위치를 관할하는 세관으로 수입신고합니다. 이후에 수입 부가세에 대한 수입세금계산서는 가격조건과 상관없이 수입자 앞으로 세관장이 발행하며, 수입자는 향후에 매입세액을 공제받습니다. 당연히 DDP 수입에서도 세관장은 수입세금계산서를 수입자 앞으로 발행합니다. DDP 수입은 다른 조건과 다르게 수입지에서의 부가세를 수출자가 지정한 포워더가 대납 후 수출자에게 청구해, 마치 수출자가 수입지 부가세를 납부하는 것처럼 보이지만, 사실 C/I 가격에 부가세를 포함시켜 수입자에게 받는 것입니다. 따라서 기타의 가격조건처럼 DDP 유상 수입에서 역시 수입자 앞으로 발행된 수입세금계산서의 부가세는 수입자가 공제받는 것이 정상적으로 보입니다.

그러나 수입에 관련된 관세 및 부가가치세를 외국 수출업체가 납부하는 경우로서 당해 재화의 수입주체가 실질적으로 외국 수출업체인 경우에는 수입업자가 수취한 수입세금계산서의 매입세액은 공제할 수 없다는 사례가 있습니다.

따라서 DDP 유상 수입이지만 C/I 단가에 부가세를 미포함하는 조건으로 수입자가 직접 부가세를 납부하는 DDP 수입에서는 수입자가 부가세 공제받을 수 있는지 별도 확인이 필요해 보입니다. 물론 이러한 경우에는 매매계약서 등으로 사실 확인이 되어야 할 것입니다.

## 🌐 위탁가공을 위한 원재료의 수출과 생산품의 수입

〈질문〉 한국에서 중국 제조사에게 원재료를 무상 공급해서 해외 임가공 생산품을 한국으로 수입하고 있습니다. 한국 세관에 국외 가공 건으로 무상 신고된 수량 중에 일부의 수량만이 중국 제조사에 의해서 생산 공정에 투입되어 한국으로 수입되었고, 나머지는 중국 제조사에서 보관 중입니다. 나머지 원재료를 활용한 생산품의 생산 공정이 취소될 수도 있는 상황인데, 한국에서 국외 가공 건으로 무상 수출된 물품의 일부가 생산품으로 한국으로 수입되지 않아서 한국 수출자가 불이익을 받는 것이 있는지요?

아울러 국외 가공 건으로 무상 수출신고할 때 거래부분 코드 및 국외 가공 후 수입하는 생산품의 수입을 신고할 때 거래구분 코드를 확인 부탁드립니다.

〈답변〉 **1. 위탁가공을 위한 원자재 수출과 위탁가공 후 수입** : 한국 업체가 국외의 제조사에게 위탁 가공 의뢰해 한국에서 무상(GN)으로 원재료를 수출할 때 거래구분 코드는 '29 위탁가공(국외가공)을 위한 원자재 수출'입니다. 이후에 해외 제조사에 의해서 생산된 생산품이 한국으로 수입될 때 수입신고 거래구분 코드 역시 '29 위탁가공(국외가공) 후 수입'이 됩니다.

**2. 수출된 원재료의 수량과 수입되는 생산품의 수량** : 한국에서 국외 가공을 목

적으로 수출된 원재료의 수량과 이를 활용해 국외에서 생산된 생산품이 한국으로 수입될 때의 수량은 일치하지 않아도 됩니다.

예를 들어 100개의 원재료를 수출하고 30개의 생산품만 수입되고 나머지 수량은 수입되지 않아도 문제되지 않습니다. 해외 임가공 이후 수입되는 생산품에 대해서 과세가격을 정확하게 확인해 세액 납부만 잘하면 됩니다.

**3. 중국 수책 제도** : 원재료를 무상 공급받아서 생산품 생산하는 중국 업체 입장에서 수탁 가공입니다(원재료 공급해서 생산품 생산 의뢰하는 한국 업체 입장은 위탁 가공). 중국은 해외로부터 원재료를 무상 공급받아서 중국 내에서 가공 후 임가공 Fee(Processing Fee)를 받고, 생산품을 수출하는 수탁 가공 건의 원재료 수입에서 신고 수량에 대한 수입관세를 면세 받을 수 있는 제도가 있습니다. 이를 '수책'이라고 합니다. 수책을 활용해 중국으로 수입 완료된 원재료의 수량과 수입 원재료로 생산된 생산품의 수출 수량이 상이해 중국 업체가 불이익을 받는 사항이 없는지 확인해볼 필요는 있을 것으로 사료됩니다.

# 🌐 하나의 계약 건, 결제조건별 B/L 발행

〈질문〉 중국에서 생산된 물품을 신용장 하에서, CFR Incheon Port로 수입합니다. 해상운송 시간(Transit Time)이 짧아서 대부분 L/G 발급받아서 D/O 요청하는데, L/G로는 D/O 발행을 거부하는 포워더가 종종 있습니다(수출자가 포워더를 지정하는 C조건 수입). CFR 수입에서 Line B/L로 진행할 때도 있는데, 선사로 L/G 제출하면 대부분 D/O 발행을 거부합니다.

이렇게 해상 L/G로 D/O 발행 거부는 운송인(포워더/선사)과 거래할 때, 수입지에 도착한 화물을 지체 없이 인수할 수 있는 다른 방법이 없을까요?

<답변> 1. T/T 30%, L/C 70% : 거래하는 전체 물량이 100 CTNs이라는 가정하에, T/T 30%에 대한 물량과 L/C 70%에 대한 물량을 각각 선적하는 것이 하나의 방법이 될 수 있습니다. 즉, 30 CTNs에 대해서 C/I, P/L, 운송서류(B/L, 화물운송장)를 발행해서 운송과 세관 신고를 진행하고, 70%에 대해서 C/I, P/L, 운송서류(B/L, 화물운송장)를 발행해서 운송과 세관 신고를 진행하면 됩니다.

2. T/T 30% 선적 건은 SWB 발행 : T/T 30% 물량을 T/T in advance(on board 이전의 선결제)로 결제 진행하고, 유가증권이 아닌, Surrender 처리된 SWB 발행을 수입자가 수출자에게 그리고 수출자가 수출지 포워더에게 요청합니다. T/T 건은 선적서류가 은행을 통해서 수출자로부터 수입자에게 전달되는 것이 아니라, 수출자와 수입자 양자 간에 주고받습니다. 특히 B/L이 아닌 SWB가 발행되면 유가증권 개념이 없기 때문에, 수출자가 C/I, P/L, SWB를 스캔해 이메일로 수입자에게 Shipping Advice(선적통지)한 사본 서류로 충분히 수입지에서 D/O 요청과 수입 신고가 가능합니다.

3. L/C 70% 선적 건의 업무 진행 : T/T로 진행한 건을 수입신고하고 D/O 발행받아서 한국의 수입자는 국내에서 소비 또는 국내 거래처로 1차 납품할 수 있습니다. 그리고 L/C 건의 B/L 등을 포함한 선적서류가 수입지 개설은행에 도착하면, 인수해서 수입지 운송인(포워더/선사)에게 제시하고 D/O 요청하면, L/G 신청할 필요성이 없어집니다. 물론 그동안 수입지 보세창고로서 CFS에 반입되는 LCL 화물에 대해서는 창고료가 발생될 것입니다. FCL 화물은 CY 반입 후 Storage 및 Demurrage Free Time 이전까지 개설은행으로부터 선적서류를 인수해서 D/O 발급하고 컨테이너를 반출하면, 비용이 발생되지 않습니다.

# 🌐 하나의 Consignee와 2개 이상의 Shipper 그리고 운송서류 발행과 통관

<질문> 수입자 A사는 수출국의 B사 및 C사(동일 국가에 위치)와 각각 매매계약을 했습니다. 그런데 A사는 B사의 수출신고 건과 C사의 수출신고 건을 콘솔해서 하나의 운송서류(B/L, 화물운송장)로 운송되길 원합니다. 각각의 매매계약에서 가격조건은 수입자 A사가 포워더를 지정하는 FOB 조건입니다. B사와 C사 각각의 수출신고 건의 수출신고필증을 하나의 운송서류로 묶어서 운송 진행 가능한지와 그렇게 해도 통관 부분에서 문제가 없는지 알고 싶습니다.

※ 다음 답변은 한국에서의 상황을 기초로 합니다.

<답변> **1. 수출화주가 다른 각각의 수출신고필증과 하나의 운송서류** : 수출자 B사와 C사는 자신의 계약 상대인 수입자 A사와의 매매계약을 근거로 C/I와 P/L을 각각 발행합니다. 그리고 B사는 자신이 발행한 C/I(Shipper B사, Consignee A사)와 P/L을 기초로 수출신고 후 수출신고필증 발행받습니다(수출화주 B사, 구매자 A사).

C사 역시 A사와의 매매계약을 근거로 C/I(Shipper C사, Consignee A사)와 P/L을 발행해서 수출신고 후 수출신고필증 발행받습니다(수출화주 C사, 구매자 A사).

이렇게 수출화주가 다른 각각의 수출신고 건(구매자는 A사로 동일)임에도 불구하고, 포워더는 당해 건을 수입자의 요청에 의해서 콘솔해 하나의 운송서류(B/L, 화물운송장)로 운송 가능합니다. 문제는 2개의 수출화주 중에 한 개 회사에게만 운송서류를 제공할 수 있다는 것입니다. 만약 B사에게 제공한다면, 운송서류의 Shipper는 수출화주 B사를 기재해 발행하거나, B사를 기재하고 Rider해서 C사 역시 함께 넣을 수도 있습니다. 이때 비록 On Board Date가 날인된 운송서류는 1회 발행되어 B사에게 제공되지만, 단순히 포워더가 화물을 인수했다는 화물 인수증으로서의 의미를 가지는 FCR(Forwarder's Cargo Receipt)[55]은 포워더가 발행해서 C사에게 전달 가능합니다.

결국, 수출화주가 각각 다른 수출신고 건을 콘솔해서 하나의 운송서류 건으로 선사로 출항적하목록신고 가능하겠습니다.

**2. 입항적하목록과 수입신고(분할통관)** : 적하목록 신고는 운송서류(B/L, 화물운송장)를 기준으로 진행됩니다. 그리고 당해 건에 대해서 세관이 적하목록 심사 완료 처리하면, 수입자가 관세사무실을 통해서 관할지 세관으로 수입신고 가능합니다. 수입자 A사는 수출자 B사 그리고 C사와 각각 계약한 매매계약서와 각각 발행 받은 C/I를 기초로 외국환 은행을 통해서 결제합니다. 그러나 B사와 C사 화물을 콘솔해서 하나의 운송서류 건으로 A사 자신이 지정한 포워더에게 요청했습니다.

따라서 하나의 운송서류, 즉 한 건의 입항적하목록 신고 내용을 기준으로 B사와 계약한 화물과 C사와 계약한 화물에 대해서 각각 분할통관[56] 진행해야겠습니다.

---

55) 운송 계약된 화물이 외국으로 나가는 운송수단에 On Board 되었다는 사실은 증명하지 못함.
56) 하나의 운송서류 건에 대해서 수입신고를 2회 이상 나누어서 진행하는 것.

# 해상물류

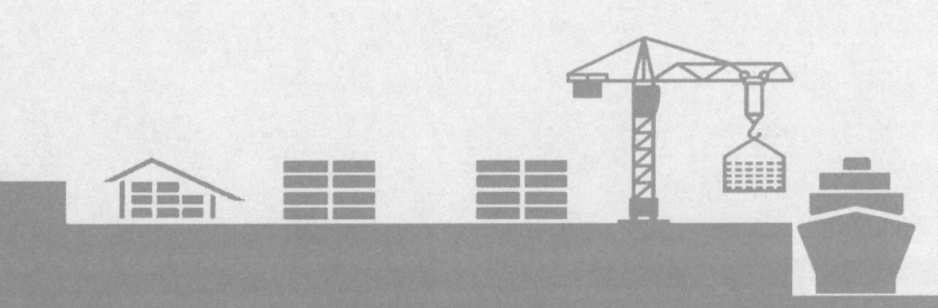

# Ⅰ. 해상물류 용어

## 🌐 윙바디 트럭 Wing Body Truck과 독차/합차의 의미

〈질문〉 소량의 화물을 LCL로 수출하는 회사에 근무 중인 신입사원입니다. 이번 수출 건에 대해서 포워더 쪽에서 독차로 움직이면 폐사의 공장에서 부산까지 내륙운송비가 비싸니, 콘솔해서 내륙운송으로 진행할 것을 권유 받았습니다. 콘솔은 컨테이너에 2개 이상의 화주 화물을 혼재하는 것으로 알고 있는데, 내륙운송에서 사용되는 콘솔의 개념은 무엇인지요?
그리고 탑차인데, 윙바디로 배차할 것이라 합니다. 윙바디는 무엇이고, 왜 윙바디를 사용하는지 설명 부탁드립니다.

〈답변〉 1. 독차와 합차(콘솔, 혼적) : 독차는 하나의 화주가 내륙운송 트럭 한 대를 임대해 단독으로 사용하는 건을 뜻합니다. 'Truck Load(TL)'라고도 하며, TL의 사전적 의미는 '전세화물'입니다. 'Full Truck Load'라고 해서 FTL이라고도 표현합니다.

반면 내륙운송에서 콘솔, 즉 합차라는 것은 하나의 차량에 여러 화주의 화물을 혼적해 운송하는 경우를 뜻합니다. 아무래도 하나의 화주가 단독으로 차량을 사용하는 것보다는 시간이 좀 더 필요하지만, 하나의 차량이 여러 화주의 Door로 들어가서 혼적해 동일한 선적항(Port of Loading)으로 이동하는 것이 비용적인 면에서는 이익이 될 것입니다.

결과적으로 독차는 해상 컨테이너 운송에서 컨테이너 소유사로부터 컨테이너를 임대해 일정기간 사용하는 FCL의 개념이고, 합차는 컨테이너 내부의 공간을 임대해 운송서비스를 받는 LCL 개념이라고 할 수 있습니다.

　**2. 윙바디 의미와 필요성** : Container Box Truck으로서 탑차[57]와 같은 외관을 가지고 있지만, Container Box 좌우 쪽에서 문이 개방되는 차량을 '윙바디 트럭(Wing Body Truck)'이라고 합니다. 윙바디를 활용하면, 지게차로 Pallet 화물을 차량으로 쉽게 적재할 수 있습니다. 윙바디가 아닌 일반 탑차의 경우에는 Door(공장/창고)에 Dock이 설치되어 Dock을 활용해 지게차가 컨테이너 내부로 진입 가능해야 화물의 적재가 수월합니다. 어떤 경우는 Door에 Dock이 설치되어 있고 지게차가 있으나, 지게차의 마스트(Mast, 운전석 앞에 위치한 2개의 기둥)가 컨테이너 높이보다 높아서 지게차의 컨테이너 진입이 불가한 경우도 있습니다.

　결국 윙바디 트럭을 활용하는 이유는 Dock이 없는 Door에서 지게차의 크기에 상관없이 화물의 적재가 가능하기 때문이라고 할 수 있습니다.


## 🌐 유통가능<sup>Negotiable</sup> & 비유통<sup>Non-Negotiable</sup> 선하증권<sup>B/L</sup>

〈질문〉 포워더에서 서류 핸들링 업무를 담당하고 있는 직장인입니다. 해상 건에서 On Board 이후 발행되는 운송서류에 Negotiable이라고 날인되는 경우도 있고, Non-Negotiable이라고 날인되는 경우도 있습니다. 검색해보니 유통가능 선하증권과 비유통 선하증권이라고 하는데, 그 설명이 너무 교과서적이라 이해되지 않습니다. 실무적으로 풀어서 설명해주시면 감사하겠습니다.

---

57) 짐칸이 개방된 화물차를 이용하지 않고 탑차를 이용하는 이유는 날씨 때문이기도 합니다. 비오는 날에는 탑차를 사용해야 화물이 비에 젖지 않습니다. 또한 탑차를 이용하면, 운송 과정에 화물이 차량에서 이탈해 화물 자체의 피해 발생뿐만 아니라 다른 운전자의 차량 등에 피해를 발생시킬 위험에서 벗어나게 됩니다.

<답변> **1. 유가증권 이해의 필요성** : 유가증권은 권리증권입니다. 권리증권은 그 증권을 소지하고 있는 것만으로 증권상의 화물 소유권을 가지는 의미를 지닙니다. 증권의 소지인은 증권상의 화물 통제권까지 보유하고 있기 때문에 실제로 그 화물이 증권의 소지인 영역에 없더라도 증권의 소지인 허락 없이 타인에게 화물의 인도가 이루어질 수 없습니다. 이유는 화물의 주인은 증권의 소지인이기 때문입니다.

운송인은 화물이 선박에 On Board되면 유가증권으로서 B/L(선하증권)을 Shipper(송화인)에게 발행합니다. 그러한 의미에서 선박에 On Board된 화물의 소유권은 최초로 Shipper에게 있습니다. Shipper는 B/L을 운송인에게 발급받고, 타인(B/L상의 Consignee)에게 B/L을 인도하는데, 이때 On Board 화물의 소유권이 Shipper에게서 B/L을 인수하는 자로 넘어갑니다. 소유권 이전이 발생되는 것입니다.

결국 유가증권은 그 증권의 소지인이 화물의 소유권과 통제권을 가지는 권리증권이며, Port of Discharge에서 B/L상의 Consignee가 D/O를 요청하기 위해서는 최초 소유권자인 Shipper로부터 해당 B/L을 그대로 인수해서 D/O 발행인으로서 수입국의 운송인에게 제시해야 합니다. 그래야 화물의 소유권이 Shipper에서 Consignee로서 D/O 요청 권리가 있는 자에게 넘어왔다는 사실이 확인되고, 수입지의 운송인이 D/O를 발행해 Consignee가 수입지 보세구역에서 화물을 반출할 수 있도록 처리할 수 있습니다.


**2. Negotiable과 Non-Negotiable** : Negotiable은 유통가능을 의미하고, Non-Negotiable은 유통불가, 즉 비유통을 의미합니다. 그런데 이를 설명하기에 앞서 먼저 알아야 할 내용이 있습니다. 바로 On Board 화물의 소유권과 Port of Discharge에 도착한 화물에 대한 D/O를 요청하는 권리가 있는 자로서 Consignee 개념입니다.

소유권과 Consignee로서 권리(D/O 요청 권리)는 구분해야 합니다. 앞에서 유가증권(B/L)은 소유권이 Surrender되지 않고 살아 있는 상태의 운송서류라고 설명했습니다. 따라서 B/L(유가증권, 선하증권)이 발행되는 해상운송 건에서는 화물의 소유권이 Shipper에게서 Consignee에게 이전, 즉 양도될 수 있습니다. 이러한 의미에서 B/L은 기본적으로 Negotiable의 성격을 갖추고 있으나, B/L의 Consignee가 지시식인지 또는 기명식인지에 의해서 Negotiable과 Non-Negotiable을 구분하는 기준이 된다고 할 수 있습니다.

B/L의 Consignee가 To order (of Shipper) 또는 To The Order of 개설은행 등과 같이 지시식으로 발행되면, B/L에 배서를 통해서 화물의 소유권과 함께 Consignee로서 권리까지 이전됩니다. 지시식 B/L은 발행 당시에는 Port of Discharge 국가에서 화물을 인수하는, 즉 D/O를 요청하는 자가 확실하지 않습니다. Shipper가 B/L에 배서해 A사에게 화물 소유권과 함께 D/O 요청 권리를 양도하고, A사가 다시 배서해 B사에게 화물이 소유권과 D/O 요청 권리를 양도하는 양도에 양도 그리고 양도가 계속 발생될 수 있습니다. 이러한 지시식 B/L이 양도가능 선하증권, 즉 Negotiable B/L이라고 할 수 있습니다.

반면 소유권이 이전되는 B/L이지만 Consignee가 특정 회사의 상호가 기재된 기명식 B/L은 배서를 통해 Consignee의 권리가 이전되는 것은 아닙니다. 기명식 B/L은 On Board되는 수출국에서 B/L 발행될 당시부터 Port of Discharge 국가에서 D/O를 요청하는 Consignee가 기명되어 발행되기 때문에 최초 B/L 소지인으로서 Shipper가 Consignee에게 B/L을 인도할 때 배서하지 않습니다. 그리고 타인에게 D/O 요청 권리의 양도가 불가합니다(양수도 계약 건 제외). 결국 기명식 B/L은 B/L의 인도로 화물의 소유권 이전은 이루어지나, 배서를 통해 D/O 요청 권리가 양도되지 못하는 비유통 선하증권(Non-Negotiable B/L)입니다.


3. 화물운송장(Waybill) : 운송서류는 B/L과 화물운송장(Waybill)으로 크게 구분할 수 있습니다. 화물운송장(SWB, AWB)은 수출지에서 발행될 때부터 화물의 소유권이 Surrender된 운송서류입니다. 그러한 의미에서 화물운송장은 화물의 소유권이 유가증권(B/L)처럼 양도, 즉 이전되는 형태의 운송서류가 아닙니다. 그리고 소유권이 Surrender된 화물운송장의 Consignee는 To Order와 같이 지시식으로

발행 불가하기 때문에 기명식으로만 발행됩니다. 결국 화물운송장은 소유권 이전의 개념이 없고 배서를 통해 Consignee로서 권리(D/O 요청 권리) 이전 역시 되지 않으니, 무조건 Non-Negotiable입니다.

# 🌐 E.T.B., E.T.D., E.T.A.의 개념 설명



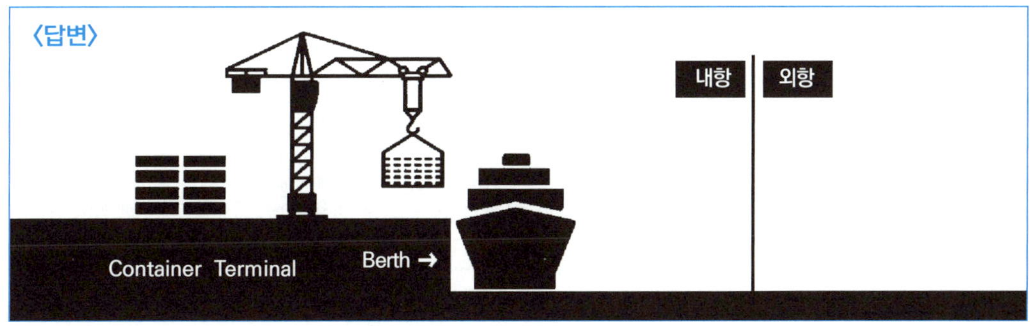


## 1. E.T.B.(예상접안시간, Estimated Time of Berthing)

Berth(선석)는 선박이 접안하는 부분이며, 선박이 Berth에 접안(Berthing)하면 화물(Cargo)의 하역(Loading, Unloading) 작업이 이루어집니다. 이렇게 선박이 지정된 Port of Loading(선적항) 또는 Port of Discharge(목적항, 양하항)의 Berth에 접안하는 예정 시간을 E.T.B.라고 할 수 있습니다.

## 2. E.T.D.(예상출항시간, Estimated Time of Departure)

Port of Loading의 Berth에서 화물의 선적 작업을 완료 후 해당 선박은 Berth를 벗어납니다. 이를 '이안'이라고 합니다. 그리고 내항에서 외항으로 빠져나갑니다. 이러한 선박이 출항하기로 예정된 시간을 E.T.D.라고 합니다.

## 3. E.T.A.(예상입항시간, Estimated Time of Arrival)

Port of Discharge의 외항에서 내항으로 선박이 들어오는 것을 입항이라고 하며, 입항 예상 시간을 E.T.A.라고 할 수 있습니다. 내항에 입항한 선박은 다시 Berth에 접안하게 되는데, 그 접안 예상 시간을 E.T.B.라고 합니다. 따라서 실무에서 선박은 P.O.D.에 입항했으나, Berth로의 접안이 늦어져서 하역 작업까지 늦어지는 경우도 있습니다. 참고로 외항에서 내항으로의 입항, 선석에 접안하는 과정, 그리고 이안해 내항에서 외항으로 출항하는 과정에서 모두 도선사가 선박에 승선해 선박을 안전한 길로 도선[58]하며, 접안 및 이안하는 시점에 예인선(견인 보트)이 선박을 끌고 당기는 역할을 합니다.

| VSL/VOY | VSL NAME (SERVICE NAME) | Port of Loading | | Port of Discharging | |
| --- | --- | --- | --- | --- | --- |
| | | ETB (Estimated Time of Berthing) (Terminal) | ETD (Estimated Time of departure) (Terminal) | ETB (Estimated Time of Berthing) (Terminal) | ETD (Estimated Time of departure) (Terminal) |
| HILK/0008S  Schedule | HAIAN LINK (BIH) | 2019/02/26 19:00 (Busan Container Terminal Co.,Ltd. (BPT/OLD KBCT)) | 2019/02/27 11:00 (Busan Container Terminal Co.,Ltd. (BPT/OLD KBCT)) | 2019/03/04 02:51 (MID-STREAM (RTT), HONGKONG) | 2019/03/04 20:00 (MID-STREAM (RTT), HONGKONG) |
| MRN | 19NSSLB007E | Call Sign | XVEQ7  VN | Sea Time | 4 days 15 hours |
| Vessel Schedule | BUSAN - INCHEON - HONGKONG - HAIPHONG | | | | |

* 출처 : 흥아해운 홈페이지

---

58) 항만에 입출항하는 선박을 수로로 안전하게 이동시키거나 접·이안할 수 있도록 안내하는 활동입니다.

## 🌐 분할선적 개념과 업무 진행 과정

〈질문〉 저는 관세사무원입니다. 무역회사에 근무하시는 분이 설명하는 분할선적 개념과 세관에서 설명하는 분할선적 개념이 다른 듯합니다. 분할선적 개념과 업무 진행 과정에 대해서 알고 싶습니다.

### 〈답변〉 1. 일반적인 분할선적(Partial Shipment)[59] 개념

하나의 계약 물품을 한 번에 선적 진행하는 것이 아니라 2회 이상 나누어서 선적하는 것을 말합니다. 선적을 2회 이상하면, 매매계약서는 1건이지만, 선적 건별로 C/I, P/L 및 운송서류(B/L, 화물운송장)가 발행됩니다. 그리고 수출입 신고 역시 선적 건별로 진행될 것이며, 결제 역시 선적 건별로 진행합니다.

아울러 분할선적은 매매계약할 때 분할선적을 허용하면서 1차 선적방법(해상 또는 항공) 및 수량, 2차 선적방법 및 수량 그다음 선적방법 및 수량 등을 별도로 명시할 수도 있고, 단순히 분할선적만 허용하고, 각각의 선적방법과 수량을 별도로 기재하지 않을 수도 있습니다. 엄밀히 말하는 전자는 할부선적의 개념이고, 후자가 분할선적 개념으로서 분할선적은 일반적으로 1차 선적, 2차 선적 등의 각 선적 건에 대한 선적기일과 선적방법 및 선적수량을 세분화하지 않습니다. 분할선적은 계약 건의 전체 수량에 대한 선적기일(S/D, Date of Shipment)만 계약서에 명시하고, 각각의 선적 건에 대한 선적기일(S/D, Shipment Date)은 명시하지 않습니다. 각각의 선적 건에 대한 선적기일을 명시하면 이론적으로 분할선적이라 하지 않고 할부선적이라고 합니다.

---

59) 선적(Shipment)은 해상 건에서 외국으로 나가는 선박에 화물(Cargo)을 On Board하는 것뿐만 아니라 항공 건에서 외국으로 나가는 항공기에 화물을 On Board하는 것도 선적이라고 합니다. 엄밀히 말하면 항공기에 화물을 On Board하는 것은 기적 또는 탑재라고 합니다.

<table>
<tr><td colspan="2" align="center">매매 계약서 내용</td></tr>
<tr><td align="center">Description</td><td align="center">Conditions</td></tr>
<tr><td>Sales Contract No. : 16001<br>Item : Baby Carrier<br>Q'ty : 500 pcs<br>U'price : USD50.00/pc</td><td>Price Term : FOB Sydney Port<br>Payment Term : T/T 100% With Order<br>Partial Shipment : Allowed<br>1st Shipment : by Air 50 pcs<br>2nd Shipment : By Vessel 450 pcs<br>Date of Shipment(S/D) : Dec. 20. 2017</td></tr>
</table>

▲ 모든 무역 계약은 계약 물품의 운송방법(해상 또는 항공)을 명시하며, 총 계약 수량을 언제까지 외국으로 나가는 배/비행기에 On Board할 것을 요구하는 선적기일(S/D)을 명시합니다.

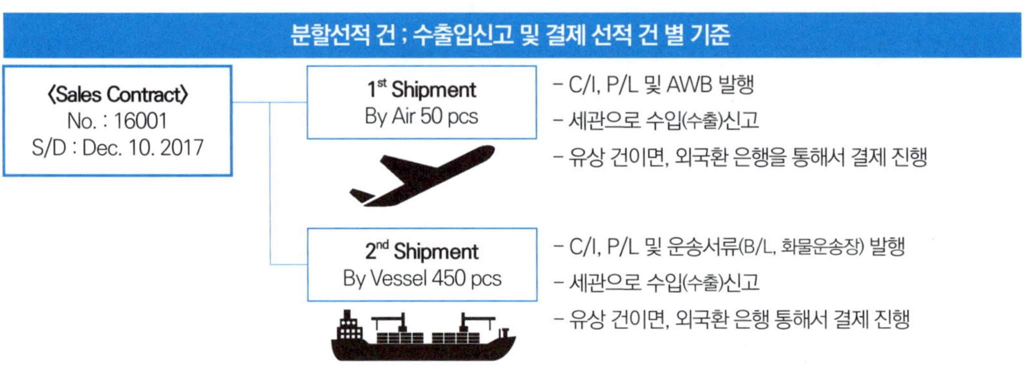


## 2. 세관 업무할 때 분할선적 개념

앞에서 설명한 분할선적 개념은 일반적인 무역 업무에서의 개념으로써 하나의 계약 건에 대해서 선적이 2회 이상 이루어짐에 따라 C/I, P/L 및 운송서류와 같은 선적서류(Shipping Documents)가 선적 건별로 발행되는 개념이라고 할 수 있습니다. 물론 수출(입)신고필증 역시 선적 건별로 발행됩니다. 그러나 무역회사(실화주)의 무역 업무 담당자가 관세사 사무실 또는 세관 담당자와 업무 진행할 때, 분할선적 개념은 하나의 수출신고 건에 대해서 선적을 2회 이상 하는 경우로 해석할 수 있습니다.

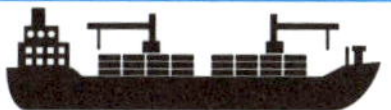



▲ 350 pcs에 대한 C/I 및 P/L은 하나의 건으로 발행되고, 이를 기초로 350 pcs를 한 번에 수출신고합니다. 그러나 350 pcs를 한 번에 On Board하지 않고 2회 이상에 나누어서 적재의무기한 이내에 선적 진행하니 운송서류(B/L, 화물운송장)는 선적 건별로 발행됩니다.

**〈참고〉 적재의무기한**

수출신고 수리일로부터 30일 되는 날이 적재의무기한입니다. 수출신고 수리된 물품은 적재의무기한 이내까지 외국으로 나가는 배/비행기에 On Board를 완료해야 합니다. 일반적인 분할선적 개념에서 매매계약서에 매매계약서 전체 수량에 대한 S/D(선적기일)가 있고, 그 S/D 이내까지 각각의 선적을 완료해야 합니다. 비슷한 개념으로써 수출신고 수리된 물품에 대해서는 적재의무기한이 존재합니다. 수출신고필증에 존재하는 물품이 한 번에 선적되든, 또는 2회 이상 걸쳐서 선적되든, 당해 수출신고필증상의 적재의무기한 이내에 수출신고 수리된 전체 수량은 선적 완료(수출이행)되어야 합니다.

# 🌐 Packaging, Packing, Package 의미 구분

**〈질문〉** 항공업무 담당하는 직원입니다. 포장 관련 용어 중에 Packaging, Packing, Package가 있는데, 이러한 용어의 구분을 어떻게 해야 할지 모르겠습니다. 관련해 설명 부탁드립니다.

**〈답변〉** 1. Packaging : 화물은 수출자 Door에서 수입자 Door까지 운송 과정 중에 외부로부터의 통상적인 충격을 받습니다. 그래서 화물의 특성을 고려해 운송 과정 중 외부로부터의 충격에 내용물로서 화물을 보호할 수 있는 적절한 포장재를 선택해야 합니다. Packaging이라는 의미는 내용물을 보호하기 위한 포장재를 뜻합니다.

2. Packing : 적절한 포장재(Packaging)를 선택하셨다면 내용물을 해당 포장재로 포장해야 합니다. Packing은 선택한 포장재로 화물을 포장하는 행위를 뜻합니다. 화물을 포장할 때 포장재 외관에 원산지표기, 중량(Net/Gross Weight), 화인(Shipping Mark) 등 화물의 운송 과정 중에 또는 목적국에서 수입통관 과정에서 필요한 정보를 기재할 수 있습니다.

3. Package : 포장재(Packaging)를 사용해서 내용물을 포장(Packing)했다면, 운송을 위한 준비 상태 화물(RFC, Ready for Cargo)이 됩니다. 이렇게 운송을 위해서 포장완료된 화물의 상태를 Package라고 합니다.

마지막으로 화물의 특성을 누구보다 잘 알고 있는 무역회사(화주)가 화물의 특성을 고려해 적절한 포장재(Packaging)를 선택하고, 선택한 포장재를 활용해 화물을 포장하는 단계까지는 화주의 책임이라고 할 수 있습니다. 화주가 Package 상태의 화물을 운송인에게 전달하면, 운송인은 화물의 외관상 이상 유무 및 Dimension(항공의 경우 weighing 및 X-ray검사까지) 확인 후 화물접수해 운송 진행합니다.

# 🌐 선사와 제휴한 Line CFS 활용 <sup>CFS/CY</sup>

〈질문〉 포워더에서 근무 중입니다. 이번에 45' DV 2대를 선적했습니다. 이후에 발행된 운송서류를 보니 CY/CY가 아니라 CFS/CFS<sup>60)</sup>가 기재되어 있습니다. FCL 건인데 Term이 왜 CFS/CFS가 되었는지 모르겠습니다. 관련해 확인 부탁드립니다.

〈답변〉 **1. FCL 단위의 화물접수하는 선사** : 컨테이너 선박에 화물을 선적하기 위해서 화주는 화물을 컨테이너에 적입한 상태에서 선사로 제공해야 합니다. 하나의 화주가 자신의 화물을 컨테이너에 적입(무역회사 입장에서 FCL 의미)해 포워더를 통해서 선사로 화물접수할 수도 있고, 또는 컨테이너 내부에 일정한 공간을 빌려서 운송의뢰하는 LCL 화물 화주들을 모아서 콘솔사가 하나 컨테이너를 만들어(콘솔사 입장에서 FCL 의미) 선사로 접수하기도 합니다. 어쨌든 선사는 해당 컨테이너에 하나의 실화주(무역회사) 화물이 적입되어 있든, 여러 실화주 화물이 적입되어 있든, 컨테이너 단위의 화물을 접수하게 됩니다.

**2. FCL 건의 Line CFS 사용** : FCL 건은 선사 화물접수 지점(Place of Receipt)이 Port of Loading의 CY가 됩니다. 이때 실화주가 하나 컨테이너를 임대해서 진행하는 FCL 건이라도 실화주의 Door에서 컨테이너 작업 불가한 상황 또는 수출자는 하나 회사인데, 제조사가 흩어져 있어서 Door가 2곳 이상인 경우 등 실화주가 공 컨테이너(Empty Container)를 직접 받아서 실화주가 직접 적입과 Shoring(Lashing, 컨테이너 내부 화물 고정작업) 작업을 할 수 없을 때에는 CFS를 활용해야 합니다.

CFS에서는 콘솔사가 실화주를 대신해 화물 적입과 Shoring 등의 작업을 이행하는데, 선사와 제휴한 CFS가 있습니다. 이를 Line CFS라고 합니다. 선사에게 문의

---

60) CY/CY, CFS/CFS, CFS/CY 등을 Cargo Term이라고 합니다.

해 Line CFS가 있고 Line CFS에서 작업하면, 발행되는 운송서류(B/L, 화물운송장)의 선사 책임구간은 CY/CY Term이 아니라 CFS/CFS Term이 될 수 있습니다.

**3. Line CFS의 사용과 CFS Charge 및 셔틀비용** : Line CFS를 사용하면 CFS에서의 작업비(CFS Charge) 및 CFS와 CY 간에 셔틀 운송료(Drayage Charge)가 선사가 포워더 쪽으로 청구하는 Ocean Freight에 포함될 수 있습니다. 여기서 셔틀(Shuttle)이라는 의미는 두 지역을 정기적으로 오가는 왕복 운송 차량입니다.

## 🌐 컨테이너 선박에서 컨테이너의 하역

〈질문〉 포워더에서 내근하면서 시간이 허락될 때마다 물류 공부를 조금씩 하고 있습니다. 해상 컨테이너 건에서 종종 화주가 급한 물품이라면서 On Deck 선적(갑판적)을 특별히 요구하는 경우가 있습니다. 컨테이너 선박을 검색해서 이미지로 보면 컨테이너만 보이고 갑판은 따로 없는 것 같은데, 컨테이너 선박에 갑판이 있는지요? 그리고 화주가 요청하면 선사가 정말로 On Deck에 컨테이너를 적재해주는지요?
마지막으로 정말로 컨테이너 선박에 갑판이 있다면, 갑판 아래에 컨테이너를 적재할 때 갑판은 자동으로 Open되는지요?

〈답변〉 **1. 컨테이너의 선적** : 컨테이너는 컨테이너 선박의 갑판(Deck, Hatch Cover) 아래 선창(Hold, Under Deck) 및 갑판 위(On Deck, 갑판적)[61]에 선적됨

---

61) 컨테이너 선박의 갑판(Deck) 위에 컨테이너 화물을 적재하는 것을 갑판적이라 하며, 갑판 아래의 선창에 적재하는 것을 창내적이라고 합니다.

니다. 컨테이너를 선적할 때는 무게와 도착항구, 종류(컨테이너 및 화물의 종류) 등을 고려해 선적 위치를 결정하는데, 이를 통해 선박의 균형(Balance)과 감항능력(Seaworthiness)을 확보합니다.

그래서 화주가 선사에게 화주 자신의 컨테이너를 특정 지점에 선적 요구하는 것은 어려움이 있습니다. 그리고 갑판을 들어 올려서 선창 바닥부터 컨테이너를 쌓아 올린 후 갑판을 다시 덮습니다. 이때 갑판 아래 선창에는 컨테이너가 선적되어 있더라도, 갑판 위에는 갑판만 보이는 부분이 있고, On Deck 및 Under Deck 모두에 컨테이너 선적되지 않은 곳도 있으며, On Deck 및 Under Deck 모두에 컨테이너가 선적된 곳도 있습니다.


**2. 갑판 역시 하역한다** : 컨테이너 선박에는 갑판이 있습니다. 갑판을 선창(Hold) 덮개라고 해서 'Hatch Cover'라고도 합니다. 컨테이너는 Hold 내부와 On Deck에 선적되는데, 컨테이너를 안벽 크레인(Quay Crane)으로 하역하듯이 갑판 역시 안벽 크레인으로 하역합니다.

하역은 Load와 Unload 모두를 뜻하며, 상황에 따라서 선적과 양하의 뜻으로 구분해 이해하면 됩니다. 선박으로부터 갑판 아래 Hold(선창)에 위치한 컨테이너를 하역하기 위해서는 안벽 크레인으로 갑판을 들어서 크레인이 위치한 Apron 바닥에 쌓아둡니다. 이후에 선박으로 컨테이너의 하역이 이루어지고 완료되면, 다시 안벽 크레인으로 Apron 바닥의 갑판을 선박으로 이동시켜서 선창 위를 덮습니다. 물론 갑판을 덮고 그 위에 컨테이너를 선적할 수도 있습니다. 이러한 이유로 육안으로는 갑판 위, 즉 On Deck의 컨테이너만 볼 수 있고, 선창 내부에 컨테이너는 볼 수 없습니다. 만약 특정 부분의 Deck 위에 컨테이너를 선적하지 않으면 갑판을 육안으로 볼 수 있을 것입니다.

참고로 On Deck의 컨테이너는 컨테이너 Corner Casting 부분에 컨테이너와 컨테이너를 연결하는 고리를 걸어서 고정합니다. 그리고 Lashing Bar라는 Material을 이용해서 X자로 컨테이너를 고정합니다. Corner Casting 연결 고리 작업 및

Lashing Bar의 작업은 사람이 갑판 위에서 직접 진행하기 때문에 상당히 위험한 작업입니다. Lashing Bar는 컨테이너와 갑판처럼 안벽 크레인을 이용해서 갑판 위 작업자에게 전달됩니다. 그리고 컨테이너를 내륙운송할 때 역시 컨테이너 Chassis(피견인차) 위에 컨테이너를 Load하고 Chassis와 컨테이너의 Corner Casting 부분을 컨테이너 운송 기사님이 걸어서 고정 후 운송 진행합니다. 간혹 운송 기사님이 이를 무시하는 경우가 있는데, 사고로 이어질 수도 있습니다.

3. THC(Terminal Handling Charge) : THC는 터미널에서 컨테이너 화물을 처리하는 비용입니다. 컨테이너 하역 관련 업무도 이러한 비용에 포함되어 있다고 보면 적절할 것입니다. 컨테이너 하역료는 컨테이너의 크기(20FT, 40FT 등)와 컨테이너의 종류(DV, FR 등)에 따라서 달라질 수 있으며, 컨테이너의 무게(Full, Empty)에 의해서도 달라질 수 있습니다. 그리고 선사는 갑판 하역료 역시 청구받을 수 있습니다.

## 🌐 부산 입항 컨테이너의 Drop Off Charge와 Positioning Surcharge

〈질문〉 Genoa Port에서 부산항까지 Dry 컨테이너의 운임을 이태리 파트너에게 요청했는데, 다음과 같은 문구가 들어간 답변을 받았습니다. 관련 내용을 해석 요청 드립니다.

**Valid for FAK & TILES & WINE&SPIRITS**
Free drop off in Bugok only for 20'DC/40'HC / + USD 200/CNTR for 40'DC Weekly – Service in 35/36 days / Free Time 8 c.d. DEM & 6 c.d. DET

〈답변〉 1. FAK : Freight All Kind의 약자로서 품목과 관계없이 제공되는 운임(Freight)이라고 할 수 있습니다.


2. Drop Off Charge(하차료) : 부산항으로 입항된 컨테이너로부터 화물을 적출 후 Empty 컨테이너를 경기도 부곡 ICD 또는 인천항으로 반납했을 때 발생되는 하자료를 Drop Off Charge라고 합니다. 이는 선사(Line), 컨테이너의 사이즈 및 종류별로 상이하게 발생될 수 있습니다. 물론 FR 컨테이너와 같은 특수 컨테이너의 반납(픽업)은 대부분 부산항 CY가 지정될 것입니다.


3. Equipment Positioning Surcharge(EPS) : Shipper는 화물을 해상 운송할 때 컨테이너 소유사에게 컨테이너를 임대(FCL)해서 Consignee에게 컨테이너 단위 화물을 발송하며, Consignee는 화물을 적출 후 Empty 컨테이너를 소유사가 지정한 반납지 CY로 반납합니다. 이때 컨테이너의 소유사는 대부분 선사이며, 선사가 소유한 컨테이너를 COC(Carrier's Own Container)라고 합니다.[62]

부산항은 유럽, 미주 등 원양 운송 서비스 스케줄이 많지만, 인천항은 근해 서비스 스케줄 위주입니다. 그리고 우리나라의 공장과 창고 중 상당 부분은 경기도 권에 위치하고 있습니다. 따라서 유럽에서 수입되는 수많은 컨테이너 화물은 부산항으로 입항되어 Consignee가 지정한 경기도권 Door로 내륙운송됩니다. 이후 Con-signee는 Empty 컨테이너를 입항지로서 부산항 CY가 아닌, 경기도 부곡 ICD(또는 인천항 CY)로 반납을 원합니다. 부산항 CY로 반납하면 내륙운송비가 추가 발생되기 때문입니다.

문제는 이로 인해 부곡 ICD에는 Empty 컨테이너가 쌓이고, 부산항에서는 부족한 현상이 발생됩니다. 선사는 컨테이너라는 장비(Equipment)의 수급 균형(Bal-

---

62) 참고로 컨테이너에 'Tex'라고 표기된 컨테이너는 Textainer라는 컨테이너 임대 사업자 컨테이너로서 선사(Line)에게 장기 임대하며, 선사가 다시 컨테이너 단위 화물(FCL)의 운송이 필요한 화주에게 임대하니, 이 또한 COC에 속합니다.

ance)을 맞추기 위해서 자신의 비용을 투자해서 부곡 ICD의 Empty 컨테이너를 부산항으로 이동시켜야 합니다. 이를 Empty Container Repositioning이라고도 하는데, 이때 발생된 비용을 EPS(Equipment Positioning Surcharge)라는 용어를 사용하기도 합니다.

질문 내용에서 'USD 200/CNTR for 40ft DC'은 부산항에 입항한 40ft Dry 컨테이너를 부곡 ICD로 반납했을 때, 선사의 Empty Container Repositioning에 따른 비용을 화주에게 USD200 청구한다는 의미로 이해하면 적절할 것입니다. 아울러 Free drop off in Bugok only for 20ft DC/40ft HC'는 20ft Dry 컨테이너 및 40ft High Cube 컨테이너를 부곡 ICD로 반납했을 때 반납비(Drop Off Charge)는 청구되지 않음(Free)을 의미합니다.

**4. Calendar Day(C.D.)** : 토, 일요일 및 공휴일을 포함해서 달력에 표시된 모든 날짜를 뜻합니다. 따라서 'Free Time 8 c.d. DEM & 6 c.d. DET'에서 DEM(Demurrage)의 Free Time은 8 Days로서 토, 일요일 및 공휴일이 포함되겠습니다.


## 🌐 컨테이너 선박에 선적되는 벌크 화물

〈질문〉 해상 화물을 핸들링하는 포워더 내근직입니다. 영업하시는 분이 벌크 화물 건이라면서 FR Container를 이용한다고 합니다. 제가 알고 있는 벌크 화물은 컨테이너에 적입되는 화물이 아닌데, 그래서 이해가 되지 않습니다. 그리고 Void Space 하시면서 2 TEU라고 하는데, Void Space라는 의미도 알고 싶습니다.

<답변> **1. 벌크 화물(Bulk Cargo)의 의미** : Bulk Cargo의 의미는 크게 2가지로 구분됩니다. 첫 번째는 규격화된 컨테이너에 적입해 컨테이너 선박에 적재되어 운송되나, 포장하지 않은 상태로 컨테이너에 적입되어 운송되는 화물을 의미합니다. 또 다른 의미는 규격화된 컨테이너를 사용하지 않고 Bulk 선박에 적재되어 운송되는 화물로써 목재 포장 등 일정한 포장을 했을 수도 있고, 포장되지 않은 상태 그대로 Bulk 선박에 적재되어 운송될 수도 있습니다.

| Type | | |
|---|---|---|
| | Break Bulk Cargo | – 철강제품, 중장비, 곡물, 비료, 시멘트, 광석류, 석탄, 고철, 원목 등 |
| | Liquid Bulk Cargo | – 식용 또는 공업용 오일류, 일반 화학제품, 석유화학 제품 등 |
| | Project Bulk Cargo | – 공장 이전, 대형 설비 및 대형 기계류 등과 같은 플랜트 화물. |

**2. FR은 벌크 화물 운송용 컨테이너** : FR 컨테이너(Flat Rack Container)는 포장되지 않은 상태의 화물 또는 (목재) 포장 여부와 관계없이 부피가 상당해 규격화된 일반 컨테이너에 적재가 불가한 벌크 화물을 운송하는 컨테이너라고 할 수 있습니다. 그리고 중량이 상당한 화물을 운송할 때 역시 사용될 수 있습니다. 40ft FR 컨테이너의 최대 적재 가능 중량은 대략 40톤 정도가 됩니다(40톤 화물을 FT 컨테이너

| Size & Type | Tare (kgs) | Payload (kgs) | Max.Gross (kgs) | Door Opening(mm) | | Interior Dimensions(mm) | | | Interior Cubic (㎥) |
|---|---|---|---|---|---|---|---|---|---|
| | | | | Width | Height | Length | Width | Height | |
| 20' OPEN TOP CONTAINERS | 2,400 | 28,080 | 30,480 | 2,340 | 2,280 | 5,898 | 2,352 | 2,366 | 32.8 |
| 40' OPEN TOP CONTAINERS | 3,840 | 28,660 | 32,500 | 2,340 | 2,280 | 12,032 | 2,352 | 2,360 | 66.8 |
| 20' FLAT RACK CONTAINERS | 2,890 | 31,110 | 34,000 | | | 5,638 | 2,228 | 2,233 | 30.5 |
| 40' FLAT RACK CONTAINERS | 4,600 | 40,400 | 45,000 | | | 11,776 | 2,230 | 1,955 | 55.5 |
| SUPER RACK CONTAINERS | 5,600 | 39,400 | 45,000 | | | 12,172 | 2,374 | 3,483 | 56.5~100.5 |

* 출처 : 현대상선(www.hmm21.com)

에 적재하고 내륙운송은 불가, 이유는 과적 기준을 초과하기 때문). 그래서 FR 컨테이너의 밑바닥 두께는 기타의 컨테이너보다 상당히 두껍습니다.

**3. OOG 화물의 Void Space** : OOG는 Out of Gauge의 약자로 규격화된 컨테이너 사이즈 안에 완전히 적입되지 않고, 일부 공간이 컨테이너 사이즈 밖으로 돌출된 화물을 말합니다. 반면 규격화된 컨테이너에 완전히 적입되는 컨테이너 사이즈보다 부피가 작은 화물을 'In Gauge 화물'이라 합니다.

OOG 화물은 규격화된 컨테이너보다 단일 화물의 부피가 크기 때문에 일반 Dry Container에는 적입 불가합니다. 그래서 개방된 컨테이너가 필요합니다. 컨테이너의 폭과 높이는 기본적으로 각각 대략 2.35m(width), 2.4m(Height) 정도 됩니다(HQ는 높이가 30cm 더 높음). 만약 단일 화물의 폭은 2.35m보다 넓지 않지만, 높이가 대략 2.4m를 초과한다면, 윗부분이 개방된 Open Top Container를 사용해야 합니다. 반면 단위 화물의 폭이 2.35m를 초과한다면, 좌·우측 부분이 개방되어 있어야 합니다. 그래서 앞뒤, 좌우 및 윗부분 모두가 개방되어 컨테이너 밑바닥만 존재하는 Flat Rack Container를 사용합니다.

| Size & Type | Tare (kgs) | Payload (kgs) | Max.Gross (kgs) | Door Opening(mm) | | Interior Dimensions(mm) | | | Interior Cubic (㎥) |
|---|---|---|---|---|---|---|---|---|---|
| | | | | Width | Height | Length | Width | Height | |
| 20' DRY CNTRS | 2,200 | 28,280 | 30,480 | 2,340 | 2,280 | 5,898 | 2,352 | 2,392 | 33.2 |
| 40' DRY CNTRS | 3,600 | 28,900 | 32,500 | 2,340 | 2,280 | 12,032 | 2,352 | 2,392 | 67.6 |
| 4H' DRY CNTRS | 3,800 | 28,700 | 32,500 | 2,340 | 2,585 | 12,032 | 2,352 | 2,698 | 76.3 |

* 출처 : 현대상선(www.hmm21.com)

참고로 20FT Dry 컨테이너의 길이는 대략 5.9m 정도이며, 40FT Dry 컨테이너의 길이는 대략 12m 정도입니다. 폭(Width)은 대략 2.35m이고, 높이는 대략 2.4m입니다. 화물의 길이가 9m이고 높이가 2.5m라면 40FT Dry 컨테이너에 적입 가능하지만, 폭이 2.35m보다 넓으면 40FT Dry 컨테이너가 아닌 40FT FR 컨테이너를 사용해야 합니다.

폭이 2.35m를 초과하는 화물을 FR 컨테이너에 적입하면 FR 컨테이너 측면 공간에 다른 컨테이너를 적재하지 않고 진공 상태로 비워둬야 합니다. 화주는 그 공간만큼의 Ocean Freight(해상 운임)를 추가적으로 지불해야 하며, 이러한 화물을 Over-wide Cargo라고 합니다. 그리고 측변으로 40FT 컨테이너 공간을 비우게 되는데, 20FT 컨테이너 2개 공간이라서 Void Space는 2 TEU입니다. TEU는 Twenty-foot equivalent unit의 약자로써 20피트 컨테이너를 뜻합니다. Full Void되면 20FT 컨테이너 공간 10개가 추가적으로 필요합니다.

**4. FR 컨테이너의 컨테이너 적재 위치** : 참고로 FR 컨테이너가 갑판 아래 선창에 적재된다면, Dead Space를 최대한 줄이기 위해서 선창의 바닥에서부터 일반 컨테이너를 적재해 갑판 바로 아래에 FR 컨테이너를 적재할 것입니다. 그러나 FR 컨테이너 작업한 Bulk 화물이 항상 Deck 바로 아래(Hatch Cover 바로 아래)에 적재되는 것은 아니고, 경우에 의해서는 Deck 바로 위에 적재되기도 합니다(On Deck).

# Ⅱ. 해상운송서류

## 운송서류 B/L, 화물운송장의 Shipper, Consignee 의미

〈질문〉 운송서류의 Shipper는 송하인, Consignee는 수하인이라 알고 있습니다. 그러나 업무할 때 어떻게 개념을 잡아야 할지 혼란스럽습니다. 설명 부탁 드립니다.

### 〈답변〉 1. [기본사항] 서류의 발행 목적에 따른 Shipper, Consignee 의미

#### A. C/I(Commercial Invoice)

무역서류는 그 발행 목적에 의해서 Shipper, Consignee 의미가 달리 구분됩니다. C/I(상업송장)는 Seller와 Buyer 간에 계약한 물품에 대한 가격명세서입니다. 그런데 C/I의 Payment Term이 무상(Free of Charge 또는 No Commercial Value)이 아닌, T/T 등의 유상 결제조건이면, C/I는 가격명세서이자 대금청구서가 됩니다. 따라서 C/I의 Shipper는 수출자라기보다는 대금 청구자이며, Consignee는 대금 결제자로서 C/I상의 Shipper와 Consignee가 C/I상의 물품에 대한 대금을 외국환 은행을 통해서 주고받습니다.

#### B. 운송서류(B/L, 화물운송장)

운송서류(B/L, 화물운송장)는 물품의 운송과 관련된 서류입니다. 따라서 운송서류의 Shipper는 송화인(또는 송하인), Consignee는 수하인입니다.

## C. FTA C/O(원산지증명서)

FTA C/O의 Shipper는 FTA 수출체약국에 위치한 자로, FTA C/O상의 물품이 FTA 원산지 결정기준을 충족하고 있음을 입증할 수 있는 자로서 FTA 수출체약국에 위치한 자입니다. FTA C/O의 Consignee는 FTA 수입체약국에 위치한 자로서 FTA C/O로 FTA 협정세율을 적용받는 자입니다.

## 2. 운송서류의 Shipper

운송서류(B/L 또는 화물운송장, 이하 운송서류)의 Shipper는 운송서류상의 화물을 발송하는 자, 즉 송하인입니다. 송하인은 운송서류 발행인(이하 운송인)에게 운송서류상에 기재되는 화물을 Shipment Booking하는 자라고 할 수 있습니다. 실무 시 운송인에서 Shipment Booking하는 자(해외 Buyer와 계약한 Seller)가 운송서류의 Shipper로 통상 기재되나, Shipment Booking하는 자가 운송인에게 Shipper를 제3자(수출국의 제조사 또는 중계인 또는 기타)로 기재 요구하는 경우에는 Shipper의 요구와 같이 제3자를 Shipper로 기재해 발행될 수 있습니다. 아울러 수출국에서 발행된 운송서류의 Shipper는 수출국의 화주로 기재되어 발행되었으나, 중계국의 중계인이 운송인에게 기발행된 운송서류의 Shipper를 중계인 자신 또는 제3자로 변경(Switch) 요청할 수도 있습니다.

## 3. 운송서류의 Consignee

Consignee는 수하인으로서 운송서류상에 기재된 화물(Cargo)의 인도를 청구할 수 있는 채권자입니다. 쉽게 말해서 Port of Discharge에 도착한 화물에 대해서 인도를 요청하는 D/O(화물인도지시서) 발행을 요청할 수 있는 권리를 가진 자입니다. Consignee는 목적국(Port of Discharge 국가) 운송인에서 D/O 요청해 화물을 직접 인수할 수도 있고, D/O 요청하면서 Consignee 자신의 국내 거래처로 화물 인도를 요청할 수도 있습니다.

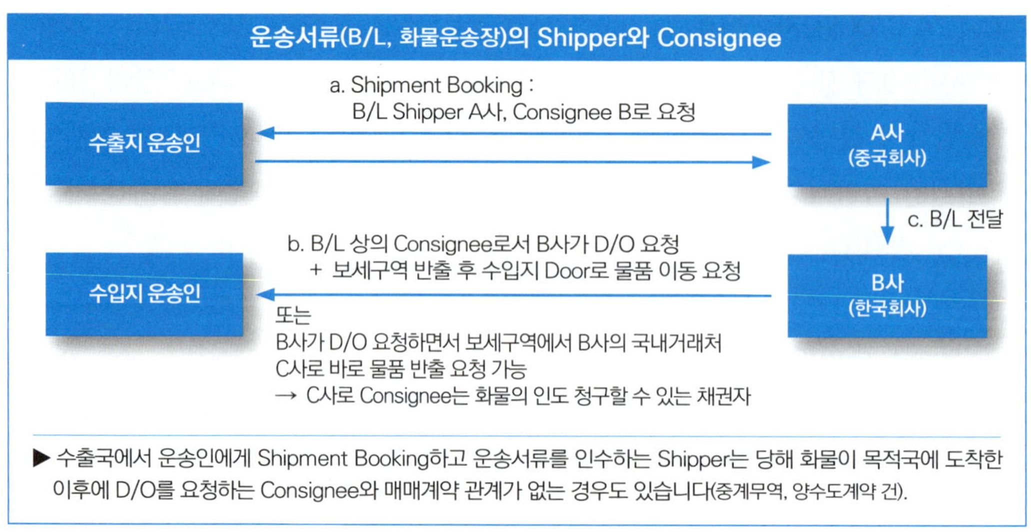


▶ 수출국에서 운송인에게 Shipment Booking하고 운송서류를 인수하는 Shipper는 당해 화물이 목적국에 도착한 이후에 D/O를 요청하는 Consignee와 매매계약 관계가 없는 경우도 있습니다(중계무역, 양수도계약 건).

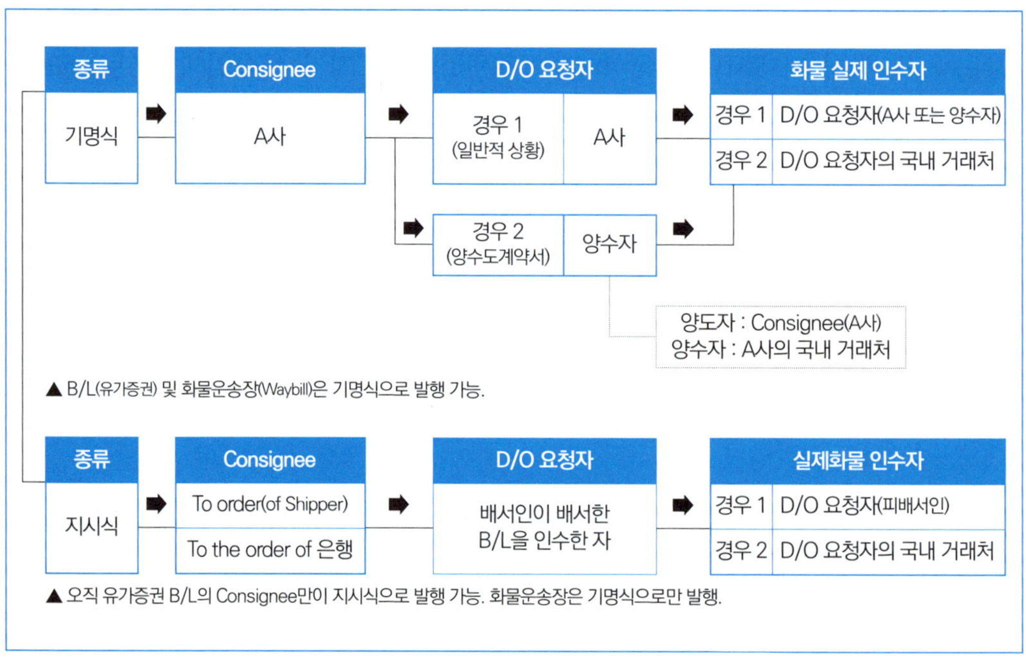


## 4. 운송서류의 Notify

Notify는 통지처를 뜻합니다. 운송인이 운송한 화물이 Port of Discharge에 도착하는 시점에 화물의 도착(Arrival)을 통지받는 자가 기재되어 있으며, 운송인은 화물 도착 시점에 Notify에 기재된 자에게 화물의 도착 사실을 통지(Arrival Notice, A/N)합니다. 따라서 Notify는 수입자, 수하인과 별도의 개념으로 이해해야 합니다. 물론 A/N을 받는 자가 실제로 화물의 인도 지시를 하는 것이 일반적이기는 합니다(운송서류의 Consignee=Notify). 쉽게 말해서 택배가 도착하기 전에 택배회사에서 문자로 택배 도착 시간 등을 사전 통지하는데, 이러한 통지를 받는 자가 운송서류의 Notify입니다.

마지막으로 Kiffa B/L 등의 이면조항에서는 운송인이 Notify에 기재된 자에게 Arrival Notice를 이행할 의무는 없다고 되어 있습니다. 실제로 화물이 Port of Discharge에 도착 후 상당 기간이 지났음에도 Notify가 운송인에게 A/N을 받지 못하는 경우가 있습니다. 이로 인해서 Port of Discharge의 보세구역에서 발행된 추가 비용[63]에 대해서 운송인과 Consignee 또는 Shipper 사이에 분쟁이 발생되기도 합니다.

<table>
<tr><td align="center">Kiffa B/L 이면조항</td></tr>
<tr><td>ii-7. 물품의 인도<br>1) 물품의 도착 통지를 받을 당사자를 본 선하증권에 기재하는 것은 단지 운송인의 정보용일 뿐이며, 그러한 통지를 하지 않았다 하더라도 운송인은 어떠한 책임에도 연류되지 않을 뿐만 아니라 이 선하증권 하에서의 화주의 의무가 면제되는 것은 아니다.</td></tr>
</table>

---

63) 예) FCL 건으로서 COC 사용했을 때 선사가 청구하는 Demurrage Charge 및 터미널이 청구하는 Storage Charge. LCL 건일 때는 CFS에서 발생되는 보세창고료.

# 운송서류의 Place of Receipt, Place of Delivery 및 Final Destination 의미

<질문> 다음은 해상운송서류(B/L, 화물운송장)의 일부분입니다. Place of Receipt 과 Place of Delivery는 대부분 미기재되어 발행되는데, 그 의미를 알고 싶습니다. 그리고 Place of Delivery와 Final Destination의 차이 및 Pre-Carriage by의 의미 역시 알고 싶습니다.

| Pre-carriage by | Place of Receipt | Party to contact for cargo release |
| --- | --- | --- |
| | Shenzhen, China | ABB GLOBAL FORWARDING (KR) LTD |
| **Vessel** **Voy. No.** | **Port of Loading** | 5F, NONHYEON B/D 123 5-KA KANGMAN 123-100 KOREA |
| HANJIN A 034E | Hong Kong, Hong Kong | TEL. :　　　　　　FAX : |
| **Port of Discharge** | **Place of Delivery** | **Final Destination**(Merchant's reference only) |
| Busan, Korea | | |

## <답변> 1. Place of Receipt 및 Place of Delivery

| | |
| --- | --- |
| **• Place of Receipt** (화물 수취 장소) | – 운송서류(B/L, 화물운송장)를 발행한 운송인(Carrier)이 송하인(Shipper)에게 화물을 인수(수취)한 장소로서 운송인의 운송 책임이 시작되는 지점.<br>– 공란 처리되면, 운송인이 수출국 내륙에서 화물을 인수한 시점부터 P.O.L.까지의 사고에 대해서 면책될 수도 있음.<br>– 수출국의 내륙지점 또는 P.O.L.의 CY, CFS가 기재되거나 공란 처리. |
| **• Place of Delivery** (화물 인도 장소) | – 운송서류를 발행한 운송인의 목적국 지사 또는 파트너가 화주(Consignee)에게 화물을 인도하는 장소로서 운송인의 운송 책임이 종료되는 지점.<br>– 공란 처리되면, 운송인이 P.O.D.부터 화물을 인도하는 목적국 내륙지점까지의 사고에 대해서 면책될 수도 있음.<br>– 목적국의 내륙지점 또는 P.O.D.의 CY, CFS가 기재되거나 공란 처리. |

운송서류에는 이면조항이 있는데, 이곳에는 운송인의 책임사항이 명시되어 있습니다. 모든 운송서류의 내용이 동일한 것은 아니나(KIFFA B/L, FIATA B/L 등 양식 존재), 기본적으로 운송인의 책임구간은 화물을 인수한 시점부터 인도하는 시점까지

이며, 이 구간에서 운송인 자신 또는 대리인 등의 과실 또는 부주의로 인해 화물의 멸실, 훼손 또는 인도 지연이 발생되지 않았다는 사실을 입증하지 않는 한 운송인은 인도 지연뿐만 아니라 멸실 또는 훼손에 대해서 책임을 커버한다는 내용이 명시되어 있습니다.

참고로 포워더가 실질적으로 화주의 화물을 인수 및 인도하지는 않고, 포워더에게 이러한 업무를 하청받은 내륙운송사 및 콘솔사 등이 업무를 진행합니다. 만약 이들의 부주의 등으로 화물이 멸실 또는 훼손 등이 되었을 때 운송서류상의 화주는 직접적인 문제를 제공한 자와 계약 관계가 없기 때문에 Door to Door 구간에 대해서 운송서류를 발행한 운송인으로서 포워더에게 클레임을 해야 합니다.


## 2. Pre-Carriage by

Pre-Carriage by의 일반적인 의미는 운송서류를 발행한 운송인(Carrier)이 Place of Receipt에서 화물을 수취해 Port of Loading까지 운송할 때의 운송수단 (또는 운송인)이 기재될 수 있습니다.

그러나 P.O.L.이 Hub Port가 아니라 Local Port로서 피더선(Feeder Vessel)에 화물을 On Board 후 인접한 Hub Port에서 모선(Mother Vessel)으로 T/S해서 P.O.D.까지 운송되는 경우가 있는데, 이러한 경우에 발행되는 운송서류의 Pre-Carriage by 부분에는 P.O.L.에서 출발한 피더선이 기재되고, 운송서류 'Vessel' 부분에는 T/S Port에서 출발해서 P.O.D.까지 운송되는 모선이 기재되기도 합니다.


## 3. Vessel/Voyage No.

선박의 명칭과 항차 번호(운송선박의 운송횟수)를 기재하는 곳입니다. 예를 들어 Hanjin Xiamen 721E와 같은 형태로 기재됩니다. 이때 E는 East를 뜻하는데, 기재된 선박이 동쪽으로 이동한다는 뜻입니다. 운송서류상의 화물은 Port of Loading에서 출항한 선박에 선적되어 Port of Discharge까지 그대로 이동될 수 있는데, 이 경우는 운송서류에 기재된 Vessel이 Port of Loading에서 출항한 선박이자 Port of Discharge에 도착한 선박입니다. 그러나 환적되는 경우라면, 운송서류의 'Vessel' 부분에 기재된 Port of Loading을 출항한 선박의 정보와 Port of Discharge에 도착하는 선박의 정보는 다를 수 있습니다. 물론 환적 건의 운송서류 'Vessel' 부분에는 Port of Loading을 출발한 선박이 아닌 Port of Discharge에 도착하는 선박 정보를 기재할 수도 있고, 2개 선박 모두가 기재될 수도 있습니다. 그러나 대부분의 경우는 Port of Loading을 출발한 선박이 운송서류에 기재되어 발행됩니다.

환적항은 운송서류에 기재되지 않기 때문에 운송서류상의 정보만으로 직항 및 환적 여부 및 운송서류 'Vessel'에 표기된 선박과 Port of Discharge에 도착한 선박이 동일한 선박인지 알기 어렵습니다.


## 4. Final Destination(For the Merchant's Reference Only)

운송인의 운송 의무와 책임이 종료되는 장소는 Place of Delivery입니다. Final Destination은 운송인 입장에서 운송인 자신이 운송 의무와 책임을 부담해야 하는 최종 목적지가 아니라 화주 입장에서의 최종 목적지입니다. Consignee는 Place of Delivery에서 운송인으로부터 화물을 인수하며, 인수 지점부터 Final Destination까지의 운송은 Consignee로서 화주의 비용과 위험으로 진행해야 합니다.


## 5. For Delivery of Goods please Apply to

운송서류 발행인(수출지 운송인)의 목적지 대리점(파트너, 본·지사 관계일 수도) 상호, 주소, 전화번호 등의 정보가 기재됩니다.

# 🌐 선적항, 양하항<sup>목적항</sup>, 경유항 및 환적항에 대한 설명

〈질문〉 선적항, 양하항, 경유항 및 환적항에 대한 대략적인 개념은 이해하고 있으나 정확한 의미를 알고자 합니다. 관련해 설명 부탁드립니다.

### 〈답변〉 1. 선적항(Port of Loading)[64]과 양하항(Port of Discharge)

| • P.O.L. | – 선적항 또는 적출항이라 함.<br>– 해상운송구간에서의 최초 선적항.<br>– On Board 이후 발행되는 운송서류(B/L, 화물운송장)에 반드시 기재됨.<br>– Seller가 지정된 포워더에게 Shipment Booking한 화물(Cargo)이 최초로 외국으로 나가는 선박에 선적(On Board)되는 항구. |
|---|---|
| • P.O.D. | – 양하항, 목적항 또는 양륙항이라 함.<br>– 해상운송구간에서의 최종 도착항.<br>– On Board 이후 발행되는 운송서류(B/L, 화물운송장)에 반드시 기재됨.<br>– Seller가 지정된 포워더에게 Shipment Booking한 화물이 선박으로부터 최종적으로 양하(Discharge)되는 항구. 환적항 및 경유항과는 다른 의미. |

Port of Loading(P.O.L.)은 해상운송구간에서의 최초 선적항입니다. 비록 P.O.L.이 Hub Port가 아닌 Local Port로서 규모가 작은 피더선이 출항하더라도 발행되는 운송서류의 P.O.L.에는 해상운송의 최초 시발점인 피더선이 출항한 항구가 기재됩니다. Port of Discharge는 해상운송구간에서의 최종 도착항입니다. Port of Discharge에서 운송서류의 Consignee는 D/O 요청해 화물을 인수합니다. 만약 Consignee가 Port of Discharge 국가에서 다른 국가로 화물을 이동시키고 싶다면, 다시 운송인에게 Shipment Booking하고 운송서류를 발행 받아야 합니다.

---

64) Loading은 선박에 컨테이너(또는 화물)를 선적(On Board)한다는 의미로서 '적하'라고 표현하기도 합니다. Discharge는 선박에서 컨테이너(또는 화물)를 양하한다는 의미입니다.

# 2. 경유항(Via Port) 및 환적항(Transshipment Port)

| | |
|---|---|
| • 경유항 | – 정기선은 일반적으로 A Port와 B Port 이렇게 2개의 항구만을 Rotation하지 않음. P.O.L.을 출항해 P.O.D.까지 이동하면서 중간에 여러 항구를 경유(Via)하며, 경유항에서 다른 화물의 선적 양하가 이루어짐.<br>– On Board 이후 발행되는 운송서류(B/L, 화물운송장)에 일반적으로 Via Port가 기재되지 않으나, 실화주의 요구가 있으면 기재될 수도 있음.<br>– Via Port에서는 P.O.L.에서 On Board된 화물이 양하되지 않으나, T/S Port에서는 P.O.D.에서 On Board된 화물이 양하됨.<br>– 화물의 선적항(P.O.L.), 화물의 양하항(P.O.D.) 및 T/S Port와는 구분됨. |
| • 환적항 | – P.O.L.과 P.O.D. 사이에 환적항(T/S Port)이 존재한다는 것은 P.O.L.에서 출발한 선박과 P.O.D.에 도착하는 선박은 상이하다는 의미. P.O.L.에서 출항한 선박에 On Board된 화물이 환적항에서 양하되어 환적항에 잠시 머물다가 P.O.D.로 향하는 선박으로 다시 On Board되어 P.O.D.에서 최종적으로 Discharge됨.<br>– On Board 이후 발행되는 운송서류(B/L, 화물운송장)에 일반적으로 T/S Port가 기재되지 않으나, 실화주의 요구가 있으면 기재될 수도 있음.<br>– 화물이 최종적으로 양하되는 항구로서 해상운송구간에서의 최종 도착항인 Port of Discharge와는 의미가 다름. |

## 선박 운송 스케줄 [65]

• 선박 LADY OF LUCK 🔍 항로선택 ▼  • 항차 1701S  Search

| 지역 | 항구 | Terminal | 수입 & 입항일 | 수출 & 출항일 |
|---|---|---|---|---|
| CHINA | QINGDAO | Qingdao Qianwan Container Terminal | 2017.01.12 19:00 | 2017.01.13 06:20 |
| KOREA | KWANGYANG(SKIP) | Hutchison Port Kwangyang | 2017.01.14 00:00 | 2017.01.14 08:00 |
| KOREA | BUSAN | Hutchison Busan Container Terminal | 2017.01.14 20:40 | 2017.01.15 11:55 |
| CHINA | SHANGHAI | Waigaoqiao V | 2017.01.18 04:45 | 2017.01.18 10:50 |
| VIETNAM | HOCHIMINH | Cat Lai Terminal | 2017.01.23 17:20 | 2017.01.24 02:55 |
| SINGAPORE | SINGAPORE | Port of Singapore Autority | 2017.01.26 09:45 | 2017.01.26 20:10 |
| MALAYSIA | PENANG | Penang Port Container Terminal | 2017.01.28 05:15 | 2017.01.28 22:00 |
| MALAYSIA | PORT KLANG NORTHPORT | Northport Container Terminal | 2017.01.29 13:45 | 2017.01.30 00:01 |
| MALAYSIA | PASIR GUDANG | Johor Port Container Terminal | 2017.02.01 05:18 | 2017.02.02 06:00 |

65) 출처 : www.ekmtc.com

정기선으로서 컨테이너 선박은 상기 스케줄과 같이 여러 항구를 순환(Rotation, Routing)합니다. 한국의 수출자가 Busan Port에서 말레이시아 Penang port까지 화물의 운송을 원할 때, 포워더에게 Shipping Schedule을 문의합니다. 이후에 포워더는 여러 선박의 스케줄을 제시할 수 있으며, 그중에 적절한 선박을 Booking 할 수 있습니다.

만약 한국 수출자가 상기 선박을 Booking하고 On Board 이후 운송서류(B/L, 화물운송장)가 발행되면, 운송서류의 Port of Loading(P.O.L.)은 해상운송구간에서의 최초 선적항으로써 Busan Port가 표기되며, Port of Discharge(P.O.D.)에는 해상운송구간에서의 최종 도착항으로서 Penang Port가 표기됩니다.[66]

이때 P.O.L.(Busan Port)에서 출항한 LADY OF LUCK이라는 선박에 On Board 된 한국 수출자의 화물은 해당 선박에 On Board된 상태로 P.O.D.(Penang Port)까지 운송되면서 비록 다른 선박으로 T/S되는 것은 아니나, 여러 Port를 경유(Via)하게 됩니다. 경유 Port에서는 한국 수출자의 화물은 양하되지 않지만, 다른 화주의 화물은 양하되거나 선적이 이루어질 것입니다. 만약 Singapore Port에서 다른 화주의 화물이 LADY OF LUCK이라는 선박에 On Board되었다면 당해 화물의 운송서류 Port of Loading에는 Singapore Port가 표기될 수 있습니다. 물론 당해 화물이 Singapore Port에서 선박을 갈아탔다면, Singapore Port는 환적항(T/S Port)으로서 당해 화물의 운송서류에 표기되지 않습니다.

66) P.O.L.에서 출항한 배가 P.O.D.까지 운송되는 스케줄입니다. 즉, P.O.L.에서 출발한 선박이 그대로 P.O.D.까지 이동합니다. 따라서 해당 건은 비록 여러 항구를 경유하지만 직항(Direct) 스케줄입니다.

# 🌐 운송서류의 Vessel Name은 POL에서 출항하는 선박

〈질문〉 포워더 근무자입니다. 해상 건 스케줄이 직항도 있고 환적도 있는데, 환적 스케줄의 운송서류(B/L, 화물운송장)를 발행할 때 Vessel Name을 Port of Loading에서 출항하는 선박명만 기재하고, T/S Port에서 출항하는 선박은 운송서류에 기재할 필요가 없는지요?

〈답변〉 운송서류에는 Vessel/Voyage No. 부분이 있습니다. 이곳은 선박의 명칭과 항차 번호(운송선박의 운송횟수)를 기재하는 곳입니다. 예를 들어 Hanjin Xiamen 721E와 같은 형태로 기재됩니다. 이때 E는 East를 뜻하는데, 기재된 선박이 동쪽으로 이동한다는 뜻입니다. 운송서류상의 화물은 Port of Loading에서 출항한 선박에 선적되어 Port of Discharge까지 그대로 이동될 수도 있으나, 환적항(T/S Port)에서 다른 선박으로 환적 후 Port of Discharge까지 이동될 수도 있습니다.

전자의 경우는 직항이고, 후자는 환적 스케줄입니다. 환적되는 경우, Port of Loading 국가에서 발행된 운송서류의 Vessel 부분에는 Port of Loading에서 출항한 선박명이 기재되거나, 또는 T/S Port에서 출항하는 선박이 기재될 수 있습니다. 경우에 따라서는 Port of Loading 및 T/S Port에서 출항하는 선박이 모두 기재될 수도 있는데, 이 경우 Pre-Carriage by에 Port of Loading에서 출항하는 피더선, Vessel에는 T/S Port에서 출항하는 모선이 기재되기도 합니다.

마지막으로 실화주를 상대로 직항이라는 말을 사용할 때는 직항의 의미가 Non-Stop이 아니라, 수출국에서 Shipment Booking할 당시에 지정한 선적항과 목적항까지 사이에 하나의 선박으로 운송이 이루어지고, 선적항을 출항한 선박은 여러 다른 항구를 경유해 목적항에서 화물을 양륙하는 것이 직항이라는 사실을 전달할 필요가 있습니다.

# 운송서류 B/L, 화물운송장의 Consignee 변경

〈질문〉 수출자입니다. 중국 거래처와는 T/T 후불로 계약했고, 해상 선적 후 포워더로부터 B/L(선하증권)을 발급받았습니다. T/T 결제 시점은 목적항(Port of Discharge)에 화물이 도착한 사실을 B/L상의 Notify로서 폐사의 거래처가 Arrival Notice를 받고 진행하기로 했습니다.

그런데 오늘 갑자기 B/L Consignee를 중국 거래처가 자신의 중국 내의 거래처로 변경 요청해왔습니다. 이 상황에서 B/L Consignee 변경이 가능한지 여부와 가능하다면 절차가 어떻게 되는지 확인받고자 합니다.

〈답변〉 **1. 화물이 목적항에 도착하기 전 상황** : 화물이 목적항에 도착하기 전까지 운송물의 처분권, 즉 운송서류(B/L, 화물운송장) Consignee 변경권은 운송서류상의 Shipper에게 있다고 할 수 있습니다. 따라서 On Board된 화물이 아직 목적항에 도착 전이라면, 해당 운송서류를 발행한 수출지의 운송인에게 Shipper가 Consignee 변경 요청을 할 수 있습니다.

아울러 이 건은 수출지에서 유가증권으로서 B/L이 발행된 상태입니다. B/L의 Shipper가 Consignee 변경 요청하면서 기발행된 B/L 3부 모두를 발행인으로서 수출지의 운송인에게 전달해야 합니다. 결국 유가증권으로서 B/L 발행 건이면, Consignee 변경 요청을 받은 운송인은 자신이 발행한 B/L 3부 모두를 회수해야 합니다.

**2. 화물이 목적항에 도착한 상황** : 화물이 목적항에 도착하면, 운송물의 처분권에 대해서 운송서류의 Shipper와 Consignee가 동일한 권리를 행사하게 됩니다. 아무리 유가증권으로서 B/L을 Shipper가 소지하고 있더라도 B/L상의 Consignee 동의 없이 다른 회사로 화물의 Consignee 권리(D/O 요청 권리)를 이전할 수 없고,

기존 Consignee의 동의 없이 반송 절차 역시 진행할 수 없습니다.

따라서 화물이 목적항에 도착한 상황에서 Consignee를 변경하기 위해서는 Consignee 변경 신청과 함께 Consignee로부터 Consignee 변경 동의서(Consent For Change of Consignee)를 받아서 운송인에게 제시해야 합니다. 물론 기발행된 B/L 3부 모두를 운송인이 회수해야 하는 절차도 진행해야 합니다.

<table>
<tr><td align="center">상법</td></tr>
<tr><td>제140조(수하인의 지위) ① 운송물이 도착지에 도착한 때에는 수하인은 송하인과 동일한 권리를 취득한다.<br>② 운송물이 도착지에 도착한 후 수하인이 그 인도를 청구한 때에는 수하인의 권리가 송하인의 권리에 우선한다.<br>〈신설 1995.12.29〉</td></tr>
</table>

## 🌐 운송서류<sup>B/L, 화물운송장</sup> 정보만으로 FCL 또는 LCL 구분

〈질문〉 제조사에서 수출입 업무 담당하고 있습니다. 운송서류(B/L, 화물운송장)를 보다가 궁금한 점이 생겼습니다. 운송서류 전면 정보만으로 해당 건이 FCL인지, LCL인지 구분할 수 있는 부분이 따로 있는지요? 확인 부탁드립니다.

〈답변〉 1. Gross Weight와 Measurement 확인 : 다음은 20ft와 40ft Dry Container(20' DV, Dry Van) 제원입니다. 20ft의 길이, 폭, 높이가 각각 대략 5.9m, 2.3m, 2.4m이기 때문에 곱하면 CBM(Cubic Meter, 3제곱미터) 값을 구할 수 있습니다. 20ft는 내부 공간이 대략 33CBM 정도 되고, Payload(또는 Net)라고 표현되

는 적재 가능 중량은 20ft DV의 경우 20ton 정도까지는 문제없이 적재 가능합니다. 그 이상도 적재 가능한데, 도로법 시행령에 따른 과적 단속 기준 등에 의해서 적재 가능 중량은 실제 컨테이너의 용량보다 낮다고 보면 됩니다.

| 구분 | Internal Length | Internal Width | Internal Height | Cubic Capacity | Payload(Net) | Tare Weight | Max Gross Weight |
|---|---|---|---|---|---|---|---|
| 20' DV | 5.898m | 2.352m | 2.392m | 33.200CBM | 21,850kg ~28,160kg | 2,150kg ~2,220kg | 24,000kg ~30,480kg |
| 40' DV | 12.032m | 2.352m | 2.392m | 67.700CBM | 26,760kg ~28,760kg | 3,720kg ~3,740kg | 30,480kg ~32,500kg |

▲ 위의 수치는 컨테이너 발주사, 제작사 및 제작연도 등의 상황에 따라서 약간의 차이가 있을 수 있습니다.

따라서 LCL 화물의 운송서류(B/L, 화물운송장) Gross Weight와 Measurement에는 적재 가능한 CBM 및 적재 가능 무게보다 훨씬 못 미치는 단위가 기재되어 있을 것입니다. 일반적으로 R.ton[67] 10에서 그보다 단위가 낮은 화물은 LCL로 운송할 가능성이 크고, 그보다 단위가 높은 화물은 FCL 건으로 컨테이너를 임대해 운송할 가능성이 큽니다. 그리고 R.ton이 10에 훨씬 못 미치는, 예를 들어 5CBM에 2,000kg 화물로써 R.ton이 5(5〉2, 5가 더 크니 R.ton은 5)가 되는 화물이 위험물이라서 다른 소량화물과 혼재가 안 되어서 FCL로 진행되는 경우도 있습니다.

따라서 단순히 운송서류의 Gross Weight와 Measurement값으로 해당 건이 FCL인지, LCL인지 확정하기는 어렵습니다. 해당 정보로 단순 추측할 뿐입니다.

## 2. No. & Kinds of Containers or P'kgs 확인 : FCL건 운송서류는 이 부분에

컨테이너 사이즈와 수량 및 종류를 기재하게 됩니다. 40ft 5대로서 Dry Container이면 40'×5 DV 이렇게 기재되어 있습니다. 아울러 1.1m×1.1m 사이즈의 Pallet에 1m 정도 높이로 화물을 포장한 1 Pallet가 20ft에 1단 적재하면 10 Pallets, 2단 적재하면 20 Pallets 들어가고, 40ft에 1단 적재하면 20 Pallet, 2단 적재하면 40 Pal-

---

67) 1CBM=1,000kg, G.W.를 CBM으로 변경한 값과 실제의 CBM 중에 더 큰 값.

lets 들어갑니다. 이러한 Pallet의 수량을 봐서도 FCL인지, 그리고 하나 컨테이너에 화물이 얼마나 채워져 있는지 추측이 가능합니다.


3. Container No. & Seal No. : 운송서류 'No. & Kinds of Containers or P'kgs 부분에 40'×5 DV로써 컨테이너 5대가 표기되어 있으면, 'Container No. & Seal No.' 부분에는 각각의 컨테이너 번호와 그 각각의 컨테이너에 채워진 Seal No.가 기재됩니다.


4. Term : 운송서류상에 표기되는 Term이 CY/CY이면 FCL 건입니다. 그리고 FCL 건이라 해서 무조건 CY/CY로 표기되는 것이 아니라, CFS/CY로도 표기될 수 있으니 Term에 CFS가 표기되어 있다 해서 LCL로 보면 안 됩니다. LCL은 기본적 으로 CFS/CFS Term이 됩니다.


5. 선사에게 EDI 신고하는 자 : FCL 건의 기본 구조는 '무역회사 – 포워더 – 선 사'이고, LCL 건의 기본 구조는 '무역회사 – 포워더 – 콘솔사 – 선사'입니다. FCL 건 은 포워더가 선사에게 직접 적하목록 신고, 즉 EDI 신고를 진행하는 반면, LCL 건 은 콘솔사가 여러 LCL 화물을 받아서 FCL로 컨테이너 단위 화물을 받아서 선사로 EDI 신고합니다.

# 🌐 FCL 건, 컨테이너 사이즈와 종류가 다른 경우 B/L 각각 발행되는가?

〈질문〉 포워더 신입사원입니다. 업무 중에 갑자기 20ft Dry Container와 40ft Dry Container가 한 번에 Shipment Booking되었을 때, 사이즈가 다른 컨테이너 선적 건에 대해서 하나의 운송서류(B/L, 화물운송장)가 발행될 수 있는지요? 사이즈뿐만 아니라 종류가 다른 컨테이너를 하나의 운송서류에 기재해 하나의 운송서류 건으로 업무 진행 가능한지 궁금합니다.

〈답변〉 Shipment Booking할 때, 컨테이너의 사이즈와 종류가 달라도 운송서류는 하나의 건으로 발행될 수 있습니다. 해당 운송서류의 Description 부분에 20'×1 DV, 40'×2 DV, 40'1 OT 이러한 식으로 기재되고, 각 컨테이너 번호가 기재되어 운송서류는 한 건으로 발행됩니다.

# Ⅲ. 화물의 종류와 운송

## 🌐 위험물과 일반화물의 혼재

<질문> 저는 포워더에서 해상 인바운드 핸들링 업무를 하고 있으며, 이번에 영국에서 부피와 무게가 얼마 되지 않는 소량 화물(2.5CBM, 300kg)을 한국으로 해상수입합니다. 그런데 수입하고자 하는 물품 등급(Class)은 크게 높지 않지만, 그래도 위험물(Dangerous Goods)입니다.

제가 알기로는 위험물과 일반화물(General Cargo)은 혼재 불가능하기 때문에 이 건처럼 2.5CBM에 300kg 화물이라도 FCL로 진행해야 하는 줄로 압니다. 문제는 영국 파트너는 계속 위험물과 일반화물이 혼재(Con-solidation) 가능하다고 합니다. 다음은 영국 파트너의 이메일 내용입니다.

"All Consolidators in the UK mix hazardous and non-hazardous cargo in container."

관련해 설명을 듣고자 합니다. 도움 부탁드립니다.

<답변> **1. 콘솔사와 선사가 혼재 허용** : 위험물(Hazardous Cargo)과 일반화물로서 비위험물(Non-Hazardous Cargo)은 무조건 혼재가 불가한 것은 아닙니다. 포워더는 무역회사를 상대로 항공, 해상 FCL, LCL 및 벌크 화물 구분 없이 영업해 Shipment Booking 받습니다. LCL 화물은 포워더가 콘솔사(혼재업자)에게 전달하고, 콘솔사는 여러 LCL 화물을 CFS로 집결시켜 하나의 컨테이너 화물을 만들어서

선사로 컨테이너 단위의 화물을 전달합니다.

LCL 화물은 이렇게 콘솔사를 통해서 여러 화주의 LCL 화물과 혼재되어 컨테이너 단위로 선사에게 전달됩니다. 그래서 위험물과 비위험물의 혼재 가능 여부는 콘솔사에게 문의해야 하고, 최종적으로 선사가 동의해야 합니다.

한국에서 해외로 수출되는 경우, 기본적으로 한국 내의 콘솔사는 위험물과 비위험물의 혼재를 거부합니다. 그래서 위험물이 소량 화물 건이라도 그 화물의 화주가 컨테이너를 임대해 FCL로 진행할 수밖에 없습니다. 반면 영국은 귀사의 영국 파트너의 답변처럼 위험물과 비위험물의 혼재를 허용하는 경우가 있다고 압니다.

**2. 혼재의 위험성** : 하나의 컨테이너에 여러 화주의 화물이 혼재되면 아무래도 사고의 위험성은 높아집니다. 특정 화주의 화물이 운송 과정 중에 잘못되어 주변의 다른 화주 화물에 손해를 입힐 수 있습니다. 특히나 위험물은 그 가능성이 비위험물보다 높습니다. 따라서 위험물과 비위험물의 혼재가 가능한 국가에서의 수출이라고 할지라도, 위험물의 등급과 특징을 고려해 무역회사의 담당자와 협의 후, 가능하면 FCL로 진행하는 것이 사고 방지를 위한 최선의 대책이 될 수 있을 것입니다.

**3. 국내 도착 후 위험물은 위험물 보세창고로 이고 필요** : 위험물과 비위험물이 혼재된 상태에서 국내에 도착하면 CFS로 보세운송된 이후 컨테이너로부터 화물을 적출해 위험물은 별도로 위험물 보세창고로 이고해야 합니다.

# 냉동 컨테이너 운송 건 Freight Collect 불가할 수도 있다

〈질문〉 냉동식품을 수출하는 회사입니다. 폐사는 FOB 조건으로 수출하는 회사인데, 이번 수출 건에 대해서 수입자가 지정한 포워더가 냉동 컨테이너는 Freight Collect 조건의 거래가 불가하다고 합니다.

기존 타 국가로의 수출은 FOB 조건으로 수입자가 지정한 포워더를 통해서 Freight Collect 조건으로 진행했는데, 왜 이번 건은 Collect가 아닌 Prepaid로 진행해야 하는지 모르겠습니다. 그렇다면 가격조건을 CFR로 변경해야 하고, 혹시라도 있을 견적 시점의 Freight와 선적 시점의 Freight 차이로 인한 손해에 대해서 수출자로서 폐사가 신경 쓰이지 않을 수 없는 입장이 되었습니다. 관련해 설명 부탁드립니다.

〈답변〉 냉동 컨테이너(RF, Reefer Container)로 운송되는 화물은 일정한 온도와 일정한 습도 유지가 필요한 물품이라고 할 수 있습니다. 대표적인 화물은 냉동식품이 될 것입니다. 냉동식품은 컨테이너 내부 설정 온도가 일정하지 않으면, 식품이 부패해 수입지의 Consignee가 화물을 인수하더라도 현금화 시킬 수 없는 상태일 수도 있습니다.

포워더 입장에서 수출지에서 수입지까지의 냉동식품 운송에 있어 컨테이너 내부 설정 온도가 일정하게 유지된다는 보장을 할 수 없습니다. 그리고 실제로 수입지에 도착한 식품의 부패로 인해서 Consignee가 Ocean Freight를 결제하지 않고 화물 인수 거부 의사를 밝히면, 포워더는 Ocean Freight를 수출자에게 청구할 수도 없는 입장(매출채권회수 불능 상태)에 직면합니다.

이러한 이유로 모든 경우는 아니지만, 경우에 따라서는 냉동 컨테이너의 운송에 대해서 Freight Prepaid를 요구하는 포워더가 있습니다.

# 🌐 냉동 컨테이너<sup>Reefer Container</sup> 사용할 때 추가되는 비용

<질문> 매번 Dry 컨테이너를 사용해오다가 이번에 일정한 온도 유지가 필요한 제품을 거래하게 되었습니다. 운송 과정 중에 일정 온도를 유지하기 위해서 냉동 컨테이너가 필요하다고 들었습니다. 20ft 한 대 임대해 FCL로 진행할 것인데, Dry 컨테이너 건과 달리 별도로 청구되는 비용과 추가되는 비용이 어떤 것이 있는지 확인 부탁드립니다.

## <답변> 1. CY에서 발생되는 비용

**A) D.V.보다 짧은 Free Time과 높은 요율** : Dry Van(D.V, 일반 컨테이너) 등의 컨테이너가 터미널이 운영하는 CY에 반입되면, Storage Charge라는 비용이 CY에서 반출하는 시점까지 하루 단위로 발생되는데, 그 요율(Tariff, 요금표)과 하루당 비용(e.g. KRW20,000 per Day)은 터미널이 제시합니다.[68] 그리고 COC[69]를 사용했을 때, CY에 반입되는 시점부터 반출되는 시점까지 하루 단위로 Demurrage가 발생될 수 있고, CY에서 반출된 컨테이너를 다시 CY로 반납하는 시점까지 Detention Charge가 발생될 수 있는데, 이러한 Demurrage와 Detention Charge는 COC를 사용했을 때 선사가 해당 비용의 요율 및 Free Time을 제시하고 비용 청구합니다.

이때 냉동 컨테이너(RF Container)와 같은 특수 컨테이너의 Storage, Demurrage 및 Detention Charge에 대한 Free Time[70]은 일반 컨테이너보다 짧으며, 그 요율 역시 일반 컨테이너보다 높습니다.

---

68) 선사의 선박은 계약된 터미널에 접안합니다.
69) Carrier's Own Container, 컨테이너 임대 사업자에게 선사가 임대한 컨테이너를 포함합니다.
70) CY 반입된 이후에 해당 비용을 청구하지 않는 기간입니다.

| 항목/Type | | | Free Time | Guided Tariff | | |
|---|---|---|---|---|---|---|
| | | | | Rate per day(KRW) | | |
| | | | | Over Day | 20FT | 40FT |
| IN/OUT | Demurrage | Dry | 10 | 1~10 | 11,000 | 16,500 |
| | | | | 11~20 | 22,000 | 33,000 |
| | | | | 21~30 | 33,000 | 44,000 |
| | | | | 31일 이후 | 44,000 | 55,000 |
| | | RF | 3 | 1~ | 44,000 | 66,000 |
| | | OT&FR | 3 | 1~ | 44,000 | 66,000 |
| | Detention | Dry | 6 | 1~10 | 8,500 | 13,000 |
| | | | | 11~20 | 16,500 | 26,000 |
| | | | | 21일 이후 | 22,000 | 33,000 |
| | | RF | 3 | 1~ | 16,500 | 27,500 |
| | | OT&FR | 3 | 1~ | 16,500 | 27,500 |

**B) 전기료와 모니터링 비용** : 냉동 컨테이너는 운송 과정에서뿐만 아니라 CY에 반입되어 반출되는 기간까지 전기를 필요로 합니다. 이유는 냉동 컨테이너를 활용해 운송되는 화물의 대부분은 온도에 민감하기 때문입니다. 따라서 지속적인 전기의 공급이 필요하며, 설정된 온도와 동일하게 컨테이너 내부 온도가 유지되는지 모니터링을 해야 합니다. 이러한 이유로 전기료[71]와 모니터링 비용이 별도로 청구될 수 있습니다. 참고로 터미널마다 조금씩 다를 수 있으니 상황별로 체크가 필요합니다.

**2. O/F와 내륙운송비** : 일반 컨테이너보다 특수 컨테이너인 냉동 컨테이너의 Ocean Freight가 높습니다. 그리고 내륙에서의 운송비 역시도 일반 컨테이너를 기준으로 일정 %가 할증되어 청구됩니다.

**3. P.T.I.(Pre-Trip Inspection)** : Empty 냉동 컨테이너가 CY에서 수출물품이 위치한 곳으로 반출되기 전에 냉각기, 온도조절장치 및 기타 온도 설정 및 유지를 위

---

71) 전기료에도 Free Time이 존재할 수도 있습니다.

한 장치에 문제가 없는지 시운전 등을 통해서 확인하며, 내·외부피해 역시 확인합니다. 이렇게 수출지 CY에서 Empty 냉동 컨테이너를 반출(Release)하기 전의 테스트를 P.T.I.라고 합니다. 화주에게 별도 청구되는 비용 항목은 아닙니다.

# 🌐 냉동 컨테이너를 사용할 때 필요한 기본 지식

〈질문〉 일본에서 전기제품의 원재료를 수입하는 회사에 근무 중입니다. 폐사가 수입하는 원재료는 냉동 컨테이너(RF Container)를 활용해 운송합니다. 냉동 컨테이너를 활용해 운송할 때 기본적으로 인지하고 있어야 할 내용에 대해서 설명 부탁드립니다.

### 〈답변〉 1. 고가의 RF 컨테이너

RF 컨테이너는 Dry 컨테이너와 비교해서 컨테이너 가격이 상당히 비쌉니다. 그래서 RF 컨테이너를 임대해 사용하는 화주의 잘못으로 RF 컨테이너에 손상이 생기면 상당한 수리비용을 청구받을 수 있기 때문에 화물의 적출(입) 작업에서 주의가 필요하며, 적입된 화물의 고정작업을 역시 단단히 해야 합니다. 참고로 RF 컨테이너의 바닥은 방역 처리된 나무를 사용하는 Dry 컨테이너 등과는 다르게 Steel로 되어 있기에 화물을 고정할 때 못을 사용할 수 없습니다.

### 2. 다양한 품목의 운송에 활용되는 RF 컨테이너

RF 컨테이너는 식품의 운송에만 사용하는 것이 아니라 화학 액체류 제품, 전기제품, 의약품 등의 운송에도 사용됩니다. 화약 액체류를 운송한 RF 컨테이너에는 당해 화물의 냄새가 남아 있는 경우가 있기 때문에, 식품류를 운송하기 위해서 RF 컨테이너를 픽업하는 화주는 RF 컨테이너를 픽업하는 내륙운송사에게 이 점을 전달해 냄새나지 않고, 깨끗한 RF 컨테이너의 픽업을 특별히 요청할 필요가 있습니다.

### 3. 냉각기가 설치된 RF 컨테이너의 온도 Setting

RF 컨테이너에는 컨테이너 Door 반대편에 냉각기(냉동기)가 설치되어 있습니다. 그래서 냉각기가 설치된 위치와 컨테이너 Door 쪽의 온도는 차이가 있을 수 있습니다. 설치된 냉각기는 설정된 온도가 실제 컨테이너 내부에서 유지되도록 하는 장치입니다. 즉, 화물을 급속하게 냉동시키는 장치가 아니기 때문에 RF 컨테이너를 CY에서 픽업하기 전에, 화주가 요구한 온도를 설정하고, 컨테이너 내부의 온도가 설정된 온도와 일치하는지 확인이 필요할 것입니다(사전 온도 Setting).[72] 물론 화물이 적입된 상태의 RF 컨테이너가 CY에서 보관될 때 역시도 설정 온도와 내부 온도가 일치하는지에 대한 모니터링은 정기적으로 진행됩니다. 아울러 수출지에서 화물이 RF 컨테이너에 적입되기 전에 적절한 온도의 창고에서 보관될 것이며, 목적지에서도 적정 온도를 유지하는 창고에 반입되어야 하기 때문에 목적지에서 RF 컨테이너의 개장은 이러한 환경을 제공하는 창고에서 이루어져야 합니다.

> **〈참고〉**　　**RF 컨테이너의 전력 공급**
>
> RF 컨테이너를 이용해 운송되는 화물 중에는 영하의 온도를 유지해야 하는 화물도 있지만, 상온의 온도를 유지해야 하는 화물도 있습니다. 따라서 RF 컨테이너는 컨테이너 내부 온도를 냉각하는 기능뿐만 아니라 가열하는 기능을 포함하고 있습니다.[73] 이를 위해서 RF 컨테이너는 지속적인 전력 공급을 필요로 합니다. 터미널 내에서 보관될 때 그리고 컨테이너 선박에 선적된 이후에도 RF 컨테이너에는 전력이 공급됩니다. 컨테이너 샤시(Chassis)에 상차되어 내륙 운송이 진행될 때 역시 전력이 필요한데, 이때는 샤시 또는 컨테이너 외관에 발전기를 설치해 전력을 공급받습니다.

---

72) 냉동·냉장 가능한 RF 컨테이너의 온도 설정 범위는 대략 영하 25~상온 25도 정도가 됩니다. 수출지 CY에서 수출 물품이 위치한 Door로 RF 컨테이너가 반출되기 전에 수출자는 자신의 화물에 적정한 온도 범위를 포워더/선사에게 전달해 사전 온도 Setting(Pre-cooling) 작업이 순조롭게 이루어질 수 있도록 해야 합니다. 이렇게 온도 설정된 RF 컨테이너가 CY에서 반출되어 수출지의 Door로 이동합니다. 참고로 화주 중에는 RF 컨테이너의 설정 온도를 B/L에 표기할 것을 요구하는 경우가 있는데, 운송인은 이를 거부할 수도 있습니다.

73) 더운 날에는 컨테이너 내부 온도가 상당히 올라가지만, 추운 날은 컨테이너 내부 온도가 상당히 낮아집니다. 냉동컨테이너를 사용하면, 외부 날씨에 영향을 받지 않고 컨테이너 내부 온도가 일정하게 유지될 수 있습니다.

## 4. RF 컨테이너의 내부 사이즈와 공기 순환의 필요성

리퍼 컨테이너는 Dry 컨테이너와 외부 규격은 동일할지라도 냉각기가 설치되어 있기 때문에 내부 공간은 Dry 컨테이너에 비해서 다소 협소합니다. 그리고 리퍼 컨테이너에 설치된 냉각기에 의해서 설정된 내부 공기는 리퍼 컨테이너에 적인된 화물의 변형이나 부패를 방지하기 위해서 순환되어야 합니다. 일부 품목 중에는 리퍼 컨테이너 내에서 공기가 순환되지 않아도 문제되지 않는 품목도 있으나, 공기 순환이 필요한 화물의 경우에는 반드시 상부와 측면에 여유 공간을 마련할 필요가 있으며, 각 화물이 겹쳐지지 않도록 해야 합니다.[74]

### Container 제원

**a) Dry Container**

| Size & Type | Tare (kgs) | Payload (kgs) | Max.Gross (kgs) | Door Opening(mm) | | Interior Dimensions(mm) | | | Interior Cubic (㎥) |
|---|---|---|---|---|---|---|---|---|---|
| | | | | Width | Height | Length | Height | Width | |
| 20' DRY CNTRS | 2,200 | 28,280 | 30,480 | 2,340 | 2,280 | 5,898 | 2,392 | 2,352 | 33.2 |
| 40' DRY CNTRS | 3,600 | 28,900 | 32,500 | 2,340 | 2,280 | 12,032 | 2,392 | 2,352 | 67.6 |
| 4H' DRY CNTRS | 3,800 | 28,700 | 32,500 | 2,340 | 2,585 | 12,032 | 2,698 | 2,352 | 76.3 |

**b) Reefer Container**

| Size & Type | Temp Range (℃) | Tare (kgs) | Payload (kgs) | Max. Gross (kgs) | Door Opening(mm) | | Interior Dimensions(mm) | | | Interior Cubic (㎥) |
|---|---|---|---|---|---|---|---|---|---|---|
| | | | | | Width | Height | Length | Width | Height | |
| 20' REFRIGERATED CONTAINERS | −30 to +30 | 3,120 | 27,360 | 30,480 | 2,294 | 2,264 | 5,456 | 2,286 | 2,271 | 28.3 |
| 40' REFRIGERATED CONTAINERS (HIGH CUBE) | −30 to +30 | 4,900 | 29,100 | 34,000 | 2,294 | 2,567 | 11,580 | 2,290 | 2,545 | 67.5 |

* 출처 : 현대상선(www.hmm21.com)

---

74) 관련해 RF 컨테이너 내부의 벽면에 붉은색 선이 표기되어 있기도 합니다.

## 5. RF 컨테이너의 픽업(반납) CY

RF 컨테이너뿐만 아니라 Dry 컨테이너를 제외한 특수 컨테이너를 활용한 수출 건에서 이러한 특수 컨테이너를 CY에서 Pick Up해 수출자의 Door에서 컨테이너 적입 작업을 하기 전에, Empty 컨테이너의 Pick Up 장소는 인천 또는 부곡 CY가 아닌, 부산 쪽 CY가 될 수도 있으며, 수입 건에서 컨테이너에 화물이 적입된 상태에서 수입자의 Door에서 적출 작업을 완료 후 컨테이너 반납지가 인천 또는 부곡 CY가 아닌, 부산 쪽 CY가 될 수도 있습니다.[75] 수출자 또는 수입자의 Door가 Empty 컨테이너의 Pick Up 장소 또는 컨테이너 반납지로 지정된 CY에서 상당히 멀리 떨어진 곳이라면, 컨테이너 내륙운송비가 추가 발생될 것입니다.

특히 특수 컨테이너의 내륙운송비는 Dry 컨테이너의 내륙운송비 기준으로 할증이 발생되는데, RF 컨테이너의 경우는 Dry 컨테이너의 내륙운송비에 30%의 할증이 발생됩니다.[76]

## 6. 신속한 적입 작업이 필요한 RF 컨테이너

컨테이너 Door 작업이 이루어질 때는 작업자와 장비(지게차 등)를 사전에 준비해야 하며, 컨테이너 차량이 Door에 진입해 컨테이너 적입 작업이 가능한 공간이 확보되어 있어야 합니다. 아울러 모든 Door Order 건이 그러하듯이 컨테이너 차량이 Door에 도착하면 허용된 시간 이내에 적출(입) 작업은 종료되어야 합니다. 컨테이너 크기 등에 의해서 대기 시간이 달라질 수 있으니 사전에 체크가 필요한 부분입니다. 이렇게 제시된 컨테이너 작업 허용 시간 이내에 수출자 또는 수입자 Door에서 적출(입) 작업이 완료되지 못하면 Waiting Charge가 별도 발생될 것입니다.

그리고 RF 컨테이너 건은 컨테이너 문을 개방하고 적입 및 Lashing(화물 고정작업) 작업을 진행함에 있어 그 작업 시간이 늦어지면 내부 온도가 변경될 수 있기에

---

75) 선사가 보유한 컨테이너는 대부분 Dry 컨테이너이며, RF 컨테이너와 같은 특수 컨테이너의 비중은 크지 않습니다. 따라서 RF 컨테이너와 같은 특수 컨테이너의 수급은 불안정할 수 있습니다.
76) 참고 : 전국화물자동차운송사업연합회, 2013년 경인항기점 신설 컨테이너 운송요율표.

가능한 신속히 작업을 종료해야 합니다. 마지막으로 작업 종료 후 컨테이너 문을 닫을 때에도 문틈에 공간이 발생되지 않도록 주의해야 합니다(외부 공기가 유입되어 내부 온도에 영향을 미칠 수도 있음).

### 7. 통풍구의 개방이 필요한 경우

RF 컨테이너의 냉각기 부분에는 환풍구(통풍구, Ventilator)가 존재합니다. 화물의 종류에 따라서는 외부로부터 신선한 공기가 유입되어야만 화물의 상태가 유지되는 경우가 있습니다. 꽃과 같은 화훼 품목의 운송이 그러한데, 이러한 화물의 특징을 운송의뢰하는 자가 사전에 운송인(포워더/선사)에게 관련 정보를 전달해야 합니다. 다시 말해서 RF 컨테이너를 사용함에 있어 외부 공기의 유입이 필요하기에, RF 컨테이너에 설치된 환풍구를 개방할 필요가 있는데, 몇 % 정도의 개방이 필요한지에 대해서 화물의 특징을 잘 알고 있는 운송의뢰인이 운송인과 협의가 필요하다는 뜻입니다.

### 8. 혼재가 어려운 RF 컨테이너

RF 컨테이너는 적입되는 화물에 적정한 온도가 설정됩니다. 그래서 2가지 이상의 화물이 적입되더라도 설정한 온도 내에서 변형과 부패가 발생되지 않으면 문제되지 않을 것입니다. 즉, 2개 이상의 실화주(무역회사) 화물의 적정 온도가 동일한 범위라면, RF 컨테이너를 한 대 사용해서 LCL로 운송 가능할 수 있습니다. 그러나 대부분 A사와 B사 화물의 적정 온도는 다르기에 일반적으로 일정한 온도의 유지가 필요한 화물은 소량이라도 RF 컨테이너 자체를 하나의 실화주가 임대해 FCL 진행하는 경우가 일반적입니다.

### 9. RF 컨테이너를 DV처럼 사용하는 경우

특정 국가 사이에서 RF 컨테이너를 사용한 화물이 한쪽 국가로만 운송되고, 반대 국가로는 RF 컨테이너를 사용한 화물의 운송이 일어나지 않는 경우가 있습니다. 결과적으로 양 국가 사이에 RF 컨테이너의 불균형이 발생되고, 선사는 Empty 상태의 RF 컨테이너를 RF 컨테이너를 필요로 하는 국가로 선사 자신의 비용으로 Repositioning해야 합니다.

이렇게 Empty 상태로 RF 컨테이너를 선박에 On Board해서 Repositioning하는 것보다는 DV(Dry 컨테이너) 운임 정도를 적용해서 일반 화물을 운송하는 데 RF 컨테이너를 사용하는 것이 선사 입장에서는 이익이 됩니다. 따라서 일정한 온도의 유지가 필요하지 않은 화물의 운송에서 RF 컨테이너가 사용되는 경우가 있습니다. 이렇게 냉각기를 가동하지 않고 화물 운송에 사용되는 RF 컨테이너를 NOR(Non Operating Reefer)이라고 표현하기도 합니다. 문제는 이렇게 RF 컨테이너를 사용하다가 화주의 부주의로 손상이 생기면 RF 컨테이너의 가격이 상당히 비싸기 때문에 DV에 피해가 발생되었을 때보다 훨씬 많은 비용을 청구받을 수 있습니다.

## 10. RF 컨테이너의 바닥과 Lashing Bar

RF 컨테이너의 바닥은 DV처럼 나무가 아닌 스테인레스 또는 알루미늄으로 제작되고 평면이 아닌 공기의 흐름을 위해 'T' 보드의 형태를 가지고 있습니다. 그리고 화물 고정에 사용되는 고리 형태의 바(Bar)를 라싱바(Lashing Bar)라고 하는데, RF 컨테이너에는 이러한 라싱바가 컨테이너 상단에는 존재하지 않고, 하단의 T 보드 부분에 부착되어 있습니다. 그래서 DV를 사용할 때보다 화물 고정에 어려움이 있습니다.

## 🌐 On Deck에 적재되는 컨테이너 화물에 대한 면책 위험

〈질문〉 폐사는 Dry 컨테이너의 높이[77]보다 큰 지름의 Giant Tire를 수출하는 회사입니다. 따라서 폐사의 취급 화물은 Open Top 컨테이너를 사용해야 하는 Out of Gauge Cargo[78]입니다.

가격조건은 CIF 수출이기 때문에 폐사가 포워더를 지정하며, 적하보험은 포워더에게 가입(부보) 의뢰했습니다. 그런데 포워더 쪽에서 On Deck에 적재될 수도 있다면서, 적하보험사에게 일부 위험에 대해서는 담보가 불가하다는 통지를 받았습니다.

On Deck에 적재되면 어떤 위험이 발생될 수 있으며, 어떤 위험에 대해서 담보 받지 못하는지 설명 부탁드립니다.

〈답변〉 **1. 화물의 On Deck 적재 통지** : 컨테이너에 적입된 화물은 컨테이너 선박에 적재(On Board)될 때, Under Deck 적재(선창적)될지, 또는 On Deck 적재(갑판적)될지, 무역회사를 상대로 해상운송업무를 핸들링하는 포워더(NVOCC, 무선박운송인)가 결정하는 문제가 아니며, 포워더 역시 알기 어렵습니다. 이러한 결정은 선사에서 화물의 종류, 무게 및 목적항 등 여러 상황을 기초로 결정하는 것이며, 선사가 On Deck 적재에 따른 위험과 발생된 결과에 대해서 면책된다는 On Deck Cluase를 선사 발행 B/L에 기재할 뿐, 포워더 및 무역회사에게 정확한 결과 확인을 통지하지 않습니다.

---

77) Dry 컨테이너의 Interior Height는 2,392mm입니다.
78) Out of Gauge Cargo(OOG Cargo)는 규격화된 컨테이너에 화물을 적입했을 때, 화물의 일부가 밖으로 돌출되는 화물을 뜻합니다.

**2. On Deck 적재 화물의 위험** : FR 컨테이너와 OT 컨테이너는 개방된 Type 의 컨테이너입니다. 따라서 On Deck에 On Board되면 햇살과 해수 및 악천후 (Heavy Weather)에 화물이 그대로 노출됩니다. 그리고 On Deck에 On Board된 컨테이너에서 화재 등의 사고 발생 시에 전체의 희생을 막기 위해서 화재 등이 발 생된 컨테이너뿐만 아니라 주변의 문제없는 컨테이너를 함께 바다에 투하(Jettison) 할 수도 있기 때문에 On Deck 적재 화물은 Under Deck 적재 화물보다 위험에 많이 노출되어 있습니다.

**3. On Deck 적재 화물에 대한 적하보험사의 면책 위험** : 화물이 On Deck에 적재되면, 화물(적하, Cargo)에 발생된 경제적인 손실을 보상해야 하는 적하보험사 (보험자)의 부담은 증가합니다. 따라서 적하보험에 가입된 경우라도, On Deck에 On Board된 개방된 Type의 FR 및 OT 등의 특수 컨테이너 화물은 아래의 손해 (Damage)에 대해서 보상받지 못할 수 있습니다(면책위험). 즉, 적하보험사는 아래 의 손해에 대해서 담보하지 않을 수 있으며(담보위험이 줄어든다), 적하보험사에게 아래의 손해를 담보 받기 위해서는 추가 보험료 납부가 필요할 수 있습니다.

> a) Excluding the Risks of Dent, Bent, Scratch & Distortion
> b) Excluding the Risks of R.O.D. unless directly caused by S.S.B.C.
> c) Excluding the Risks of breakage during transportation

R.O.D.는 Rust, Oxidation, Discolouration의 약자로 녹, 산화, 변색을 뜻합니 다. 그리고 S.S.B.C.는 침몰(Sinking), 좌초(Stranding), 화재(Burning) 및 충돌(Collision)의 약자입니다. 따라서 침몰, 좌초, 화재 및 충돌의 원인이 아닌, 다른 원인으 로 인한 녹, 산화, 변색은 담보에서 제외함을 의미합니다.

# FR 등 특수 컨테이너 갑판적에 따른 B/L의 On Deck Clause 삽입

〈질문〉 해상 아웃바운드 업무 담당자인데, 종종 폐사의 한 화주가 FR 컨테이너에 화물을 적재해 수출합니다. 이 건의 화물이 컨테이너 선박의 Under Deck에 On Board되어 왔지만, 혹시라도 On Deck(갑판적)에 적재될 수도 있고, On Deck에 적재되면 화물의 피해 발생 위험이 증가합니다. 화주와의 마찰로 이어질 수 있는 민감한 부분이기에, B/L상에 화물이 On Deck에 선적될 수 있고, '만약 On Deck에 선적되면 피해 가능성이 있다'라는 문구를 기재하고자 합니다. 당해 문구를 B/L상에 기재할 필요가 있는지, 그리고 기재한다면 적절한 문구 확인 부탁합니다.

〈답변〉 **1. KIFFA B/L의 갑판적에 대한 규정 :**

| KIFFA B/L 이면조항 해석 |
| --- |
| **Ⅱ-2. 적부의 자유 및 갑판적화물**<br>1) 운송인은 물품을 컨테이너에 적입하고 또한 다른 화주의 물품과 함께 운송할 수 있다.<br>2) 운송인은 물품이 컨테이너 내부 속의 포장 여부에 관계없이 갑판 상단 또는 하단에 적재 운송할 권리를 가진다.<br>3) 물품이 갑판 상단에 적재되었을 경우 운송인은 "갑판상단적재" 상태를 증권 표면에 마크하거나 스탬프 하는 등의 특별한 표기를 필요로 하지 않는다. |

**2. 갑판적에 따른 위험과 운송인의 면책 문구 삽입 필요성** : Flat Rack, Open Top 등의 특수 컨테이너를 사용해 운송되는 화물을 Under Deck 적재(창내적, 선창 내부 적재)가 아닌, On Deck에 적재(갑판적)해 운송하는 경우에는 바람, 해수 및 햇살에 화물이 그대로 노출되어 손상이 생길 위험이 큽니다.

따라서 비록 B/L 이면조항에서 운송인이 "갑판상단적재" 상태를 특별히 표기할 필요가 없다고 명시되어 있지만, Dry 컨테이너 화물이 아닌 화물 자체가 외부로 노출되는 FR 컨테이너 화물[79]을 갑판적으로 운송하는 경우, 운송인은 선하증권 (B/L)에 On Deck Clause를 기재함으로써 갑판적에 따른 화물의 손상이 생길 수 있고, 갑판적에 따른 위험부담은 B/L을 소지하는 화주에게 있음을 송화인(Shipper)에게 전달할 필요가 충분히 있습니다.[80]



On deck at shipper's risk and carrier not responsible for loss or damage of any kind whatsoever(including deterioration, delay or loss of market) howsoever caused (whether by unseaworthiness or unfitness of the vessel or by faults, errors or negligence, or otherwise howsoever)

아울러 화주는 선사에서 FR 컨테이너 화물을 갑판적하려고 할 때, 적극적으로 사고 발생 확률이 높으니 선창적(Under Deck)을 요구할 필요가 있습니다. 실제로 FR 컨테이너를 선사가 갑판적 한다고 했을 때 화주가 적극적으로 선창적 요구를 하지 않았는데, FR 컨테이너에 적재된 화물이 넘어지는 사건이 있었습니다. 이 사건에 대해서 법원은 화주의 적극적인 선창적 요구가 없었다는 이유로 선사의 손해배상 책임을 70%로 제한한 사례가 있습니다.

---

79) 해체가 되지 않는 단위 화물의 길이가 상당한 경우, Under Deck이 아닌 On Deck에 적재해야 합니다.
80) 중장비를 FR 컨테이너에 적입해 갑판적된 상태에서 선박이 이동되면서 FR 컨테이너로부터 중장비가 넘어져서 해당 화물뿐만 아니라, 주변의 Dry 컨테이너와 Dry 컨테이너 내부 화물이 파손되는 경우가 실무에서 종종 발생됩니다.
81) 출처 : http://www.kpiclub.or.kr/board/bbs/board.php?bo_table=News_01&wr_id=171&page=13

# 🌐 Dry 컨테이너의 활용

〈질문〉 건조한 원두를 아프리카에서 한국으로 해상운송합니다. 수출지에서 컨테이너 적입할 때 촬영한 이미지를 받았는데, 컨테이너 내부 벽면에 갈색 종이 비슷한 것이 설치되어 있습니다. 이것이 무엇이며, 왜 설치되어 있는지 궁금합니다.

〈답변〉 컨테이너를 활용한 운송에 있어 컨테이너의 선택은 화물의 종류(Cargo Type)가 상당한 영향을 미칩니다. 규격화된 컨테이너에 완전히 들어가는 In-Gauge 화물로 습도와 온도에 민감하지 않은 화물은 일반 Dry 컨테이너를 사용하는 것이 일반적입니다. 물론 Dry 컨테이너를 사용함에 있어 컨테이너 내부와 외부의 온도 차이로 인해서 발생되는 습기[82]로 인한 화물의 손상을 방지하기 위해서 컨테이너 내부의 벽면에 크라프트지를 설치하거나 컨테이너 내부의 고리에 방습제를 걸어두기도 합니다.

건조한 원두를 운송할 때 자루에 원두를 넣고, 사람의 힘으로 자루를 컨테이너에 적입합니다.[83] 이때 컨테이너 내부에 습기(Moisture)의 발생을 방지하고, 컨테이너 천장에서 발생된 물방울이 아래로 떨어지는 것을 방지하기 위해서 컨테이너 내부에 크라프트지를 설치합니다.

---

82) 컨테이너에 습기가 발생되면, 컨테이너 바닥으로 떨어진 이후에 온도 변화로 인해 마르면서 천장에 이슬이 맺히고 다시 떨어지는 과정이 반복될 수 있습니다.
83) 사람이 직접 화물을 컨테이너에 적입 또는 컨테이너로부터 화물을 적출하는 작업을 '까대기'라고 합니다. 팔레트 단위의 화물은 지게차를 사용해 적출(입) 작업이 가능합니다.

# IV. 해상 컨테이너 화물의 운송

## 🌐 CY와 CFS는 어떻게 활용되는가?

〈질문〉 포워더에서 해상 인바운드, 아웃바운드를 담당한 지 얼마 되지 않은 초보자입니다. 업무할 때마다 CY, CFS라는 용어를 접하지만, 사실 CY와 CFS가 어떻게 활용되고 어떤 역할을 하는지, 그리고 어디에 위치하고 있는지 정확히 알지 못합니다. 관련해 쉽게 설명 부탁드립니다.

### 〈답변〉 1. CY(Container Yard, 컨테이너 야적장)의 활용

CY는 컨테이너가 일정 기간 보관(장치)되는 보세구역이라고 할 수 있습니다. 공 컨테이너(Empty Container)가 보관되기도 하고, 수출화물이 적입되어 해외로 향하는 선박에 On Board를 기다리는 수출 건 컨테이너의 일시 보관 목적으로 활용되기도 합니다. 또는 해외로부터 입항한 선박으로부터 양하(Discharge)되어 수입 통관을 기다리는 수입화물 컨테이너의 일시 보관, 또는 다른 선박으로의 T/S(환적)를 기다리는 컨테이너의 일시 보관을 목적으로 활용될 수도 있습니다.

때로는 수입신고가 수리된 수입화물이 적입된 컨테이너를 입항지 CY에서 Con-signee가 의도적으로 일정 기간 보관하는 경우도 있습니다. CY에서 컨테이너를 반출하면 수입자 Door(공장, 창고)에서 적출 후 공 컨테이너는 반납지 CY로 반납하고, 수입화물은 수입자가 소비 또는 국내 사업자에게 공급합니다. 그런데 당해 화물이 급하게 필요로 하지 않는 경우가 있습니다. 이때 Consignee는 입항지 CY를 마치 화물을 보관하는 창고처럼 사용하기도 합니다.

CY에 컨테이너가 반입되면 터미널에서 반입일로부터 반출일까지 하루 단위로 Storage Charge를 청구하는데, Free Time이 있습니다. 제시된 Free Time 이내에 반출하면 터미널은 Storage Charge를 청구하지 않습니다. 그리고 COC(Carrier's Own Container)[84]를 통상 사용하는데, 선사는 CY에 반입된 컨테이너가 조속히 반출되어야 회수일이 앞당겨지고 다시 다른 화주에게 임대할 수 있습니다. 그래서 선사 역시 CY에 반입된 날로부터 반출일까지 하루 단위로 비용을 청구하는데 이것이 Demurrage Charge이며 역시 Free Time이 있습니다. 이렇게 터미널 및 선사가 제시한 Free Time 이내까지 반입된 컨테이너를 반출하면 별도의 비용 없이 CY를 창고처럼 사용할 수 있게 됩니다.

## 2. CY의 위치

부산항은 북항과 신항으로 구분되며, 북항에는 컨테이너 전용 터미널과 벌크 화물 터미널이 있습니다. 북항의 컨테이너 전용 터미널은 허치슨터미널(HBCT), 부산항터미널(BPT), 감만터미널, 신선대터미널 및 동부부산컨테이너터미널(DPCT)로 구분되어 있고, 이러한 터미널 내에 선박이 접안하는 선석(Berth), 컨테이너가 보관되는 CY 등이 있습니다. 이렇게 선박이 입출항하는 항구 내에 컨테이너 터미널 그리고 그 컨테이너 터미널 내에 CY가 있는데, 선박이 입출항 할 수 없는 내륙지에도 컨테이너 터미널은 존재합니다. 내륙지에 위치한 컨테이너 터미널을 Inland Container Depot(ICD, 내륙컨테이너기지)이라고 하며, 우리나라에는 대표적으로 의왕(부곡) ICD와 양산 ICD가 있습니다.

다음으로 CFS를 설명하고자 하는데, 터미널 내에는 CY뿐만 아니라 CFS가 함께 운영될 수 있습니다. 의왕 및 양산 ICD 내에는 CFS가 운영되고 있습니다.

---

84) COC는 Carrier's Own Container로서 선사 소유의 컨테이너, SOC는 Shipper's Own Container로서 선사를 제외한 자가 소유한 컨테이너를 의미합니다. 컨테이너 임대 사업자가 선사에게 장기 임대한 컨테이너를 선사로부터 화주가 다시 임대해 사용하는 컨테이너 역시도 COC가 되겠으며, 대부분의 컨테이너는 COC입니다.

## 3. CFS(Container Freight Station)의 활용

CFS는 컨테이너에 수출(또는 환적) 화물을 적입하거나 또는 컨테이너로부터 수입(또는 환적) 화물을 적출하기 위해서 일시적으로 해당 화물을 보관하는 물류창고이자 보세구역으로 지정된 보세창고라고 할 수 있습니다. LCL 건은 선택의 여지없이 콘솔사에 의해서 지정된 CFS(반입지)에 수출화물을 반입시켜야 하며, LCL 수입화물 역시 콘솔사가 지정한 CFS로 화주의 화물이 적입된 컨테이너가 반입되어 적출 작업이 이루어집니다.[85]

만약 LCL 수입 건에서 화주가 원하는 보세창고로 화물을 반입시켜야 한다면, 콘솔사가 지정한 CFS로 컨테이너가 반입되어 그곳에서 적출 후 보세운송을 신청해 화주가 원하는 보세창고로 이고해야 합니다. LCL 화물은 컨테이너를 화주 단독으로 사용하는 건(FCL)이 아니라 여러 화주가 컨테이너를 공유하는 개념으로써 여러 화주의 화물이 혼재(콘솔)되어 있습니다. 따라서 1차적으로 콘솔사가 지정한 CFS로 컨테이너 상태로 반입되어 적출 작업이 이루어져야 합니다. 아울러 CFS에서 화주가 지정한 보세창고로 보세운송되기 전에 포워더(운송인)에게 운송비가 결제되어 D/O(Delivery Order)가 발행되어야 하며, CFS에서의 창고료 등이 결제 완료되어야 보세창고에서 화물을 반출할 수 있습니다.

FCL 건은 공 컨테이너를 픽업지 CY에서 수출자 Door(공장/창고)로 이동시켜서 수출자가 직접 컨테이너 적입 및 Shoring 작업을 할 수도 있고, CFS로 공 컨테이너와 수출화물을 이동시켜 CFS에서 콘솔사(혼재업자)에게 적입 및 Shoring 작업을 의뢰할 수도 있습니다(LCL은 선택의 여지없이 콘솔사에게 컨테이너 적입, Shoring, 적출 등의 작업을 의뢰해야 합니다). 하나의 화주가 컨테이너를 단독으로 사용(컨테이너를 임대)하는 FCL이지만, Shipper는 1개 회사이고 Shipper에게 수출화물을 공급하는 국내 공급자는 2개 이상일 때 CFS를 활용하기도 합니다. 물론 수입지에서도

---

85) 항공수입에서는 Consignee가 화물의 반입 창고를 지정할 수 있습니다. 물론 항공기에서 하기된 화물은 기본적으로 항공사 창고로 반입되어 Break Down된 이후에 지정된 창고로 보세운송될 수 있습니다.

Consignee가 지정한 Consignee의 여러 거래처에 화물을 각각 발송하기 위한 목적으로 FCL 건 컨테이너를 CFS로 반입시키는 경우도 있습니다.

이렇게 CFS는 컨테이너 상태의 화물이 아닌, Carton 또는 Pallet 단위의 화물을 일시 보관하거나 이러한 화물의 컨테이너 적출입 작업 등이 이루어지는 보세창고라고 할 수 있습니다. 콘솔사는 CFS를 직접 운영하는 경우도 있고, 제휴하는 경우도 있습니다.


# 🌐 FCL은 만재화물이라고 해석할 수 있는가?

〈질문〉 포워더에서 근무 중입니다. FCL의 의미는 무역회사가 단독으로 컨테이너를 사용하는 것이라고 알고 있습니다. 그런데 콘솔사가 여러 회사의 소량 화물(LCL)을 CFS로 집결시킨 후, 컨테이너 단위의 화물을 만들어 선사에게 전달하는 건 역시 FCL 개념이며, 이 경우는 만재화물이 된다고 합니다. 지금까지 알고 있던 FCL 개념과 다소 차이가 있는 것 같아서, 혼란스럽고 잘 이해가 안 됩니다. 관련해 설명 부탁드립니다.


〈답변〉 **1. FCL의 일반적인 의미와 컨테이너 소유사** : 기본적으로 FCL은 컨테이너 소유사(Owner)로부터 컨테이너를 일정 기간 임대해 하나의 화주가 단독으로 사용하는 건을 의미한다고 할 수 있습니다. 그래서 FCL이라고 하는 컨테이너를 개장하면 하나 화주의 화물만 적입되어 있으며, 해당 화주가 컨테이너에 화물을 Full로 적재할 수도 있고 일부 공간만 활용할 수도 있는데, 이는 컨테이너를 임대한 화주의 결정 사항입니다.

이때 컨테이너 소유사는 대부분 선사입니다. 선사가 소유한 컨테이너를 Carrier's Own Container(COC)라고 하며, 컨테이너 측면에 HMM, MAERSK, KMTC, SINOKOR 등 선사명이 기재되어 있습니다. 그리고 선사에게 컨테이너를 장기 임대하는 컨테이너 임대사업자의 컨테이너를 선사가 화주에게 임대하는 컨테이너 역시 COC라고 할 수 있습니다.

**2. 운송 계약 구조와 콘솔사 입장에서의 FCL 의미** : 포워더는 기본적으로 해상 FCL과 LCL 구분 없이 무역회사를 상대로 영업하며, FCL 건에 대해서 Shipment Booking을 받으면, 이를 그대로 선사에게 다시 Shipment Booking하는 구조를 가집니다. 그래서 대부분의 FCL 운송 계약은 무역회사-포워더-선사의 구조가 됩니다. 이러한 경우에 무역회사가 단독으로 포워더를 통해 선사에게 임대한 컨테이너를 사용하는 것이며, 무역회사는 해당 컨테이너에 화물을 Full로 만재할 수도 있고, 일부 공간만 활용하고 나머지 공간은 비워둘 수도 있습니다. 이것은 컨테이너를 임대한 무역회사의 결정 사항입니다.

LCL 화물 역시 무역회사는 포워더에게 Shipment Booking합니다. 이때 LCL 화물은 컨테이너 단위의 화물이 아닌, Carton 또는 Pallet 단위의 화물입니다. 따라서 컨테이너 단위의 화물만을 접수하는 선사에게 이러한 LCL 화물을 포워더가 그대로 전달할 수 없습니다. LCL 화물을 컨테이너에 적입하는 과정을 거쳐야 합니다.

포워더는 LCL 화물을 콘솔사(혼재업자)에게 전달하는데, 이를 위해서 콘솔사는 포워더에게 그리고 포워더는 무역회사에게 CFS라는 LCL 화물의 반입지를 전달합니다. CFS에 반입된 LCL 화물은 콘솔사에 의해서 컨테이너에 적입되어 컨테이너 단위의 화물로 만들어집니다.

이때 하나의 화주로서 무역회사가 컨테이너를 단독으로 사용하는 FCL 건과는 달리 LCL은 부피와 무게가 크지 않은 소량화물이기 때문에 컨테이너를 하나의 무역회사가 임대하기에는 물류비 부담이 있는 관계로 하나의 무역회사가 컨테이너 내부 공간을 빌립니다. 이것이 모여서 하나 컨테이너에는 여러 LCL 화물이 적입되며, 결국 하나의 컨테이너를 여러 LCL 화물의 무역회사가 공유하는 개념이 됩니다.

이렇게 LCL 화물을 취합해 컨테이너 단위의 화물을 콘솔사가 만들어서 선사에게 컨테이너 단위의 화물을 접수합니다. 이때 콘솔사가 컨테이너에 자신이 접수한 화물을 적입해 선사에게 컨테이너 화물을 접수하니 이 또한 FCL 개념이 됩니다. 이 경우에 콘솔사는 하나 컨테이너에 최대한 많은 LCL 화물을 적입해야 컨테이너 하나당 운임에 대한 수익을 창출할 수 있습니다. 이러한 이유로 콘솔사 입장에서 FCL 화물은 컨테이너에 만재된 건을 의미한다고 할 수도 있습니다.

# 🌐 Door 작업하는 FCL 건, 컨테이너 차량 도착 시간 조율

〈질문〉 폐사는 한국에 위치한 수출자입니다. 수출물품이 위치한 Door에서 40ft 컨테이너 작업 수량이 5대입니다. 매번 40ft 한 대를 작업해서 수출했는데, 이번엔 한 번에 5대가 동일 Consignee에게로 수출됩니다.
폐사의 Door 부지는 40ft 컨테이너 5대가 동시에 들어올 수 없습니다. 그렇다면 포워더(또는 내륙운송사)에게 컨테이너 차량 도착 시간을 조율해야 할 것 같은데, 가능한지요?

〈답변〉 1. 컨테이너 기사님의 Waiting 시간 고려 : 40ft 컨테이너 차량이 수출자의 Door에 도착하면, 4시간 정도 대기합니다. 화주는 그 제시된 시간 이내에 수출화물을 지게차 등의 장비와 확보한 인력으로 적입 및 Shoring 그리고 Sealing까지 완료해야 합니다. 제시된 시간까지 작업하지 못해 컨테이너 기사님을 수출자의 Door에서 추가적으로 Waiting할 것을 요청하면 Waiting Charge가 발생될 수 있습니다. 따라서 Door에서의 컨테이너 작업은 제시된 시간 이내 종료해야 합니다.

결국 40ft 컨테이너 차량이 동시에 Door에 도착하면, 제한된 장비와 제한된 인력으로 허용된 시간 이내에 컨테이너 작업을 종료하기 어려울 것입니다. 그래서 컨테이너 차량이 Door 도착하는 시간에 일정한 시간차를 두는 것이 좋습니다.

**2. Door 부지 넓이** : Door 부지가 넓지 않으면 40ft 컨테이너 차량이 한 번에 5대 진입이 불가할 것입니다. 따라서 수출자는 포워더에게 연락해서 컨테이너 차량의 Door 진입 시간을 내륙운송사와 조율할 필요가 있습니다.

# 🌐 VGM 신고 시점과 총중량 검증방법

**〈질문〉** 수출자가 FCL로 수출하는 건에 대해서는 포워더가 선사로 VGM 신고하는데, VGM 관련 정보를 수출자가 언제까지 포워더에게 제시하면 되는지요? 그리고 VGM은 컨테이너 자체의 무게(Tare Weight)와 컨테이너에 적재된 화물의 Gross Weight의 합계가 맞는지요? 마지막으로 계측소에서 계측한 값(방법 1)과 계측소에서 계측하지 않고 화주가 제시하는 Gross Weight와 Tare Weight 값(방법 2)의 내용을 적용해 설명 부탁드립니다.

**〈답변〉 1. 컨테이너 화물 총중량 정보(VGM, Verified Gross Mass) 제공 시기** : 먼저 VGM 신고 대상 컨테이너는 선적지에서 수출화물이 적입된 개별 컨테이너로서 공 컨테이너(Empty Container) 상태 및 환적 화물 컨테이너는 신고 대상이 아닙니다. 수출화물이 적입된 개별 컨테이너의 VGM 신고는 당해 컨테이너가 터미널에 반입되는 시점과 선적 예정 선박의 입항 24시간 전 중에 더 빠른 시점입니다.

그러나 일반적으로 선사에게 FCL 화물에 대한 S/R을 제시하는 포워더가 S/R 정보와 함께 VGM 내용을 선사 홈페이지를 통해 서류마감 시점 이전까지 제출한다고 할 수 있습니다. 즉, VGM 마감 시간은 선사가 화주에게 제시하는 서류마감 시점과 동일할 수 있습니다.

**2. VGM 중량에 포함되는 내용** : VGM Weight는 Kgs로 입력해 선사로 제출되는데, 이러한 VGM Weight는 화물의 Gross Weight(Pallet 등의 포장재의 무게 포함) 및 컨테이너 자체 중량(Tare Weight)뿐만 아니라 적입된 화물을 고정하기 위해서 사용되는 고박 장비의 무게 역시도 포함됩니다.

☑ **Container Information** ☐ **Empty**

| Container | Seal No | Package | Weight | Measure | VGM Weight | VGM METHOD | VGM SIGN |
|---|---|---|---|---|---|---|---|
| TEMU2620351 | HAS022189 | 20 <br> BAGS | 17,400.000 <br> KGS | 24.600 <br> CBM | 0.000 <br> KGS | 합산계산 | |
| GROSS TOTAL(BL PRINT) | | 20 <br> BG | 17,400.000 <br> KGS | 24.600 <br> CBM | 0.000 | | |

*출처 : 흥아해운 홈페이지

**3. VGM Method** : VGM 중량을 측정하는 방법은 '방법 1'과 '방법 2'로 나누어지며, 화주가 택일해서 확인한 중량을 VGM 신고 화면에서 'VGM Weight' 값으로 기재하고 선택한 측정 방법을 VGM Method 부분에서 선택합니다.

• **방법 1** : 지방 해양 수산청장에게 신고된 계측소에서 중량 측정하는 방법으로, 수출물품이 적재된 컨테이너 차량을 계근(만차계근)한 값에서 공차 무게를 제외한 값을 VGM Weight로 신고하는 방법입니다.

• **방법 2** : 컨테이너에 적재된 개별화물, 적재화물의 고정(보호)장비, 기타 컨테이너에 적재되는 모든 물건의 중량, 컨테이너 자체 중량 등을 모두 합산한 중량 정보를 VGM Weight 값으로 신고하는 방법입니다.

참고로 '방법 1'의 검증 방식으로만 검증해야 하는 화물도 존재합니다. 그리고 '방법 2'로 확인된 중량으로 신고된 경우, 현장 검증을 실시할 수 있고, 그 결과 허용 오차범위(5% 이내)를 벗어난 정보가 제공되었다면 최소 3개월 이상 '방법 1'로 검증된 정보를 제공해야 할 수도 있습니다.

**4. 선적 제한 및 비용 부담 주체** : 컨테이너 화물의 총중량 계측 및 검증에 따른 비용, 관련 전자문서 전송 관련 비용은 화주가 부담해야 하며, 화주가 검증된 총중량 정보를 제공하지 않을 경우에는 선적 금지됩니다.


## 🌐 FCL 건 반송 절차와 컨테이너 재사용 여부

〈질문〉 폐사는 목적국으로서 한국의 포워더이며, FCL 건으로 40ft Dry Van 1 대가 부산항 CY에 반입되었습니다. 그런데 운송서류상의 Consignee가 반송을 원하고 있습니다. 40ft D.V. 그대로를 최초 Shipper에게 반송을 원하는데, 현재의 컨테이너 그대로 다시 선박에 On Board 가능한지요?


〈답변〉 **1. 반송에 대한 적절한 사유가 필요** : 이 건은 입항적하목록신고 당시에 운송서류상의 Consignee가 한국에 위치한 인바운드 건으로 추측됩니다. 그렇다면 세관은 수입신고되는 건이라 인식하는데, 수입신고를 하지 않고 반송신고하면 세관으로 이에 대한 적절한 사유를 사유서로 설명하고, 사유서의 설명을 입증하는 객관적인 서류를 제출해야 합니다. 반송신고 수리되면 반송신고필증이 발행됩니다.

**2. FCL 건의 반송 절차** : 기본적으로 FCL은 목적항 CY에 컨테이너 상태 그대로 반입되어 있으며, 반송을 위해서 최초 수출국에서 발행된 운송서류의 Consignee 가 운송비를 결제하고 포워더가 D/O를 발행해야 합니다.[86]

문제는 입항 건의 선사와 반송신고되어 최초 수출국으로 반송되는 화물이 선적되는 선사가 다르면 컨테이너를 교체해야 한다는 것입니다. 이를 위해서 CY에서 컨테이너를 CFS로 보세운송[87]을 시켜야 합니다. 그리고 반송을 위한 새로운 Shipment Booking이 이루어져야 하며, CFS에 도착한 컨테이너로부터 화물을 적출 후 반송을 위한 Empty Container를 픽업지 CY에서 픽업해 반송 화물을 새롭게 픽업한 컨테이너에 적입합니다. 이후에 새롭게 Shipment Booking하면서 제시받은 반입지 CY에 반입 후 선박에 On Board합니다. 이 과정에서 CY-CFS-CY 운송비로써 Drayage Charge(셔틀 운송비) 및 적입·적출(Stuffing, Unstuffing)에 대한 비용으로 CFS Charge 및 창고료가 추가 발생될 수 있습니다.

가장 최선은 컨테이너의 교체 없이 그대로 다시 반송 진행하는 것입니다. 그러나 선사가 같아야 하고 선사로부터 허락받아야 합니다.

---

86) 최초 수출국으로 무상 반송된다면, 단순반송 건으로서 반송신고필증의 거래구분은 78입니다. 반면 제 3국으로 유상 판매를 위한 반송 건이라면 거래구분 79번으로 신고됩니다.

87) FCL 건은 CY에 반입되며, CY에서 반출하기 위해서는 Consignee가 운송인(포워더)에게 운송비 결제하고 운송인이 D/O를 발행해야 합니다. 물론 수입신고 수리되지 않은 외국물품상태이기 때문에 보세운송 신고가 필요합니다.

# 🌐 CFR 수입과 목적국 CFS 창고료

〈질문〉 CFR 조건으로 LCL 화물을 수입하는 수입자입니다. 매번 목적국으로서 한국에서 CFS 창고료가 발생되는데, 창고료를 낮추고 싶습니다. LCL 건은 콘솔사의 CFS로 일단 반입되고, 폐사가 원하는 창고로 보세운송이 가능하다고 전달받았습니다. 그렇다면 CFR 조건으로 계속 수입한다면, 달리 창고료를 낮출 수 있는 방법이 없는지요? 그리고 CFR 수입에서 CFS 창고료에 대한 네고 요청도 거의 불가하다고 하는데, 이유를 알고 싶습니다.

〈답변〉 **1. LCL 화물의 운송 계약 구조** : FCL과 LCL 상관없이 무역회사는 포워더에게 Shipment Booking합니다. 그러나 LCL 건은 포워더가 LCL 화물을 접수해 콘솔사(혼재업자)에게 전달하고, 콘솔사는 동일한 선적항에서 동일한 선박의 항차에 On Board되는 타 무역회사의 LCL 화물과 혼재(콘솔)해 하나의 컨테이너 단위 화물을 만듭니다. 그리고 선사의 화주로서 콘솔사는 컨테이너 단위 화물을 선사로 Booking합니다.

**2. 콘솔사는 누가 지정하는가** : EXW, F-Terms 중 하나의 거래에서는 수입지 포워더가 수입자를 상대로 물류 영업하며, C-Terms 또는 D-Terms 중 하나의 거래에서는 수출지 포워더가 수출자를 상대로 물류 영업합니다. 결과적으로 EXW, F-Terms 중에 하나의 거래에서는 수입자가 수입지 포워더를 지정하며, C-Terms 또는 D-Terms 중 하나의 거래에서는 수출자가 수출지 포워더를 지정합니다. 아울러 콘솔사는 LCL 화물의 영업을 LCL 화물 수출입 거래가 많은 무역회사 상대로 할 수도 있으나, LCL 화물을 다량 확보하고 있는 포워더를 상대로 영업하는 것이 일반적입니다.

CFR 거래는 수출자가 수출지 포워더를 지정하고, 수출지 포워더는 LCL 건에 대해서는 수출지 콘솔사를 지정해 LCL 화물의 운송을 의뢰합니다.

**3. 콘솔사의 영업** : 콘솔사는 자신의 화주로서 포워더에게 LCL 화물의 Ocean Freight를 견적하고, CFS 창고를 운영하면서 창고료에서 별도의 수익을 창출합니다. 따라서 콘솔사는 O/F의 견적은 '상당히' 낮게 제시하고, CFS[88]에서 발생되는 창고료에서 수익을 낮은 운임을 보존할 수 있다는 뜻입니다.

**4. C 또는 D조건 수입에서 수입지 창고료 네고의 어려움** : C-Terms 또는 D-Terms의 수입에서 포워더는 수출자가 지정하며, 콘솔사는 수출자가 지정한 포워더에 의해서 지정됩니다. 수출지 콘솔사는 수출지 포워더에게 LCL 화물의 Ocean Freight를 견적하고 포워더는 마진을 붙여서 수출자에게 Ocean Freight를 견적합니다. 이 과정에서 콘솔사가 낮은 Ocean Freight를 견적하면 수출자 역시 상당히 낮은 Ocean Freight를 제공받을 것입니다.

이렇게 낮은 Ocean Freight를 제공해 콘솔사가 Shipment Booking 받으면, 목적국에서 콘솔사가 지정한 CFS에 Ocean Freight를 보존합니다. 즉, 수입지 CFS에서 발생되는 창고료 등을 높게 설정해 청구합니다. CFR 조건이면 수출자는 LCL Ocean Freight을 낮게 견적받지만, 수입지 CFS에서 발생된 높은 비용은 그대로 수입자에게 청구됩니다. 그렇다고 해서 수입자가 수입지 CFS에 발생된 창고료 등의 비용을 수입지 포워더를 통해서 수입지 콘솔사와 네고하기는 어렵습니다. 따라서 LCL 수입은 C 또는 D조건의 수입을 추천하지 않습니다.

**5. FOB 수입으로 전환** : 콘솔사는 창고료에서 수익을 창출할 수 있기 때문에 콘솔사가 포워더에게 LCL O/F 견적을 상당히 낮게 제시할 수 있습니다. 이러한 이유로 한국의 수입자가 예를 들어 중국의 수출자에게 O/F가 포함된 CFR Incheon Port로 견적받은 가격과 O/F가 미포함된 FOB Ningbo Port의 견적의 차이가 거

---

88) CFS는 컨테이너 적출입이 가능한 보세창고입니다. LCL 건은 무역회사가 CFS를 지정할 수 없고, 콘솔사가 지정한 CFS를 사용해야 합니다. 반면 항공수입에서 보세창고 지정은 Consignee가 할 수 있습니다.

의 없는 경우도 있습니다.

중요한 것은 LCL 수입하는 수입자 입장에서 저렴한 수입지 CFS를 지정할 수 없기 때문에 수입자의 요청으로 수입지 CFS에서 발생되는 창고료 등의 비용을 네고할 수 있는 조건으로 수출자와 계약하는 것입니다. 따라서 C 또는 D조건이 아닌, EXW, FCA 또는 FOB로 전환해 수입자가 포워더를 지정하고, 목적국 CFS 창고료에 대한 네고를 하는 것이 현명한 선택이라 사료됩니다.

# 🌐 수출화물의 CFS 반입, Pallet 및 Wrapping

〈질문〉 가로, 세로, 높이가 각각 50cm, 55cm, 45cm 정도의 Carton을 80 CTNs 수출합니다. 1.1m×1.1m 사이즈의 Pallet을 사용해서 높이 1m 정도 크기로 Pallet 작업하면, Pallet당 8 CTNs로 포장되어 총 10 Pallet이 될 것입니다. 그래서 20ft Dry Van 1대를 임대해 FCL 진행합니다.

문제는 수입자(제조사)가 손상되지 않고 오랜 시간 재활용 가능한 나무 Pallet이 아닌 플라스틱 Pallet을 원합니다. 수출지 CFS에서 플라스틱 Pallet 작업이 가능한지요? 그리고 플라스틱 Pallet 작업비와 방역 처리(열 처리 또는 훈증) 완료한 나무 Pallet 작업비는 차이가 있는지요?

〈답변〉 1. CFS에서의 Pallet 작업 : 수출지 CFS는 컨테이너에 수출화물을 적입해 Shoring 작업이 이루어지는 보세창고입니다. 콘솔사가 자체적으로 운영하는 곳도 있고 콘솔사가 제휴해 사용하는 CFS도 있는데, CFS에 반입된 Carton 상태의 화물을 CFS에서 Pallet 작업과 Wrapping하는 업무는 CFS에서 직접 진행하지 않을 수도 있습니다. CFS는 이러한 작업에 대해서 Shoring 업체와 계약해서 Shoring 업체가 Pallet 하나당 일정한 비용을 청구하는 형태로 업무처리되기도 합니다.

부산 인근의 CFS에서는 플라스틱 Pallet 및 방역 처리한 나무 Pallet으로 작업하는 것 모두 동일하게 5만 원 정도의 작업비가 발생될 것입니다.

**2. 방역 처리된 나무 Pallet의 수급 어려움** : 사실 방역 처리한 나무 Pallet을 수급하기 어려운 점이 있어서 화주가 나무 Pallet 사용을 요청했을 때 방역 처리하지 않아서 IPPC 마크를 찾아볼 수 없는 나무 Pallet으로 작업해 목적국에서 문제가 되기도 합니다.[89] 그래서 플라스틱 Pallet을 사용해서 Pallet 작업하는 경우도 흔합니다.

마지막으로 수출자는 포워더에게 CFS에서 Pallet 작업과 Wrapping까지 완료한 상태를 사진으로 확인받을 필요가 있습니다. 만약 나무 Pallet을 사용했다면, IPPC 마크가 표기된 나무 사용 여부를 사진으로 확인받아야 합니다.

## 🌐 DP Container의 의미와 실화주 소유의 컨테이너 운영 사례

〈질문〉 포워더에서 근무 중입니다. 실화주가 자신이 직접 소유한 컨테이너가 있는데, 화물을 한국에서 해당 컨테이너 사용해 수출 후 목적국에서 매각할 수 있는지를 문의합니다. 그러면서 DP라는 말을 사용하는데, 여기서 DP 컨테이너라는 것은 중고 컨테이너를 뜻하는지요? 그리고 실화주가 컨테이너를 구입해서 수출입하는 사례를 알고 싶습니다. 아이템과 거래 형태가 어떤 경우에 실화주가 컨테이너를 구입해서 운영하는지요?

---

89) 나무 Pallet으로 작업 요청할 때는 특별히 IPPC 마크 표기된 나무 Pallet 사용할 것을 포워더를 통해서 요청 및 확인할 필요가 있습니다.

<답변> 1. DP 컨테이너 : 소금 성분이 포함된 바닷물(해수)로 인해서 컨테이너는 부식될 수 있고, 적입된 물품의 종류에 따라서 그리고 내외부로부터의 충격으로 수리·복구 횟수가 증가되어 컨테이너는 시간이 지날수록 강도가 떨어지고 낡아집니다. 10년 정도 지나면 상당히 낡은 컨테이너가 되는데, 이러한 낡은 컨테이너를 저렴한 가격에 구매해 오지로 운송할 때 1회 정도 사용하고 목적국에서 매각 처리하기도 합니다. 이와 같은 낡은 중고 컨테이너를 Disposal Contianer(DP)라고 합니다.

오지로의 운송을 COC[90]로 진행할 경우, 한국에서 목적국까지 비용뿐만 아니라 해당 국가에서 선사가 컨테이너를 다시 회수하는 비용까지 청구받을 수도 있습니다.[91] 한국에서 해상으로 화물을 중국 항구로 운송 후 다시 철송해 중앙아시아 내륙까지 운송 진행할 때 역시 DP 컨테이너를 활용해서 운송 후 해당 컨테이너 회수 없이 목적국에서 매각 처리하기도 합니다.

2. 실화주가 컨테이너 소유한 사례 : 한국에 위치한 의류회사가 있습니다. 회사는 한국에서 원단을 구입해 베트남에 자신이 설립한 의류 제조사에게 원단을 해외 임가공 조건으로 무상 수출합니다. 물론 베트남 항구에 도착 후 컨테이너 그대로를 베트남 공장으로 내륙운송해 원단은 적출하고, 해당 원단으로 생산된 의류를 적입합니다. 이후에 다시 Shipment Booking 진행 후 해외 임가공된 의류를 한국으로 수입합니다.

이 과정이 매번 되풀이되기 때문에 한국의 회사는 20ft D.V. 중고 컨테이너 5대를 매입했고, 컨테이너 내부에 행거(Clothes Rack)를 설치했습니다. 이유는 원단을 수출할 때는 상관없지만 베트남에서 생산된 의류를 행거에 걸어서 운송해야 하기 때문입니다.

---

90) 선사 소유의 컨테이너 또는 선사가 장기 임대해 화주에게 임대하는 컨테이너.
91) 왕복 운임을 제시받을 수도 있습니다.

**3. 실화주가 컨테이너 소유한 경우 장점** : 이처럼 실화주가 소유한 컨테이너로 운송 진행하는 경우, CY 내에서의 Demurrage와 Detention Charge는 발생되지 않을 것입니다. 이 비용은 선사 소유의 컨테이너(COC)를 사용했을 때 선사가 임대한 컨테이너를 조속히 회수해 타 회사로 임대 후 수익을 창출해야 하는데, 회수가 늦어지면 선사 입장에서는 손해이니 조속한 반납을 위해서 청구하는 비용입니다. 따라서 실화주 소유의 컨테이너를 사용하면 Demurrage와 Detention Charge는 별도 청구되지 않습니다.

그리고 수출할 때 Empty Container를 CY에서 픽업하지 않고 실화주의 Door에 그대로 보관해둘 수 있으며, Door에 컨테이너가 보관된 상태에서 수출화물로서 원단의 적입이 가능합니다. 아울러 20ft D.V.이기 때문에 컨테이너 측면 하단에 지게차 Pork가 들어갈 수 있는 공간이 있습니다. 원단의 무게가 그리 무겁지 않기 때문에 컨테이너 운송 차량이 Chassis를 연결해서 Door에 들어오면 지게차로 20ft 컨테이너를 Lift Up해서 Chassis에 적재 가능합니다.

# V. 분쟁

## 🌐 송화인의 부정확한 화물 명세 제공으로 인한 운송인의 손해

〈질문〉 포워더에서 물류 영업직으로 근무 중입니다. 포워더는 수출자가 화물 포장 작업할 때 그리고 FCL 건으로서 Door에서 컨테이너 적입 작업할 때, 현장에서 확인하지 않습니다. 수출자가 관세사를 통해서 발급받은 수출신고필증의 내용과 수출자가 작성한 Packing List상의 정보만을 확인해 운송서류(B/L, 화물운송장)를 발급합니다. 그렇다면 포워더가 발행하는 운송서류상의 CBM과 Weight 및 화물의 명세는 박스 포장된 내부의 내품과 컨테이너에 수출자에 의해서 적입된 물품과 다를 수 있습니다.
Packing List 및 수출신고필증의 물품과 다른 물품을 포장하고 단지 중량만 Packing List 및 수출신고필증의 중량과 일치시킬 수도 있습니다. 운송서류는 수출자가 발행한 Packing List를 기초로 발행하니, 운송서류의 화물 명세와 향후에 수입자가 실제로 인수하는 화물의 정보가 달라질 수도 있습니다. 이러한 위험을 안고 포워더가 업무를 하는데, 포워더를 보호하는 법 또는 운송서류 이면조항이 별도로 존재하는지요?

〈답변〉 1. 포워더는 운송인으로서 수출화물이 정상적으로 생산되어 포장되고, 컨테이너 적입된 이후에 선박에 On Board되는 과정을 실제로 확인하지 않고, 또한 할 수도 없습니다. 그리고 정상적인 물품이 포장되어 On Board되었다는 사실을 화물

인수하는 Consignee에게 Confirmation 할 수도 없습니다. 운송인은 단지 송화인 (Shipper)이 제공한 서류를 기초로 운송서류(B/L, 화물운송장)를 발행합니다. 만약에 송화인이 General Cargo라고 운송인에게 화물 명세를 제공해 운송서류가 발행되고 On Board되어 운송 과정 중에 사고 발생되었는데, 알고 보니 Dangerous Goods였습니다. 그렇다면 운송인에게 송화인은 손해 배상해야 합니다.

2. 포워더(운송인)가 실화주로서 송화인에게 발행하는 해상운송서류의 Description 부분에는 Shipper's Load, Count and Seal 또는 Said (by Shipper) to Contain 등과 같은 부지약관(Unknown Clause) 문구가 기재되어 있습니다. 이와 함께 별도로 According to the Declaration of the Consignor 또는 Particulars Furnished by Consignor/Shipper라는 문구가 기재되어 있기도 하는데, 이러한 문구가 의미하는 것은 (실)화주가 제공한 화물 명세를 기초로 운송인이 운송서류를 발행했다는 뜻으로 만약 실제 화물이 운송서류의 수량 등에 불일치가 있거나 (실)화주가 운송인에게 제공한 정보가 잘못되어서 발생되는 손해에 대해서는 기본적으로 운송인은 면책이라는 뜻으로 이해하면 됩니다.

| 해상운송서류 Description | | | | |
|---|---|---|---|---|
| PARTICULARS FURNISEHD BY SHIPPER | | | | |
| Container No.<br>Seal No.<br>Marks and Numbers | No. of<br>Containers<br>or Pkgs | Kind of Packages ; Description of Goods | Gross Weight | Measurement |

해상운송서류 전면의 Description 부분에 이러한 문구가 없더라도 운송서류 이면조항에는 이와 관련된 조항이 별도로 명시되어 있으며, 대한민국 상법에서도 이와 관련된 조항이 별도로 규정되어 있습니다.

**제127조(화물명세서의 허위기재에 대한 책임)** ① 송하인이 화물명세서에 허위 또는 부정확한 기재를 한 때에는 운송인에 대하여 이로 인한 손해를 배상할 책임이 있다. 〈개정 2007.8.3〉
② 전항의 규정은 운송인이 악의[92]인 경우에는 적용하지 아니한다. [제목개정 2007.8.3.]

## 선하증권 이면 약관

### Liability of the Merchant

1) At the time the Goods were taken in charge by the Carrier, the Merchant shall be deemed to have guaranteed to the Carrier the accuracy, of all particulars relating to the general nature of the Goods, their marks, number, weight, volume and quantity and, if applicable, the dangerous character of the Goods, as furnished by him or on his behalf for insertion in this B/L.

2) The Merchant shall indemnify the Carrier against any loss resulting from inaccuracies in or inadequacies of the particulars referred to above.

### 〈해석〉 화주의 책임

1) 화주는 운송인이 물품을 인수할 때에 화주가 직접 또는 그 대리인이 이 선하증권에 기재하기 위해 제공한 물품의 일반적인 성질, 화물표식, 개수, 중량, 용적 및 수량과 경우에 따라서는 물품의 위험성에 관한 제반 명세의 정확성을 운송인에게 보장할 것으로 간주해야 한다.

2) 화주는 상기와 같은 물품의 명세와 관련해 그것이 부정확하거나 또는 불완전으로 인해 발생된 모든 손실에 대해서 운송인에게 배송해야 한다.

### Freight and Charge

The Merchant warrants the correctness of the declaration of contents, insurance, weight, measurements or value of the Goods but the Carrier has the liberty to have the contents inspected and the weight, measurements or value verified. If on such inspection it is found that the declaration is not correct, it is agreed that a sum equal either to five times the difference between the correct freight and the freight actually charged, or double the correct freight less the freight actually charged, whichever sum is the smaller, shall be payable as liquidated damages to the Carrier for his inspection costs and losses of freight on other Goods notwithstanding any other sum having been stated on this B/L as freight payable.

### 〈해석〉 운임과 요금

화주는 물품의 내용, 보험, 중량, 용적 또는 가액의 신고가 정확함을 보장하지만, 운송인은 내용물의 검사와 중량, 용적 또는 가액을 확인할 수 없다. 만일 당해 검사 중 상기 신고 내용이 부정확하다는 사실이 발견될 경우에는 이 운송증권에 기재된 운임에 관계없이 부과된 운임과 정확한 운임과의 차액의 5배에 해당하는 금액 또는 정확한 운임의 2배에서 부과된 운임을 차감한 금액 중 적은 쪽을 택해 검사비와 다른 물품에 대해 운임 손실의 배상금으로 화주가 운송인에게 지불해야 한다.

---

92) 선의는 그 상황을 알지 못한다. 즉, 사실을 모른다는 뜻입니다. 반면 악의는 일반적인 의미는 타인을 해친다는 뜻이지만, 여기서는 그 상황을 알고 있다는, 즉 사실을 안다는 뜻이라고 할 수 있습니다.

# 해상 B/L에 물품의 가액을 기재하는 경우, 운송인의 보상한도액

〈질문〉 포워더에서 해상 인바운드 및 아웃바운드 업무를 하고 있습니다. 폐사가 사용하거나 해외 수출지 파트너가 발행한 B/L 양식에는 'Merchant's Declared Value' 란이 있습니다. 이곳에 화주가 포워더에게 의뢰한 화물의 가액이 기재될 수 있다고 들었습니다. 그러나 발행된 B/L의 이곳에는 늘 공란 처리되고 화물의 가액이 기재되는 경우는 보지 못했습니다. 어떤 경우에 화물의 가액이 이곳에 기재되는지 설명 부탁드립니다.

〈답변〉 1. 모든 해상 B/L 양식이 동일한 것은 아니나, B/L 양식 전면에 'Merchant's Declared Value'란이 존재하는 B/L이 있습니다. 이곳에 화주가 운송인에게 제공한 화물의 가액을 운송인이 인정하고 종가 운임을 지불해 그 가액을 기재할 수 있습니다. 이렇게 물품의 가액을 B/L에 기재하면 사고 발생 시 운송인의 보상액은 기재된 가액을 보상한도액으로 봅니다.

2. B/L 전면에 기재되는 화물의 가액에 대한 B/L이면 조항은 다음과 같습니다.

### 운송인의 화물 보상액 규정

The Carrier shall in no event be or become liable for any loss, misdirection, mis-delivery of or damage to the Goods or otherwise liable in respect of the Goods howso-ever caused in an amount exceeding the equivalent of 666.67 SDR per package or 2 SDR per kilogramme of gross weight of such Goods, whichever is the higher, if the nature and value of the Goods shall have been declared by the consignor and accepted by the Carrier before the Goods have been taken in his charge, and the ad valorm freight rate paid, and such value is stated in this B/L by him, then such declared value shall be deemed as the limitation amount.

〈해석〉
운송인은 어떠한 경우에도 물품의 멸실, 오인 인도, 오송 또는 훼손에 대해 또는 달리 물품과 관련해 매 포장당 666.57 SDR 또는 매 kg당 2 SDR 초과해 책임을 지지 않는다. 그러나 운송인이 물품을 인수하기 전에 화주가 물품의 특성과 가액을 밝히고, 운송인이 이를 인정해 종가운임이 지불되어 그 가액이 운송인에 의해 이 선하증권에 기재된 경우에는 그 가액을 보상한도액으로 본다. (참고 : B/L마다 이면조항의 규정은 조금씩 다를 수 있다)

# 해상운송 화물의 멸실/훼손으로 인한 클레임 통보와 제소기간

〈질문〉 해상으로 화물을 수출 후 B/L(유가증권) 3부 전통(Full Set)을 Shipper인 폐사가 소지하고 있는 상태에서 목적국의 운송인이 Consignee에게 화물을 인도했습니다. 이 상황에서 B/L의 소지인으로서 폐사가 손해배상 청구할 수 있는 제소기간이 어떻게 되는지 궁금합니다.

그리고 목적국에 도착한 화물에 발생된 훼손에 대해서 운송인에게 클레임을 제기하는 절차 역시 설명 부탁드립니다.

〈답변〉 **1. 화물의 멸실 및 훼손의 통지(Notice of 클레임)** : 수하인이 화물을 인도받을 때 운송인에게 화물의 멸실이나 훼손에 대해서 서면으로 통지하지 않는 한 그 화물의 인도는 운송인이 선하증권에 기재된 것과 일치하게 인도했다는 사실에 대한 추정적 증거가 됩니다. 만일 화물의 멸실이나 훼손에 대해서 서면 통지한다면, 화물이 수하인에게 인도된 일자로부터 연속 3일 이내에 통보해야 합니다.

일반적으로 3일 이내 서면통지할 것을 B/L 이면조항에서 규정하고 있으나, 일부 B/L은 7일로 규정하고 있는 경우도 확인됩니다.

**2. 클레임 통지서(Notice of 클레임)** : 클레임 제기는 서면으로 해야 하기에 클레임 통지서(또는 클레임 Notice)를 작성해야 하며, 통지서에는 선하증권 번호, 컨테이너 번호, 선명/항차, 화물손상 성격에 대한 간략한 설명, 및 예상손해액이 명시되어 있어야 할 것입니다.

<table>
<tr><td colspan="2" align="center">**Notice of 클레임 양식**</td></tr>
<tr><td>수신 :</td><td align="center">클레임 통지서     일자 : [DD MM YY]</td></tr>
<tr><td>선명/항차</td><td></td></tr>
<tr><td>선하증권 번호</td><td></td></tr>
<tr><td>컨테이너 번호</td><td></td></tr>
<tr><td>화물손상 상태</td><td></td></tr>
<tr><td>화물의 현 위치</td><td></td></tr>
<tr><td>적하보험</td><td>가입됨 □ (적하보험사명 :           )</td></tr>
<tr><td>(적하보험에 가입 여부)</td><td>가입되지 않음 □</td></tr>
<tr><td>화주 연락처</td><td>담당자 :     전화번호 :     이메일 :</td></tr>
<tr><td colspan="2">위 화물 수령인으로 당사는 [DD MM YY] 일자로 인도받은 상기의 화물에 손상이 발생하였음을 확인하여 이에 손상 발생 및 손해배상의 청구의사를 귀사에 통지합니다. 당사의 손실이 확정되는 대로 정식 손해배상 청구를 제기할 것이며, 본 건 운송계약 조건에 따른 당사의 모든 권리는 어떠한 침해됨이 없이 유보됨을 알려드립니다.<br><br>첨부 : 손상 사진</td></tr>
</table>

*출처 : www.hmm21.com

**3. 제소기간(Time Bar)** : 운송인을 상대로 소송을 제기할 수 있는 제소기간에 대한 규정은 한국의 국제물류주선업체(복합운송업체, 이하 '포워더')가 사용하는 B/L로서 KIFFA B/L의 내용과 선사가 발행하는 B/L의 내용에 차이가 있습니다. KIFFA B/L은 9개월 이내에 소송을 제기하지 않으면 운송인은 모든 책임으로부터 면제된다고 규정하고 있습니다. 반면 현대상선 B/L 이면조항은 1년으로 규정합니다.

우리나라 상법 해상 편에서도 제소기간은 1년으로 규정하고 있습니다. 참고로 KIFFA B/L에 삽입된 제소기간 9개월은 사고가 해상구간에서 발생된 경우에는 무효로서 1년으로 해석되고, 육상구간에서 발생된 경우에는 유효한 것으로 해석되기도 합니다.

그러나 실무에서 제소기간을 거의 남겨두고 손해배상 청구를 진행하는 일은 드물 것으로 보입니다.

**24. NOTICE OF 클레임 AND TIME FOR SUIT AGAINST OCEAN CARRIER**

(A) Unless notice of loss of or damage to the Goods and the general nature of such loss or damage is given in writing to the Carrier at the port of discharge or place of delivery before or at the time of delivery of the Goods or, if the loss or damage is not apparent, within 3 days after delivery, the Goods shall be deemed to have been delivered as described on the face of this Bill of Lading.

(B) The Carrier shall be discharged from all liability in respect of the Goods, including but not limited to liability for nondelivery, misdelivery, delay, loss, or damage, unless suit is brought within one year after delivery of the Goods or the date when the Goods should have been delivered. Suit shall not be considered to have been "brought" within the time specified unless process shall have been served on and jurisdiction obtained over the Ocean Carrier within such time.

*출처 : www.hmm21.com

상법

**제814조(운송인의 채권·채무의 소멸)** ① 운송인의 송하인 또는 수하인에 대한 채권 및 채무는 그 청구원인의 여하에 불구하고 운송인이 수하인에게 운송물을 인도한 날 또는 인도할 날부터 1년 이내에 재판상 청구가 없으면 소멸한다. 다만, 이 기간은 당사자의 합의에 의하여 연장할 수 있다.

# 항공운송 화물의 손해발생 통보기한과 제소기한

〈질문〉 항공화물의 분실, 손상 또는 지연이 발생되었을 경우, 운송인을 상대로 클레임을 제기하는 기한과 관련된 손해배상 청구 기한에 대한 설명 부탁드립니다.

〈답변〉 다음은 아시아나항공운송약관과 우리나라 상법입니다.

## 아시아나항공 국제화물운송약관

**12.3 손해발생 통보기한**

12.3.1 화물을 인도받을 권리를 가진 자가 이의 없이 화물을 인수하는 것은 화물이 양호한 상태로 운송계약에 따라 인도된 것으로 간주된다.

12.3.2 화물의 분실, 손상 또는 지연의 경우에는 그 화물을 인도받을 정당한 권리를 가진 자가 아래의 기준에 따라 운송인에게 배상청구 명세를 서면으로 제출하여야 한다.

12.3.2.1 손상 또는 일부 분실의 경우, 발견 즉시 그리고 화물을 인수한 날로부터 14일 이내

12.3.2.2 지연의 경우, 화물을 인도받을 권리를 가진 자가 그 화물을 처분할 수 있는 날로부터 21일 이내

12.3.2.3 전부 분실을 포함한 인도불능의 경우 운송장 발행일로부터 120일 이내

12.3.2.4 사람의 사망 또는 상해에 대한 손해발생의 통보를 제외하고는 위 (1)~(3)호에서 정하는 이외의 모든 손해발생의 통보는 운송장 발생일로부터 270일 이내

**12.4 제소기한**

아시아나항공의 책임에 대하여 소를 제기할 수 있는 권리는 목적지 공항에 도착한 날로부터, 항공기가 도착되었어야 할 날로부터 또는 운송이 중지된 날로부터 2년 이내에 이루어지지 않는 한 소멸된다.

*출처 : www.asianacargo.com

## 상법

**제902조(운송인 책임의 소멸)** 운송인의 여객, 송하인 또는 수하인에 대한 책임은 그 청구원인에 관계없이 여객 또는 운송물이 도착지에 도착한 날, 항공기가 도착할 날 또는 운송이 중지된 날 가운데 가장 늦게 도래한 날부터 2년 이내에 재판상 청구가 없으면 소멸한다.

# 🌐 컨테이너의 손상과 Damage Charge

<질문> FOB로 FCL 화물을 한국으로 수입 후 Empty 컨테이너를 반납하는 과정에서 Damage Charge를 청구받았습니다. 그런데 당해 Damage는 Consignee 측에서 화물을 적출하는 과정에서 발생된 것이 아닙니다. 그럼에도 불구하고 Damage Charge를 Consignee가 지불해야 하는지요? 그리고 Consignee는 적하보험에 가입했는데, 적하보험사를 통해서 적하보험금 지급 받을 수 있을까요?

<답변> **1. 손상된 컨테이너의 반납** : Empty 컨테이너를 컨테이너 소유사에게 임대하는 자는 Shipper입니다. Shipper는 수출지에서 Empty 컨테이너를 인수하기 전에 컨테이너의 상태를 확인 후 이상 없으면 인수 후 화물을 적재합니다. 수입지에서는 Consignee가 화물을 적출 후 소유사가 지정한 반납지 CY로 Empty 컨테이너를 지정된 기한 이내까지 반납합니다.[93] 이때 반납지 CY에서 반납되는 컨테이너의 검수가 진행되고, 손상된 부분이 있으면 소유사인 선사는 Consignee에게 Damage Charge 청구합니다.

발생된 Damage의 원인 제공을 Consignee가 하지 않았고 컨테이너의 임대를 Consignee가 하지 않았더라도 당해 컨테이너를 반납하는 자로서 Consignee에게 Damage 비용을 청구합니다. 이후 Consignee는 Shipper와 Damage 발생 원인을 파악하고 Consignee가 선사로 지불한 Damage Charge에 대해서 양자가 조율해야겠습니다.

**2. Detention Charge의 발생** : Damage가 발생된 컨테이너는 반납지 CY에서 반납을 받아주지 않습니다. 그리고 Consignee가 청구받은 Damage Charge를 Consignee가 조속히 지불하지 않으면, 컨테이너 반납이 지체됨으로서 Detention

Charge까지 청구받을 수 있습니다. 물론 Detention Free Time이 지난 상태에서 Detention Charge는 Consignee에게 청구될 것입니다.


**3. 컨테이너의 바닥(나무) 교체** : 단열이 필요한 냉동 컨테이너를 제외한 일반적인 컨테이너의 바닥은 여러 겹 붙여서 만든 합판입니다. 화물 고정 작업할 때 바닥이 나무 재질이라서 못질 할 수 있는 용이함이 있지만, 화물과 지게차의 하중으로 나무 바닥이 손상 발생 될 수도 있습니다. 그리고 기계에서 오일이 떨어지면 나무로 스며들기도 합니다. 이때 인력과 장비 그리고 시간을 투자해서 바닥을 수리하거나 교체해야 합니다.[94]


**4. 컨테이너 Damage와 적하 보험금** : 무역회사가 화물(적하)의 분실과 파손으로 인한 경제적인 손실을 보상받기 위해서 가입하는 보험을 적하 보험이라고 합니다. 이러한 적하 보험은 적하, 즉 화물의 분실과 파손이 발생되었을 때 보험금을 지급받을 수 있는 보험입니다. 화물로 인한 컨테이너의 손상에 대해서 적하보험사가 보험금을 지급하지는 않습니다.


**5. Shipper의 대응** : Shipper는 Damage가 발생된 Empty 컨테이너를 인수하지 않았고, Sound 컨테이너(Damage 없는 컨테이너)를 인수 후 적입 과정에서도 Damage를 발생 시킬 만한 실수를 하지 않았음을 입증할 필요가 있을 것입니다. 이때 가장 좋은 방법은 Shipper의 Door에 도착한 Empty 컨테이너의 여러 곳과 적입 작업하는 고정을 촬영한 이미지(동영상)의 제시가 되겠습니다.[95]

---

93) CY에서 반출된 선사 소유의 컨테이너(COC)를 지정된 반납지 CY로 반납할 때까지 하루 단위로 Detention Charge가 발생됩니다. 그러나 일정 기간을 제시해 그 기간까지 CY에서 반출된 컨테이너를 반납하면 Detention Charge를 청구하지 않는데, 그 기간을 Free Time이라고 합니다.

94) 참고로 컨테이너 Damage를 가장 많이 발생시키는 화물은 원목과 메탈 스크랩이라고 합니다. 원목을 40ft HQ으로 운송하면, 40ft 길이에 맞춰서 적재됨으로 원목의 길이는 대략 12미터가 되는데, 그 무게가 상당합니다. 따라서 원목을 컨테이너에 적출하는 과정에서 컨테이너 Damage가 빈번하게 일어납니다.

95) 컨테이너 번호와 적입 작업 후 Seal 번호까지 촬영할 것.

# 항공물류

# Ⅰ. 항공화물운송장 AWB

## 🌐 해상과 항공화물의 운송서류 발행 시점과 본선적재부기

〈질문〉 현재 포워더 업무를 담당자로 일하고 있습니다. 해상운송서류(B/L, 화물운송장)에는 On Board Date가 표기되는데, AWB에는 그렇지 않다고 들었습니다. 그 이유에 대해서 설명 부탁드립니다.

〈답변〉 **1. 해상 화물** : 해상 건은 운송인이 화주에게 운송서류를 발행하는 개념입니다. 그래서 운송인이 화물을 접수 받아서 운송수단에 당해 화물을 On Board 하면, 이를 입증하는 운송서류를 화주에게 발행합니다. 즉, 화물을 On Board 후에 운송서류가 발행되기 때문에 운송서류에 On Board Date를 표기(본선적재부기)해서 발행합니다. 해상 건에서 On Board Date가 발행된 운송서류를 On Board B/L이라 하며, On Board Date가 표기되지 않은 해상운송서류는 단순히 화물접수증(Received B/L) 역할을 합니다.

**2. 항공화물** : 해상과 달리 항공은 화주가 항공화물운송장(AWB)[96]을 발행해 운송인에게 접수하는 개념입니다. 물론 해상처럼 운송인이 지정한 반입지에 화물을

---

96) 항공에서의 운송서류는 선택의 여지없이 무조건 항공화물운송장(AWB)이 발행됩니다. 해상은 유가증권 상태의 B/L 또는 화물의 소유권이 Surrender 처리되어 소유권 주장이 불가능한 해상화물운송장(SWB) 중에 택일해서 발행됩니다.

반입시켜야 하는데, 이와 별도로 화주가 AWB을 발행해서 기타의 서류와 함께 운송인에게 서류 접수까지 완료해야 비로소 화물이 항공기에 On Board 가능합니다. 즉, AWB가 On Board 이전에 발행된다는 의미이며, 이러한 이유로 AWB에는 On Board Date가 표기될 수 없습니다.

AWB의 우측 하단 'Executed on (Date) at (Place)' 부분의 날짜와 장소는 AWB를 발행한 날짜와 AWB가 발행된 장소를 의미합니다. 참고로 AWB의 중간 부분의 Flight/Date는 예상 편명과 예상 탑재일이 기재됩니다. Actual On Board Date는 아닙니다.

**3. 항공운송 계약 관계** : 항공은 IATA에 가입된 화주만이 항공사와 거래할 수 있으며, IATA에 가입된 자만이 AWB를 발행할 수 있습니다. IATA에 가입되어 AWB를 발행해서 항공사로 접수할 수 있는 자는 일반적으로 항공 콘솔사이며, 항공 콘솔사는 항공사의 대리점 역할을 한다고 할 수 있습니다. 실화주(무역회사)와 일반적인 포워더는 IATA에 가입되어 있지 않기 때문에 AWB를 발행할 수 없고 항공사와도 거래할 수 없습니다. 이러한 이유로 실화주와 일반 포워더는 AWB를 발행해 운송인에게 서류를 접수할 수 없습니다.

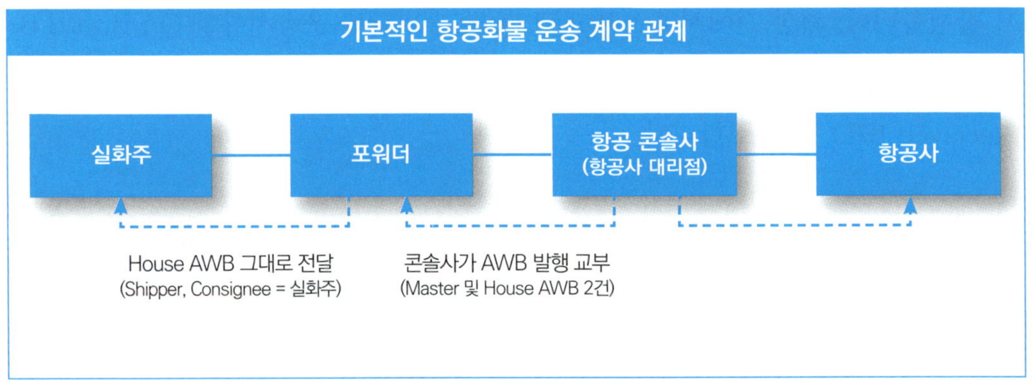

항공사와 항공 콘솔사의 계약 관계에서 운송인은 항공사이고, 화주는 항공 콘솔사입니다. 이들 관계에서만 AWB를 화주로서 항공 콘솔사가 발행해 운송인으로서 항공사에 서류를 접수합니다. 반면 항공 콘솔사와 포워더의 계약에서는 화주인 포워더(IATA 미가입 포워더라고 가정한다)가 AWB를 발행해 항공 콘솔사(운송인)에 서류를 접수하는 것이 불가합니다. 이와 마찬가지로 실화주와 포워더의 계약에서 역시 실화주가 AWB를 발행해 포워더(운송인)에게 서류 접수가 불가합니다.[97]

결국 항공 콘솔사가 포워더에게 Master[98]와 House AWB[99]를 발행해 교부하는 형태의 거래가 될 수밖에 없습니다. 즉, 포워더와 거래하는 실화주가 포워더에게 받는 AWB는 IATA에 미가입된 포워더가 발행하는 AWB가 아니라 항공 콘솔사가 발행한 AWB일 가능성이 큽니다.


# 🌐 AWB의 Declared Value for Carriage 부분에 N.V.D. 의미


〈질문〉 포워더에게 항공 아웃바운드 업무를 담당하고 있습니다. AWB를 보면 Declared Value for Carriage 부분에 항상 N.V.D.라고 표기되어 있는데, N.V.D.의 의미를 알고 싶습니다.


〈답변〉 **1. 운송인의 배상책임한도액** : 운송인의 고의 또는 과실로 인해 발생된 화물의 분실, 손상, 지연은 운송인이 배상 책임 한도액 내에서 화주가 실제로 입은 손

---

97) 항공 콘솔사와 포워더 관계에서 화주는 포워더이고 운송인은 항공 콘솔사입니다. 그리고 포워더와 실화주 관계에서 화주는 실화주(무역회사)이고 운송인은 포워더입니다.
98) AWB의 Shipper, Consignee는 각각 수출지 포워더와 수입지 포워더.
99) AWB의 Shipper, Consignee는 실화주(무역회사).

해액을 배상해야 합니다. 물론 화주(송화인 또는 수하인)는 모든 손해배상 청구에 있어 실제 손해액을 증명해야만 합니다. IATA AWB 이면조항에서의 운송인의 책임한도에 관한 내용은 다음과 같습니다.

> **(IATA AWB 이면조항)** 송화인이 고가의 화물을 신고한 경우를 제외하고 모든 화물의 멸실, 손상, 지연에 대해 운송인의 책임한도는 Kg당 SDR 19 또는 250 French gold francs으로 제한되며, 적용 가능한 법률에 따라 해당 국가의 환율로 환산된다. SDR은 국제통화기금(IMF)에서 정의한 특별인출권이다.

운송인의 고의 또는 과실로 화물에 '손해'가 발생된 경우, 운송인은 IATA AWB 이면조항을 기초로 kg당 설정된 한도액(SDR19 per kg) 내에서 실제 손해액을 배상해야 합니다. 그렇다면 손해가 발생된 화물의 kg당 가격을 계산해야 하는데, AWB 상의 전체화물에 손해가 발생되어 화물의 가치가 상실된 경우, 전체화물의 가격을 AWB에 기재된 총중량으로 나눕니다.

이렇게 확인된 kg당 실제 손해액과 운송인의 배상책임한도액을 비교했을 때, 실제 손해액이 배상책임한도액에 미치지 못하면 화주 입장에서 문제가 되지 않습니다. 그러나 실제 손해액이 운송인의 배상책임한도액을 초과했다면, 그 초과 손해액을 화주는 보상 받지 못하니 억울한 입장이 됩니다.

**2. AWB의 Declared Value for Carriage** : 화물의 가격이 kg당 운송인이 정한 배상책임한도액(SDR19)을 초과하는 경우, 송화인이 AWB의 'Declared Value for Carriage' [100] 부분에 화물의 가격을 신고해 AWB를 발행해야 합니다. 화물의 kg당 가격이 운송인이 정한 배상책임한도액을 초과함에도 불구하고, AWB의 'Declared Value for Carriage' 부분에 '운송신고가격 없음'(NVD, No Value Declared)으로 기재해 AWB를 발행하면, 운송인이 실손액을 배상하더라도 배상책임한도액을 초

---

100) 위탁화물이 분실되었거나 손상, 지연되었을 경우에 항공사의 책임한도액을 결정할 목적으로 송하인이 항공사에게 신고하는 화물의 가격.

과할 수 없습니다.

그리고 AWB의 'Declared Value for Carriage' 부분에 가격을 신고해 AWB가 발행된 이후, 손해가 발생되어 운송인이 실손액을 배상함에 있어 그 손해액은 신고 가격을 초과할 수 없습니다.

| to | By first Carrier | | to | by | to | by | Currency | WT/VAL | | Other | | Declared Value for Carriage | Declared Value for Customs |
| | | | | | | | | PPD | COLL | PPD | COLL | | |
| ICN | OZ | | | | | | USD | | X | | X | N.V.D | |
| MAWB NO. | | Flight / Date | | Flight / Date | | | Amount of insurance | | | INSURECE- If carrier offers insurance and such insurance is requested in accordance with the conditions thereof indicate amount to be insured in figures in box marked Amount of insurance. | | | |
| 999-00011100 | | OZ-0000/23 | | | | | | | | | | | |
| No. of Pieces RCP | Actual Gross Weight | kg / lb | Rate Class | | Chargeable Weight | | Rate | Weight Charge | | Nature and Quantity of Goods (Incl. Dimenstions or Volume) | | | |
| 7 | 120.0 | K | Q | | 120.0 | | | | | | | | |

**3. 종가요금(Valuation Charges)** : AWB의 'Declared Value for Carriage' 부분에 신고된 화물의 가격이 kg당 배상책임한도액(SDR19)을 초과하는 경우, 그 초과분에 대해서 일정 %의 금액을 종가요금으로 부과할 수 있습니다.

### 아시아나항공, 국제화물운송약관

**3.1.9 운송가격신고**
종가요금의 적용과 관계없이 송하인은 모든 화물에 대하여 운송장에 운송가격을 신고하여야 하며, 그러한 신고는 금액 또는 "NVD(NO VALUE DECLARED : 신고가격 없음)"으로 하여야 한다.

**3.1.10 종가요금**
3.1.10.1 운송신고가격에 종가요금이 적용되는 경우, 킬로그램당 화물의 가격은 운송신고가격을 운송장에 기재된 화물의 총중량으로 나누어 결정한다.

3.1.10.2 화물의 가격이 킬로그램당 19 SDR을 초과하는 경우, 그 초과분에 대하여 0.75%에 해당하는 금액을 종가요금으로 한다.

# 항공화물, AWB의 to, By First Carrier, by 등 의미 | 직항과 환적



| Airport of Departure | | | | Copies 1, 2 and 3 of this Air Waybill are originals and have the same validity | | | | | |
| SYDNEY, AUSTRALIA | Airport of Destination<br>INCHEON AIRPORT | | | Special Accounting Information<br>/// ALL CHARGE COLLECT /// | | | | | |
| to | By first Carrier | to | by | to | by | Currency | WT/VAL | | Other | | Declared | Declared |
| ICN | OZ | | | | | AUD | PPD | COLL<br>X | PPD | COLL<br>X | Value for Carriage<br>N.V.D | Value for Customs |

〈답변〉 **1. AWB의 to, By first Carrier** : AWB의 Airport of Departure 하단에 to, By first Carrier 부분이 있습니다. 여기서 to는 Airport of Departure에서 이륙(Take Off)한 항공기의 목적지가 됩니다. ICN은 IATA에서 정한 인천공항의 3 Letter Code입니다. By first Carrier는 Airport of Departure에서 이륙한 항공기가 소속된 항공사가 기재되며, OZ는 아시아나 항공의 IATA Code입니다. Airport of Destination은 화주가 운송인에게 Airport of Departure가 속한 수출지(Origin)에서 Shipment Booking할 때 지정한 화물의 목적 공항입니다. Airport of Departure에서 Airport of Destination까지는 Non-Stop(직항) 항공편이 있을 수도 있고, 없을 수도 있습니다.

만약 Airport of Departure에서 Airport of Destination까지 Non-Stop으로 운송되면, Airport of Departure 하단의 to에 기재되는 공항은 Airport of Destination에 기재되는 공항과 일치하겠으며, By first Carrier 항공사의 항공기가 해당 구간에 Non-Stop으로 운송서비스한다는 뜻입니다.

**2. AWB의 to, by, to, by** : Airport of Departure에서 출발한 항공기로서 By first Carrier의 항공사 소속 항공기가 Airport of Destination까지 운송서비스하지 않고, 중간에 다른 항공기로 T/S(환적)되는 경우가 있습니다. 환적은 Airport of Departure에서 Airport of Destination까지 Non-Stop 서비스 항공사가 없는 경우, 그리고 Non-Stop 서비스 항공사가 존재하지만 Air Freight가 비싸기 때문에 1 Stop되는 T/S 스케줄로 운송 진행하는 경우가 있습니다.

Airport of Departure에서 이륙한 By first Carrier에 기재된 항공사의 항공기는 Airport of Departure 하단의 to(이하 '첫번째 to') 부분의 공항까지 운송됩니다. 환적 건은 첫 번째 to의 공항과 Airport of Destination의 공항은 다른 공항이며, 1 Stop한 경우는 By first Carrier 뒤에 기재되는 to(이하 '두 번째 to')가 Airport of Destination의 공항과 일치하게 됩니다. 즉, Airport of Departure에서 첫 번째 to 구간을 운송서비스하는 항공사는 by first Carrier에 기재되며, T/S 후 두 번째 to 까지 다시 항공기 운송이 이루어지기에 두 번째 to는 Airport of Destination과 일치하며, 두 번째 to 뒤의 by에는 Airport of Destination까지 운송서비스한 항공사의 Code가 들어갑니다.

경우에 따라서는 Airport of Departure에서 Airport of Destination까지 2 Stop 되기도 합니다. 그렇다면, to, by first Carrier, to, by, to, by 부분이 모두 기재되며, 세 번째 to의 공항이 Airport of Destination과 일치하고, Airport of Destination에 도착하는 항공기의 소속 항공사가 마지막 by에 기재됩니다.

**3. 실무에서 T/S되는 건의 AWB 발행** : 앞에서 설명한 내용은 Non-Stop과 T/S 스케줄에 대한 AWB 발행 방법입니다. 원칙적으로 T/S되면 앞에서 설명한 것과 같이 AWB가 발행되어야 하나, 실무에서는 T/S되더라도 AWB상에는 to, by 부분이 기재되지 않습니다. 그래서 AWB만으로는 Non-Stop 건인지, 또는 T/S 건인지 확인이 어려울 수 있습니다.

## 🌐 항공화물 견적서와 스케줄 이해

〈질문〉 항공 건으로 수출하기 위해서 포워더로부터 항공운임 견적서와 스케줄을 받았습니다. 관련해 해석 부탁드립니다.

| 항공화물 운임 견적과 운송 스케줄 |
| --- |
| **항공운임 견적 [101]**<br>TG  MIN 6000 +45 1600 +100 1300 |
| **항공운송 스케줄**<br>ICN/BKK TG659  0930/1330  DAILY<br>BKK/MAA TG337  2225/0030+1  DAILY |

### 〈답변〉 1. 항공운임 견적과 스케줄 해석 :

| 설명 | |
| --- | --- |
| **항공운임 견적** | • TG : 타이항공 [102]<br>• MIN(최저운임) : A/F [103]의 최저 운임을 뜻해 +45kg보다 낮으면 적용<br>• +45 : 45kg이 넘으면 A/F가 kg당 1,600원<br>• +100 : 100kg이 넘으면 A/F가 kg당 1,300원<br>• +FSC(Fuel Surcharge) : 유류할증료로서 발생되지 않는 경우도 있음<br>• +SSC(Security Surcharge) : 보안할증료로서 발생되지 않는 경우도 있음 |
| **항공운송 스케줄** | • ICN 인천공항, BKK 방콕공항, MAA 마드리드공항<br>• TG659는 편명<br>• 0810/1210  DAILY : 8시 10분 출발, 12시 10분 도착 스케줄 매일<br>• 2315/0130+1  DAILY : 23시 15분 출발, 다음 날(+1) 1시 30분 도착 스케줄 매일 |

▲ 일정에 +1이 붙으면, 다음 날을 뜻합니다(2315/0130+1). 반면에 Air Freight 부분에 ++ 이렇게 플러스가 붙으면, FSC와 SSC가 추가적으로 발생된다는 의미입니다.

---

101) 항공운임 구조 및 용어에 대한 자세한 설명은 268쪽 참고하세요.
102) 아시아나 OZ, 대한한공 KE

해상운송뿐만 아니라 항공운송에서도 환적(T/S) 스케줄은 존재합니다. 이렇게 항공운송에서도 T/S가 이루어지면, AWB(항공화물운송장)상의 'Airport of Departure' 란에 기재되는 최초 출발지 공항에서 출항한 항공기와 'Airport of Destination'으로서 최종 도착 공항에 도착한 항공기는 다를 것입니다.

그리고 T/S Airport에서 일정 시간 머물다가 AWB상의 최종 도착 공항으로 향하기 때문에 Transit Time이 하루가 넘어갈 수 있겠으며, T/S Airport에서 화물의 분실, 항공사 Label의 손상 또는 재포장 작업이 진행될 수 있습니다. T/S Airport에서 화물을 분리해 재포장 작업이 진행되는 예로 Airport of Departure에서 T/S Airport까지는 대형 항공기로 운송되어 Door Size가 넉넉했지만, T/S Airport에서 Airport of Destination으로서 물동량이 얼마 되지 않는 소규모의 공항까지는 작은 기종의 항공기로 서비스된다면 Door Size 역시 넉넉하지 않기 때문입니다.


**2. 항공과 해상의 직항 및 환적** : 인천과 마드리드 사이에 직항 노선이 있음에도 환적 스케줄을 Booking했다는 것은 Air Freight를 줄이기 위함일 가능성이 있어 보입니다. 즉, 항공은 직항보다 환적 스케줄의 Air Freight가 저렴합니다.

반면에 해상은 직항보다 환적 스케줄의 Ocean Freight가 높을 수 있습니다. 이유는 환적항에서 크레인 사용 비용(THC), 보관료, 예인선료, 도선사 비용 등이 추가되기 때문입니다.[104] 그리고 해상에서 직항은 Direct를 뜻하는 것이며, Non-Stop으로 해석하지 않습니다. 운송인이 제시하는 직항 서비스 선박의 스케줄을 보면, 화주가 원하는 Port of Loading(P.O.L.)과 Port of Discharge(P.O.D.) 사이에는 경유 항구가 일반적으로 존재하기 때문입니다. 물론 P.O.L과 P.O.D. 사이에 경유항

---

103) Air Freight(항공운임)의 약자. O/F는 해상운임(Ocean Freight)의 약자로서 이러한 Freight는 외국으로 나가는 배/비행기에 화물이 On Board된 시점부터 발생되어 최종 도착지(해상 P.O.D, 항공 Airport of Destination)에 도착하기까지 발생된 비용입니다.

104) 해상에서 경유항(Via Port)이 많으면 크레인 비용, 예인선료, 도선사 비용 등이 추가적으로 발생되니, 화주에게 청구되는 Ocean Freight는 상승될 수 있습니다. 따라서 P.O.L과 P.O.D. 사이에 환적하지 않고 경유항이 많지 않은 직항 선박의 스케줄을 Booking하는 것이 Transit Time도 짧고 Ocean Freight 역시 저렴할 수 있습니다.

없이 Non-Stop Service가 이루어지는 경우도 있습니다. 그러나 항공에서 직항은 Airport of Departure와 Airport of Destination 사이에 경유 공항이 존재하지 않기 때문에 Non-Stop이 됩니다.

## 🌐 AS의 활용과 높은 중량단계에서의 낮은 운임적용 규정

〈질문〉 항공업무 담당자입니다. 항공업무할 때 AS라는 용어를 종종 접합니다. 예를 들어 AS 45kg, AS 100kg 이러한 말을 들을 수 있으며, 100kg에 근접하는 Chargeable Weight를 가진 화물은 100kg 운임을 적용한다고 알고 있습니다. 관련해 이유를 설명해주시면 감사하겠습니다.

| GCR 적용에 대한 이해 | |
| --- | --- |
| 항공운임 견적 | KE  MIN 50000, NOR 2000, +45 1600, +100 1300 |
| 항공운송 스케줄 | ICN/LAX KE0017 1730/1127 Boeing 747-8 F, DAILY |

〈답변〉 1. 항공운임의 산출 과정과 최저운임(Min) : 항공운임을 산출할 때, 가장 먼저 Actual Gross Weight와 Volume Weight 중에 더 큰 값이 무엇인지 확인합니다. 이때 더 큰 값이 '운임산출중량'으로 Chargeable Weight가 됩니다. 그리고 화물의 품목에 따라서 정해진 Air Freight Rate로 GCR(General Cargo Rate), SCR(Specific Commodity Rate), CCR(Class Rate) 중에 어떤 Rate를 적용하는 품목인지 확인하고, 일반 화물(General Caro)의 경우는 GCR Rate를 제시받습니다.

이렇게 확인된 운임산출중량(Chargeable Weight)과 품목에 따라 제시받은 Rate

를 곱해 Air Freight를 산출하는데, Tariff에서 정하는 최저 운임보다 낮은 금액일 경우에는 Tariff에 공시된 최저운임을 적용합니다.



**2. 높은 중량단계에서 낮은 운임 적용 가능과 AS의 활용** : 업무할 때 AS라는 말을 사용하고 이를 활용하는 이유는 Chargeable Weight가 43kg의 화물을 앞에서 제시한 GCR 견적에 기초해 계산하면, Normal 구간으로서 kg당 2,000원이 적용되어 8만 6,000원이라는 값을 얻을 수 있습니다. 그러나 만약 비록 43kg의 화물이지만, 45kg 화물로 인식해 +45kg 구간의 Rate로서 1,600원을 적용하면, 7만 2,000원이 됩니다. 즉, Chargeable Weight 43kg 화물보다 2kg 더 무거운 45kg 화물의 Air Freight가 더 저렴하다는 뜻입니다.

이러한 불합리한 부분을 해결하기 위한 하나의 방법이 AS(~로서)라는 개념을 적용해, 비록 43kg의 화물이라도 45kg으로(AS 45kg) 인정해서 +45kg 구간의 Rate를 적용하는 것입니다. 결국 실제의 Chargeable Weight를 기준으로 적용되는 구간의 요율(Rate)로 산출한 Air Freight와 한 단계 높은 중량 단계의 보다 낮은 요율을 적용해 산출된 Air Freight를 비교했을 때, 높은 중량 단계에서의 낮은 요율을 적용해 산출된 Air Freight가 낮다면 그 낮은 운임이 실제 청구되는 Air Freight가 됩니다. 이것이 바로 높은 중량단계에서 낮은 운임 적용(Lower Charge in Higher Weight Category)에 대한 사례입니다.

**3. AS 개념을 적용할 때 주의점** : A/F는 GCR을 기준으로 계산한 값과 운송구간별로 유류할증료(FSC, Fuel Surcharge) 및 보안할증료(SSC, Security Surcharge)가 추가적으로 발생될 수 있습니다. 만약 이러한 할증료가 추가 발생된다면, A/F의 총액은 GCR로 계산한 값에 할증료가 합산됩니다. FSC와 SSC 역시 kg당 가격이 제시되는데, GCR 계산할 때와 마찬가지로 Chargeable Weight가 적용됩니다.

만약 +45kg 구간(45~99.5kg) Rate가 1,500원이고, +100kg 구간의 Rate가 1,300원일 때, Chargeable Weight가 88kg인 화물을 +45kg Rate 적용하면 13만 2,000원이 발생되고, +100kg Rate 적용하면 13만 원이 발생됩니다. 이것만 봐서는 AS 100kg 적용하는 것이 2,000원 이익입니다. 그러나 FSC가 발생되고 kg당 Rate가 410원이라고 가정합니다. 그렇다면 88kg일 때는 FSC가 3만 6,080원으로 13만 2,000원을 합하면 16만 8,080원입니다. AS 100kg을 적용했을 때는 FSC가 4만 1,000원으로 13만 원을 합하면 17만 1,000원입니다. 결국 이러한 상황에서는 AS 개념을 적용하지 않는 것이 이익이라고 할 수 있습니다.

실무적으로는 +100kg 이상에서 AS를 적용해 이익이 발생되더라도, 이미 중량단계별 할인이 상당히 적용된 견적이기 때문에, +100kg 이상에서는 AS 개념이 흔치 않습니다. 대부분 AS의 개념은 +45kg에서 적용된다고 할 수 있습니다.

## 🌐 포장 단위 Box, Drum, Crate 등가 다른 화물의 Volume Weight 구하기

〈질문〉 화물의 종류가 달라서 Box(Carton) 단위의 포장과 Drum 단위의 포장이 존재하는데, 이 건은 하나의 화주 화물이며, 하나의 AWB가 발행됩니다. 항공화물의 운임산출중량이 Chargeable Weight이며, Chargeable Weight는 Volume Weight와 Actual Gross Weight를 계산해 최종적으로 더 큰 값이 되는 것으로 압니다. 그런데, 제가 화물의 스펙을 기초로 계산한 Total Volume Weight와 서류상에서 확인하는 Total Volume Weight 값이 다릅니다. 아무리 다시 계산해도 다른데, 계산 방법을 알고 싶습니다. 그리고 종종 Gross Weight 값도 다른 경우가 있습니다. 설명 부탁드립니다.

**〈답변〉1. 반입되는 화물의 Total G/W와 Total Size 측정** : 항공화물은 수출지 공항창고에 반입하는 과정에서 하나의 화주 화물 전체 Total(TTL) Gross Weight(이하 'G/W')를 측정합니다. 즉, 사이즈가 동일한 Carton 단위의 3 CTNs 화물에 대한 Weighing을 Carton마다 각각 측정하는 것이 아니라 3 CTNs를 하나로 묶어서 Weighing합니다. 이렇게 확인된 중량은 3 CTNs에 대한 Total Gross Weight입니다. 그리고 Volume Weight(이하 'V/W')는 Carton의 최대 가로, 최대 세로, 최대 높이(Dimensions, 이하 DIMS)를 측정해 나누기 6,000한 이후에 3 CTNs으로서 3을 곱하는 것이 아닙니다. 최대 가로×최대 세로×최대 높이 값에서 포장 수량으로서 3을 곱하고, 최종적으로 나누기 6,000해서 Total V/W를 확인합니다. 다시 말해서 하나의 AWB 발행 건으로 반입되는 화물이 3 CTNs일 때, Carton 단위로 중량을 측정해 3 CTNs에 대한 Total G/W를 구하지 않으며, Carton 각각의 DIMS을 기초로 Carton 각각의 Volume Weight를 구한 이후에 3 CTNs의 Total Volume Weight를 구하지 않습니다. 결국, AWB 발행 건 전체 선적 화물 단위가 기준이 됩니다.

**2. Total Gross Weight 계산 방법** : 포장 형태 및 Size가 각각 다른 화물을 하나의 AWB로 운송하는 경우가 있습니다. 이때 다음 표 G/W 부분의 90 kgs는 '55×43×39cm' Size 화물 3 Boxes 총중량입니다. '55×43×39cm' Size 1개 화물의 중량을 측정해서 곱하기 3한 값이 아닙니다. 이렇게 동일 포장 형태의 동일

Size 화물의 G/W를 합한 중량이 이 건의 실질적인 Total Gross Weight이며, 그 합계는 1,245kgs입니다.

| Type of Packaging | Q'ty | Dimensions(DIM) of Each Piece | G/W | Total | | |
|---|---|---|---|---|---|---|
| | | | | G/W | V/W | C/W |
| Box | 3 | 55×43×39 cm | 90kgs(3 Boxs) | 1,245 kgs | 536kgs (535.8kgs에서 절상) | 1,245 kgs |
| | 2 | 65×60×45 cm | 130kgs(2 Boxs) | | | |
| Drum | 5 | diameter 45 & Height 80 cm | 675kgs(5 Drums) | | | |
| Crate | 1 | 255×101×69 cm | 350kgs(1 Crate) | | | |

※ DIM은 최대 가로(cm), 최대 세로(cm), 최대 높이(cm)의 순으로 표기됨.
※ Drum 포장은 지름(Diameter)×지름×높이
※ V/W : Volume Weight, G/W : Gross Weight, C/W : Chargeable Weight
※ 중량 계산할 때의 단수 처리는 0.5kg 단위로 절상함. 따라서 535.8kgs은 536kgs으로 절상됨.
  (0.001kg ~ 0.5 kg : 0.5kg 으로 절상, 0.501kg ~ 1.0 kg : 1.0kg 으로 절상)

**3. Total Volume Weight 계산 방법** : 상기 제시된 상황에서 Total Volume Weight는 포장 형태별로 그리고 화물의 Size별로 각각 Volume Weight를 계산해 합한 값이 아닙니다. '(55×43×39cm)/6,000'한 값에 3Boxes를 곱해 확인된 Volume Weight와 기타 화물의 Volume Weight를 합하는 개념이 아니라는 뜻입니다. 말 그대로 Total, 전체 선적 단위 화물의 Volume Weight입니다.

'(55×43×39cm)×3Boxes'+'(65×60×45cm)×2Boxes'+'(45×45×80cm)×5Drums'+'(255×101×69cm)×1Crate'한 값에 6,000으로 나눠서 전 선적 단위 화물의 Volume Weight를 산출한 값이 Total Volume Weight입니다.

실제로 상기 제시된 상황에서 Total Volume Weight를 계산할 때, '{(55×43×39cm)/6,000}×3Boxes'+'{(65×60×45cm)/6,000}×2Boxes'+'{(45×45×80cm)/6,000}×5Drums'+'{(255×101×69cm)/6,000}×1Crate' 이러한 식으로 계산하면 합계가 536.6175가 됩니다. 중량 계산 부분이니 0.5kg 단위로 절상하면, 537kgs이 됩니다.

## 🌐 항공화물 Volume Weight 산출은 최대 용적에 의거한다

〈질문〉 상사분에게 항공화물 Volume Weight를 산출할 때, 화물의 길이와 폭(세로) 그리고 높이에 대한 정보는 수출자가 제시한 Packing List의 정보를 신뢰하지 말라고 합니다. Packing List상의 총중량(G.W.) 역시도 믿지 말라고 하는데요. 궁금한 것은 수출자가 Packing List를 작성할 때, 포장된 화물의 가로, 세로, 높이를 측정하고 이를 토대로 CBM을 산출했기 때문에 Packing List상의 이러한 정보(cm 또는 mm)와 수출지 공항에서 화물을 접수해 측정하는 가로, 세로, 높이 정보에는 큰 차이가 없을 듯한데, 왜 이러한 말을 하는지 궁금합니다.

〈답변〉 항공화물은 수출지 공항창고에 반입될 때 Weighing하는 중량으로 Actual Gross Weight와 부피를 무게로 산출하는 Volume Weight 중에 더 큰 값을 제시된 항공화물 Rate에 반영해 Air Freight를 계산합니다. 이때 Volume Weight는 '최대의 용적'을 확인하게 됩니다. 이러한 이유로 포장된 전체화물의 최대 길이, 최대 폭(세로), 최대 높이를 곱해 산출하게 됩니다. 따라서 포장된 화물의 특정 부분이 돌출된 경우에는 포장의 용적이 늘어납니다. 수출자가 Packing List를 작성할 때는 포장에서 일부 돌출된 부분을 고려치 않고 포장화물의 가로, 세로, 높이의 cm(또는 mm)를 측정하고 그 정보를 Packing List에 기재합니다.

반면 수출지 공항에서 화물 확인 과정에서는 최대 길이, 최대 폭, 최대 높이를 측정하니 포장화물에서 특정 부분이 돌출되었다면, 그 측정값이 늘어날 수 있습니다.[105] 중요한 것은 다음과 같은 IATA가 제시한 공식으로 Volume Weight를 계

---

105) 물론 수출자가 제시하는 Gross Weight와 포워더가 화물접수 후 반입 과정에서 Weighing하는 Actual Gross Weight 역시 상당히 차이가 있을 수 있습니다.

산할 때는 최대 용적을 기초로 한다는 것입니다.

Volume Weight 계산 방법

– 용적의 계산은 화물의 최대 용적에 의거해야 하며, 화물이 수개의 포장으로 구성되어 있을 경우, 포장되어 있는 전체화물의 최대 용적을 기준으로 합니다. 최대 용적은 화물의 최대 길이, 최대 폭 및 최대 높이를 곱해 산출합니다.[106]

– 최대 가로, 최대 세로, 최대 높이를 곱할 때, 0.5cm 미만 또는 0.5inch 미만의 단수는 절사하고, 0.5cm 이상 또는 0.5inch 이상의 단수는 각각 1cm 또는 1inch로 절상합니다(사사오입).

  * Volume Weight = (최대 가로 cm)×(최대 세로 cm)×(최대 높이 cm)/6,000

# C/W 산출에서 소수점 절상과 용적 산출에서의 소수점 사사오입

〈질문〉 포워딩 업무를 오랜 시간 했으나, 모르는 부분이 아직 많습니다. 항공화물에서 Actual Gross Weight와 Volume Weight 중에 더 큰 값이 Chargeable Weight가 되는 것으로 압니다. 그런데 제가 확인한 Volume Weight의 소수점과 Chargeable Weight의 소수점이 다릅니다. 관련해서 어떠한 기준이 있는 것인지요?

〈답변〉 1. 단수의 처리(용적과 중량 계산할 때 단수 처리의 차이점) : 항공운송 건에서 용적은 해상과 달리 3제곱 센티(입방 센티미터)에 대한 부피를 뜻합니다.[107] 이때 0.5cm 미만은 절사하고, 0.5cm 이상은 1cm로 절상합니다. 즉, 사사오입합니다.

---

106) 아시아나항공 국제화물운송약관 3.1.5.3 조항 참고.
107) 최대 길이(cm)×최대 폭(cm)×최대 높이(cm)/6,000
108) 6,000cu.cm = 1kg

반면 중량 계산할 때는 0.001kg~0.5kg 이하는 0.5kg(0.5kg은 그대로 0.5kg)으로 절상, 0.501kg~1.0kg 이하는 역시 1.0kg으로 절상합니다.

## 2. 용적 계산할 때는 사사오입, 중량 계산할 때는 절상

**a) Volume Weight 계산 과정** : 항공사의 창고에 화물을 반입시키기 위해서는 화물이 적절히 포장되어 있어야 합니다. 이렇게 포장된 화물의 최대 길이, 최대 세로(폭), 최대 높이를 cm 값으로 측정하면 당연히 소수점까지 확인될 것입니다.

예를 들어 85.7cm×45.2cm×30.6cm 사이즈의 Carton에 대한 Volume Weight를 계산해보겠습니다. 이때 먼저 입방 센티미터(용적, Volume Weight) 값을 구할 때, cm의 소수점에 대한 처리는 사사오입 개념이 적용됩니다. 따라서 86cm×45cm×31cm가 되며, 여기에 나누기 6,000을 합니다(IATA 규정). 이렇게 확인된 값은 Volume Weight로서 19.995kg입니다.

반면 중량값의 소수점 자리 처리는 절상입니다. 예를 들어 0.001kg~0.5kg 이하는 0.5kg으로 절상, 0.501kg~1.0kg 이하는 1kg으로 절상합니다. 결론적으로 제시된 Carton의 Volume Weight는 20kg입니다.

**b) Gross Weight 값의 절상** : 제시된 포장화물 1 CTN의 Volume Weight는 20kg이지만, 1 CTN의 Actual Gross Weight가 37.703kg입니다. Gross Weight 역시 중량으로서 중량값의 소수점 처리는 절상입니다. 결국 Gross Weight는 38kg이 되며, 따라서 Air Freight에 적용되는 Chargeable Weight는 38kg입니다.

| 아시아나 항공 국제화물운송약관 |
| --- |

**3.1.5 단수의 처리**
3.1.5.2 용적계산의 경우 0.5센티미터 미만 또는 0.5인치 미만의 단수는 절사하고 0.5센티미터 이상 또는 0.5인치 이상의 단수는 각각 1센티미터 또는 1인치로 절상한다.
3.1.5.4 중량계산의 경우 0.5킬로그램 이하의 단수는 0.5킬로그램으로 하고 0.5킬로그램을 초과하는 단수는 1킬로그램으로 절상한다. 또는 1파운드 미만의 단수는 1파운드로 절상한다.
**3.1.6 운임 및 요금의 산출**
3.1.6.2 용적에 의한 중량 계산은 ① 3,000입방 센티미터 이하의 용적을 0.5킬로그램, 3,000입방 센티미터를 초과하여 6,000입방 센티미터[108] 이하의 용적을 1킬로그램으로 계산한다.

# Volume Cut 및 Weight Down 가능 여부와 마진 확대

〈질문〉 과거에 항공수출에서 Volume Cut(또는 Weight Down)이 심심치 않게 용인되었다고 들었습니다. 제가 알기로는 수출지 공항창고에 수출화물 반입(Acceptance)될 때 Weighing 및 X-ray검사뿐만 아니라 Volume 측정(Dimension, 최대 가로, 최대 세로, 최대 높이)을 필수적으로 진행하고, 이후 결과에 대한 내용은 포워더가 항공사로 서류 접수할 때 AWB에 반영되어 제출되는 것으로 알고 있습니다.

그렇다면 Volume Cut 또는 Weight Down은 실제 Acceptance 과정에서 측정한 값보다 싸게 항공사에 접수하는 것인데, 항공사에서도 이를 용인해주었는지요? 그리고 그 결과에 대한 이익은 무엇인지요?

〈답변〉 **1. Volume Cut과 Weight Down의 의미** : 항공은 Actual Gross Weight(G/W)와 Volume Weight(V/W) 중에 더 큰 값이 A/F 및 A/F Surcharge에 대한 Chargeable Weight(C/W)가 됩니다.

- Actual Gross Weight : 350kg per Pallet (Total 1 Pallet)
- DIM : 105cm(최대 길이), 110 cm(최대 가로), 80cm(최대 높이) per Pallet
- Volume Weight : (105cm×110cm×80cm)/6,000=154kg
- Chargeable Weight : 350kg

수출지 공항창고로 화물을 Acceptance(반입)할 때, Actual Gross Weight를 Down시키는 것을 Weight Down이라고 하는데, 만약 이러한 작업이 가능하다면 포워더는 항공사로 서류 접수할 때 Weight Down된 값으로 진행하고, 실화주에게 비용 청구할 때 그리고 House AWB에는 정상적인 Actual Gross Weight로 청구합니다. 결과적으로 포워더는 더 많은 마진을 취하게 됩니다. 현재 한국에서는 이러한 잘못된 관행이 거의 없어진 상황이라고 압니다.

Volume Weight가 Chargeable Weight가 될 때 역시 Volume Weight 값을 낮출 수 있다면 포워더는 항공사와 실화주 사이에서 더 많은 마진을 취할 수 있게 됩니다.


**2. 1 Master에 House가 2개 이상인 경우** : 하나의 포워더가 2개 실화주의 화물을 접수했고 그 화물이 동일한 시점에 동일 Origin에서 동일 Destination으로 동일한 항공기 편명(Flight No.)에 On Board(탑재)되는 화물이라면, 1 Master에 2 House AWB가 발행될 수 있습니다.

| House AWB | 2 House | | |
| --- | --- | --- | --- |
| 구분 | Actual Gross Weight | Volume Weight | Chargeable Weight |
| 1st House AWB | 150kg | 200kg | 200kg |
| 2nd House AWB | 220kg | 100kg | 220kg |
| | | 2 House AWB C/W 합계 | 420kg |

| Master AWB | 1 Master | | |
| --- | --- | --- | --- |
| 구분 | Actual Gross Weight | Volume Weight | Chargeable Weight |
| Master AWB | 370kg | 300kg | 370kg |
| | | 1 Master AWB C/W 합계 | 370kg |

이 경우 포워더는 항공사에게 House 2건을 하나로 묶어서 Master 한 건을 접수합니다. 따라서 Master AWB의 Chargeable Weight는 370kg입니다. 그러나 각각의 House 건에서 포워더가 각각의 House AWB의 실화주에게 청구하는 Chargeable Weight는 각각 200kg 및 220kg으로서 총 420kg입니다.

결과적으로 굳이 불법적 관행에 의해서 Volume Cut 또는 Weight Down을 하지 않아도 370kg과 420kg 사이의 50kg에 대해서는 A/F와 그 할증료에서 수익이 창출되는 것입니다.

**3. 항공사 입장** : 항공사는 Weight Down 또는 Volume Cut하는 관행에 대해서 부정합니다. 항공사의 Load Master는 서류를 기초로 화물의 ULD 작업 지시와 Build up 완료된 ULD를 항공기의 적재적소에 배치하는 계획을 세웁니다. 즉, 항공기의 Weight and Balance를 맞추기 위함입니다. 그러나 실제의 중량보다 낮게 확인된 실제로는 상당히 무거운 화물을 항공기에 잘못 배치하면 항공기의 Balance가 맞지 않아서 사고로 이어질 수 있습니다.

# 🌐 AWB Rate Class의 'Q'와 Pivot Charge 의미

〈질문〉 AWB 양식의 Rate Class가 Q로 되어 있는데 어떤 의미인지 모르겠습니다. 그리고 Pivot Charge라는 말이 있던데, 이는 어떤 의미인지 확인 부탁드립니다.

| MAWB NO.<br>999-00011100 | Flight / Date<br>OZ-0000/23 | | | Flight / Date | | Amount of insurance | | INSURECE-If carrier offers insurance and such insurance is requested in accordance with the conditions thereof indicate amount to be insured in figures in box marked Amount of insurance. |
|---|---|---|---|---|---|---|---|---|
| No. of Pieces RCP | Actual Gross Weight | kg / lb | Rate Class | Chargeable Weight | Rate | Weight Charge | | Nature and Quantity of Goods (Incl. Dimenstions or Volume) |
| 7 | 120.0 | K | Q | 120.0 | | | | BABY CARRIER |
| 7 | 120.0 | | | 120.0 | | AS ARRANGED | | 7 CARTONS          INVOICE NO. 11027 |
| Handling Information (Incl. Marks, Number and Method of Packing)<br>CASE MARK :      BUSAN<br>PO# 14033        REP.OF KOREA<br>EDUTRADEHUB    MADE IN AUSTRALIA<br>                 C/NO. 1-5 | | | | | | | | "FREIGHT COLLECT" ALL CHARGE COLLECT<br><br>ORIGIN AUSTRALIA<br>LC No. : MA122406NU00111 |

〈답변〉 **1. 항공 화물 Rate Class** : 항공 화물은 화물의 종류에 따라서 항공 운임 요율(Air Freight Rate)을 달리 적용합니다. 일반적인 화물은 GCR(General Cargo Rate)이 적용되는데, GCR은 Min(M), Normal(N) 그리고 중량 단계별(Weight

Break)로 할인요율이 적용되는 Quantity Rate[109](Q, Lower in higher weight)로 구분됩니다. 이때 Quantity Rate는 다시 45kg(+45kg), 100kg(+100kg), 300kg(+300kg), 500kg(+500kg) 등으로 구성됩니다.

AWB의 Rate Class 부분에 'Q'가 표기되었다면, 당해 화물이 General Cargo이며, Chargeable Weight가 +45kg 이상이라는 사실을 알 수 있습니다. 다음은 AWB의 Rate Class에 표기되는 Code이니 참고하기 바랍니다.

| 구분 | Code | | Rate Class |
|---|---|---|---|
| GCR | M | 최저운임 | Minimum Charge |
| | N | 기본 요율 (Normal Rate) | Normal under 45kg(100 lb) rate or under 100kg rate where no under 45kg rate exists. |
| | Q | 중량할인 요율 | Quantity over 45kg( or 100 lb) rate |
| SCR | C | 특정품목할인요율 | Specific Commodity Rate |
| CCR | R | 할인품목 | Class Rate(Reduction) |
| | S | 할증품목 | Class Rate(Surcharge) |
| BUC | U | ULD 기본요금 | Pivot Weight And Applicable Pivot Weight Charge |
| | E | ULD Over Pivot 요율 | Weight in excess of pivot weight and applicable rate |
| | X | ULD Information | Unit Load Device(as an additional line entry with one of the above) |
| | Y | ULD 할인 | Unit Load Device Discount |

2. BUC[110]와 Pivot Weight : 항공사 입장에서의 화주는 IATA에 가입된 포워더 또는 콘솔사입니다. 항공사는 자신의 화주에게 IATA에서 정한 ULD Type 별로 특정 구간(예 : ICN/LAX)에 대해서 per ULD Charge[111]를 제시할 수 있습니다.

---

109) Quantity Over 45kg Rate

110) BUC는 per ULD로 설정된 단위탑재요금(Bulk Unitization Charges)을 의미합니다. 이때 ULD Type 별로 BUC Tariff가 제시됩니다. 그리고 위험물(DG Cargo), 생동물, 귀중화물, 유해 등은 BUC 사용제 한 품목(참고 : http://cargo.koreanair.com)입니다.

111) 해상 운송과 비교했을 때 FCL 운임이라 할 수 있습니다. FCL은 컨테이너 소유사에게 화주가 컨테이너를 임대하는 건으로서 Ocean Freight가 Per Container로 발생됩니다. 항공사에서 ULD Type 별로 Air Freight를 제시할 수 있는데, 이는 항공사 입장에서의 화주에게 ULD를 임대했을 때의 비용이라 보면 적절할 것입니다.

이를 단위탑재요금(BUC, Bulk Unitization Charges)이라 합니다.

이때 ULD Type별로 정액한계중량(Pivot weight)이 설정되어 있고, 해당 ULD에 적재되는 화물이 정액한계중량 이하면, 해당 ULD의 기본운임(Pivot charge)이 적용됩니다. 그러나 ULD에 적재되는 화물의 중량이 정액한계중량을 초과한 경우, 정액한계중량과 화물의 중량의 차액을 kg당 설정된 Excess pivot rate(초과중량운임율, Over pivot weight)에 곱한 값을 기본운임(Pivot charge)에 가산해 최종적으로 해당 ULD의 운임을 산출하게 됩니다.

이러한 계산 과정은 화주 소유가 아닌 운송인(항공사) 소유의 ULD를 화주가 임대해 사용할 때의 경우로서, ULD 자체중량(Tare Weight)은 운임 계산에서 공제되겠습니다. 결국, 실제 화물의 중량(Actual Gross Weight)만을 기초로 Pivot Weight 이하일 때 Pivot Charge(기본운임) 발생, Pivot Weight 초과일 때 Pivot Charge+Excess Pivot Rate된 운임이 발생됩니다.

| AKE | | AMA | |
|---|---|---|---|
| BUC 타입 | 8 | BUC 타입 | 2 |
| 치수 | 60.4×61.5×64inch | 치수 | 96×125×96inch |
| 최대탑재중량 | 1,588kg | 최대탑재중량 | 6,804kg |
| 자체중량 (Tare Weight) | 88kg | 자체중량 (Tare Weight) | 387kg |

출처 : www.asianacargo.com 및 http://cargo.koreanair.com

ULD Type 8의 Dimension 60.4×61.5×64 inch ULD를 방콕공항(BKK)으로 운송할 때 항공운임을 다음의 BUC Tariff를 기초로 알아보겠습니다. 이때 해당 ULD에 적재되는 화물의 실제 중량(Actual Gross Weight)은 615kg라 가정합니다. ULD Type 8의 Pivot Weight는 600kg로서 화물의 실제 중량과의 차이는 마이너스(-)가 아니라 초과(+) 15kg가 됩니다. 따라서 Pivot Charge(USD2,500)+Excess Pivot Rate(USD3.20×15kg)의 합이 방콕공항까지 해당 화물의 항공운임입니다.

| BUC Tariff<br>(Bulk Unitization Charges) | | | | |
| --- | --- | --- | --- | --- |
| ULD Type | Dimension<br>(치수) | Pivot Wt(kg) | Pivot Charge | |
| | | | (ICN/BKK) | (ICN/NYC) |
| 8 | 60.4×61.5×64inch | 600 | USD2,500 | USD2,900 |
| 2 | 96×125×96inch | 2,500 | USD8,500 | USD11,250 |
| … | … | … | … | … |
| Excess Pivot Rate(kg) | | | USD3.20 | |

　이렇게 BUC Tariff에 의한 항공 운임은 ULD를 소유한 항공사가 화주에게 ULD를 임대하는 개념이라 할 수 있습니다. 마치 해상에서 화주가 컨테이너 소유사(Container Owner)에게 컨테이너를 임대해서 운송 진행하는 FCL과 비슷합니다. 아울러 해상 FCL에서 컨테이너를 임대한 자가 CY에서 컨테이너를 조속히 반출하지 않으면 반출지체료(Demurrage)가 발생될 수 있고, 반출된 컨테이너의 조속한 반납이 이루어지지 않으면 반납지체료(Detention)가 발생될 수 있습니다. 항공에서도 ULD 소유사에게 화주가 임대한 ULD를 정해진 기간 이내에 반납하지 못하면 지체료가 발생될 수 있겠습니다.

# Ⅲ. 항공화물의 수출입

## 🌐 항공화물, Irregularity 상황 <sup>Irre 상황</sup>

〈질문〉 항공운송업무 담당자입니다. 항공기 도착이 토요일 새벽이라서 수입지 포워더로서 폐사는 창고배정을 신청했고, 관세사무실에는 토요일 오전 시간에 수입신고를 요청했습니다. 그런데 인천공항에 도착한 화물에 Irre 상황이 있고, 그 내용은 No Label Cargo라고 합니다. Irre 상황이 무엇이며, 후속 조치를 어떻게 해야 하는지요? 아울러 화주는 화물이 급하다고 하시는데, No Label Cargo는 통관 진행이 안 되는지요?

〈답변〉 **1. 항공화물 Irregularity 상황(Irre 상황)** : Irregularity의 사전적 의미는 '변칙', '고르지 못한 것'입니다. 항공운송업무에서 예상치 못한 어떤 문제가 발생되면, 이를 Irre 상황이라고 합니다.

목적국에 화물이 도착했는데, 화물 포장 겉면에 항공사의 Label이 확인되지 않거나, 적하목록에 기록되지 않은 무적화물이 확인되거나, 적하목록의 수량과 실제 수량에 차이가 있거나, 적하목록의 중량과 실제 중량에 차이가 있거나 또는 손상이 확인되는 화물 등은 공항창고에서 반입 보류되는 화물로서 이러한 상황은 일반적인 상황이 아니니 이를 Irre 상황이라 합니다.

**2. No Label Cargo와 수량 및 중량 차이 화물** : 항공화물이 목적국 항공(Airport of Destination)에 도착하면 항공기에서 하기(Discharge)된 이후에 항공사 창

고로 반입되고, ULD Break Down 작업 이후에 포워더[112]가 배정한 보세창고로 이동합니다.[113]

이때 화물에 항공사 Label이 없는 경우에는 반입 보류 상태가 됩니다. 화물에 항공사 Label이 없는 화물을 수출지 공항(Origin)에서 화물접수할 때부터 항공사 Label이 부착되지 않은 것이 아니라(Origin 공항창고에서 반입 과정에서는 Label 부착된 상태), 수출지 공항창고에 반입되고 ULD 작업(Build Up) 후 항공기에 탑재 그리고 목적국 공항에 도착해서 창고로 반입되는 과정에서 그 Label의 접착력이 약해져서 떨어진 상황일 가능성이 농후합니다. 이러한 경우, 수입지 포워더는 실제 화물에 항공사 Label 부착 작업에 대한 보수작업을 신청 후 Labelling 작업을 진행해야 하고, 완료되면 반입 보류 해지되어 반입이 잡힙니다.

그리고 제출된 입항적하목록의 수량과 중량에 문제가 있는 화물 역시 목적지 보세창고 반입이 보류됩니다. 수량 또는 중량의 차이 역시 수출지 공항 보세창고에 반입되는 과정에서는 문제없었을 것이나, 수출지 공항 보세창고에 반입된 이후에 ULD 작업, 탑재, 하기 및 목적지 배정 창고까지 이동되면서 분실되었을 가능성이 상당합니다. 그래서 수입지 세관에 제출된 적하목록 내용과 실제로 목적지 배정 창고에서 확인한 수량 및 무게에 차이가 있을 것입니다. 이러한 경우는 적하목록 정정이 필요할 수도 있습니다.

**3. 반입 보류 화물의 수입통관 지연** : 목적지 공항 보세창고에서 반입이 보류되는 Irre 상황이 발생되었을 때는 관세사사무실의 수입신고에 대한 수입신고 수리 역시 지연될 것입니다. 보세창고에서 화물이 반출되기 위해서는 수입신고 수리되어 수입신고필증이 발행되고 수입지 포워더가 D/O를 발행해야 합니다. 그러나 보세창고에서 반입이 잡히지 않으면 업무가 진행되지 않습니다. 따라서 Irre 상황에 대한 내용을 확인 후 이를 수습하는 절차가 조속히 이행되어야 합니다.

---

112) 항공 콘솔사가 발행한 Master AWB Consignee가 창고배정 신청.
113) Irre 상황은 목적국 공항의 항공사 창고에서 발생될 것입니다.

# 항공기의 Booking과 Go-Show, No-Show, Late Show Up의 의미

〈질문〉 포워더에서 근무하고 있는 담당자입니다. No-Show라는 말은 대략적으로 알고 있으나, Go-Show라는 말은 이번에 처음 접해 보았습니다. Go-Show에 대한 의미를 설명 부탁드리며, No-Show에 대해서도 설명을 듣고 싶습니다. 감사합니다.

〈답변〉 **1. Booking과 Go-Show** : 실화주(무역회사)는 포워더를 통해서 그리고 포워더는 항공 콘솔사를 통해서 항공기(선박)의 스케줄을 확인 후 Booking합니다. 이렇게 특정 항공기의 Space를 Booking하면, 화물을 지정된 반입지에 Cut Off Time까지 반입(Show Up)[114]시켜야 하며, 반입 절차를 이행 후 ULD 작업(Build Up) 완료 후 항공기에 탑재(기적)됩니다.

그러나 종종 당장 항공기에 화물을 탑재해야 하는데, 원하는 스케줄의 항공기 Booking 마감 시간이 지나서 Booking 불가한 상황에 직면하기도 합니다. 이때 해당 항공기 편명을 확인 후 항공사의 Load Master에게 연락합니다. Load Master는 급하게 탑재해야 할 화물의 부피와 무게가 얼마 되지 않고, Load Master 입장에서 해당 항공기에 공간 여유가 있다면, 비록 사전에 Booking되지 않은 화물일지라도 공항창고로 반입 허락할 수도 있습니다. 물론 부피와 무게가 상당하거나 또는 위험물이라면 거부될 수 있습니다.

아울러 사전에 Booking되지 않은 화물이기 때문에 공항창고에 정상적으로 반입되어 ULD 작업 및 항공기에 탑재까지 완료되었는지 Load Master를 통해서 반복적인 부탁과 확인이 필요할 것입니다. 항공 콘솔사(포워더, 이하 '콘솔사')는 화주에게 Booking되지 않은 화물이 비록 수출지 공항창고에 반입은 되더라도 실제 탑재

---

114) 반입지로 지정된 공항 보세창고에 Booking 화물을 반입시켜야하는 Cargo Closing Time.

"

가 되지 않을 가능성을 충분히 설명할 필요가 있습니다.

이렇듯 사전에 Booking되지 않은 화물이 Load Master의 일차적인 허락과 당시의 상황이 허락되어 항공기에 탑재되는 화물을 Go-Show라고 할 수 있습니다.[115]

**2. No-Show** : 항공사의 예약 담당자를 통해서 항공기 Booking 후 취소할 수 있는 시점은 해당 편명의 항공기 Booking 마감 시간 이전입니다.[116] 그런데 Booking 마감 시간 이후에 화주의 상황이 변경되어 또는 기타의 상황에 의해서 Booking을 취소해야 할 수도 있습니다.

이러한 경우의 취소는 항공사 예약 담당자를 통해서 할 수 없고, 해당 편명의 Load Master에게 연락해서 사정 설명하고 취소해야 합니다. 그러나 Booking을 취소해야 함에도 불구하고 취소하지 않으면, 반입 Cut Off Time이 지나게 되고 이후에 Load Master가 콘솔사에게 연락해서 Booking된 화물의 미반입 사유를 따지게 됩니다. No-Show란 바로 항공기의 Space를 Booking한 화물이 사전 예약 취소도 없이 반입지에 Show-up되지 않는, 즉 미반입되는 화물을 뜻합니다.[117]

**3. Late Show Up** : 항공기 Space를 Booking한 화물은 지정된 반입지로 Cut Off Time 이내까지 반입되어야 합니다. 그러나 Booking한 편명의 항공기에 탑재할 수 없을 정도로 늦게 반입지 창고에 도착해서 탑재되지 않는 화물이 있는데, 이러한 화물을 Late Show Up이라고 합니다.

---

115) Go-Show는 일반 화물에 대해서만 가능하고, 위험물, 산동물 및 Heavy Cargo 및 Big Cargo는 해당 사항이 없다고 할 수 있습니다.

116) 콘솔사는 화주에게 혹시라도 항공기 Booking 완료 후, 화주의 상황이 변경되어 Booking된 항공기에 탑재 불가능해졌을 때는 반드시 통지할 것을 언급해둘 필요가 있습니다.

117) 반복적인 No-Show 및 부피와 중량이 상당한 화물에 대해서 Space 확보해두었는데 Booking 취소하는 상황이 반복되면 항공사로부터 경고를 받을 수 있습니다.

# 항공운송, 화물 및 서류 반입에 대한 Cut-Off Time

〈질문〉 항공수출 건에서 지정된 반입지로서 수출지 공항에 화물을 반입해야 하는 시간이 있습니다. 그런데 포워더가 수출자인 폐사로 제시하는 Cut off Time은 항공기 출항 예정 시간을 기준으로 매번 같지가 않습니다. 그 이유에 대해서 알고 싶습니다.

〈답변〉 항공사마다 여객기(PAX)와 화물기(FRTR)[118]의 Cut Off Time이 동일할 수도 있고 다를 수도 있습니다. 아울러 일반화물과 위험물(Dangerous Goods)의 Cut Off Time에는 차이가 있습니다.

일반 화물(General Cargo)로서 여객기는 출발시간을 기준으로 2.5HR 이전까지 반입지로 지정된 반입지에 화물을 반입시켜야 하며, 화물기의 경우 출발시간 기준으로 4HR 전에 반입시켜야 합니다.[119] 항공사의 대리점 역할을 하는 항공 콘솔사는 항공사 창고에 화물을 반입시키기 전에 항공사 Label 작업을 완료하고 반입(Acceptance)을 진행합니다.

이때 항공사 Label은 각 Carton마다 부착해야 하기 때문에 10 Cartons이면 10 Cartons 모두에 Label 작업을 해야 하고, 100 Cartons이면 100 Cartons 모두에 항공사 Label 작업을 해야 합니다. 따라서 Carton 수량이 상당하면 일반적인 반입 시간보다 빨리 출발지 공항에서 화물을 받아서 항공사 Label 작업을 해야 할 것입니다.

참고로 아시아나 항공의 화물 반입 Cut Off Time은 해당 항공기 출발 3시간 전이고, 서류의 경우 2시간 전까지 항공사에 반입(제출) 완료해야 합니다. 아시아나 항공의 화물 및 서류 제출 완료 시간(Cut Off Time)은 화물기 및 여객기 모두 동일

---

118) Seller와 Buyer 간에 거래되는 상업 화물로 Cargo는 화물기뿐만 아니라 여객기에서 탑재될 수 있습니다. 단, 여객기에 탑재되는 Cargo는 비위험물입니다.

119) 이러한 Cut Off Time은 실제 화물과 서류 반입까지 마감해야 하는 Closing Time이라고 할 수 있습니다.

"

하게 적용됩니다(출처 : www.asianacargo.com 자주 묻는 질문). 참고로 상기 내용은 화물 및 서류 반입에 대한 Cut Off Time이며, 화물이 탑재(기적)되는 항공기의 Booking 및 항공기 Booking에 대한 마감 시간은 별도로 존재합니다.

# 🌐 항공수입, 입항적하목록 신고와 창고배정

〈질문〉 항공업무를 배우고 있는 포워더 직원입니다. 이번에 항공기가 일요일에 인천공항에 도착합니다. 창고배정을 해야 하는데, 제가 일요일에 나와서 창고배정을 해야 하는지요? 그리고 적하목록신고는 누가 언제 하는 것인지요?

〈답변〉 1. 항공화물의 입항적하목록신고 : 한국으로 항공기가 도착하기 4시간 전에 항공사는 한국 세관으로 입항적하목록을 제출해야 하며, 근거리 지역의 경우에는 출발지 공항에서 항공기가 출항하기 전까지 제출해야 합니다. 이러한 입항적하목록 신고의 제출의무자는 항공사이지만, 출발지의 항공 콘솔사가 적하목록을 작성하고 항공사가 이를 최종 취합해 입항 4시간 전에 제출 완료하게 됩니다.

| 관세법 |
| --- |
| **제135조(입항절차)** ② 세관장은 신속한 입항 및 통관절차의 이행과 효율적인 감시·단속을 위하여 필요할 때에는 관세청장이 정하는 바에 따라 입항하는 해당 선박 또는 항공기가 소속된 선박회사 또는 항공사(그 업무를 대행하는 자를 포함한다. 이하 같다)로 하여금 제1항에 따른 여객명부·적하목록 등을 입항하기 전에 제출하게 할 수 있다. |

| 보세화물 입출항 하선 하기 및 적재에 관한 고시 |
| --- |
| **제21조(적하목록 제출)** ① 법 제135조제2항에 따라 적하목록 제출의무자는 항공기가 입항하기 4시간 전까지 제22조에 따른 적하목록을 항공기 입항예정지 세관장에게 전자문서로 제출하여야 한다. 다만, 근거리 지역의 경우에는 적재항에서 항공기가 출항하기 전까지, 특송화물의 경우에는 항공기가 입항하기 1시간 전까지 제출하여야 한다. |

**2. 화물이 반입되는 창고배정** : 목적지 공항으로서 인천공항에 도착한 항공기로부터 하기(Discharge)된 화물의 창고배정은 항공 콘솔사가 발행하는 Master AWB Consignee(항공 콘솔사 입장에서의 화주)가 합니다. 이때 Master AWB Consignee는 일반적으로 목적국 포워더이며, 목적국의 포워더가 적하목록의 반입장소에 장치장소 코드를 입력해 전송합니다. 원칙적으로 화주가 원하는 창고를 반입장소로 지정해서 화물을 반입시킬 수 있는데, 화주가 의사 표시를 하지 않은 경우에는 임의로 창고가 배정되어 반입될 수 있습니다.[120]

**보세화물관리에 관한 고시**

**제4조(화물분류기준)** ① 입항 전 또는 하선(기)전에 수입신고나 보세운송신고를 하지 않은 보세화물의 장치장소 결정을 위한 화물분류 기준은 다음 각 호에 따른다.

1. 선사는 화주 또는 그 위임을 받은 자가 운영인과 협의하여 정하는 장소에 보세화물을 장치하는 것을 원칙으로 한다.
2. 화주 또는 그 위임을 받은 자가 장치장소에 대한 별도의 의사표시가 없는 경우에는 다음 각 목에 따른다.

    가. Master B/L화물은 선사가 선량한 관리자로서 장치장소를 결정한다.
    나. House B/L화물은 화물운송주선업자가 선량한 관리자로서 선사 및 보세구역 운영인과 협의하여 장치장소를 결정한다.

**3. 창고배정 시점/예약** : 항공기는 새벽 또는 휴일에도 입항합니다. 그렇다면 도착국에서 입항되는 항공기의 화물이 반입되는 창고를 배정하는 도착국 포워더는 새벽시간에 그리고 휴일에 나와서 창고배정업무를 해야 하는지 의문이 생깁니다. 창고배정업무는 출발지의 포워더에게 Master, House AWB 및 편명 등의 정보를 받아서 미리 도착국의 포워더가 세관 전산에서 신고할 수 있습니다.

이후 입항적하목록 제출 의무자인 항공사는 출발지 항공 콘솔사가 제출한 입항적하목록 내용과 도착지 포워더가 미리 신고한 창고배정 내용을 취합해 항공기 입항 4시간 전까지 세관으로 최종적으로 적하목록을 제출합니다.

---

120) 해상 LCL의 경우는 해상 콘솔사가 지정한 창고로 무조건 반입되어야 합니다. 해상 콘솔사가 발행한 운송서류의 Consignee로서 목적국의 포워더(콘솔사 입장에서 화주)가 CFS를 지정할 수 없습니다. 일단 해상 콘솔사가 지정한 CFS에 반입된 후 화주가 원하는 보세창고로의 이고가 가능합니다.

# 🌐 항공수출, 화물 반입과 서류 반입까지 완료해야 한다

〈질문〉 포워더에서 근무하고 있습니다. 해상업무만 진행하다가 이번에 항공업무를 조금씩 넘겨받고 있습니다. 상사분의 말로는 해상과 항공은 업무 진행 절차에 있어 상당한 차이가 있다고 하는데, 구체적으로 어떠한 차이가 있는지 알고 싶습니다. 항공 건으로서 수출지에서 항공기에 On Board되기 전까지의 절차가 해상과 어떤 차이점이 있는지 설명 부탁드립니다.

〈답변〉 **1. 해상과 다른 항공** : 해상수출 건은 지정된 반입지에 제시된 Cargo Closing Time 이내까지 화물을 반입하는 과정에서 무게측정(Weighing), 라벨작업(Labelling, AWB No, 항공사 상호, 바코드 등이 기재된 라벨, Label 작업은 Carton별로 작업해야 함), X-ray검사 등의 절차를 이행하지 않습니다. 그리고 해상 건의 운송서류(B/L, 화물운송장)는 실제로 화물이 선박에 On Board된 이후에 발행되기 때문에 화물에 운송서류를 Attached할 수도 없습니다. 따라서 해상 화물의 포장 외관에서 라벨 및 운송서류를 확인할 수 없습니다.

반면에 항공화물은 반입지에서 화물을 반입하는 과정에서 Weighing, Labelling, X-ray검사를 모두 필수적으로 진행합니다. 그리고 항공 건은 AWB의 발행 주체가 운송인이 아닌 화주로서 화주가 운송인에게 화물을 접수하면서 AWB를 발행해서 함께 전달합니다.[121] 그 의미는 AWB의 발행 시점이 항공기에 On Board되기 이전이며, 화주(항공 콘솔사)가 운송인(항공사)에게 AWB를 화물과 함께 접수시켜야 한다는 뜻입니다.

---

121) 항공사와 항공 콘솔사(IATA 가입)의 관계에서 화주인 항공 콘솔사가 AWB 발행해 운송인으로서 항공사에 AWB를 접수합니다. 반면 IATA에 미가입되어 AWB를 발행할 수 없는 포워더에게는 운송인으로서 항공 콘솔사가 화주인 포워더에게 AWB를 발행합니다. 이때 Shipper, Consignee가 포워더인 AWB(포워더 입장에서 Master AWB)와 Shipper, Consignee가 실화주인 AWB(House)를 발행합니다. 포워더는 House AWB를 다시 실화주에게 교부합니다.

아울러 항공화물은 수출지 공항창고에 반입하는 과정에서 AWB No, 항공사 상호, 바코드, Origin(출발지 공항), Destination(목적지 공항) 등이 기재되어 있는 항공사 Label을 붙이며, 화주가 운송인에게 접수하는 AWB 역시도 화물에 동봉합니다.

**2. 전산신고와 서류마감** : 수출지 반입지에 화물이 반입되는 과정에서 Weighing, Labelling, X-ray검사가 이행되고, 항공 콘솔사는 항공사로 전산신고를 진행합니다. 이때의 내용은 FWB(Master AWB 정보), 출항 적하목록(수출지 세관에 신고되는 정보로서 EDI 신고라고 함), House Manifest(House Airwaybill Data, FHL), 목적국 입항적하목록(미국의 경우 AMS 신고) 정보를 제공합니다. 이러한 정보가 사전에 전산으로 제공된 이후에 공항 반입지에 실제로 반입된 화물의 서류 반입이 이루어집니다.

서류 반입은 대봉투에 AWB, 화물에 Attach된 항공사 Label, Weighing 정보 등(위험물은 위험물 관련 서류 포함)을 넣어서 제출하는데, 이를 AWB Pouch라고도 합니다. 항공 건은 이렇게 실제 화물 반입과 함께 전신 신고 및 관련 서류를 항공사로 제출해야 업무 종료됩니다.

| | |
|---|---|
| **항공** | 화물 반입 → AWB 작성해 기타의 서류와 함께 서류반입(항공사로 제출) → ULD Build Up → 항공기에 탑재(On Board) |
| **해상** | 화물 반입(CFS or CY, 선사는 컨테이너 상태의 화물접수하기 때문에 On Board 이전에 컨테이너 상태를 만들어야 함) → 선박에 선적(On Board) → 운송서류 발행 |

# 항공 Master Single 건, 항공 콘솔사 개입 필요성

〈질문〉 폐사는 수출자이며, 포워더를 통해서 항공업무를 진행합니다. 포워더에서 Master Single 건이라고 하면서 AWB를 폐사에게 전달했는데, 'Issuing Carrier's Agent Name and City'라는 란에 폐사와 거래하는 포워더의 회사명이 아닌 항공 콘솔사 명이 들어 있습니다. 항공 건의 운송 계약과 Master Single의 의미를 설명 부탁드립니다.

**〈답변〉 1. 항공사는 IATA 가입된 화주와 거래한다** : 대부분의 항공사는 IATA (International Air Transport Association, 국제항공운송협회)에 가입되어 있으며, 이러한 항공사와 거래하기 위해서는 화주 역시 IATA에 가입해야 합니다. 일반적으로 포워더는 IATA에 미가입되어 있어서 항공사와 거래 불가하며, IATA에 미가입된 화주는 AWB 발행 불가하기에 항공사로 AWB 접수를 역시 할 수 없습니다. 그럼에도 불구하고 IATA에 미가입된 포워더는 항공운송서비스를 영업합니다.

포워더가 무역회사를 상대로 항공운송 영업해 확보한 항공화물은 IATA에 가입되어 항공사와 거래 가능한 항공 콘솔사에게 다시 전달하고, 항공 콘솔사가 이러한 항공화물을 취합해 항공사에 Shipment Booking합니다. 참고로 이러한 항공 콘솔사는 항공사를 대신해 항공화물을 취합 후 항공사에 전달하는 항공사 대리점 (Carrier's Agent) 역할을 합니다.

**2. 포워더가 항공 콘솔사를 사용하는 이유** : 첫 번째 이유는 No.1에서 언급했듯이 일반적인 포워더는 IATA에 미가입되어 있기 때문입니다. 두 번째 이유는 설령 포워더가 IATA에 가입되어 있더라도 포워더가 항공사로 직접 Booking하는 화물과 항공 콘솔사가 Booking하는 화물은 규모 면에서 차이가 있습니다. 항공화물은 기본적으로 Actual Gross Weight와 Volume Weight를 비교해 더 큰 값이 A/

F의 Chargeable Weight(C/W) 기준값이 되며, C/W가 크면 클수록 항공사로부터 제시받는 kg당 A/F의 Net 가격은 저렴합니다.

따라서 포워더가 항공사와 직접거래할 수 있는 상황에 항공사로부터 제시받은 kg 당 A/F와 항공 콘솔사에게 제시받는 kg당 A/F를 비교했을 때 큰 차이가 없거나 오히려 후자가 더 경쟁력이 있을 수 있다는 것입니다.

세 번째 이유는 항공사와 직접거래하기 위해서는 항공사의 대리점 역할을 해야 합니다. 그 의미는 항공사가 지정한 반입지 보세창고로 화물을 반입시키기 전에 화물의 포장, 항공사의 Label 부착 작업 등 항공사를 대신한 작업을 수행해야 합니다. 그러나 포워더는 이러한 작업을 하기 위한 자신의 창고 및 인력을 보유하고 있지 못합니다.

마지막으로 콘솔사라고 해서 모든 콘솔사가 항공화물 콘솔과 해상 화물 콘솔을 병행하는 것은 아닙니다. 일반적으로 해상 콘솔사는 해상 화물 콘솔만 합니다. 물론 규모가 있는 콘솔사는 해상 및 항공화물 콘솔을 병행하기도 합니다.


**3. 항공 Master Single** : 일반적인 항공운송 계약에서 항공 콘솔사는 포워더와 거래하며, 포워더는 다시 실화주와 거래합니다. 그리고 포워더는 IATA에 미가입되어 있기 때문에 AWB를 발행할 수도 없습니다.[122] 그래서 항공 콘솔사가 자신의 화주인 포워더에게 Master AWB(Shipper, Consignee 포워더)와 House AWB(Shipper, Consignee 실화주)를 발행하고, 포워더는 House AWB를 실화주에게 교부합니다.

그런데 포워더가 콘솔사에게 Shipper, Consignee가 실화주로 기재되어 발행된 AWB만 받아서 실화주에게 전달하는 경우가 있습니다. 이러한 건을 Master Single 이라고 합니다.

---

122) IATA에 가입된 자만이 AWB를 발행할 수 있습니다.

PART 05

인코텀스 실무

# Ⅰ. 인코텀스의 실무 활용 사례

## 🌐 위험분기점 이후 사고에 대해서 수출자는 전적으로 면책인가?

〈질문〉 FOB 조건으로 해상 LCL 수입하는 건에서 손상이 발견되어 수입통관의 지연과 함께 물품사용 불가로 인한 손해가 발생되었습니다. 수출자는 수출지 Door에서 포장 전의 물품상태와 포장완료상태 및 Cargo 트럭에 상차된 모습이 담긴 사진을 Shipping advice할 때 선적서류와 함께 이메일로 전달했습니다. 수출자가 보낸 이메일 속 사진에는 손상을 발견하지 못했습니다. 다만, 물품은 젤 상태의 세정제인데, 박스 외관에 취급주의에 대한 화인(Shipping Mark) 정보를 수출자가 표기하지 않았습니다. 이러한 이유로 컨테이너에 적입되어 운송될 때 누수가 되었을 수도 있으나, 수입지 CFS에 도착한 화물의 상태를 보니 박스가 짓눌려 있었습니다. 폐사의 추측으로는 혼재되는 LCL 화물의 특성상 타 회사의 화물이 폐사의 화물을 눌러서 박스가 짓눌렸고, 이러한 이유로 내품이 박스 밖으로 흘러나온 것이 아닐까 합니다.

FOB 수입이지만 적하보험에 가입하지 않은 상태입니다. 어떻게 해결해야 할지 모르겠습니다.

〈답변〉 1. 혼재되는 LCL 건의 잠재된 위험성 : 컨테이너를 소유사로부터 임대해 사용하는 FCL 건과는 달리 LCL은 화물 무게와 부피를 고려해 컨테이너 내부의 일정한 공간을 임대하는 화물이라고 할 수 있습니다. 그래서 타 회사의 LCL 화물과 컨테이너 내부를 공유하는 개념입니다. 이러한 LCL 화물은 지정된 수출지의 CFS로 집결되어 혼재업자(콘솔사)가 컨테이너 적입(Stuffing, Vanning) 및 고정작업(Shoring, Lashing)을 진행합니다.

혼재업자는 선사로부터 제공받은 컨테이너당 운임에서 최대의 수익을 창출하기 위해서는 하나 컨테이너에 최대한 많은 LCL 화물을 적입해야 합니다. 이러한 이유로 혼재업자는 없는 공간도 만들어서 가능한 많은 물량을 컨테이너에 가득 적입합니다. 경우에 따라서는 포장된 화물의 포장을 해체해 적입하는 경우도 있는데, 이러한 과정에서 화물에 손상이 생기기도 합니다.

혼재업자의 무리한 적입 작업으로 손상이 생기거나, 또는 CFS에서 혼재업자가 화물을 취급할 때 부주의로 피해를 발생시킨 것은 사실 혼재업자가 자발적으로 실토하지 않는 이상 확실한 증거자료가 없기 때문에 손상에 대한 손해배상 청구를 혼재업자 쪽으로 하기는 어렵습니다.

만약 수출지 Door에서 지정된 수출지의 CFS로 내륙운송되는 과정에서 손상이 생겼다면, 수출지 CFS 담당자가 내륙운송사 기사님을 통해서 Packing List를 전달받아서 화물을 검수하는 과정에서 발견되었을 것입니다.[123] 그리고 수출지 CFS 반입되어 컨테이너 적입하는 시점까지는 문제없더라도 On Board 이후 선박 운송되는 과정에서 고정장치가 풀려서 화물과 화물 간에 충돌이 발생될 수도 있습니다. 수입자 입장에서는 이러한 과정에서 발생된 화물의 손상에 대한 증거자료를 확보하기 어렵기 때문에 증거자료를 기초로 한 클레임 제기는 무리가 있습니다.

결국 수출자와의 매매계약서를 작성하는 과정에서부터 화물의 특징을 충분히 파악해 포장방법을 결정하고, 포장 외관에 표기하는 취급주의사항(화인정보)을 사전에 협의해 수출자가 이행하도록 하는 방법이 LCL 화물에서는 최선이라고 봅니다.[124] 물론 여기에 적하보험까지 가입하면 금상첨화가 될 것입니다.

---

123) CFS로 반입되는 과정에서 손상이 있는 화물은 CFS에서 반입을 잡아주지 않습니다.

124) LCL로 취급될 수 있는 부피(또는 중량)의 화물일지라도 LCL의 위험성을 인지하고 FCL로 진행하는 것도 나쁘지 않은 선택이 될 수 있습니다.

참고로 적하보험에 가입하더라도 포장의 불충분으로 인한 화물 손상은 보험사가 보험금 지급을 거부할 수 있습니다. 그만큼 수출물품의 포장은 중요한 것이며, 수출포장은 화물의 특징을 고려해 외부로부터의 통상적 충격을 충분히 흡수할 수 있을 정도로 해야 합니다.

**2. 제품의 특징에 따른 화인 표기의 필요성** : 운송인은 포장의 불완전 또는 기호, 번호의 불충분으로 인한 화물의 멸실, 훼손 또는 인도 지연에 대해서는 그 책임을 면할 수 있습니다. 그래서 화주는 물품의 특징을 고려해 수출 포장과 화인 정보를 포장 외관에 표기해야 합니다. 젤 상태의 화물에는 옆의 화인 표기가 필요할 것입니다.

**3. FOB 조건에서 On Board 이후 손상에 대해서 수출자는 과연 면책일까?** : 수입지에 도착한 LCL 화물의 손상 발생 시점과 관련된 확실한 증거 확보는 어렵습니다. 손상 발생에 대해서 혼재업자가 협조한다는 것도 사실상 기대하기 힘든 부분입니다.

결국 수입자 입장에서 할 수 있는 조치는 수출자가 매매계약서를 근거로 포장을 충분히 했는지, 그리고 매매계약서에 요구되는 취급주의 사항으로서 화인 정보를 확실히 보이도록 표기했는지 확인하는 것입니다. 물론 수출지 Door에서 출고될 때 사진자료를 확보하는 것도 중요합니다. 수출자 Door에서 화물이 출고될 때는 문제없더라도 화물의 포장이 불충분해 또는 화인이 명확히 표기되지 않아서 생긴 손상이라면 인코텀스의 위험분기점과는 상관없이 그 책임에서 수출자는 자유로울 수 없을 것입니다.

결국 인코텀스의 위험분기점과는 관계없이 수출자는 화물이 수입지까지 안전하게 도착할 수 있도록 최대한의 조치와 협조를 이행하는 것이 향후 피해가 발생되었을 때 수출자가 면책되는 최선의 대처라고 사료됩니다.

〈질문〉 폐사는 수입자로서 중국 A사와의 거래에서는 CFR로 수입합니다. A사는 포워더에게 Shipment Booking 진행하나, 한국(수입지)에서 폐사는 선사에게 Arrival Notice와 운송비 청구를 받고 선사로 직접 D/O 발행 요청합니다. 그런데 이번에 중국 B사와의 거래는 B사가 자신들은 EXW 조건으로만 수출한다고 합니다. 그래서 알아보니 EXW는 수입자가 포워더를 지정해 포워더를 통해서만 업무 진행이 가능하다고 하더군요.

이 내용이 맞는지와 그 이유를 알고 싶습니다. 아울러 EXW를 제외하고 포워더가 반드시 필요한 가격조건이 또 있는지 알고 싶습니다.

〈답변〉 **1. 포워더의 운송서비스** : 일반적으로 선박을 보유한 선사의 서비스 구간은 수출지 Port에서 수입지 Port까지라고 할 수 있습니다. 반면 포워더는 수출자의 Door에서 수입자의 Door까지 운송서비스가 가능합니다.

일반적으로 C 또는 D조건의 거래에서 수출자는 수입자의 동의 없이 수출지의 포워더를 지정해 운송의뢰합니다. CFR 조건 역시 수출자는 수출자 자신이 원하는 포워더를 지정해서 자신의 책임구간으로서 수입지 항구까지 운송서비스를 받습니다. 이 과정에서 포워더는 수출지 내륙운송과 CY 또는 CFS에 반입된 이후 On Board 시점까지 그리고 선박에 On Board되어 P.O.D.에 접안하는 시점까지의 업무 핸들링을 수출자를 위해서 진행하고, 관련 운송비를 수출자에게 청구합니다.

반대로 CFR로 수입하는 수입자는 선박이 P.O.D.에 접안하는 시점부터 수입자의 Door까지의 구간에 대한 책임이 있습니다. 이때 P.O.D.의 보세구역[125]에서 화물을 반출하기 위해서 필요한 D/O(Delivery Order)는 수출자가 지정한 수출지 포

---

125) FCL의 경우는 CY이며, LCL의 경우는 CFS. LCL은 D/O 없이 컨테이너 상태로 CFS로 이동 가능합니다.

워더의 수입지 파트너 포워더를 통해서 발급받아야 합니다. P.O.D.에서 반출된 화물을 수입자 Door(Final Destination)까지 운송하는 수입지 내륙운송업무는 오직 D/O 발행하는 포워더만 핸들링할 수 있는 것이 아닙니다. 수입자가 사용하는 수입지의 포워더(또는 관세사, 내륙운송사)에게 의뢰할 수도 있습니다.[126] 결국, 포워더의 서비스는 선사가 커버하지 않는 구간에 대해서도 가능하다는 의미입니다.

**2. Line B/L의 발급** : CFR 조건에서 수출자는 포워더를 사용할 수도 있고 FCL 건으로서 수출자가 선사와 운송 계약해 SC No.를 보유하고 있으면 선사로 직접 Booking할 수도 있습니다.[127] CFR 조건에서 수출자가 포워더를 사용한다고 하더라도, 포워더에게 선사 B/L을 요구할 수 있는데, 그렇다면 선사가 발행한 B/L의 Shipper, Consignee가 실화주로 되고, 이를 포워더가 그대로 수출자에게 전달합니다. 이러한 경우, 수출자는 포워더에게 내륙운송 등 On Board 이전의 업무를 의뢰할 수 있습니다.

B/L Consignee로서 수입자는 수출지 포워더의 파트너 포워더를 통해서 선사로부터 D/O를 발급받을 수도 있고, B/L Consignee가 직접 선사로 D/O 발급을 요청할 수도 있습니다.[128] 전자는 수입지 포워더가 Consignee에게 D/O Charge를 청구할 것이며, 후자는 포워더가 개입되지 않으니 D/O Charge가 발행되지 않습니다.[129]

---

126) 수입지 보세구역에서 화물이 반출되기 위해서는 기본적으로 D/O와 수입신고필증이 필요합니다. 수입신고필증 없이 D/O만 발행된 상태에서의 반출은 보세운송을 위한 반출 건이라고 할 수 있습니다. 아울러 수입자가 트럭을 보유하고 있다면 수입자가 수입신고필증과 D/O를 가지고 직접 화물을 반출해서 내륙운송을 할 수도 있습니다. 항공 건일 때는 E-D/O가 발행되기 때문에 수입신고필증과 AWB가 필요합니다. 물론 해상 및 항공 모두에서 창고료까지 정산되어야 반출 가능합니다.
127) 선사는 컨테이너 단위의 화물만 접수합니다.
128) 수출자가 지정한 수출지 포워더가 수입지에 파트너 포워더가 없는 경우에 Line B/L이 발행될 수도 있습니다. 그렇다면, B/L Consignee는 선사로 직접 D/O 발행을 요청해야 합니다.
129) Line B/L 발행 건에서 Consignee는 포워더가 아닌 수입지 관세사무실에게 선사로 D/O 발행을 요청할 수도 있습니다.

FOB 건에서는 수입자가 운송인을 지정합니다. FCL 건으로서 수입자가 선사와 계약한 SC No.가 있으면, 수출자에게 SC No.와 선사 정보를 전달하고 선사 B/L을 발급받아서 운송서비스를 받을 수도 있습니다. 이 경우, 수출자는 수출지 내륙운송을 선사가 아닌 자신이 사용하는 포워더(또는 관세사무실) 또는 직접 핸들링해야 할 것이며, 수입지에서 수입자로서 B/L Consignee는 선사에게 직접 D/O 요청합니다. 물론 P.O.D.에서 수입자 Door까지의 내륙운송은 수입자가 직접 핸들링합니다.

**3. EXW 수입에서 포워더가 필요한 이유** : 첫 번째로 EXW는 수출지에서 발생되는 관세사 수수료(Customs Clearance Fee)를 수출자가 청구받지 않고 수입자가 청구받는 조건입니다. 그래서 수입자가 수출지 관세사(통관사)에게 수출지 세관으로의 수출신고 업무에 대한 수수료를 결제해야 하지만, 불가능하기 때문에 수입자가 지정한 수입지 포워더의 수출지 파트너 포워더가 대납합니다. 이후에 수입자에게 청구합니다. 이것이 EXW 조건에서 포워더를 사용해야 하는 첫 번째 이유입니다.

두 번째로 EXW Seller's Door 조건으로 진행한다면, 수출자의 Door에서 수출지 터미널(공항/항구)까지의 내륙운송 책임이 수입자에게 있습니다. 그러나 수입자가 수출지의 내륙운송사를 수배해 운송의뢰할 수 없습니다. 아울러 이 과정에서 수출지 내륙 운송구간의 도로 사정(도로 사정이 좋지 못한 국가도 있음)과 과적 기준과 같은 수출지 내국법을 수입자가 체크해야 하는데, 수입지에서 수출국의 이러한 내용을 확인하기 어렵습니다.

따라서 수입자는 수출지에서의 이러한 업무 대행을 할 수 있는 사람을 찾아야 합니다. 선사는 수출지 내륙운송서비스를 기본적으로 진행하지 않고 그 책임 역시 커버하려 하지 않습니다. 결국 수출지 내륙 구간에 대한 서비스를 포워더에게 의뢰해야 합니다.

EXW 조건에서 포워더는 수입자가 지정하고, 수입자가 지정한 포워더는 수출국에 파트너가 있기 때문에 해당 파트너를 통해서 수출국에서 On Board되기 전의 운송서비스를 제공받을 수 있습니다.

참고로 한국의 수입자가 EXW 조건으로 A국에서 물품을 수입하고자 하는데, 한국의 수입자가 사용하는 포워더가 A국에 파트너가 없다면 EXW 조건으로 수입하는 데 어려움이 발생될 수 있습니다.

**4. DDP 조건에서 포워더가 필요한 이유** : DDP 조건은 수입지 세관에 수입신고 대행 업무에 대한 수입 통관 수수료를 수입자가 청구받지 않고, 수출자가 청구받는 조건입니다. 이때 수출자가 지정한 수출지 포워더의 수입지 파트너 포워더가 대납 후 수출지 포워더를 통해서 수출자에게 청구하는 방법을 취합니다. 아울러 DDP는 수입지에서 발생되는 수입관세와 내국세(부가세 등)를 포워더가 대납 후 수출자에게 청구하는 조건입니다. 선사는 이러한 비용을 수출자를 대신해 수입국의 관세사 및 수입국에 대납하지 않습니다. DDP에서 포워더가 필요한 가장 큰 이유는 바로 이 점이라고 할 수 있습니다.

그리고 DDP는 일반적으로 DDP Buyer's Door와 같이 수출자의 책임구간이 수입지 터미널을 지나서 수입지 내륙의 수입자 Door까지입니다. 선사는 내륙 구간에 대한 운송서비스를 기본적으로 진행하지 않고 그 책임을 커버하려 하지 않습니다. 그래서 수입자 Door까지의 운송에 책임이 있는 수출자가 포워더에게 운송의뢰를 요청해야 합니다. 따라서 수출자는 수입지에서의 수출자 책임 업무에 대한 대행 의뢰를 포워더에게 해야 하며, 이때 수출지 포워더는 수입지에 파트너 포워더를 확보하고 있어야 합니다.

마지막으로 EXW 조건에서 언급한 것과 비슷하게, DDP 조건으로 수출자가 수출하고자 할 때, 수출자가 사용하는 포워더가 수입국에 파트너가 없을 수 있습니다. 그러면 해당 포워더를 사용해서 DDP를 수출하기가 어려울 수 있습니다.

# DAP, DDP 조건에서의 Line B/L 발행 가능 여부

〈질문〉 DAP Buyer's Door 조건으로 거래하고 있습니다. 그런데 이번에 Shipper가 수출지에서는 포워더를 지정해 포워더에게 업무 의뢰하지만, Consignee의 요청으로 수입지에서는 포워더 개입 없이 진행하기로 했습니다. 그래서 Line B/L 진행으로 협의 마무리 단계에 있습니다.

문제는 가격조건이 DAP Buyer's Door라는 것입니다. 선사의 운송 책임 구간이 수입국의 Door까지 이어질 수 있는지요?

그리고 선사는 수입국에서의 수입통관 서비스 및 세액 대납 서비스를 하지 않기 때문에 DDP 조건으로 Line B/L 발행이 불가할 것으로 이해하고 있습니다. 확인 부탁드립니다.

**〈답변〉 1. 선사 서비스가 내륙까지 이어지는 지역** : 대부분의 국가에서 기본적인 선사 서비스 구간은 Port of Loading의 CY에서 Port of Discharge의 CY라고 할 수 있습니다. 선사는 컨테이너 단위의 화물로 FCL 건에 대해서 핸들링하기 때문입니다.

그러나 도착국이 미주, 유럽 및 인도 등 일부 지역에서는 선사의 서비스가 Port of Discharge를 지나서 내륙의 컨테이너 기지(ICD, Depot)까지 이어질 수 있습니다. 경우에 따라서는 선사의 서비스가 내륙의 컨테이너 기지를 지나서 바이어의 Door까지 이어지는 경우도 있기는 합니다.

따라서 한국에서 미국으로 FCL 화물을 Line B/L 건으로 진행할 때, DAP Chicago CY 조건으로 가능합니다. 이때 Line B/L의 Port of Discharge(해상 구간에서의 최종 도착항)는 미국의 Port(e.g. Longbeach, CA)가 기재되고 운송인 입장에서 화물을 화주에게 인도하는, 즉 운송인의 운송 책임이 종료되는 의미의 Place of Delivery는 Chicago CY가 될 것입니다.

"

Line B/L의 Consignee는 Chicago CY에 화물이 도착하면 D/O를 선사로 직접 요청하고, Chicago CY에서 Door까지의 운송은 미국 내 별도의 내륙운송사를 지정해 운송할 수 있습니다. 만약 선사의 서비스가 Buyer's Door까지 가능하다면, Line B/L의 Place of Delivery는 Buyer's Door가 됩니다. 이러한 경우, 선사가 바이어의 Door까지 운송서비스를 하니 Consignee가 내륙운송사를 지정하는 것이 필요하지 않습니다.

**2. 선사 서비스가 Port of Discharge CY까지인 지역** : 도착국이 한국일 때, Line B/L이 발행되어 DAP Buyer's Door 조건으로 거래 진행 가능한지 생각해보겠습니다. DAP Buyer's Door로서 수출자의 책임구간은 P.O.D.의 CY를 지나서 바이어의 Door까지라서, 운송서류의 Place of Delivery[130]에는 바이어의 Door가 기재되어 발행되어야 합니다. 그러나 Line B/L을 발행한 운송인으로서 선사는 한국의 Port CY(P.O.D. CY)까지의 운송에 대해서만 책임을 커버하고, 내륙지까지의 내륙운송구간에 대한 책임을 피할 것입니다. 다시 말해서 선사는 Port of Discharge에 한국의 Port를 기재하고 Place of Delivery에 P.O.D.의 CY(또는 공란)를 기재할 뿐 목적국으로서 한국의 내륙지점은 기재하지 않을 것입니다.

따라서 수출자가 수입지의 내륙까지 운송 책임을 커버해야 하는 DAP Buyer's Door 조건에서 선사 B/L을 발행하는 것은 적절하지 못하다고 사료됩니다. 이러한 경우는 수입지에 파트너가 있는 수출지 포워더를 지정해 당해 포워더가 발행하는 운송서류를 발급받아서 업무 진행하는 것이 적절할 것입니다.

**3. DDP 조건에서의 Line B/L 발행 가능성** : 선사는 수입국에서의 수입통관 서비스를 대행하지 않고, 수입국에서 발생되는 세액의 대납 역시 진행하지 않습니다. 그래서 DDP 건에서 Line B/L 진행은 불가하다고 할 수 있습니다.

---

130) 운송서류를 발행한 운송인이 화물을 인도하는 지점으로서 운송인의 운송 책임이 종료되는 지점.

## CFR 거래, 수입지에서 발생되는 비용은 수출자의 관심 밖이다

〈질문〉 중국에서 한국으로 물품을 수입하는 수입회사 근무자입니다. 금번에 CFR 조건으로 수입 진행하는 건이 있는데, 19CBM에 Gross Weight 5,800kg입니다. 그런데 중국 수출자가 FCL로 Shipment Booking하지 않고, LCL로 선적해서 현재 한국 CFS에 반입되었습니다.

19CBM에 5,800kg 정도 되면 20FT로 FCL 진행이 가능할 텐데, LCL로 진행해서 Drayage Charge와 CFS Charge 및 창고료까지 추가적인 비용이 발생되었습니다. 예기치 못한 비용이고 중국 수출자가 조금이라도 수입자인 폐사를 배려했다면 이러한 비용이 발생되지 않는 FCL로 진행했을 것인데, 상의도 없이 LCL로 진행한 수출자가 못마땅합니다. 그래서 클레임 하려고 하는데 어떤 식으로 접근해야 할지 모르겠습니다.

그리고 포워더는 FCL이 보다 저렴하고 수입지에서 통관의 신속성 면에서도 FCL이 유리하다는 사실을 인지하고 있을 텐데, 수입자인 폐사에게 상의 한마디 없이 LCL로 진행했다는 것이 억울합니다. 관련해 설명 부탁 드립니다.

〈답변〉 **1. C조건의 특징** : CFR 등의 C조건(C-Terms)은 C조건 뒤의 지정장소에 운송수단이 도착하는 시점까지의 비용을 수출자가 발행하는 C/I(Commercial Invoice) 단가에 포함합니다. 그러한 의미에서 C조건 뒤 지정장소에서 발생되는 물류비는 운송인으로서 포워더가 수입자에게 청구합니다. 따라서 C조건으로 수출하는 수출자 입장에서 C조건 뒤 지정된 장소에서 발생되는 비용은 관심 밖의 사항이 될 수 있습니다.

**2. 포워더 지정과 포워더의 서비스** : C조건에서 포워더는 수출자가 지정(Nomi) 합니다. 수출자가 포워더에게 물류업무를 요청하기 때문에 포워더는 수출자의 협력업체가 됩니다. 수입자의 협력업체가 아니니 포워더는 물류업무에 대한 조언과 상황에 대한 내용을 수입자에게 통지할 이유가 없습니다. 다시 말해서 수입지 포워더가 수입자를 상대로 영업해서 확보한 물량이 아니기 때문에 수입지 포워더가 수입자에게 잘 보일 필요가 없다는 의미가 될 수도 있습니다. 수입지 포워더는 수출지 포워더에게 수입지에서의 운송업무 핸들링을 요청 받아서 수출지 포워더를 대신해 수입지에서의 운송업무 핸들링을 진행합니다.

수입지 포워더는 Notify이자 Consignee에게 Arrival Notice(A/N)[131]해 수입지 항구(C조건 뒤 지정장소)에서 발생되는 부대비용(CFS 관련 비용, THC 등)과 Handling Charge를 청구합니다. 이때 FCL보다 LCL로 수입되는 것이 CY에서 CFR까지의 Shuttle 비용으로써 Drayage Charge 그리고 CFS에서 발생되는 CFS Charge 및 보세창고료를 추가 청구할 수 있으니, 이득입니다.

결론적으로 수출지에서 FCL 또는 LCL로 진행하는지, 수출자가 Shipment Booking 했는지, Shipping Schedule은 어떠한지 등 물류 관련 정보를 수입자는 포워더에게 통지받지 못하고 수출자에게 직접 통지받아야 합니다.


**3. 수입자의 확인 절차 필요성** : C조건에서 포워더는 수출자의 협력업체입니다. 따라서 포워더에게 물류정보를 수입자가 통지받을 것이라는 기대를 하지 않는 것이 좋습니다. 수입자는 수출자에게 Order Sheet를 발행해 Order를 진행하고 수출자로부터 Order Confirmation 받습니다. 이러한 과정에서 CBM과 Gross Weight를 확인할 수도 있고, 이에 앞서 매매계약하는 시점에서도 확인이 가능한 부분입니다. 이때 수입자는 운송 방법과 포장방법 그리고 운송 스케줄 등의 내용을 수출자와 협의해야 할 것입니다.

---

131) 참고로 수입지 운송인이 운송서류의 Notify Party에게 A/N을 하는 것은 의무가 아닙니다. A/N하지 않았다고 Notify Party가 수입지 운송인에게 클레임할 수 없습니다.

최선은 C조건이 아닌 FOB로 계약해 수입자가 포워더를 지정해 수입하는 것입니다.

**4. CFS에서의 보세창고료** : LCL은 기본적으로 CFS로 반입되며, 과세가격을 기준으로 종가율이 적용되고, R.ton을 기준으로 종량율이 적용됩니다. 종가율과 종량율을 적용해 보세창고료를 계산하는데,[132] 보관 기간도 반영이 됩니다. 보세창고에서의 보관 기간이 길면 길수록 보세창고료가 그만큼 많이 발생된다는 의미입니다. 그래서 수입자는 신속히 수입신고해 수입신고필증을 발급받고, 수입지 포워더에게 수입지 항구에서 발생되는 THC 등의 비용과 수입지 포워더의 Handling Charge를 결제해 D/O를 발행 받아서 보세창고에서 화물을 조속히 반출할 필요가 있습니다. 이후에 부당한 점이 있다면, 수출자에게 클레임해 상호 해결해야 할 것입니다.[133] 그리고 FCL로 진행할 수도 있는데, LCL로 진행한 것에 대해서 포워더에게 클레임하는 것은 적절하지 않을 수도 있습니다. 포워더는 Shipper에게 요청받은 내용을 근거로 운송서류(B/L, 화물운송장)를 발행하고 운송업무를 대행하기 때문입니다.

---

132) 보세창고료는 종가율과 종량율로 계산된 값을 합하고, 여기에 상하차료까지 합산합니다.

133) C조건 수입이기 때문에 수입자가 수입지 포워더(수출자가 지정한 수출지 포워더의 수입지 파트너 포워더)에게 클레임해봐야 아무런 협조와 결과를 얻기 힘들 것입니다. 수입지 포워더 역시도 관련 내용을 자신이 아닌, 수출자에게 클레임해서 수출자가 수출지 포워더에게 다시 클레임하는 방식을 취할 것을 조언할 것입니다.

# CFR 조건, 포워더가 제시한 Freight를 그대로 단가에 반영하는가?

〈질문〉 한국에서 기계를 수출하는 회사에 다니고 있습니다. CFR Shanghai Port 로 수출해왔는데, 이번에는 CFR Hongkong Port로 수출을 진행하게 되었습니다. 상사가 홍콩항구까지의 Ocean Freight를 포워더에게 받으면, 그 비용에서 일정 금액을 높여서 Unit Price에 반영할 것을 주문했습니다. 그 의미는 포워더에게서 견적받은 Ocean Freight에 폐사가 마진을 붙이라는 뜻인가요? 설명 부탁드립니다.

〈답변〉 Ocean Freight는 매번 변동합니다. 경기가 좋으면 Ocean Freight는 상승하며, 경기가 나쁘면 하락하는 경향이 있습니다. 선사가 어딘지에 의해서, 해당 선박의 스케줄[134]에 의해서, 유가 및 여러 상황에 의해서 선사의 비용이 상승하면, 운임은 인상될 수도 있고, 인하될 수도 있습니다.

포워더는 선사(LCL의 경우는 해상 콘솔사)로부터 견적받은 Ocean Freight로서 Net Price(Buying Price)에 자신의 마진을 붙여서 무역회사에게 다시 Ocean Freight 견적(Selling Price)을 제시합니다. CFR 조건이니 수출자가 포워더에게 Ocean Freight 견적 문의와 견적 가격을 제시받아서 C/I(또는 Proforma Invoice)를 작성할 때 Unit Price에 포함시킵니다. Ocean Freight는 견적받는 시점과 실제로 화물을 선박에 On Board하는 시점이 다를 수 있기 때문에, 귀사의 상사분이 포워더가 제시한 Ocean Freight보다 조금 높은 금액을 Unit Price에 반영할 것을 주문한 것 같습니다.

CFR 가격을 만드는 수출자는 Ocean Freight에 마진을 붙여서 수입자로부터 이

---

134) 많은 항구를 경유하면, 예인선료, 도선사료, THC 등이 발생 그만큼 발생되기 때문에 운임은 상승될 수 있습니다.

익을 취한다는 개념이 아니라, CFR 가격에 포함된 Ocean Freight보다 향후에 더 많은 Ocean Freight가 발생되어서 수출자 자신의 마진이 줄어들 것을 우려하기 때문이라고 인식해야 할 것입니다.


## 🌐 DAP 조건 수입이 과연 FOB 조건 수입보다 유리할까?

〈질문〉 수입회사에서 근무 중입니다. 폐사는 매번 FOB 조건으로 수입합니다. 제가 무역학과 출신이고 무역 자격증도 소지하고 있는데, FOB 수입은 수입자인 폐사가 Ocean Freight와 수입지에서 발생되는 물류비를 포워더에게 지불하는 것이라 알고 있습니다. 반면 DAP 조건 수입은 Ocean Freight와 수입지에서 발생되는 물류비를 수출자가 지불하는 것이라 알고 있습니다. 폐사는 상대 수출자보다 갑의 위치에 있습니다. 그렇다면 FOB 보다는 DAP 조건으로 수입하는 것이 수입자인 폐사에게 유리한 것 아닌가요? 그래서 이사님에게 FOB에서 DAP 조건 수입으로 변경하자고 제안했더니 웃으시면서 공부 더 하라고 하시네요. 갑의 위치에 있는 수입자가 왜 DAP가 아닌 FOB로 수입하는 것인지요?


〈답변〉 1. DAP 조건에서 Ocean Freight와 수입지 부대비용 : DAP Buyer's Warehouse 조건으로 수입할 때, Ocean Freight와 수입지 항구 비용 및 수입지 항구에서 수입자의 Warehouse로서 Final Destination까지의 운송비를 과연 수출자가 포워더에게 지불하는 것일까요?

유상 거래입니다. 유상 거래라 함은 수출자와 수입자 간에 거래하는 상품에 대해서 수입자인 Buyer가 수출자인 Seller에게 대금을 지불하는 조건이라는 뜻입니다. 그렇다면 DAP Buyer's Warehouse 조건에서 O/F와 수입지 항구 및 내륙운송비를 수출자는 C/I 단가에 포함할 것이며, 수입자가 수출자에게 결제하는 물품 대금에는 해당 비용이 포함되는 것입니다.

결국, 해당 비용은 수출자가 포워더에게 견적을 문의해 제시받은 물류비 견적 (O/F, 수입지 항구 및 내륙운송비)을 단가에 포함시켜서 수입자에게 결제받아서 포워더에게 결제하는 것입니다. 절대로 수출자의 마진에서 해당 비용이 지불되는 것은 아닙니다.

**2. D조건 수입은 수입자의 수입원가를 상승시킨다.** : DAP는 DDU와 동일한 조건입니다. DAP Busan Port 또는 DAP Buyer's Warehouse로 표현될 수 있습니다. 전자는 FOB+O/F(할증료 포함)+Busan Port에서 발생되는 THC 등이 C/I 단가에 포함됩니다. 후자는 DAP Busan Port 가격에 Busan Port에서 수입자의 Warehouse까지의 내륙운송비가 C/I 단가에 포함됩니다.

C/I 단가는 수입신고필증 '54 결제금액'으로 신고되는데, DAP Busan Port와 DAP Buyer's Warehouse 모두 C/I 총액은 과세가격(CIF에 근접하는 가격)과 과세 가격에 미포함되는 금액[135]을 포함하고 있습니다. 따라서 DAP 조건의 C/I 총액으로서 '결제금액'에서 과세가격에 미포함되는 금액을 공제해야 하는데, 문제는 입증서류를 수입자가 확보할 수 없습니다. 포워더는 수입지에서 발생되는 물류비(수입지 터미널 및 수입지 내륙 운송비 등)를 DAP 조건으로 수입하는 수입자에게 공개하지 않습니다.[136]

DAP 조건의 거래에서 포워더는 수출자가 지정(Nomi)하며, 지정된 포워더는 수

---

135) 수입지 항구 비용 및 내륙운송비 등 수입신고 대상 물품을 선적한 선박(항공기)가 수입지 항구(공항) 터미널에 접안한 시점 이후에 발생되는 비용은 '과세가격'에서 공제되어야 하는 비용입니다.

136) D조건 거래에서 수출지 운송인이 운송서류를 발행할 때, 당해 운송서류상에 P.O.D.에 선박이 접안한 이후에 발생되는 비용으로서 총과세가격에서 공제되어야 할 비용을 명시하면, 당해 서류를 세관에 제출해 공제금액으로 인정받을 수도 있습니다. 그러나 운송인이 운송서류상에 그러한 비용을 명시하는 경우는 드뭅니다.

출자를 위해서 운송서비스하는 수출자의 운송 대행사입니다. 이러한 입장에 있는 포워더가 수입지 물류비를 수출자의 허락 없이 수입자에게 공개할 수 없습니다(수출자 입장에서 원가 노출).

결국, DAP 조건으로 수입하는 수입자는 DAP 조건의 C/I 총액으로서 결제금액 전체가 과세가격이 되어 보다 많은 관·부가세를 납부해야 합니다. 전혀 수입자에게 이익이 되는 가격조건이라고 할 수 없습니다.[137]

### 3. FOB 조건은 수입자가 포워더 지정, DAP 조건은 수출자가 포워더 지정 :

포워더는 EXW, F조건으로 수입하는 수입자를 상대로 수입화물의 운송을 영업하며, C조건 또는 D조건으로 수출하는 수출자를 상대로 수출화물의 운송을 영업합니다. FOB조건으로 수출하는 수출자에게 포워더가 물류 영업하는 것 또한 의미가 없으며, CFR조건으로 수입하는 수입자를 상대로 물류 영업하는 것은 의미가 없습니다.[138]

FOB로 수입하는 한국의 수입자를 한국의 포워더는 영업해서 오더받습니다. 그렇다면 포워더는 FOB 조건으로 수입하는 한국의 수입자를 위해서 물류 서비스를 진행하니 수입자의 요구사항에 귀 기울여야 합니다. 반면 한국 수입자에게 물품을 공급하는 해외 수출자의 요구사항에는 귀 기울일 필요가 없습니다.

한국의 수입자로서 귀사는 FOB를 수입합니다. 그렇다면 귀사가 포워더를 지정하는 것이며, 귀사가 포워더를 지정했기 때문에 포워더는 귀사를 위해서 일합니다.

---

137) DAP 조건으로 수입하는 수입지에서의 비용을 수입지 포워더(수출지 포워더의 파트너 포워더)가 확인 후 수출지 포워더에게 견적하고, 수출지 포워더는 수출자에게 견적할 때 자신의 마진을 붙입니다. 수출자 역시 수출지 포워더에게 견적받은 수입지 비용이 향후에 변동될 수 있기 때문에 C/I 단가에 반영할 때보다 높은 금액을 반영합니다. 결국 수입자가 직접 수입지 포워더 또는 수입지 내륙운송사로 결제하는 비용보다 높은 금액을 수입자는 지불하는 결과가 됩니다. 따라서 결코 D조건 수입은 수입자에게 유리할 수 없으며, 어찌 보면 수입자의 수입원가를 상승시키는 가격조건이라고 할 수 있습니다.

138) 물론 FOB로 수출하는 수출자에게 포워더가 FOB 수출보다는 CIF 수출이 유리하고, CFR로 수입하는 수입자에게 FOB로 수입하는 것이 유리하다고 설득할 수 있습니다. 그래서 FOB로 수출, CFR로 수입하는 실화주가 FOB로 수입, CFR로 수출하면, 설득한 포워더는 자신이 운송업무를 핸들링할 수 있을 것입니다.

사건·사고가 많은 물류에서 그리고 물류 관련 컨설팅과 돌발상황 발생 시에 무역회사가 포워더에게 요구해야 할 사항과 협조를 구해야 할 상황들이 많습니다. 귀사의 이사님께서는 이러한 개념을 갖춘 분으로 보입니다.

## 🌐 인코텀스, EXW 수출에서 수출신고 수입자가 하는가?

〈질문〉 EXW는 수출자가 수출 통관에 대한 의무가 없는 것으로 알고 있습니다. 그렇다면 수출자가 Commercial Invoice와 Packing List를 작성하지 않고, 관세사에게 수출신고를 의뢰하지 않아도 되는 것인가요? 만약 그렇다면, 해외 수입국의 수입자가 수출국 세관으로 어떻게 수출자를 대신해 수출신고를 할 수 있나요?

**〈답변〉 1. 인코텀스와 관계없는 수출신고 근거 서류 발행자** : 인코텀스와 관계없이 수출지 세관으로 수출신고를 위한 근거 서류로서 C/I와 P/L을 작성하는 자는 수출자입니다.[139] EXW라고 해서 수출자가 C/I와 P/L을 작성하지 않으면 수출신고를 할 수 없습니다.

일부 수출자는 C/I와 P/L을 포워더에게 대행 작성 요청하는 경우도 있는데, 수출신고의 근거 서류이자 수출신고 이후 발행되는 운송서류(B/L, 화물운송장) 발행의 근거 서류를 수출자가 아닌 포워더가 발행하면 향후에 발생되는 서류상의 오류 등에 대해서 포워더가 그 책임을 부담해야 할 수도 있으니, 절대로 포워더 쪽에서 대

---

139) P/L(Packing List)은 수출 및 수입신고 근거 서류로서의 역할과 운송인이 운송서류를 발행하는 근거 서류로서 역할을 병행합니다.

행 발행하면 안 됩니다. 물론 EXW 거래에서는 수입자가 포워더를 지정해 포워더는 수입자를 위해서 일하기 때문에 수출자가 포워더에게 서류 발행을 요청하더라도 거부할 가능성이 큽니다.

**2. 인코텀스와 관계없이 수출신고 의뢰는 수출자가 직접 해야** : C/I와 P/L을 작성한 수출자는 관세사무실[140]에게 수출신고를 의뢰합니다. 이때 수출자 자신이 직접 지정한 관세사무실이 아닌, EXW 조건으로서 수입자가 지정한 포워더에게 수출신고를 의뢰하고, 해당 포워더가 다시 포워더 자신과 연결된 관세사무실로 수출신고를 의뢰할 수도 있습니다.

2개의 상황 모두 관세사무실로부터 청구받는 수출통관 수수료(Export Customs Fee)는 수입자가 지정한 포워더가 대납 후 수입자에게 청구합니다. EXW 조건이기 때문입니다. EXW 조건 이외의 수출 건에 대해서는 수출자가 수출통관 수수료를 청구받습니다.

---

140) 인코텀스와 관계없이 관세사무실은 수출자가 지정 가능합니다.

# PART 06

# 무역결제 신용장

# Ⅰ. 신용장 Letter of Credit 용어

## 🌐 매입과 추심의 의미 환어음의 발행

〈질문〉 수출자에게 청구되는 환가료는 매번 발생되지 않는 듯한데, 환가료가 어떠한 경우에 발생되는지 궁금합니다. 그리고 매입과 추심의 개념이 혼란스럽습니다. 쉽게 설명 부탁드립니다.

〈답변〉 **1. 환어음이 발행되는 결제조건과 Drawee** : 수출자가 환어음을 발행해서 선적 이행을 증명하는 선적서류와 함께 수출지 은행으로 매입(추심)신청서를 제출하는 결제조건은 신용장(L/C)과 추심(D/P, D/A) 조건이 있습니다.

신용장은 수출자가 신용장 조건과 일치하게 선적 이행하고 이러한 사실을 증명하는 선적서류를 은행으로 제출하면, Drawee[141]로 지정된 자가 대금을 지급하겠다는 결제조건입니다. 반면 매매계약서와 일치하게 선적 이행하고 이러한 사실을 증명하는 선적서류를 은행으로 제출하면, Drawee로 지정된 자가 대금을 지급하겠다는 결제조건은 추심(D/P, D/A) 조건입니다.

신용장 및 추심결제조건에서 선적대금(환어음의 금액, C/I 총액과 일치)을 Drawee로 지정된 자에게 청구하는 서류로서 환어음을 발행하는 자는 수출자입니다. 즉, 수출자는 환어음을 발행해서 Drawee에게 선적대금 결제를 청구하는 것입니다.

---

141) 환어음 총액(선적대금, C/I 총액)을 환어음 발행인으로서 수출자에게 결제해야 하는 지급인을 Drawee 라고 합니다.

2. **매입** : 수출자는 환어음과 선적서류 등의 서류를 선적대금(환어음 총액)의 지급인으로서 Drawee에게 전달하는 것이 아니라 수출자 자신의 거래은행으로 제시합니다. 이때 수출자의 거래은행은 수출자에게 선적 이행하면 대금 지급하겠다고 한 적이 없습니다(수출지 은행은 Drawee가 아님). 그럼에도 불구하고 수출자는 환어음과 선적서류를 수출지 은행으로 제시하면서 매입(추심) 신청을 할 수 있습니다.

수출지 은행이 환어음에 명시된 Drawee를 대신해 수출자에게 수출지 은행 자신의 돈을 지급 후 일정 시간 이후에 Drawee로부터 동 대금을 결제받는 것을 매입이라고 합니다. 이때 매입이 이루어진 시점과 동 대금을 수출지 은행이 Drawee로부터 결제 받기까지의 기간에 대한 이자가 환가료 명목으로 수출자에게 청구됩니다(매입금액에서 환가료 공제).

3. **매입 조건과 소구권** : Drawee가 아님에도 불구하고 수출지 은행이 선의를 베풀어 수출자의 매입 신청에 응한 이후에 Drawee에게 동 대금을 상환받지 못하면, 수출지 은행은 수출자에게 선지급한 대금의 반환 청구할 수 있습니다. 이를 소구(Recourse)라고 합니다. 이때 수출자가 폐업 상태라면 선의를 베푼 수출지 은행은 낭패입니다.

그래서 수출자의 매입 신청을 받은 수출지 은행이 매입에 응하려면 Drawee와 Drawee가 속한 국가의 신용도와 더불어 수출자의 신용도에 문제가 없어야 합니다. 만약 이러한 신용도에 문제가 있음에도 불구하고 수출지 은행이 매입에 응한다면, 수출자에게 보증인을 요구할 수도 있습니다.

4. **추심** : 수출지 은행은 수출자에게 인수한 환어음을 Drawee에게 전달합니다.[142] 이때 Drawee 대신에 수출자에게 환어음 총액(선적대금 = C/I 총액)을 수출자에게 선지급하지 않고, Drawee로부터 결제받은 금액을 수출자에게 지급하는 경

---

142) 신용장에서 개설은행이 Drawee와 동일하면, 선적서류와 환어음 모두가 개설은행으로 전달됩니다. 반면 개설은행과 Drawee가 상이하면, 선적서류만 개설은행으로 전달되고 환어음은 Drawee로 전달됩니다.

우를 추심이라고 합니다.

수출자가 매입 신청하더라도 수출지 은행이 수출자의 신용도 등을 판단해서 추심 돌릴 수도 있습니다. 추심 진행되면, 수출자가 선적 대금의 결제를 그만큼 늦게 받지만 환가료는 발생되지 않습니다.

## 🌐 지급, 연지급, 인수 및 매입신용장에 대한 정리

〈질문〉 폐사는 한국의 수출자이며, 해외에서 개설된 다음과 같은 내용의 신용장을 통지받았습니다. Available with by 조항에 by acceptance가 있는 것으로 보아서는 인수신용장으로 보입니다. 매번 매입신용장만 거래하다 보니 인수신용장에 대한 이해가 부족합니다. 인수신용장에 대한 설명과 함께 매입신용장 및 지급, 연지급 신용장에 대한 설명까지 부탁드립니다.

| | |
|---|---|
| **SWIFT 전문발신은행** | ABABTHBKXXX<br>BANGKOK BANK PUBLIC COMPANY LIMITED<br>BANGKOK THAILAND |
| **SWIFT 전문수신은행** | AAAAKRSEXXX<br>ABC BANK SEOUL KOREA |
| **41a Available with by** | BANGKOK BANK PUBLIC COMPANY LIMITED, BANGKOK<br>BY ACCEPTANCE |
| **42C Drafts at** | 90 DAYS FROM B/L DATE IN DUPLICATE<br>INDICATING THIS L/C NUMBER |
| **42a Drawee** | ISSUING BANK |
| **53a Reimbursement Bank** | BANGKOK BANK PUBLIC COMPANY LIMITED, NEW YORK<br>BRANCH AT MATURITY |

**78 Instructions to the Paying/Acception/Negotiating Bank**

DOCUMENTS TO BE DESPATCHED IN ONE SET BY COURIER. ALL CORRESPONDENCE TO BE SENT TO BANGKOK BANK PUBLIC COMPANY LIMITED HEAD OFFICE, 123 AAA ROAD, BANGKOK, THAILAND

<답변> **1. 인수신용장에 대한 설명** : 수출자가 수출지 은행으로 제시한 선적서류가 개설은행 또는 지정은행(개설은행이 지정한 은행으로서 수출지에 위치할 수도 있나, 수출자의 거래은행은 아님)에 도착하면, Usance 기간 만기일(At Maturity)에 대금을 지급하겠다고 보증하는 신용장입니다. Drawee가 Usance 기간 만기일에 환어음 총액(=C/I 총액, 선적대금)을 지급하는 조건이니 Usance 조건으로서 Shipper's Usance라고 할 수 있습니다.

**2. 해석** : 제시된 신용장 조항 Available with by에는 개설은행이 지정되어 있으며, By Acceptance라는 표현이 있습니다. 이는 인수신용장을 의미하며, Beneficiary로서 수출자가 제시한 선적서류가 지정된 개설은행에 제시되면 Draft at 조항에 기재된 환어음 만기일(At Maturity)에 선적대금을 지급하겠다는 뜻으로 해석합니다. 이때 Draft at 조항은 환어음의 만기일이며, Drawee 조항에는 환어음의 To 부분에 기재되는 지급인으로서 Available with by 조항의 By Acceptance 앞에 지정된 개설은행이 Drawee가 됩니다.

따라서 신용장 Beneficiary로서 수출자는 수출국 자신의 거래은행으로 서류를 제출하고, 78번 조항에 의해서 하나의 묶음(One Set)으로 특송(Courier) 서비스를 활용해 개설은행에게 선적서류를 전달합니다. 이후에 환어음의 만기일에 개설은행으로서 Drawee는 선적대금을 지급합니다. 물론 Beneficiary가 수출지의 수출자 거래은행으로 선적서류 전달할 때 매입 신청해 환가료 부담하고 선결제받을 수도 있습니다. 그러나 Drawee는 환어음 총액을 Draft at 조항에 의해서 B/L Date(=On Board Date)를 기준으로 90일이 되는 만기일에 지급합니다.

# 3. Available With By 조항 의미 :

**지급신용장**　　Available With By : 개설은행(또는 지정은행) By Payment

- 선적서류 등의 서류가 개설은행(또는 지정은행)에 도착 후 하자가 없으면 개설은행(또는 지정은행)이 대금 지급.
- 환어음이 요구될 경우(기본적으로 환어음이 요구되지 않음) : L/C상에 Drawee(지급인) 조항이 존재하며, Drawee는 By Payment 앞에 지정된 은행과 일치해야 함.
- By Payment L/C는 L/C Applicant(수입자)에게 At Sight 조건.
- By Payment 앞에 개설은행 지정되는 경우뿐만 아니라 개설은행이 지정한 수출지의 은행이 지정되어 있더라도, L/C Beneficiary는 자신의 거래은행으로 서류 제출하여 매입(추심) 신청 가능. '지정은행 By Payment'일 때, Beneficiary의 거래은행이 매입 수용하는 경우, Re-Nego가 일어날 수 있으며, 매입 거부하는 경우에는 Beneficiary가 수출지에 위치한 지정은행으로 직접 매입 신청해야 할 수도 있음.

**연지급신용장**　　Available With By : 개설은행(또는 지정은행) By Deferred Payment

- 선적서류 등의 서류가 개설은행(또는 지정은행)에 도착 후 Usance 기간 이내에 개설은행(또는 지정은행)이 대금 지급.
- 기본적으로 환어음 요구되지 않음.
- L/C Applicant 입장에서 Usance 조건이며, Beneficiary 입장에서는 Shipper's Usance 조건이라고 할 수 있음. 따라서 Beneficiary가 수출지의 자신의 거래은행으로부터 매입받기 위해서는 Usance에 대한 기간 이자를 부담해야 할 것.

**인수신용장**　　Available With By : 개설은행(또는 지정은행)  By Acceptance

- 선적서류 등의 서류가 개설은행(또는 지정은행)에 도착 후 Usance 기간 만기일(환어음 만기일, At Maturity)까지 개설은행(또는 지정은행)이 대금 지급.
- 환어음 발행 : L/C상에 Drawee 조항이 존재하며, By Acceptance 앞에 지정된 은행과 Drawee 일치해야 함.
- L/C Applicant 입장에서 Usance 조건이며, Beneficiary 입장에서는 Shipper's Usance 조건이라고 할 수 있음. 따라서 Beneficiary가 수출지의 자신의 거래은행으로부터 매입받기 위해서는 Usance에 대한 기간 이자를 부담해야 할 것.

**매입신용장**　　Available With By : 지정은행(또는 Any Bank)  By Negotiation

- By Negotiation 앞에 개설은행 지정될 수 없으며, By Negotiation 앞에 지정된 지정은행은 수출지 은행.
- 환어음 발행 : By Negotiation 앞에 지정된 지정은행과 Drawee 조항의 Drawee는 다름. 이유는 매입신용장은 Drawee를 대신하여 수출지의 은행이 L/C Beneficiary에게 환어음 총액(선적대금, C/I 총액과 일치)을 선결제하고, 동 대금을 향후에 Drawee에게 지급받는 신용장이기 때문임.
- By Negotiation 앞에 지정된 지정은행이 Beneficiary의 거래은행이 아니면 Re-Nego가 발생될 수 있으며, Any Bank로 된 경우에는 자유매입신용장으로서 Beneficiary가 자신의 거래은행으로 매입(추심) 신청 가능함.

# 신용장 Banker's Usance의 종류 Domestic, Overseas

〈질문〉 물품 수입하는 회사에 근무하는 무역 담당 직원입니다. 이번에 해외에서 물품을 수입하고자 하는데, 결제조건은 신용장입니다. 수입자로서 폐사가 신용장 개설은행으로부터 선적서류를 인수하면서 선적대금을 동시에 결제하는 At Sight L/C는 현금 유동성 문제로 고려하지 않고, 수입자의 선적대금 결제가 일정기간 동안 유예되는 Usance L/C를 원하고 있습니다. 그래서 은행 담당자분과 대화를 하고 있는데, Usance L/C를 언급하면서 Domestic Banker's Usance와 Overseas Banker's Usance에 대한 내용을 말해주었습니다. Banker's Usance라는 것이 수입자가 선적대금 결제를 유예받는 기간 동안의 이자를 청구받는 것이라고 알고 있는데, Domestic과 Overseas는 어떤 차이인지 모르겠습니다. Usance 이자 개념과 함께 관련 내용을 설명 부탁드립니다.

〈답변〉 **1. Usance의 의미** : Usance의 의미는 신용장 개설신청인(L/C Applicant, 이하 수입자)으로서 수입자가 선적서류(Shipping Documents)를 신용장 개설은행으로부터 인수할 때, 신용장 수익자(L/C Beneficiary, 이하 수출자)의 선적대금(C/I 총액=환어음 총액)을 Usance 기간 동안 유예받는 조건이라고 할 수 있습니다. 물론 선적서류를 인수할 때 선적대금 결제는 유예받지만, Usance 이자(e.g. 환어음 할인료 등) 등 관련 이자는 결제해야 합니다.

> **〈참고〉**
>
> 은행에서는 Shipping Documents 의미를 환어음, 우편영수증, 팩스리포트와 같은 전송 보고서를 제외한 나머지 서류를 뜻하기도 합니다. 반면 All Documents는 이러한 서류를 포함한 모든 서류를 뜻합니다.

**2. Usance 이자(Discount Charge) 이해** : 환어음을 인수해 환어음 총액(선적대금, C/I 총액)을 At Sight Basis로 수출지 은행으로 결제하면, Banker's Usance(Domestic과 Overseas로 구분)이고, 환어음을 인수 후 환어음 만기일(At Maturity)에 수출지 은행으로 환어음 총액을 결제하면 Shipper's Usance입니다.

Banker's Usance는 Drawee가 환어음을 인수하면서 즉시(At Sight Basis) 수출지 은행으로 환어음 총액을 결제한 이후에 환어음 만기일까지 수입자(L/C Applicant)에게 동 대금을 상환받습니다. 이때 Drawee로 지정된 은행이 수입자의 결제를 유예해주는 것으로 신용공여주체는 은행이 됩니다. 이러한 Banker's Usance에서는 Drawee가 수출지 은행으로 결제한 이후에 만기일까지의 기간에 대한 이자로 Usance 이자(Discount Charge)를 수입자 앞으로 청구합니다.

Shipper's Usance는 Drawee가 환어음을 인수하고 환어음 만기일(At Maturity)에 수출지 은행으로 환어음 총액을 결제합니다. 다시 말해서 수출자(L/C Beneficiary)가 수입자의 결제를 유예해주는 주체입니다. 따라서 Shipper's Usance L/C에서는 수출자가 수출지 은행을 통해서 Drawee가 만기일에 결제한 환어음 총액(선적대금)을 결제받는 것이 기본사항입니다. 그러나 수출지 은행이 Drawee를 대신해서 수출자에게 매입 진행하면, 만기일까지의 기간에 대한 이자는 환가료라는 명목으로 수출자에게 청구될 것입니다.


**3. Banker's Usance의 구분** : Banker's Usance는 Domestic Banker's Usance(이하 Domestic)와 Overseas Banker's Usance(이하 Overseas)로 구분될 수 있습니다. 먼저 Domestic은 수입자가 개설은행을 통해서 선적서류를 인수할 때, 선적대금 결제를 Usance 기간 동안 유예할 수 있도록 편의를 제공하는 은행의 위치가 국내에 있다는 뜻입니다. 즉, 신용공여 주체가 되는 은행이 국내에 있다는 뜻이라고 할 수 있습니다.

다시 말해서 수출지의 수출자가 선적 이행 후 작성하는 기한부 환어음(Usance L/C이니 기한부 환어음)을 인수하고, 선적대금을 수입자를 대신해 수출지의 은행으로 결제하는 은행으로 Drawee(지급인, 매입신용장 42A 조항)로 지정된 은행이 신용장이 개설된 국가에 위치하면 Domestic, 국외에 있으면 Overseas가 됩니다. Domestic에서 Drawee는 개설은행 자신이 될 것이며, Overseas에서 Drawee는 개설은행의 해외 지점 또는 개설은행과 거래 관계가 있는 은행이 될 것입니다.

**4. Domestic과 Overseas에서의 선적서류와 환어음 처리** : Domestic은 선적서류(Shipping Documents, 신용장 46A 조항)와 기한부 환어음 모두를 개설은행이 인수합니다. 그리고 선적서류와 신용장 내용의 불일치 여부를 확인하고 문제가 없으면 수출지 매입은행으로 선적대금을 Drawee로서 개설은행이 결제합니다. 이후 만기일(at maturity)까지 수입자가 Drawee에게 동 대금을 상환합니다.

반면 Overseas는 수출지 매입은행이 선적서류는 개설은행으로 Courier(특송)을 통해서 발송하고, 기한부 환어음은 Drawee로 지정된 개설은행의 해외 지점 또는 개설은행과 거래 관계가 있는 해외의 은행으로 발송합니다. Overseas에서의 Drawee는 수출지의 매입은행으로 기한부 환어음 총액을 기한부 환어음으로 인수하면서 결제합니다. 이때 Drawee는 개설은행으로 전달된 선적서류에 하자 유무를 확인하지 않고, 기한부 환어음을 인수하는 즉시 수출지 은행으로 환어음 총액을 결제합니다. 그런데 개설은행이 인수한 선적서류에 하자가 있어서 Unpaid 처리가 필요할 때, 수출지 은행으로 이미 환어음 총액이 지불되었기 때문에 Unpaid 처리에 문제가 될 수 있습니다.

# 🌐 Clean B/L의 의미



**46A Documents Required**

+ FULL SET OF CLEAN ON BOARD OCEAN BILL OF LADING MADE OUT TO ORDER AND ENDORSED IN BLANK MARKED FREIGHT PREPAID NOTIFY APPLICANT AND ISSUING BANK.

〈답변〉 **1. Clean B/L의 의미** : 운송서류(B/L, 화물운송장)상에 화물(Cargo)의 손상 또는 포장에 불량(훼손, 하자) 등에 대한 명시적인 언급이 기재되어 있지 않으면 무고장 운송서류, 즉 Clean B/L이라고 할 수 있습니다. 반면에 B/L상에 비고란(Remarks)을 만들어 Two Boxes Broken처럼 화물 자체 또는 화물의 포장에 불량이 있음을 나타내는 문구를 기재하면, Foul B/L, Dirty B/L 또는 Claused B/L로서 고장선하증권이라고 표현합니다. 다른 예로 10 bags torn, packaging holed(포장에 구멍), packaging contaminated(포장 오염), goods deformed(물품변형) 등에 대한 문구 역시 하자 문구가 될 수 있습니다.

**2. 신용장에서 Clean B/L을 요구하는 이유** : 수출지에서 화물이 반입지에 반입되어 선박에 선적될 당시부터 화물 자체 또는 포장에 불량이 없어야 합니다. 수출지의 Shipper가 화물을 발송할 때부터 문제가 있으면 당연히 Consignee가 인수하는 화물에는 문제가 있기 마련입니다.

**3. B/L상에 하자 문구를 기재하는 이유와 LOI(각서)** : Shipper의 Door에서 화물이 출고될 당시에는 문제가 없었으나 출항지 반입장소에 반입시점 또는 선적되는 시점에 화물 자체 또는 포장 외관에 훼손이 발견될 수도 있습니다. 이때 Shipper는 Consignee와의 매매계약서에 선적기일, 그리고 신용장에 선적기일(S/D, Latest Date of Shipment)을 준수하기 위해서는 어쩔 수 없이 선박에 화물을 On Board 해야 하는 상황일 수 있습니다. 이때 운송인은 외관상 훼손이 발생된 화물을 인수했으니 당연히 운송서류(B/L, 화물운송장)상에 손상(Damage) 문구를 기재합니다.

문제는 수출자가 이러한 Foul B/L을 은행으로 제출하면 은행이 하자처리해 수출자의 매입 신청이 거부되어 추심을 돌릴 수 있습니다. 그러면 수출자는 선적대금을 즉시 회수하지 못하니 현금 유동성이 악화될 수 있으며, 하자를 이유로 Drawee로부터 대금을 결제받지 못할 수도 있습니다(Unpaid 처리될 수도 있음).

따라서 Shipper는 손상이 있는 화물에 선적기일을 준수하고 Clean B/L을 운송인에게 발급받기 위해서, 손상에 대한 모든 책임을 커버하겠다는 각서를 운송인에게 제출합니다. 이를 LOI라고 합니다. LOI(Letter Of Intent)를 다른 의미로 해석하는 경우도 있지만, 물류에서는 운송인에게 제출하는 각서를 LOI라고 합니다.

만약에 운송인이 이러한 LOI를 받지 않고 화물에 손상이 있음에도 불구하고 Clean B/L을 발행해주면, Consignee가 운송인의 부주의로 손상이 발행되었다고 오해할 수 있고, 운송인이 Consignee로부터 클레임을 받을 수도 있습니다.


**4. UCP600 조항** : UCP는 신용장통일규칙을 뜻합니다. 모든 은행이 UCP를 준수하는 것은 아니지만, 기본적으로 신용장 업무는 UCP를 근거로 진행된다고 할 수 있으며, 600은 버전을 뜻합니다. UCP의 가장 최신 버전은 UCP600입니다.

UCP600 제27조에서는 은행은 무고장 운송서류(B/L, 화물운송장)만을 수리한다고 명시하고 있습니다. 은행은 실제로 Shipper가 화물을 포장하거나 수출 이행할 때 직접 눈으로 그 내용을 확인하지 않습니다. 그래서 운송인이 발행한 운송서류(B/L, 화물운송장)를 기초로 신용장과 일치하는 화물을 외관상 손상 없이 수출했다는 사실을 확인한다고 할 수 있습니다.

| [Article 27] Clean transport document | [제27조] 무고장운송서류 |
| --- | --- |
| A bank will only accept a clean transport document. A clean transport document is one bearing no clause or notation expressly declaring a defective condition of the goods or their packaging. The word "clean" need not appear on a transport document, even if a credit has a requirement for that transport document to be "clean on board". | 은행은 단지 무고장 운송서류만을 수리한다. 무고장 운송서류는 물품 또는 포장의 하자상태(Defective conditions)를 명시적으로 선언하는 조항 또는 부기가 없는 운송서류를 말한다. "무고장"이라는 단어는 비록 신용장이 운송서류가 "무고장 본선적재"일 것이라는 요건을 포함하더라도 운송서류상에 나타날 필요가 없다. |

# 🌐 Cable Nego 케이블 네고에 대해서

〈질문〉 폐사는 한국의 수출자(L/C Beneficiary)이며, 결제조건은 신용장입니다. 한국 제조사의 생산 스케줄 지연으로 인해서 신용장 44C S/D 조항보다 3일 정도 늦게 선적되었습니다. 사장님께서 하자(Discrepancy) 건에 대해서는 매입 신청하지 말고 Cable Nego 요청하라고 하십니다. Cable Nego가 무엇인지 설명 부탁드립니다.

〈답변〉 1. Cable Nego에 대한 이해 : Cable Nego라는 것은 수출지 은행이 인수한 선적서류에 하자가 있을 경우, 하자 내용에 대해서 개설은행으로 전신으로 연락해서 하자 건임에도 불구하고 인수하겠다는 의사를 전달받은 이후에 수출자에게 선적 대금을 결제하고, 당해 건의 선적서류를 개설은행으로 발송하는 매입을 뜻합니다. 이때 개설은행은 하자 건에 대해서 자체적으로 인수 유무를 결정하는 것이 아니라, L/C Applicant에게 인수 의사를 문의하는 것으로 알고 있습니다.

이렇게 Cable Nego가 진행되면, 수출지 은행이 하자 선적서류를 인수하면서 선적대금 결제를 Drawee를 대신해 수출자(Beneficiary)에게 선결제, 즉 매입하지 않고 추심을 돌려서 향후에 Drawee에게 선적대금을 결제받아서 수출자에게 지급하는 상황보다 수출자가 빠른 시간 이내에 선적대금 결제를 받을 수 있다는 이점이 있습니다. 물론 선적서류에 하자가 있다고 해서 수출지 은행이 무조건 수출자의 매입 신청을 거부하고 추심을 돌리는 것은 아닙니다. 하자 건에 대해서 수출지 은행이 수출자의 매입 신청을 받아들이면, 굳이 Cable Nego를 신청할 필요는 없을 것으로 사료됩니다.


**2. Cable Nego 신청서** : 하자 발생된 선적서류에 대한 Cable Nego 처리 요청은 수출자가 다음의 서류를 작성해서 수출지 은행으로 제출해야 할 것입니다.

### Cable Nego 신청서

| 신용장 내역 | |
|---|---|
| **신용장 번호** | |
| **개설은행(Swift Code)** | |
| **신청통화 및 금액** | |
| **신용장 유효기일** | |

상기 수출환어음 매입 신청 건에 대해 Cable Nego 처리해주시기 바랍니다.

20　년　월　일

신청인명 :　　　　　　　담당자명 :
전화번호 :　　　　　　　FAX번호 :

아래의 하자 사항에 대해 개설은행 앞 전문 발송을 의뢰합니다.

| 하자사항 : |
|---|
| |

# 🌐 T/T와 O/A<sup>Open Account</sup>의 차이점

<질문> 안녕하세요? 저는 중견기업에서 무역 업무를 배우고 있는 무역 초보입니다. 이번에 수출하는 건의 결제조건이 O/A라고 합니다. 그러면서 해외 수입자에게 폐사의 거래은행계좌를 전달해야 한다는데, 이게 무슨 뜻인지 모르겠습니다.

<답변> **1. T/T에 대한 이해** : T/T는 수입자가 수출자의 외국환 계좌로 계좌 이체하는 방식입니다. 이때 은행은 수입자의 송금 금액을 단순히 수출자의 계좌로 이체해주는 역할만 할 뿐 그 이상의 역할은 하지 않습니다. 설령 수입자가 수출자의 계좌로 제시간에 결제하지 않아도 은행은 책임이 없습니다.

그리고 T/T는 On Board(외국으로 나가는 배/비행기로의 적재) 이전에 선결제하는 선결제 방식(e.g. T/T in Advance)과 On Board 이후 후결제 방식(e.g. T/T 30 Days after B/L date)으로 구분되어 있습니다.

**2. O/A에 대한 이해** : O/A(Open Account)는 수출자 입장에서 선적(On Board) 이후 은행으로 외상매출채권을 판매해 은행으로부터 선적대금을 결제받는 조건이며, 수입자 입장에서는 수출지에서 선적 이후에 수출자로부터 통지받은 수출지 은행(수출자의 외상매출채권을 매입한 은행)의 계좌로 T/T 결제하는 조건입니다. 결국 O/A는 T/T 후결제에 해당되는 결제조건입니다.

O/A에서 수출자는 선적 후 선적서류(Shipping Documents) 사본(원본은 수입자에게 직접 전달)과 수출신고필증 등의 서류를 수출지 은행(수출자 거래은행)으로 제출해 수출지 은행으로부터 선적대금을 선결제받습니다. 일정 기간 이후에 수입자는 수출자의 계좌가 아닌, 수출자가 통지한 수출지 은행계좌로 동 대금을 결제합니다.

**3. O/A에서의 비소구 방식 및 소구 방식** : O/A 거래를 위해서 수출자는 일정 등급 이상의 신용도를 갖추고 있어야 합니다. 수출지 은행이 수출자의 외상매출채권을 매입한 이후에 수입자로부터 T/T 결제를 받지 못할 수 있는데, 이때 수출자에게 동 대금의 반환을 청구할 수 있습니다. 이를 소구(Recourse)라고 합니다. 수출지 은행이 비소구 방식으로 수출자의 외상매출채권을 매입할 수도 있으나, 소구 방식으로 매입한 이후에 동 대금을 수입자가 수출지 은행계좌로 결제하지 않으면 낭패입니다.

O/A 거래에서 수출지 은행이 수출자의 외상매출채권을 매입하는 조건으로 수출자에게 보증인의 보증을 추가적으로 요구할 수도 있습니다. 이때 수출자는 한국무역보험공사(K-Sure)가 보증인으로서 역할을 하는 한국무역보험공사의 '수출신용보증' 상품에 가입할 수 있습니다.

# Ⅱ. 신용장 조항

## 🌐 수출자 사기를 방지하기 위한 수입자의 요구사항<sup>FAC</sup>

〈질문〉 해외 수출자와 첫 거래하는 한국의 수입자입니다. 첫 거래임에도 불구하고, 거래물품 1개 금액이 USD500,000이라서 자금 회전 문제로 L/C Usance로 진행 예정입니다.

문제는 해외 수출자가 혹시라도 정상적인 물품이 아닌 불량 물품을 컨테이너에 적재하고, 선적서류는 신용장과 일치시켜서 대금 결제받을 수 있기 때문에 이 부분이 불안합니다(신용장 추상성의 원칙). 40ft DV 3대 물량이고 SGS로부터 Pre-Shipment Inspection의 발급에 대한 부분은 신용장 46A 조항에 추가하기로 협의한 상태입니다. 그럼에도 다소 불안한 마음을 떨칠 수가 없습니다.

수입자인 폐사 입장에서 수출자가 정상적인 물품을 선적하도록 유도 및 강제할 만한 안전장치가 있을까요?

〈답변〉 **1. L/C Applicant(이하 수입자)의 최종 인수 확인서** : L/C Beneficiary(이하 수출자)가 USD500,000에 대한 선적을 진행 후 46A 조항에서 요구하는 기본적인 서류를 은행으로 제출해 매입(또는 추심) 신청하면서 총 선적금액(USD500,000= 환어음 및 C/I 총액) 중에 일부만을 결제받고, 일부는 수입자의 Final Acceptance Certificate(FAC)를 받아서 은행에 제출하면 잔금을 결제받을 수 있도록 하는 것이 하나의 방법이 될 수 있습니다.

이 방법은 수출자 입장에서 수입자로부터 수입자의 명판/직인이 날인된 FAC를 발급받지 못하면 선적대금 중에 상당 금액을 결제받지 못하기 때문에 정상적인 물품을 선적할 수밖에 없습니다.

단, 수출자 입장에서는 수입자가 물품에 이상이 없음에도 불구하고 FAC를 고의적으로 발급해주지 않을 수도 있기 때문에 FAC를 요구하는 신용장 거래가 독소조항이 될 수 있음을 명심해야 합니다.

**2. L/C 문구** : 일반적으로 한 번의 선적에 대한 금액이 상당한 경우에는 계약금(Downpayment) 명목으로 매매계약 금액의 일부를 T/T 선결제합니다. 이후에 L/C조건하에서 선적 후 선적서류를 은행으로 제출해 중도금을 결제받고, 잔액(Balance)은 수입자(L/C Applicant)가 화물 인수 후 테스트 결과 이상 없으면 FAC를 수출자(L/C Beneficiary)에게 발행하고 수출자가 FAC를 은행으로 제출 후 결제받는 방법을 택하기도 합니다.

46A Documents Required :

**A. First negotiation for 30% of the contract value ;**
+ Signed commercial invoice, 3-fold, issued for 30% of the contract value.
+ Advance Payment Bond issued for 30% of the contract value.

**B. Negotiation for 60% of the contract value ;**
+ Signed commercial invoice, 3-fold, issued for 60% of the contract value, showing full value of the goods shipped confirming that 30% of the contract value has already been received by the Beneficiary in advance outside the L/C.
+ Full set of clean on board ocean Bills of Lading made out to the order of opening bank, marked freight prepaid, Notify the Applicant.
+ Packing List, 3-fold.
+ Insurance Certificate for 110% of goods value stating that 클레임s, if any, are payable in US Dollars at Destination.

**C. Laster Negotiation for 10% of the contract value ;**
+ 10% value against presentation of final acceptance certificate for the equipment(FAC) signed by both parties. Expiry : 15/06/19(DD/MM/YY).

# 🌐 Shipper's와 Banker's Usance 문장 이해 및 환가료

〈질문〉 폐사는 한국의 수출자이며, 상대 거래처와 신용장 조건으로 거래합니다. 대부분의 L/C 개설의뢰인(Applicant, 이하 수입자)은 At Sight L/C보다는 현금 유동성 확보를 위해서 Usance L/C를 선호하는 듯합니다. Usance L/C는 Shipper's Usance와 Banker's Usance로 구분되는 줄로 아는데, 신용장의 어떤 문구를 통해서 구분 가능한지요? 그리고 수출지에서 매입이 이루어지면 환가료가 발생된다고 하는데, 환가료의 개념을 함께 설명 부탁드립니다.

<답변> 1. Shipper's Usance 설명 : Usance의 의미는 수입자의 결제를 일정 기간 동안 유예해준다는 뜻입니다. 이때 수입자의 결제를 일정 기간 동안 유예함으로써 선적대금 결제를 Shipper인 수출자가 그 기간 동안 결제받지 못하는 것이 바로 Shipper's Usance입니다. Shipper's Usance에서 Drawee는 통상 개설은행이며, 개설은행은 선적서류와 기한부 환어음을 인수합니다.[143] 개설은행이 인수한 선적서류에 하자가 없으면 개설은행이 만기일에 기한부 환어음 대금 결제하겠다는 확약통보를 하는데, 이를 Advice of Acceptance(A/A, 인수통보)라고 합니다.

다음 문장에서 At Maturity(환어음 만기일)에 송금방식으로 송금하겠다고 하니, 이는 Drawee(Shipper's Usance에서는 개설은행)가 기한부 환어음을 전달받고 일람출금 방식(At Sight Basis)으로 결제하겠다는 뜻은 아닙니다.[144] 개설은행(Shipper's에서는 개설은행이 Drawee)이 기한부 환어음 만기일에 수출지 은행으로 대금 결제하겠다는 뜻은 수입자의 결제 유예를 Shipper가 해주는 조건으로, 이는 곧 Shipper가 Usance 기간 동안 결제받지 못한다는 뜻입니다.

**78 Instructions to the Paying/Accepting/Negotiating Bank :**

+ UPON RECEIPT OF DOCUMENTS IN COMPLIANCE WITH THE TERMS OF THE CREDIT, WE WILL REMIT THE PROCEEDS AS PER YOUR INSTRUCTIONS AT MATURITY.

**[해석]**

신용장 조건과 일치하는 선적서류를 접수하면, 개설은행은 환어음 만기일에 귀행(수출지에서 선적서류를 개설은행으로 제시한 은행)의 지시사항에 따라서 송금 진행하겠습니다.

참고로 Drawee 대신에 수출지 은행이 수출자에게 선적대금(환어음 총액)을 선지급하고, 수출지 은행이 Drawee에게 향후에 결제받기까지의 기간 이자를 '환가료'라고 합니다. 환가료를 수출자가 지불하면, Shipper's Usance에서도 수출자는

---

143) Banker's Usance에서는 개설은행과 Drawee가 다른 상황이 있으며, 이때는 개설은행이 선적서류만 인수하고 Drawee가 기한부환어음을 인수해 수출지 은행으로 대금결제합니다.

144) 기한부 환어음을 인수한 Drawee가 환어음 인수하는 즉시(At Sight Basis) 환어음 총액을 결제하는 조건은 Banker's Usance입니다.

선적 후 선적서류를 수출지 은행으로 제출 후 선적대금을 즉시 결제받을 수도 있습니다(매입).

**2. Banker's Usance 설명** : Banker's Usance에서 Drawee는 개설은행이 될 수도 있고, 수입국 밖에 위치한 은행이 지정될 수도 있습니다.[145] 일반적으로 Banker's Usance에서 Drawee는 개설은행이 아닌 제3의 은행으로써 수입국 국외에 존재합니다. 중요한 것은 Drawee가 기한부 환어음을 인수하고 개설은행이 선적서류를 인수하는데, Drawee가 기한부 환어음을 인수하고 즉시(At Sight Basis) 환어음 총액(선적대금)을 수출지 은행으로 결제한다는 문구가 있으면, Banker's Usance라고 할 수 있습니다. 반면 만기일(At Maturity)에 환어음 총액을 지급하겠다는 문구가 있으면, Shipper's Usance입니다.

---

### 78 Instructions to the Paying/Accepting/Negotiating Bank :

+ REIMBURSE YOURSELVES ON THE REIMBURSING BANK AT SIGHT BASIS REGARDLESS OF THE DRAFT'S TENOR.

**[해석]**

신용장 78 조항은 개설은행이 수출지의 지급은행 또는 매입은행에게 전달하는 내용으로서 78 조항에서 You, Your는 수출지의 은행입니다. Draft's Tenor는 Tenor of Draft로 표현할 수 있으며, 그 의미는 환어음의 지급기일입니다. Usance L/C에서는 기한부 환어음이 발행되며, Drawee가 환어음의 지급기일에 대금을 결제합니다. 그러나 상기 문장은 환어음의 지급기일과 상관없이 At Sight Basis(일람불 방식)로 상환은행(Drawee)에게 수출지 은행은 대금을 결제받으라는 의미입니다. 그렇다면 Drawee는 기한부 환어음의 만기일이 도래하기 전에 수출지 은행으로부터 기한부 환어음 인수하는 즉시 대금을 결제하니 이자가 발생됩니다. 이러한 이자를 Discount Charge(할인료)라고 하며, Discount Charge를 L/C Applicant가 청구받는 조건이 Banker's Usance입니다.

---

**3. 수출자에게 청구되는 환가료에 대한 이해** : Banker's Usance에서는 Drawee가 기한부 환어음을 인수하는 즉시 환어음 총액을 수출지 은행으로 결제합니다. 따라서 수출지 은행이 수출자에서 선적서류와 기한부 환어음을 인수하고 Drawee 대신 선결제 후 동 대금을 Drawee로부터 상환받기까지의 기간은 그렇

---

145) Banker's Usance는 Drawee의 위치에 따라서 Domestic과 Overseas로 구분될 수 있습니다.

게 길지 않습니다.

반면 Shipper's Usance에서는 수출지 은행이 수출자로부터 선적서류와 기한부 환어음을 인수하고 Drawee를 대신해 선결제하고, 동 대금을 Drawee로부터 상환받기까지는 상당한 시간이 필요합니다. 이유는 Shipper's Usance에서 Drawee는 기한부 환어음의 만기일(At Maturity)에 환어음 총액을 수출지 은행으로 결제하기 때문입니다.

Banker's Usance이든, Shipper's Usance이든, 수출지 은행은 수출자의 신용도 등에 문제가 없으면 수출자의 매입 신청을 받아주고, Drawee 대신에 선결제해줄 수 있습니다. 즉, 수출자의 매입 신청에 응합니다. 물론 환가료를 수출자에게 청구합니다. 환가료는 수출지 은행이 Drawee에게 환어음 총액을 선결제하고 Drawee로부터 동 대금을 상환받기까지의 기간에 대한 이자입니다.

이때, Banker's Usance에서의 상환 기간과 Shipper's Usance에서의 상환 기간은 상당한 차이가 있습니다. 따라서 매입이 이루어졌을 때, 수출지 은행이 수출자에게 청구하는 환가료는 Banker's Usance에서보다 Shipper's Usance에서 상당히 많을 수 있습니다.


## 🌐 선적서류 최종제시일의 연장

〈질문〉 신용장 조건으로 수출 진행하는 건이 있습니다. 신용장 조건은 다음과 같으며, 선적서류 제시일(48 조항)이 E/D보다 앞선 날짜인데 문제는 일요일입니다. 그렇다면 선적서류를 일요일 이전에 수출지 은행에 제시해야 하는 것인지, 아니면 그다음 영업일까지 제시해야 하는 것인지 확인받고 싶습니다.

<table>
<tr><td>**31D Date and Place of Expiry :**</td><td>(date) 20180817<br>(place) IN YOUR COUNTRY</td></tr>
<tr><td>**44C Latest Date of Shipment :**</td><td>20180805</td></tr>
<tr><td>**48 Period for Presentation :**</td><td>DOCUMENTS TO BE PRESENTED WITHIN 15 DAYS AFTER THE DATE OF SHIPMENT BUT WITHIN VALIDITY OF THE CREDIT.</td></tr>
</table>

〈답변〉 **1. UCP600 제29조 유효기일 또는 최종제시일의 연장** : UCP는 신용장 통일규칙이며, 600은 버전입니다. 제29조는 유효기일의 연장 또는 제시를 위한 최종일에 대한 규정으로서 a항에서 신용장의 유효기일 또는 서류제기기일의 자동연장에 대한 내용을 규정하고 있습니다.

## [Article 29] Extension of Expiry Date or Last Day for Presentation

a. If the expiry date of a credit or the last day for presentation falls on a day when the bank to which presentation is to be made is closed for reasons other than those referred to in article 36, the expiry date or the last day for presentation, as the case may be, will be extended to the first following banking day.

**[해석]**
신용장의 유효기일 또는 제시를 위한 최종일이 제36조에 언급된 사유 이외의 사유로 제시를 받아야 하는 은행의 휴업일에 해당하는 경우에는, 그 유효기일 또는 제시를 위한 최종일은 경우에 따라 최초의 다음 은행영업일까지 연장된다(참고문헌 : 전순환, 《신용장통일규칙》, 한올출판사, 2007).

## [Article 36] Force Majeure

A bank assumes no liability or responsibility for the consequences arising out of the interruption of its business by Acts of God, riots, civil commotions, insurrections, wars, acts of terrorism, or by any strikes or lockouts or any other causes beyond its control. A bank will not, upon resumption of its business, honour or negotiate under a credit that expired during such interruption of its business.

**[해석]**
은행은 천재, 폭동, 소요, 반란, 전쟁, 폭력주의의 행위에 의하거나 또는 동맹파업 또는 직장폐쇄에 의하거나 또는 기타 은행이 통제할 수 없는 원인에 의한 은행업무의 중단으로 인하여 발생하는 결과에 대하여 어떠한 의무 또는 책임도 부담하지 아니한다. 은행은 그 업무를 재개하더라도 그러한 업무의 중단 동안에 유효기일이 경과한 신용장에 의한 지급이행 또는 매입을 행하지 아니한다(참고문헌 : 전순환, 《신용장통일규칙》, 한올출판사, 2007).

**2. 서류제시기일의 자동연장** : 질문자에 의해서 제시된 신용장 48 Period for Presentation 조항에서는 선적일(The Date of Shipment, 운송서류상에 날인되는 실제의 선적일=On Board Date)을 기준으로, 15일 이내까지 선적서류를 수출지 은행으로 제시 요구하고 있습니다. 그리고 44C 선적기일(S/D)은 8월 5일이고, 31D 신용장 만기일(E/D)은 8월 17일입니다.

수출자가 8월 1일(=On Board Date)에 신용장 44E Port of Loading에서 45A Description의 물품을 선적했다면, 48 Period for Presentation 조항에 따른 선적서류 제출기일은 8월 16일입니다. 만약 8월 16일이 은행휴업일(토요일, 일요일, 공휴일)이면, 선적서류 제출기일은 자동으로 그다음 은행영업일까지 연장될 수 있습니다.

그리고 경우에 따라서는 48 Period for Presentation에 따른 선적서류 제출기일이 31D E/D보다 훗날일 수도 있습니다. 예를 들어 질문자에 의해서 제시된 신용장 상황에서 수출자가 44C S/D와 동일한 날짜인 8월 5일에 화물을 선적하면, 48 Period for Presentation에 따른 선적서류 제출기일은 8월 20일이 됩니다. 8월 20일은 31D E/D(8월 17일)보다 앞선 날짜가 됩니다. 그렇다면 48 조항은 무시하고 E/D까지 선적서류를 제출해야 합니다.

**3. 모든 은행이 UCP600 규정을 준수하지 않습니다.** 따라서 은행마다 해석이 상이할 수도 있으니 거래은행으로 다시 확인할 필요가 있는 사항입니다.

# 🌐 선적기일<sup>S/D</sup>의 자동연장 금지

〈질문〉 통지은행으로부터 신용장을 통지받았습니다. 그런데 신용장의 44C Latest Date of Shipment 조항의 선적기일(S/D)이 8월 19일 일요일입니다. 신용장 E/D와 선적서류 제시 기일이 은행휴업일인 토요일, 일요일 또는 공휴일 중에 하나라면, 다음 은행영업일까지 자동 연장되는 줄로 압니다. 그런데 선적기일 역시 토요일, 일요일 또는 공휴일 중에 하나로 지정되어 있으면, 그다음 영업일까지 자동으로 연장되는지요?

〈답변〉 **선적기일의 자동연장금지** : 신용장 E/D와 48 Period for Presentation에 의한 선적서류 제시 기일이 통상의 은행휴업일에 해당되는 경우에는 그 기일은 다음의 최초 은행영업일까지 자동 연장되는 것이 일반적입니다. 그러나 선적기일은 연장되지 않습니다. 이유는 항구와 공항업무 그리고 선박 및 항공기의 입출항은 연중 휴무가 없이 24시간 진행되기 때문입니다. 즉, 이러한 관행으로 인해 선적기일은 연장되지 않는다고 이해하면 적절할 것입니다.

---

### [Article 29] Extension of Expiry Date or Last Day for Presentation

c. The latest date for shipment will not be extended as a result of sub-article 29 (a).

**[해석]**
선적을 위한 최종일은 제29조 a항의 결과로서 연장되지 아니한다. (참고문헌 : 전순환, 《신용장통일규칙》, 한올출판사, 2007)

# 분할선적의 허용과 분할선적의 해석

〈질문〉 폐사는 수출자로서 국내 2개 제조사 물품을 공급받아서 수출합니다. 그런데 국내 제조사가 창원에 한 곳이 있고, 인천에 한 곳이 있습니다. 국내 내륙운송비 절감을 위해서 창원 공장 물품은 부산항에서 선적하고, 인천 공장 물품은 인천항에서 선적 예정입니다. 물품 생산 완료 일정이 비슷한 상황이고, 포워더 쪽으로 선적 스케줄을 문의하니 선박이 인천항과 부산항을 거쳐서 상해로 이동하는 스케줄이 있다고 합니다.

비록 신용장 43P Partial Shipment 조항에 분할선적 Allowed 되어 있지만, 동일한 목적항으로 이동하는 동일한 항차의 동일 선박에 선적해 각각 발행되는 운송서류 건 역시도 분할선적으로 인정되는지 문의드립니다.

〈답변〉 **1. 분할선적 허용과 의미** : 신용장에서 특별히 분할선적을 금지하지 않는 한 분할선적은 허용됩니다. 신용장에서 분할선적 조항은 43P Partial Shipment 조항이며, 이곳에 Allowed 또는 Prohibited 중에 하나가 선택되는데, 43P Partial Shipment 조항이 신용장에 존재하지 않는 경우에는 분할선적이 허용됩니다. 분할선적의 의미는 하나의 계약 건에 대해서 1회에 전량 선적하지 않고, 2회 이상으로 나누어서 선적하는 것을 의미합니다. 즉, 신용장 45A Description 물품을 44E Port of Loading/Airport of Departure에서 44C Latest Date of Shipment까지 2회 이상 분할해 선적하는 것을 분할선적이라고 합니다.

| [Article 31] Partial Drawings or Shipments(분할어음발행 또는 선적) |
| --- |
| a. Partial drawings or shipments are allowed. |
| **[해석]** |
| a. 분할어음발행 또는 분할선적은 허용된다. (참고문헌 : 전순환, 《신용장통일규칙》, 한올출판사, 2007) |

**2. 분할선적으로 해석되는 상황**(UCP600 제31조) : 기본적으로 운송서류(B/L, 화물운송장)는 각각의 선적 건에 대해서 별도 발행됩니다. 예를 들어 한국의 수출자가 한국 내의 물품을 부산 신항에서 8월 10일과 8월 25일에 출항하는 선박에 각각 선적하면, 각각의 선적 건에 대해서 운송서류는 각각 발행됩니다. 2건은 하나의 계약서 전체 수량(Q'ty)으로서 전량을 한 번에 선적하지 않고 2회에 걸쳐서 선적했습니다. 이때 Port of Discharge(목적항, 양하항)는 동일하지만, Port of Loading에서 화물을 선적하는 선박이 상이하고 선적일 또한 다릅니다. 그렇다면 비록 목적항이 동일하더라도 각각의 선적 건은 Port of Discharge에 일정한 시간을 두고 다른 날짜(E.T.A.가 상이함)에 도착합니다. 이러한 형태의 운송은 분할선적으로 해석됩니다.

쉽게 말해서 별도의 운송 스케줄을 가진 각각의 선박에 화물을 선적해 선적 건별로 운송서류가 발행됩니다. 따라서 각 운송서류의 Port of Discharge는 동일하지만, 별도의 선박이기 때문에 운송서류의 Vessel Name, Voyage No.는 다르며, Port of Discharge에 선박이 도착하는 E.T.A. 역시 각각 다릅니다. 설령 동일한 Port of Loading에서 같은 날 On Board되어 동일한 Port of Discharge에 도착하는 선적 건이라도 Vessel Name이 다른 선박에 선적하면 분할선적으로 해석됩니다.


**3. 분할선적으로 해석되지 않는 상황**(UCP600 제31조) : 컨테이너 정기선의 스케줄은 다음과 같이 여러 항구를 경유하면서 로테이션합니다. 아래 스케줄로 서비스하는 선박의 Vessel Name이 HYUNDAI LONG BEACH이고, 하나의 매매계약 건 총수량 중에 일부를 8월 15일에 부산항에서 선적하고, 동일한 선박에 나머지는 인천항에서 8월 19일에 선적해 2건 모두를 목적항(Port of Discharge)으로서 상하이 항구에서 양하한다고 가정해봅니다.

이 경우는 비록 각 선적 건별로 운송서류(B/L, 화물운송장)가 발행되어 Port of Loading(적재항)과 On Board Date(선적일)는 다르더라도 Port of Discharge(목적항)와 Vessel Name 및 항차(Voyage No.)가 동일합니다. 따라서 이러한 경우에는 비록 운송서류가 2회에 걸쳐서 발행되었더라도 분할선적으로 해석되지 않습니다.

| Port(head/back) | Terminal | Arrival Time | Departure Time |
| --- | --- | --- | --- |
| Long Beach, CA | TOTAL TERMINALS INTERNATIONAL – TTI | 2018/07/25 12:52 | 2018/07/28 18:06 |
| Busan | HYUNDAI PUSAN NEWPORT | 2018/08/15 06:00 | 2018/08/16 02:00 |
| Incheon | SUN–KWANG NEWPORT CONTAINER TERMINAL | 2018/08/19 10:00 | 2018/08/20 08:00 |
| Shanghai | WAI GAO QIAO TERMINAL PHASE2 | 2018/08/21 07:00 | 2018/08/22 16:00 |
| Busan | HYUNDAI PUSAN NEWPORT | 2018/08/24 22:00 | 2018/08/26 02:00 |

# 할부선적의 의미, 할부선적의 불이행 및 할부선적 내 분할선적

〈질문〉 폐사는 L/C Beneficiary(수익자, 이하 '수출자')이며, L/C Applicant(개설의뢰인, 이하 '수입자')는 다음과 같이 하나의 신용장 건에 대해서 선적 기간과 그 기간에 선적해야 할 수량을 제시하고 있습니다. 이러한 선적을 할부선적이라고 하는지요? 그렇다면 할부선적을 요구하는 이유와 1차 선적은 이행했으나 2차 선적을 불이행했을 때 어떠한 상황에 직면하는지 궁금합니다. 마지막으로 예를 들어 2차 선적 건을 2월 1일과 2월 15일 사이에 선적하면서 제시된 20 CTNs 한 번에 선적하지 못하고 2월 1일과 2월 15일 사이에 5 CTNs 선적, 그리고 15 CTNs 이렇게 분할선적 가능한지요?

**45A Descriptions of Goods :**

1st Shipment : 10 CTNs – 0101 ~ 0115
2nd Shipment : 20 CTNs – 0201 ~ 0215
3rd Shipment : 30 CTNs – 0301 ~ 0315

〈답변〉 **1. 할부선적의 의미** : 할부선적은 신용장 총액(32B Amount)과 전체 수량(45A Description)에 대해서 분할해 선적함에 있어 신용장에, 분할된 수량의 선적 시기와 각 선적 건마다 선적수량이 확정되어 있습니다. 반면 분할선적은 신용장 총액과 전체 수량에 대해서 선적기일(44C S/D) 이내에 선적 시기와 선적수량을 Beneficiary의 재량에 따라서 결정해 선적 가능합니다.[146]

**2. 할부선적 불이행의 경우** : 할부선적 일정에서 1번째 선적분으로 1월에 제시된 수량은 문제없이 선적했으나, 2월에 제시된 수량은 선적하지 못했다면, 해당 할부선적분뿐만 아니라 그 이후의 할부선적분에 대해서도 신용장 이용이 기본적으로 중지됩니다. 그리고 2월 1일부터 2월 15일 사이에 선적해야 하는 20 CTNs 전량을 선적하지 않은 경우를 포함해, 제시된 수량보다 많은 수량을 선적한 경우에도 제시된 선적일정을 미충족한 것으로 처리될 수 있습니다.

아울러 분할선적이 허용된 경우는 신용장 45A Description의 수량을 분할선적할 수도 있고 일괄선적할 수도 있지만, 할부선적이 제시된 경우에는 각 기간마다의 할부선적 전량을 일괄선적하는 것뿐만 아니라 2회 선적분을 한꺼번에 선적하는 것도 허용되지 않습니다. 제시된 선적기간 이내에 제시된 수량을 정확하게 선적해야 합니다.

**3. 할부선적을 요구하는 이유** : 수출지에서 생산된 물품은 수입자가 필요한 시점에 필요한 수량만큼 목적국에 도착해야 합니다. 그 적절한 시점에 필요한 수량만큼의 물품이 도착하지 않고 너무 빠른 시점에 도착하면 물품을 보관하기 위해서 창고를 임대해야 하고 보관 중에 물품이 변질될 수도 있습니다. 반면 물품이 필요한

---

146) 할부선적은 각각의 선적 스케줄과 그 선적 건마다 선적수량에 대해서 L/C Applicant와 Beneficiary 사이에서 합의가 이루어져 있다는 것을 의미합니다. 따라서 이러한 각각의 선적 스케줄을 준수해야 합니다. 반면 분할선적은 전체 수량의 선적기일만 존재할 뿐 각각의 선적 스케줄과 선적수량은 Beneficiary가 상황별로 판단해 결정합니다.

시점보다 너무 늦게 도착하면 생산 공정에 투입하는 적절한 시점을 놓치는 등의 문제가 발생될 수 있습니다.

따라서 수입자는 수출지에서 목적국까지의 운송시간(Transit Time)을 고려해 수출지에서 물품이 선적되어야 할 기간과 수량을 정해야 할 것입니다. 물론 이는 수입자와 수출자 양 당사자가 협의 후 할부선적 문구를 최종적으로 신용장 조항에 삽입할 수 있을 것입니다.

**4. 할부선적 내의 분할선적** : 신용장에서 할부기간 내에 분할선적과 분할청구를 금지하지 않는다면, 할부선적 내 분할선적은 허용됩니다. 할부기간 내의 분할선적과 분할청구를 금지하려면, 신용장에 반드시 할부기간 내의 분할선적과 분할청구를 금지한다는 조건이 있어야 합니다(ISBP 745 C15 a ii).

# Draft at^환어음 만기일 조항에서의 From, After 해석

〈질문〉 신용장 조건으로 수출하는 수출자입니다. 통지받은 신용장의 Draft at 조항에 90 Days From B/L Date라는 표현이 있습니다. 항상 After가 기재되어 있었는데, 이번에는 From이 기재되어 있습니다. From을 사용하는 경우 B/L Date 당일이 만기일 계산할 때 포함되는지, 아니면 미포함되는지 확인 바랍니다.

〈답변〉 **1. 만기일 결정에 사용된 From과 After의 해석** : 환어음의 만기일을 결정하기 위해서 From 또는 After를 사용할 때에는 당해 일자를 제외하는 것으로 해석합니다. 따라서 From 또는 After 뒤의 기산일(일정한 동안의 날수를 계산할 때 첫날로 잡는 날)은 환어음 만기일의 기간(e.g. 30 days, 60 days, 90 days…)에 산입되지 않습니다. 그러나 선적기간을 결정할 때 From을 사용하면 From 뒤의 기산일은 해당 기간에 포함되며, After는 선적기간을 결정할 때 사용되더라도 After 뒤의 기산일은 해당 기간에 포함되지 않습니다.

## 2. 관련 규정

| UCP 600 제3조 |
| --- |
| The words "from" and "after" when used to determine a maturity date exclude the date mentioned. |

**[해석]**
"부터(from)" 및 "이후(after)"라는 단어는 만기일을 결정하기 위하여 상용된 경우에는 언급된 당해 일자를 제외한다.
(참고문헌 : 전순환, 《신용장통일규칙》, 한올출판사, 2007)

# 협회선급약관에 등록된 선박에 화물 선적 요구하는 신용장

〈질문〉 안녕하세요? 인도로 물품을 수출하는 회사인데, 인도에서 개설된 신용장을 받아 보니 신용장 46A Required Documents 조항에서 다음의 Certificate(증명서)를 요구합니다. 무슨 말인지 모르겠습니다. 해석 부탁드립니다.

> SHIPPING COMPANY'S/SHIPPING AGENT'S CERTIFICATE THAT THE VESSEL IS REGISTERED WITH AN APPROVED CLASSIFICATION SOCIETY AS PER THE INSTITUTE CLASSIFICATION CLAUSE AND CLASS MAINTAINED EQUIVALENT TO LLOYD'S 100A1 AND THE VESSEL IS SEAWORTHY AND NOT MORE THAN 25 YEARS OLD.

〈답변〉 해석 : 협회선급약관을 이행하는 선급협회에 등록된 선박으로써 로이드(영국선급협회)의 100A1이라고 하는 등급과 동일한 선급을 유지하는 선박으로, 선령이 25년이 넘지 않는 감항성(항해에 적합한)을 갖춘 선박이라는 사실을 증명하는 증명서를 요구하고 있는 내용입니다.

수출자가 포워더를 통해서 Shipment Booking한 선박이 선급협회에 등록된 선박으로써 기타 조건을 충족하는 선박인지는 선사에게 확인받아야 합니다. 따라서 포워더를 통해서 선사에게 이 증명서 발급을 요청해야 합니다.

### 〈참고〉 LLOYD'S 100A1 의미 풀이

- **Lloyd** : 영국선급협회
- **100** : 해상운송서비스에 적합하다는 의미
- **A** : 로이드선급(Lloyd's Register) 감독하에 건조되었고, 로이드선급에 등록된 선박으로서 운항과 유지에 문제가 없이 충분한 상태를 의미
- **1** : 정박(Anchoring)과 계선(Mooring)에 문제 없이 충분한 상태를 의리

# ⊕ E/D 연장을 위한 Amend 상황에서의 수입자 대응

〈질문〉 폐사는 수입자로서 개설 신청한 L/C가 해외 수출자(Beneficiary)에게 통지 완료된 상태입니다. 수출지의 상황으로 인해서 S/D와 E/D의 연장을 수출자가 요구하고 있습니다. 이는 수입자인 폐사의 잘못으로 인한 내용이 아닌데, 수출자의 요구에 따라서 L/C Amend 신청을 해야 할까요?

〈답변〉 **1. E/D 연장에 따른 개설수수료의 발생** : 개설수수료(Term Charge)는 신용장 개설일로부터 만기일(E/D)까지의 기간에 대한 이자입니다. 수입자로서 신용장개설신청인(L/C Applicant)이 개설은행으로 신용장 개설 신청할 당시에 개설수수료는 청구되는데, 이후에 E/D를 연장하는 Amend를 신청하면, 기존 E/D부터 새롭게 설정된 E/D까지의 기간에 대해서 다시 한 번 개설수수료가 발생됩니다.

**2. 수출자의 하자 네고 신청** : 수출자의 원인 제공으로 원 신용장 E/D를 연장해야 한다면, 수입자가 개설수수료를 청구받으면서까지 L/C Amend 신청의 필요성이 없다고 사료됩니다. E/D 연장에 대한 Amend 요청을 하는 수출자에게 수출자가 하자 네고 진행더라도 현품에 하자가 없으면, 선적서류를 인수하겠다고 답하는 것이 적절할 것입니다.[147]

수출자가 하자 네고를 진행하면, 수출지 은행은 수출자의 네고 신청에 대해서 네고, 즉 매입을 진행하지 않고 추심을 돌릴 수도 있습니다. 매입 또는 추심이 진행되더라도 Discrepancy Fee(하자 비용)는 수출자에게 청구될 것이며, 매입이 이루어지면 환가료의 요율이 상승될 수 있습니다.

---

147) 물론 현품에 하자가 있더라도 선적서류에 하자가 없으면 선적서류를 인수해야 합니다(신용장 추상성의 원칙).

## 🌐 신용장에서 C/I는 개설의뢰인 앞으로 작성되어야 한다

〈질문〉 신용장 조건으로 수출하는 회사에 근무하는 사람입니다. 신용장 조건에서 C/I를 작성할 때 매번 C/I의 Consignee를 B/L의 Consignee와 일치시키고 Notify에는 Applicant를 기재했습니다. 지금까지 문제가 없었는데, 은행에서 갑자기 신용장 건에서 C/I는 개설의뢰인(L/C Applicant) 앞으로 작성되어야 한다고 합니다.

다음 신용장 46A Documents Required 조항에서는 B/L의 Consignee를 지시식, Notify에는 Applicant를 기재해 발행 요구합니다. 그리고 C/I 요구 부분에서는 Signed C/I를 요구할 뿐 개설의뢰인 앞으로 작성하라는 문구를 찾아볼 수 없습니다. 관련해 의견을 듣고 싶습니다.

> **46A Documents Required**
> + SIGNED COMMERCIAL INVOICE IN 3 COPIES.
> + FULL SET OF CLEAN ON BOARD OCEAN BILL OF LADING MADE OUT TO ORDER OF SHIPPER AND ENDORSED IN BLANK MARKED FREIGHT PREPAID NOTIFY APPLICANT.

〈답변〉 **신용장에서 C/I는 개설의뢰인 앞으로 작성** : 일반적으로 신용장 건에서 C/I의 Consignee는 B/L의 Consignee와 일치시키는 경향이 있습니다. 그러나 UCP 600 제18조에서 규정하기를 신용장에서 C/I는 신용장에서 지정된 수익자

(Beneficiary)에 의해서 개설의뢰인(Applicant) 앞으로 발행되어야 한다고 명시되어 있습니다. 따라서 신용장 수익자가 C/I를 작성함에 있어 개설의뢰인 앞으로 발행된 것임을 나타내기 위해서 'To Applicant'라는 문구를 별도로 표기하는 것이 적절해 보입니다.

<관련 규정> UCP600 제18조

a) 신용장에서 지정된 수익자에 의하여 발행된 것으로 보여야 한다.
b) 신용장의 개설의뢰인 앞으로 작성되어야 한다.
c) 신용장과 동일한 통화로 작성되어야 한다.
d) 신용장에 의하여 요구되지 않는 한, 서명될 필요가 없다.

## 🌐 신용장 조건에서 C/I 발행할 때 주의점

<질문> 폐사는 한국의 수출자이며, L/C조건으로 종종 수출 진행합니다. 신용장 46A 조항에서 '+ Commercial Invoice in 3 copies' 이렇게 간략하게 C/I를 요구하고 있습니다.

그렇다면 L/C Beneficiary(이하 '수익자')가 C/I를 발행할 때 별도의 사인을 하지 않아도 되는지요? 아울러 C/I의 Consignee는 운송서류(B/L, 화물운송장)의 Consignee와 동일하게 지시식(To order of shipper)으로 기재하고, C/I의 Notify 란을 만들어서 L/C Applicant를 넣으면 되는지요?

<답변> **1. UCP 600 규정과 C/I의 발행인** : UCP 600 제18조는 상업송장(C/I)과 관련된 내용이며, 다음과 같이 규정하고 있습니다.

a) 수익자가 발행한 것으로 나타나야 한다.

b) 개설의뢰인 앞으로 발행되어야 한다.

c) 신용장과 같은 통화로 발행되어야 한다.

d) 서명될 필요는 없다.

C/I에는 기본적으로 서명이 필요 없으나, 수익자가 C/I를 발행한 것으로 보여야 합니다. 따라서 C/I를 요구하는 문구에 특별히 Signed Commercial Invoice를 요구하지 않더라도 수익자가 발행한 것처럼 보일 수 있도록 수익자가 사인하는 것이 적절해 보입니다. 단순히 C/I의 Shipper가 수익자와 일치한다고 해서 C/I를 수익자가 발행했다고 보지 않는다는 뜻입니다.

**2. C/I는 개설의뢰인 앞으로 발행되어야** : UCP 600 제18조에 따라서 L/C에서 C/I는 수익자가 개설의뢰인 앞으로 발행한 것과 같이 보여야 하기 때문에, C/I에 'To Applicant'라는 문구를 별도 삽입해 UCP 600 제18조의 규정을 충족했음을 나타내는 것이 가장 적절해 보입니다.

**3. 신용장 통화로 C/I 발행해야** : 신용장의 통화(Currency)는 USD인데, 수익자가 발행한 C/I에는 USD 대신에 $이 표기되는 경우가 있습니다. $는 달러 표기로 USD인지 AUD, CAD인지 알 수 없습니다. 따라서 $의 표기는 하자 사유가 될 수도 있으니 주의가 필요합니다.

**4. C/I의 제목** : 상업송장(C/I)은 견적송장으로서 Proforma Invoice(P/I)와 분명히 다른 서류입니다. 따라서 L/C에서 C/I를 요구하는데, C/I 대신에 제목이 Proforma Inovice로 된 서류를 제시하면 수리되지 않습니다. 그리고 L/C에서 Commercial Invoice를 요구하는데, Commercial(상업)이라는 단어를 제외하고 제목에 Invoice라고만 되어 있어도 수리됩니다(ISBP 745 C1).

# 🌐 L/C에서 요구하지 않는 샘플, 무상 물품 등의 C/I 기재

〈질문〉 신용장에서 특정 상품의 모델 A를 100 CTNs 선적 요구합니다. 그런데 폐사는 수출자로서 상대 수입자와의 지난 거래에서 동일 상품 동일 모델 A를 2 CTNs 선적하지 못했습니다. 그래서 이번에 L/C에서 요구하는 모델 A 100 CTNs과 함께 지난 선적에서 누락된 동일 모델 A 2 CTNs을 무상 발송하고자 합니다.

| C/I Description | | | |
|---|---|---|---|
| Item | Q'ty | U'price | Amount |
| Model A | 100 CTNs | USD 10.00 | USD 1,000.00 |
| Model A | 2 CTNs | USD 5.00 | Free of Charge |
|  |  | Total Amount | USD 1,000.00 |

상기와 같이 C/I를 작성해서 은행에 제시하면 문제가 될까요?

〈답변〉 ISBP 745 C12 조항에서는 신용장에서 요구되지 않는 물품, 서비스, 의무이행은 C/I에 표기해서는 안 된다고 규정합니다. 비록 무료의 샘플이나 광고물 그리고 신용장에서 요구된 물품이라도 추가적인 물품의 수량은 수리되지 않습니다.

무상의 물품을 허용하지 않는 이유는 신용장에서 요구하지 않는 추가적인 물품을 선적함으로써 목적국에서의 통관이 지연될 수 있고, 물류비와 포장비의 상승이 발생될 수 있으며, 물품의 보관료 등 추가적인 비용이 발생될 수 있기 때문이라고 합니다.

## ISBP 745 C12

송장에서는 다음이 표시되지 않아야 한다.

a. 초과선적(다만 UCP600 제30조 제b항 규정 제외), 또는

b. 신용장에서 요구되지 않은 물품, 서비스 또는 의무이행, 이는 송장이 신용장에서 요구되는 물품, 서비스 또는 의무이행에 추가되는 수량이나 견본 및 광고용품을 포함하고 있다면 그것들이 무료라고 기재된 경우에도 적용된다.

"

# 해상 B/L 건에서 As Carrier로 발행 요구

〈질문〉 저는 포워더에게 근무 중입니다. 폐사의 B/L 양식은 우측 하단 서명 란에 ACTING AS A CARRIER로 되어 있습니다. 실제 B/L을 발행할 때는 ACTING AS A CARRIER, ABC LINE으로 Carrier로서 선사명을 기재합니다. 그런데 유독 L/C 거래를 하는 수출자 중에 AS Carrier 문구를 넣고, 포워더인 폐사 회사명 및 서명할 것을 요구하는 업체가 있습니다. 폐사는 포워더, 즉 복합운송주선업자입니다. 포워더 역시 Carrier(운송인)이 될 수 있는지 의문이며, 왜 L/C 거래하는 수출자는 AS Carrier가 기재된 B/L을 요구하는지 설명을 듣고 싶습니다.

〈답변〉 복합운송주선인으로서 포워더가 무역회사(화주)에게 발행하는 House B/L의 이면에는 Carrier의 의미가 정의되어 있습니다. 여기에서 Carrier의 의미는 선사가 아닌 B/L의 표면에 표기된 운송인으로서 화주와 복합운송계약을 체결하고 계약을 이행하는 자라는 표현을 사용하고 있다면, Carrier를 선사가 아닌 포워더로 해석하는 것이 맞는다고 사료됩니다. 따라서 포워더가 화주에게 발행하는 B/L에 AS Carrier를 넣고 포워더의 회사명과 서명 날인해도 잘못된 B/L의 발행은 아니라고 생각합니다.

## 선하증권 이면 약관

**Definitions**
"Carrier" means the person who is named on the front of this B/L as a carrier, concludes a multimodal transport contract with the Merchant and assumes responsibility for the performance thereunder.

**[해석]**
"운송인(Carrier)"이라 함은 본 선하증권의 표면에 운송인으로 표기된 자로서 화주와 복합운송계약을 체결하고 그 계약 이행의 책임을 지는 사람을 말한다.

# L/C에서 비특혜 C/O의 Exporter와 Consignee

〈질문〉 폐사는 한국에 위치한 L/C Beneficiary입니다. L/C 46A 조항에서 상공회의소에서 발행된 C/O를 요구합니다(+Certificate of Origin issued by Chamber of Commerce in South Korea).

문제는 비특혜 C/O의 발급 신청을 상공회의소 무역인증서비스센터에 서명등록되어 있는 제조사가 진행한다는 것입니다. 그렇다면 비특혜 C/O의 Shipper가 발급 신청한 제조사의 이름으로 기재되어 발행될 것인데, 신용장에서 하자 사유가 될 수 있는지요?

아울러 비특혜 C/O의 Consignee를 운송서류(B/L, 화물운송장)의 Consignee처럼 지시식(To order of Shipper 등)으로 발급받아야 하는지요?

〈답변〉 **1. 비특혜 C/O의 송하인(Exporter)** : 한국에 위치한 상공회의소 무역인증서비스센터로 비특혜 C/O를 신청하는 자는 서명(Signature) 등록된 자로서 수출신고필증의 수출화주(대행자) 또는 제조사 중 하나가 될 수 있습니다.[148] 그리고 비특혜 C/O를 발급 신청하는 자가 발행되는 비특혜 C/O의 Exporter로 기재됩니다.

UCP 600 제14조 k항에서는 모든 서류상에 표시된 상품 선적인 또는 송하인은 신용장의 수익자일 필요가 없다고 규정합니다. 아울러 ISBP 745 L6 조항에서도 이러한 내용을 뒷받침하고 있습니다. 따라서 L/C Beneficiary와 비특혜 C/O의 Exporter의 상호는 달라도 하자처리되지는 않을 것으로 보입니다.

| ISBP 745 L6 |
| --- |
| 원산지증명서는 신용장의 수익자 또는 모든 다른 요구서류에 보이는 선적인이 아닌 자를 송하인 또는 수출자로 표시할 수 있다. |

---

148) 무역인증서비스센터라는 기관으로 발급 신청해 발급받는 비특혜 C/O는 수출신고필증이 발급된 이후에 신청 가능합니다. 그리고 수출신고필증의 내용을 근거로 비특혜 C/O가 발행됩니다.

**2. 비특혜 C/O의 수하인(Consignee)** : 대한상공회의소 무역인증서비스센터에서 발행되는 비특혜 C/O의 Consignee는 기본적으로 기발행된 수출신고필증의 구매자와 동일하게 발행된다고 할 수 있습니다. 그리고 ISBP 745 L5 조항에서 운송서류의 Consignee가 지시식(예 : To order of Shipper)으로 요구되더라도 원산지증명서에는 수익자를 제외한 신용장에 명시된 어떠한 실체(예 : 개설의뢰인)가 수하인으로 나타날 수 있다고 규정합니다. 따라서 신용장에서 요구되는 비특혜 C/O의 Consignee 부분에는 신용장 개설의뢰인이 기재될 수 있을 것으로 판단됩니다.

**ISBP 745 L5**

수하인의 정보사항이 표시되는 경우, 운송서류의 수하인 정보사항과 상충하지 않아야 한다. 그러나 신용장이 'to order', 'to the order of shipper', 'to order of issuing bank', 'to order of nominated bank(or negotiating bank)' or 'consigned to issuing bank'로 운송서류를 요구하는 경우, 원산지증명서는 수익자를 제외한 신용장에 기명된 누구든 수하인으로 표시할 수 있다.

## 🌐 지시식 B/L<sup>선하증권</sup>의 발행과 배서인의 배서<sup>백지·기명식·지시식 배서</sup>

〈질문〉 B/L을 흔히 유가증권이라 하는데, 유가증권의 의미를 알고 싶습니다. 그리고 기명식과 지시식이 무엇인지와 지시식 B/L이 발행되었을 때 배서인이 배서하는 방법에 대해서도 알고자 합니다.

〈답변〉 **1. 유가증권의 의미, 화물의 소유권과 Consignee 권리** : 유가증권이라는 서류를 소지한 자가 유가증권상 기재된 화물의 소유권을 주장할 수 있습니다. 유가증권으로서 B/L을 소지한 자는 외국으로 나가는 선박에 On Board되어 B/L 상에 기재된 화물의 소유권을 주장할 수 있으며, 최초 B/L 소지인으로서 Shipper는 수입자에게 해당 화물의 대금결제를 받고 화물의 소유권을 이전할 때 B/L을 그대로 전달합니다. 물론 B/L 전달, 즉 소유권을 이전하고 대금을 결제받을 수도 있습니다.

이때 화물의 소유권 이전과 Consignee 권리 이전은 별도의 개념으로 인식해야 합니다. B/L Consignee 의미는 목적국에 도착한 화물을 인수하는 수하인입니다. 물론 실무에서 B/L Consignee 의미는 D/O 요청 가능한 자로 해석되는 경우가 많습니다.

B/L을 Shipper에게 전달받았다는 의미는 화물의 소유권 이전이 이루어졌다는 의미입니다. 그러나 B/L을 소지한 자가 목적국에 도착한 화물을 인수하기 위해서는 B/L Consignee가 되어야 합니다. 다시 말해서 B/L을 소지한 자의 상호와 Con-signee의 상호가 일치해야 목적국에 도착한 화물을 목적국의 보세구역에서 반출하기 위한 D/O의 발행을 목적국 운송인에게 요청할 수 있습니다.

**2. 기명식과 지시식 B/L** : 유가증권으로서 B/L Consignee는 기명식 또는 지시식으로 발행 가능합니다. 기명식은 B/L이 발행될 당시부터 목적국에서 화물 인수하는 자가 지정된 경우인데, 기명식 B/L이 발행되면 배서를 통해서 Consignee 권리 이전은 되지 않습니다. 반면에 지시식으로 발행되는 경우(지시식은 대부분 신용장 건에서 발행)는 배서인의 배서를 통해서 Consignee 권리 이전이 가능한 B/L입니다. 물론 기명식 및 지시식 B/L 모두 Surrender 처리되지 않는 이상 화물 소유권이 Consignee로서 D/O를 요청하는 자에게 이전되어야 Consignee가 D/O 요청해서 화물 인수 가능합니다.[149]

**3. 배서인과 피배서인** : 지시식 B/L의 Consignee를 보면 배서인이 누구인지 확인 가능합니다. B/L의 Consignee와 배서 방법은 신용장 46A 조항에서 B/L을 요구

---

149) 유가증권 상태의 B/L이 Surrender 처리되거나(Surrendered 또는 Telex Released 날인), 애초 발행될 당시부터 소유권이 Surrender 처리되는 SWB가 발행된 상황에서는 화물의 소유권자가 존재하지 않습니다. 따라서 운송서류의 Consignee가 목적국의 운송인에게 운송비를 결제하면 D/O 요청 가능합니다. 물론 D/O 요청하는 자와 운송서류의 Consignee는 일치해야 합니다. 아울러 Surrender 처리된 운송서류는 오직 기명식으로만 발행 가능합니다.

하는 문장을 확인해야 알 수 있습니다. 배서 방법은 백지배서, 기명식 또는 지시식 배서 중 하나가 제시되어 있을 것입니다.

| B/L Consignee | 배서인 | 배서 방법 |
|---|---|---|
| To Order | Shipper | – 배서인은 백지배서, 기명식배서 또는 지시식배서 중에 하나의 방법으로 배서할 수 있음. |
| To Order of Shipper | Shipper | |
| To the Order of 개설은행 | 개설은행 배서<br>Shipper 배서 하지 않음 | – 배서는 지시식 B/L 발행 건에 대해서만 배서인이 배서하는 것이며, 기명식 B/L에는 기본적으로 배서하지 않음. |

**a) 백지 배서** : 다음 문장은 B/L Consignee를 To Order of Shipper로 기재요구 하고 있습니다. Consignee가 Shipper의 지시식이기 때문에 Shipper가 B/L을 은행에 제시하면서, 즉 화물의 소유권을 이전하면서 동시에 Consignee로서 권리 역시 이전해야 합니다.[150] 따라서 배서인으로서 Shipper가 배서해야 하는데, 배서 방법은 백지배서(Endorsed in Blank, 피배서인 지정하지 않음)를 요구합니다. 결국, Shipper의 명판/직인만을 B/L 이면에 날인한 후에 B/L을 은행으로 제시하면 화물의 소유권과 Consignee 권리 이전이 됩니다.

---

**46A Documents Required**
+ FULL SET OF CLEAN ON BOARD OCEAN BILL OF LADING MADE OUT TO ORDER OF SHIPPER AND ENDORSED IN BLANK MARKED FREIGHT PREPAID NOTIFY APPLICANT.

---

**b) 기명식 배서** : B/L Consignee를 To Order로 요구합니다. 이 또한 Shipper를 배서인으로 요구하는 것이기에 배서 방법에 대해서도 언급되어 있습니다. Endorsed to ABC Company는 ABC라는 특정 회사를 피배서인으로 지정해 배서인이 B/L 이

---

150) B/L의 최초 소지인은 Shipper이기 때문에 최초 화물의 소유권자는 Shipper입니다. Shipper가 B/L을 은행으로 제시하면 화물의 소유권은 Shipper에서 은행으로 이전됩니다. 그리고 B/L Consignee 역시도 Shipper의 지시에 의해서 지정(To order of Shipper)되는 조건이니 Shipper가 배서해야 Consignee로서 권리(D/O 발행 요청 권리) 역시 B/L을 인수하는 자(은행)에게 넘어갑니다.

면에 배서하는 것입니다.

배서인은 B/L 이면에 'To ABC Company'를 기재하고 배서인 자신의 명판/직인을 날인하면 됩니다.

**46A Documents Required**
+ FULL SET OF CLEAN ON BOARD OCEAN BILL OF LADING MADE OUT TO ORDER AND ENDORSED TO ABC COMPANY MARKED FREIGHT PREPAID NOTIFY APPLICANT.

**c) 지시식 배서** : 아래의 문장 역시 B/L Consignee를 To Order로 요구하기에 배서인은 Shipper가 됩니다. 배서인으로서 Shipper는 B/L 이면에 배서할 때 'To Order of A Bank'를 기재하고 배서인의 명판/직인을 날인하는데, 이를 지시식 배서라고 합니다.

**46A Documents Required**
+ FULL SET OF CLEAN ON BOARD OCEAN BILL OF LADING MADE OUT TO ORDER AND ENDORSED TO THE ORDER OF A BANK MARKED FREIGHT PREPAID NOTIFY APPLICANT.

# Ⅳ. 신용장 거래의 다양한 사례

## 🌐 L/G와 D/O 발행 그리고 Shipper의 확인서

〈질문〉 베트남 수출자와 L/C 거래로 수입하는 한국의 수입자입니다. 컨테이너 45ft DV 1대가 부산에 도착했는데, 선적서류가 아직 개설은행에 도착하지 않아서 L/G 신청해서 포워더에게 L/G 원본을 제시하면서 D/O 요청했습니다. 그런데 포워더에서는 L/G로는 D/O 못 내주고 Shipper의 확인서를 요구합니다.

타 회사와도 L/C 거래를 지속적으로 해왔고, L/G 받아서 포워더에게 D/O 요청하면 Shipper의 확인서 제출을 요구하는 경우는 없었습니다. 그런데 왜 이번에는 Shipper의 확인서를 요구하는지 모르겠습니다. 이번 수입 건의 가격조건은 CFR이고 해상 FCL 건입니다. 설명 부탁드립니다.

〈답변〉 **1. L/G는 은행의 보증서** : 화물에 대한 D/O를 발행하는 자는 수입지의 운송인이며, 운송인이 운송서류(B/L, 화물운송장) Consignee의 요청에 의해서 D/O를 내줄 때는 D/O 요청자가 화물의 소유권을 인수했는지 그리고 운송서류상의 Consignee와 일치하는지 반드시 확인해야 합니다.

L/G를 신용장 Applicant(이하 수입자)가 개설은행으로부터 발급받아서 수입지 운송인에게 제시했다는 뜻은, 유가증권으로서 B/L이 발행되는 신용장 건에서 수입자가 아직 B/L을 인수하지 못했다는 뜻입니다. 그 의미는 On Board 화물의 소유권이 최종적으로 수입자에게 넘어오지 않았다는 뜻이며, 최초 화물의 소유권자로서

B/L을 수출지 운송인에게 발급받은자(수출자)가 B/L을 은행으로 제시조차 하지 않은 상태일 수 있습니다. 즉, 화물의 소유권이 신용장 Beneficiary(이하 수출자)에 의해서 은행으로 이전조차 되지 않았다는 의미가 될 수도 있습니다. 그렇다면 수입지 운송인 입장에서는 수입자가 L/G로 D/O 요청할 당시에 B/L 소지인으로서 화물의 소유권자가 수출자일 수도 있기 때문에 L/G만으로는 D/O를 발행할 수 없습니다.

은행의 보증서인 L/G가 그 효력을 발휘할 수 있는 상황은 화물의 최초 소유권자로서 수출자가 유가증권 B/L을 은행에 제시 완료한 상황이어야 합니다.

많은 분들께서 신용장 거래에서는 화물의 주인을 은행으로 압니다. 그러나 아무리 신용장이라도 B/L을 수출자가 은행으로 제시하지 않고 수출자가 신용장 하에서 발행된 B/L을 소지하고 있다면, 화물의 소유권자는 수출자입니다. 따라서 L/G만으로 수입지 운송인이 D/O를 내주는 것에는 무리가 있습니다.

**2. 물류에서 포워더 지정의 중요성** : 물류에서 포워더 지정은 대단히 중요합니다. CFR 거래는 포워더를 수출자가 지정(Nomi)합니다. 그러면 물류 서비스하는 포워더는 수출자의 협력사가 됩니다. 결국, C조건(및 D조건)에서 포워더는 수출자를 위해서 일하는 것이고, 수입자를 위해서 일하지 않습니다.

수출자의 협력사인 포워더가 수입자의 L/G 제시만으로 D/O를 발행하는 것에는 신중할 수밖에 없고, 그 이면에는 수출자의 입김이 일정 부분 반영되었을 수도 있습니다.

# 운송시간이 짧은 경우 발생되는 비용과 수입자의 사전 조치

〈질문〉 가격조건 CFR, 결제조건 L/C로 40ft DV(Dry Container) 5대 물량을 베트남에서 한국 인천항으로 운송 완료했습니다. 수입신고필증은 발행된 상태인데, 문제는 유가증권으로서 B/L 등의 선적서류 원본이 개설은행에 미도착한 상황입니다.

그래서 L/G 발급받아서 포워더에게 제시하니, 유가증권으로서 B/L의 제시 없이는 D/O를 내줄 수 없다고 합니다. 그렇다면 CY 내에서 Storage Charge와 Demurrage Charge가 발생될 것인데, Free Time 연장을 수출자가 자신이 지정한 포워더에게 지금이라도 연장 요청할 수 없는지요?

**〈답변〉 1. FCL 건에서의 CY 발생 비용과 Free Time 연장 신청 시점** : CY에 반입된 컨테이너는 반입일로부터 반출되는 날까지 터미널에서 Storage Charge와 COC(Carrier's Own Container)를 사용했을 때 선사에서 Demurrage Charge를 청구합니다. 터미널은 조속한 컨테이너 반출이 이루어져야지만 다른 화주의 컨테이너가 반입될 수 있기 때문이며, 컨테이너 소유사로서 선사는 해당 컨테이너가 조속히 반출되어야지만 회수도 빨라지고 다른 화주에게 임대해 또 다른 수익을 창출할 수 있습니다.

물론 터미널 및 선사 모두가 Free Time을 제시합니다. 그런데 제시된 Free Time의 연장 협상은 터미널이 제시하는 Storage의 경우는 일반적으로 불가하고, 선사가 제시하는 Demuurage에 대해서는 수출지에서 선적 전에 수출지 포워더가 선사에게 요구해 협상하는 것이 긍정적인 결과를 얻는 일반적인 협상 시점이라고 할 수 있습니다. 컨테이너가 이미 목적항의 CY에 반입된 상황에서는 Demurrage에 대한 Free Time 연장 요청에 대해서 긍정적인 결과를 얻기는 어려울 수 있습니다.

**2. L/G를 인정하지 않는 포워더와의 거래** : 수출자가 포워더를 지정하는 C 또는 D조건으로 수입하는 상황에서 수입자는 포워더의 협조를 얻기 어렵습니다. 여기에 L/C 건으로서 L/G를 인정하지 않는 포워더라면 운송시간이 짧은 건의 수입에서 수입자는 Storage Charge와 Demuurage Charge를 청구받을 수 있고, 추가적으로 국내 제조사에게 공급하는 시기를 맞추지 못해서 제조사로부터 클레임까지 받을 수도 있습니다. 따라서 가격조건을 수입자가 포워더를 지정하는 조건(EXW, F-Terms)으로 변경하지 않고 거래를 지속(Selling Power가 큰 경우, 수출자는 C조건으로 수출을 고집할 수도 있음)할 때 그리고 수입지 포워더가 L/G를 인정하지 않을 때, 수입자가 L/C의 내용으로 수출자의 선적서류 제출을 앞당길 수도 있습니다.

**3. 신용장 48 Period for Presentation 조항** : 선적서류의 제출 기한을 제시하는 조항으로서 On Board Date를 기준으로 기본 21일이 제시됩니다. 이 기한을 5일 등으로 촉박하게 제시하는 방법이 있습니다. 물론 신용장 46A Documents Required 조항에서 C/I, P/L, B/L 이렇게 기본적인 선적서류만을 요구해야 가능합니다. 발급받기까지 상당한 시간이 발생되는 기타의 서류가 요구되면, 수출자가 거부 의사를 밝혀서 L/C Amend 요청할 수도 있습니다.

## 🌐 L/G<sup>수입화물선취보증서</sup> 신청 후 하자서류 도착하는 경우

〈질문〉 L/C조건으로 수입하는 한국의 수입자입니다. 해상운송으로 수입하는 건이 있는데, 화물이 부산항에 도착했음에도 불구하고 선적서류가 개설은행에 도착하지 않아 L/G 신청하려고 합니다. 폐사는 Transit Time이 30일 이상인 유럽에서 한국으로 해상수입하기 때문에 L/G 신청은 이번이 처음입니다.

**〈답변〉 1. L/G 신청 서류** : 수입화물선취보증신청서, 선하증권(또는 항공화물운송장) 사본, 상업송장 사본 및 기타 필요한 서류가 있습니다. 아래는 수입화물선취보증신청서의 내용이며, 선하증권 및 상업송장을 기초로 작성됩니다.

신청서를 L/C Applicant(신용장 개설의뢰인)가 작성해, 개설은행으로 제출하면 개설은행이 신청서에 개설은행의 명판/직인을 날인 후, 신청인에게 전달합니다. L/G 신청인으로서 신용장 개설의뢰인은 L/G를 신청하기에 앞서 수출지의 신용장 Beneficiary에게 선하증권 및 상업송장 등의 선적서류를 이메일로 Shipping Advice(선적통지)라는 이름으로 전달받아야 합니다.

| 수입화물선취보증신청서<br>(Application For Letter of Guarantee, 일부 내용 발췌) | | |
|---|---|---|
| 선박회사명(Shipping Co.) | 신용장(계약서)번호(L/C NO.) | L/G 번호(L/G NO.) |
| | 선하증권번호(B/L NO.) | |
| 송하인(Shipper) | 선박명(Vessel Name) | |
| | 도착(예정)일(Arrival Date) | |
| 상업송장금액(Invoice Value) | 항해번호(Voyage No) | |
| 선적항(Port of Loading) | 도착항(Port of Discharge) | |
| 인수예정자(Party to be Delivered) | 수하인(Consignee) | |
| 화물표시 및 번호(Nos. & Marks) | 포장수(Packages) | 상품명세(Description of Goods) |
| | | |
| | | |

**2. L/G 발행 후 원본 선적서류에 하자가 있는 경우** : 신용장 개설의뢰인으로서 수입자가 작성하는 수입화물선취보증신청서에는 다음의 내용이 명시되어 있습니다.

> "본인은 위 수입화물에 관한 관계 선적서류가 도착할 때는 신용장 조건과의 불일치 등 어떠한 흠에도 불구하고 이들 서류를 반드시 인수하겠습니다."

이러한 문구가 명시된 신청서에 개설의뢰인이 직접 서명 날인해 개설은행으로 L/G 신청서를 제출하고 L/G를 발급받았으니, L/G 발행 후 하자가 있는 선적서류가 개설은행에 도착하더라도 선적서류를 인수해야 합니다. 그리고 L/G를 기초로 수입지 운송인에게 D/O를 요청해 인수한 화물에 손상 또는 계약과 상이한 내용으로서 불량 등의 문제가 있더라도 이를 이유로 은행으로 클레임 및 이후에 도착하는 선적서류의 인수를 거부할 수 없습니다(신용장 추상성의 원칙).

## 🌐 선적서류 하자에 대한 개설은행의 조치

〈질문〉 신용장 거래 중인 수익자(이하 Beneficiary)입니다. 이번에 새로운 신용장을 받았는데, 47A 조항에 다음과 같은 내용이 기재되어 있습니다. 관련해 해석 부탁드립니다.

**47A Additional Conditions :**

+ IF DISCREPANT DOCUMENTS ARE PRESENTED TO US, WE WILL GIVE NOTICE OF REFUSAL AND HOLD DOCUMENTS AT PRESENTER'S DISPOSAL. HOWEVER, IF WE HAVE NOT RECEIVED ANY PRIOR INSTRUCTIONS FROM PRESENTER PRIOR TO RECEIPT THE APPLICANT'S A WAIVER OF DISCREPANCIES, DOCUMENTS MAY BE RELEASED TO THE APPLICANT. IN SUCH EVENT WE WILL HAVE NO LIABILITY TO THE PRESENTER IN RESPECT OF SUCH RELEASE.

<답변> **1. 해석** : 하자가 존재하는 선적서류를 당행(US, 신용장에서 We, Our, Us는 개설은행)이 제시받은 경우, 개설은행은 지급 거절 통보를 할 것이며, 서류 제시인 (Presenter, 수출지의 매입/지시은행)의 처분에 따라 서류를 보유할 것입니다. 그러나 서류 제시인으로부터 어떠한 사전 지시사항을 당행이 접수하지 못한 상태에서, 하자에 대한 개설의뢰인의 권리 포기(즉, 하자가 있음에도 하자를 승인하고 서류를 인수하는 것)가 접수되면, 선적서류는 개설의뢰인에게 인도될 것입니다. 이러한 상황이 발생되었을 때 당행은 서류 인도에 대해서 서류 제시인에게 어떠한 책임도 없습니다.

**2. 하자 네고에 대한 수출자의 조치** : 신용장에서 요구하는 내용과 일치하는 선적서류를 수출자가 수출지 은행으로 제시하는 것을 클린 네고라고 하며, 불일치하는 서류를 제시하는 것을 하자 네고라고 합니다.

하자 발생된 선적서류를 수출자가 수출지 은행으로 제시하면서 추심이 아닌 매입을 신청하고 수출지 은행이 매입을 진행할 때, 환가료의 요율이 상승될 수 있고 하자 Fee가 발생될 것입니다. 그런데 수출자의 서류 제시에 대해서 수출지 은행이 매번 하자 내역을 100% 발견하는 것은 아닙니다. 이후에 개설은행이 하자를 발견할 수도 있습니다.

이렇게 수출지에서 수출자가 매입(추심) 신청할 때부터 하자가 발견된 건에 대해서는 수출자가 수입자에게 별도로 하자 발생의 사유를 적절히 설명하는 이메일을 전달해서, 개설은행으로부터 수입자가 하자가 있는 선적서류 도착을 통지받더라도 인수할 수 있도록 사전 조치를 취하는 것이 좋겠습니다.

# ⊕ 추상성의 원칙을 잠재울 수 있는 방법, 항공운송

〈질문〉 항공화물을 L/C조건으로 수입하고자 합니다. L/C는 추상성의 원칙 때문에 L/C Beneficiary가 L/C조건과 일치하게 46A Field의 서류를 은행에 제출하면, 선적대금을 결제받을 수 있다고 압니다. 이러한 L/C의 맹점을 이용해 수출자가 포장재 내부에 돌을 넣고 수출하고도 은행으로부터 선적대금을 결제받고, 잠적해 수입자가 낭패에 빠지는 사례가 있다고 들었습니다.

중량과 부피가 크지 않지만, Value는 높은 제품을 수입합니다. 그래서 운송수단을 항공으로 선택해 신용장을 개설했는데, 신용장의 추상성의 원칙이 걱정됩니다. 폐사의 선택에 대한 의견을 듣고자 합니다.

〈답변〉 항공화물은 수출지 공항 보세창고에 반입되는 과정에서 거의 100% X-ray 검사 및 Weighing이 이루어집니다. 이렇게 항공화물은 수출지 공항창고(반입지)에서 X-ray검사가 진행되기 때문에, 수출신고 및 Packing List상의 물품과 상이한 물품의 반입이 어려울 것입니다. 그리고 Packing List를 기초로 수출신고된 수출신고필증의 중량과 공항창고에서 반입되는 과정에서 Weighing 하는 중량은 기본적으로 일치해야 한다는 점에서도 서류상의 물품과 상이한 물품의 반입은 어렵습니다.

반면에 해상 LCL 건은 반입지로서 수출지 CFS가 지정되며, CFS에서 반입되는 과정에서 X-ray검사 및 Weighing하지 않습니다. 따라서 수출자가 포장재 내부에 수출신고된 물품과 상이한 무엇을 넣고 포장해 CFS 반입 및 On Board된 이후에 B/L을 발급받아서 기타의 선적서류와 함께 은행으로 제출 후 선적대금을 결제받을 수 있습니다.

# 🌐 하나 선적 건에 대한 분할 결제<sup>신용장</sup>

〈질문〉 신용장 담당자입니다. 신용장 건의 결제를 수출지에서 Beneficiary(이하 수출자)가 선적 후 선적대금의 70%를 지급받고, Applicant(이하 수입자)가 화물 인수 후 검수 완료하면 잔금을 수출자가 은행을 통해서 결제받을 수 있도록 진행하고자 합니다. 이와 같은 형태로 신용장 업무가 가능하다면, 신용장에 어떤 문구가 들어가야 하는지 알고 싶습니다.

거래물품이 기계 설비라서 수입지 공장에 설치 후 정상적으로 작동되는지 확인 후에 수출자가 잔금을 결제받을 수 있도록 하고 싶습니다.

〈답변〉 **1. 신용장 분할 결제** : 하나 선적 건의 선적대금을 2회에 나누어서 수출자가 은행으로 대금 청구하는 형태의 신용장 거래는 실무에서 이루어지고 있습니다. 그러나 다음과 같이 신용장이 애초 개설될 당시부터 분할 결제에 대한 문구가 신용장에 기재되어 있어야 합니다.

**2. 신용장 46A Documents Required 삽입 문구** :

**46A Documents Required :**

**A. Documents for 70 Percent Payment.**
1. Draft for 70 Percent of the Commercial Invoice Value.
2. Signed Commercial Invoice 3 Copies.
3. Full Set of Clean On Board Ocean Bill of Lading Made Out To The Order Of Opening Bank Marked Freight Collect Notify Applicant.
4. Packing List 3 Copies.

**B. Documents For 30 Percent Payment.**
1. Draft for 30 Percent of the Commercial Invoice Value.
2. Final Acceptance Certificate Issued by Applicant.

**3. C/I 및 환어음 등 선적서류의 발행** : L/C Beneficiary는 수출지에서 선적 후 통지은행으로부터 통지받은 신용장 원본, 신용장 46A조항에서 요구하는 선적서류와 매입(추심)신청서, 환어음(Draft), 수출신고필증 등의 서류를 신용장 48 Period for Presentation 조항까지 은행으로 제출합니다. 이때 USD100,000이 선적대금이라면, C/I의 총액과 환어음의 금액은 선적대금 USD100,000이 기재됩니다.

그러나 상기 조건에서는 C/I 총액의 70%에 해당하는 금액만을 은행이 1차 지급하기 때문에 C/I 총액은 선적대금으로서 USD100,000으로 발행하되, Drawee(지급인, 신용장 건의 Drawee는 개설은행 또는 제3의 은행)에게 선적대금을 청구하는 역할을 하는 환어음의 금액은 C/I 총액의 70%에 해당하는 USD70,000을 기재합니다.

수출자가 선적대금 중에 70%의 대금을 결제받기 위해서 은행으로 제시하는 C/I를 제외한 Packing List에는 C/I와 동일하게 선적된 모든 물품의 품명이 기재되어야 하며, 그 모든 물품의 CBM, Weight 등의 포장 정보가 Packing List로 확인되어야 합니다. 그리고 Packing List를 기초로 운송인이 작성하는 운송서류(B/L, 화물운송장) 및 운송서류가 발행되기 전에 C/I와 Packing List를 기초로 작성되어 발행되는 수출신고필증에도 선적된 모든 물품 정보가 기재되어야 합니다.

# 적하보험

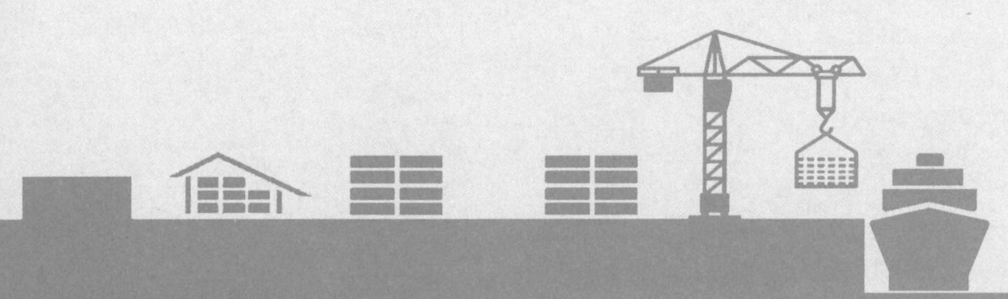

# I. 적하보험

## 🌐 보험자, 피보험자, 보험계약자, 보험목적물, 피보험이익 등 용어

〈질문〉 적하보험에서 사용되는 용어가 초보자에게는 어렵게 다가웁니다. 보험자와 피보험자, 그리고 피보험이익, 보험가액 등 적하보험에서 사용되는 용어를 비교 설명해주시면 감사하겠습니다.

〈답변〉 **1. 보험자와 피보험자의 구분** : 보험자는 자신이 제시한 담보위험(보험자가 보상하는 보험사고) 범위 내에서 보험목적물(화물)에 손해가 발생되었을 때, 보험금을 피보험자에게 지급하는 자입니다. 반면 피보험자는 보험목적물에 발생된 경제적인 손실을 보험자로부터 보상받는 자입니다.

**2. 보험계약자와 피보험자의 구분** : 보험계약자는 보험자(적하보험회사)와 적하보험을 계약하는 자로서 보험자에게 보험료를 지급하는 자입니다. 반면에 피보험자는 적하보험가입(부보) 후 보험목적물('보험의 목적'이라고 표현하기도)에 경제적인 손실이 발생되었을 때 보험자로부터 보험금을 지급받는 자입니다. EXW, FCA, FOB, CFR, CPT 조건에서 수입자가 적하보험가입을 결정해 적하보험을 가입할 수 있는데, 수입자가 적하보험을 가입하면 수입자가 보험계약자이자 피보험자가 됩니다. 반면 DAP와 같은 D-Terms에서는 수출자가 적하보험가입을 결정해 적하보험을 가입할 수 있는데, 수출자가 적하보험을 가입하면 수출자가 보험계약자이

자 피보험자가 됩니다. CIF, CIP는 수출자가 적하보험을 가입해야 하는 조건입니다. CIF, CIP 조건에서 보험계약자는 수출자인데, 기본적으로 당해 조건에서 피보험자는 수출자가 됩니다. 물론 On Board 이후에 발생된 사고에 대해서는 수입자가 보험금을 지급받을 수 있습니다.

**3. 보험목적물과 피보험이익** : 적하보험은 화물의 분실(또는 파손)로 인해 당해 화물의 소유권자가 직면하는 경제적인 손실을 보상하는 손해보험이라고 할 수 있습니다. 따라서 적하보험 계약이 성립되기 위해서는 보험목적물로서 화물이 존재해야 하며, 당해 화물의 분실(또는 파손)로 경제적인 손실을 보는 당해 화물의 소유권자가 필요합니다. 즉, 보험목적물과 피보험자는 이해관계가 있어야 합니다. 이러한 이해관계를 피보험이익이라고 합니다. FOB 조건에서 수입자는 보험계약자이자 피보험자가 됩니다. FOB 조건에서는 On Board 이후 화물의 소유권이 수출자에게서 수입자가 넘어간다고 할 수 있기에 On Board 이후의 화물 소유권자는 수입자입니다. 만약 On Board 이후 보험목적물로서 화물이 파손되었다면, 그에 따른 피해는 고스란히 수입자의 경제적인 손실로 이어집니다. 이러한 보험목적물의 보험사고로 인한 경제적인 손실을 보는 특정인(피보험자)과의 이해관계가 피보험이익입니다.

적하보험 계약 당시에 이러한 피보험이익이 성립되지 않으면 보험자는 보험계약을 거부할 수 있으며, 설령 보험계약을 체결했더라도 보험사고 발생 시 피보험자는 보험금을 보험자에게 청구할 수 없습니다. 예를 들어 FOB 조건에서 피보험이익이 없는 내륙운송사가 화물에 대한 적하보험 계약 및 피보험자가 될 수 없으며, 설명 내륙운송사가 보험계약 및 피보험자가 되었더라도 보험사고 발생 시 보험금 청구할 수 없습니다. 이유는 피보험이익이 성립되지 않기 때문입니다.

**4. 보험가액(Insurable Value)[151]과 보험금액(Insured Amount)** : 영국해상보험법(MIA)에 따르면 보험가액의 평가 기준에 있어 화물 또는 상품에 관한 보험에

---

151) 상법 제697조(적하보험의 보험가액) 적하의 보험에 있어서는 선적한 때와 곳의 적하의 가액과 선적 및 보험에 관한 비용을 보험가액으로 한다. 〈개정 1962.12.12〉

서 보험가액은 피보험재산의 원가에 선적비용과 선적의 부수비용 및 그 전체에 대한 보험비용을 가산한 금액이라고 기술하고 있습니다. 실무에서 적하보험의 보험가액은 일반적으로 보험목적물의 C/I 총액이며, 당해 화물의 멸실 또는 파손이 발생되었을 때 희망이익(통상 110%)을 더해 지급하는 금액(한도액)은 보험가액이 아니라, 보상한도액이라는 표현을 사용하는 게 일반적이며 적절합니다. 참고로 손해발생 시 보험자가 지급하는 보상 책임의 최고한도액을 보험금액(Insured Amount)이라고 합니다.

| 용어 | 설명 |
| --- | --- |
| 보험자(Insurer) | 보험자는 보험회사로서 화물(Cargo)의 파손·분실 등의 위험에 대비한 적하보험(Cargo Insurance) 상품을 판매하는 적하보험회사입니다. |
| 보험계약자(Policy holder) | 보험계약자로서 보험자(적하보험회사)와 적하보험가입(부보)을 진행하고, 보험료를 납부할 의무를 지는 자를 뜻합니다. 보험을 가입하고 보험료를 납부하면, 보험자는 보험계약자에게 보험증권(Insurance Policy/Certificate)을 발급합니다. |
| 피보험자(Insured) | 피보험자로서 보험사고가 발생되었을 때, 보험금을 지급받는 자입니다. |
| 보험금(Insurance) | 적하보험사고가 발생되었을 때, 보험회사(보험자)가 피보험자에게 지급하는 금전(보상금)입니다. |
| 보험료(Premium) | 적하보험을 가입할 때 보험회사에게 지급하는 금액입니다. |
| 보험목적물 | 적하보험에서 보험목적물은 보험증권에 기재되는 화물(Cargo)이 됩니다. 보험목적물이 존재하지 않는 상태에서 보험을 가입할 수 없습니다. |

# 🌐 CFR 조건에서의 적하보험가입자

〈질문〉 CFR 조건으로 수출하는 수출자입니다. CFR 조건에서의 위험분기점은 FOB와 동일한 On Board 지점이라는 것은 알고 있는데, 수출자인 폐사가 적하보험가입이 가능한지요? 가능하다면, 사고 발생 시 보험금을 지급받는 Assured 역시 수출자가 될 수 있는지요?

〈답변〉 **1. 인코텀스를 기준으로 한 일반적인 적하보험가입자** : 외국으로 나가는 배/비행기에 수출물품이 On Board되는 시점부터 수입지의 터미널(항구/공항)에 해당 운송수단이 도착하는 시점까지의 위험(분실, 파손)을 책임지는 자가 적하보험가입 신청을 선택한다는 것이 일반적인 견해입니다. 따라서 CFR 조건에서는 On Board 이후 위험을 수입자가 책임 커버하기 때문에 적하보험가입(부보)은 수입자의 결정에 따릅니다. 결국, 수출자는 On Board 이후 화물의 분실 또는 파손이 발생되더라도 위험분기점 개념만 놓고 보았을 때, 그 책임이 면책된다고 할 수 있습니다.[152]

**2. 손해보험으로서 적하보험** : 적하보험은 보험목적물에 실질적인 손해가 발생되었을 때 보험금이 지급되는 실손 보장을 원칙으로 하는 손해보험이라고 할 수 있습니다. 그래서 적하보험은 중복 가입이 가능하지만, 중복 보장은 되지 않습니다. CFR 조건에서 On Board 이후 위험 발생되었을 때 경제적 손실을 보상받기 위한 목적으로 적하보험에 가입하는 것은, 사실 수입자뿐만 아니라 수출자 역시 On Board 이후 구간에 대한 적하보험을 가입할 수 있습니다. 그러나 사고 발생 시, 양자 모두에게 보험금이 지급되는 것이 아니라 실질적인 손해가 큰 쪽으로 보험금이 지급된다고 할 수 있습니다.

---

152) 부실한 포장, 잘못된 Shoring 등으로 인해서 On Board 이후에 화물에 손상이 발생되면, 수출자가 On Board 이후 화물의 분실과 파손에 대해서 면책받는 CFR(또는 FOB) 거래일지라도 수출자는 그 책임을 면책받기 어렵습니다.

**3. CFR에서 수출자의 적하보험가입** : On Board 이후 구간에 대해서 수출자가 적하보험이 가입 가능합니다. 실제로 CFR 조건임에도 불구하고 해당 건의 가격조건(인코텀스)이 기재된 C/I(상업송장)를 적하보험가입을 위해서 수출자가 적하보험사에 제출하면 가입이 진행되고, 발행된 적하보험증권의 Assured는 수입자가 기재됩니다. 그러나 실제로 On Board 이후 구간에 대해서 화물의 파손 또는 분실이 발행되었을 때, 적하보험증권을 기초로 사고접수와 보험금 청구는 수출자가 가능하며, 보험금 역시 Assured로서 수입자가 아닌 수출자가 지급받을 수도 있습니다.

참고로 적하보험이 중복 가입 가능한 손해보험이나, CFR에서 수출자가 적하보험가입을 원할 때 적하보험사는 수입자가 적하보험을 가입하지 않았다는 조건으로 CFR에서의 수출자 적하보험가입을 받아 줄 수도 있습니다.

**4. CFR에서 On Board 이전 Local 구간에 대한 운송보험[153] 가입** : FOB 조건처럼 CFR은 On Board 시점이 위험분기점입니다. 즉, On Board 시점을 기준으로 이전의 위험은 수출자에게 책임이 있고, 이후의 위험은 수입자에게 책임이 있습니다. 그래서 On Board 시점 이후의 위험을 커버하는 적하보험가입을 수입자가 결정하는 것이 일반적입니다.

그렇다고 수출자의 책임구간인 수출지 Door(수출물품이 위치한 수출지 공장/창고)에서 On Board 시점까지의 수출지 Local 구간에 대한 보험가입을 수출자가 고려하지 않으면, 실제 사고에 대해서 수출자의 경제적 손실은 피할 수 없습니다. 따라서 FOB 및 CFR 조건에서 On Board 시점 이전의 수출지 Local 구간, 즉 육상 구간에 대한 손해를 보상하는 손해보험으로서 운송보험가입을 수출자는 신중히 고려할 필요가 있습니다.[154]

---

153) 육상운송에 있어서 운송물에 대해 발생할 수 있는 손해를 보상할 것을 목적으로 하는 손해보험.

154) CFR 조건에서 수출자가 적하보험에 가입할 수 있으나, CFR 조건에서의 적하보험 담보 구간은 On Board 이후의 구간입니다. 따라서 On Board 이전의 수출지 육상 구간에 대한 사고는 적하보험이 담보하지 않으니 별도의 운송보험을 가입할 필요가 있습니다. 반면 CIF, CIP 조건에서 수출자가 적하보험을 가입하면 Door to Door 구간 전체를 담보하기 때문에 별도의 운송보험에 가입할 필요는 없습니다.

# CIF 조건에서 Assured에 대한 이해

〈질문〉 폐사는 수출자로서 특정 수입자와의 거래에서 매번 CIF로 거래 진행합니다. 결제조건은 신용장과 T/T를 거래 상황에 맞게 사용하고 있는데, 적하보험증권의 Assured가 매번 수출자로 기재되어 발행됩니다. 사실 신용장 46A Required Documents 조항에서 보험증권을 요구하고 있으나 Assured에 대한 특별한 요구사항은 없습니다. 궁금한 점은 On Board 이후 사고에 대해서 보험금을 지급받는 자는 수입자이기 때문에 Assured 역시 수입자가 되어야 할 것 같은데, 수출자가 Assured로 되어 적하보험증권이 발행되어도 문제없는지요?

〈답변〉 **1. CIF 및 신용장 조건에서의 적하보험증권 발행** : CIF 수출 건에서 결제조건이 신용장일 때, 신용장에 피보험자에 대한 특별한 요구 문구가 없는 한 수출자(보험계약자)를 적하보험증권(Insurance Policy, Insurance Certificate)의 피보험자(Assured)로 해서 보험증권을 발행 후 은행에 매입 신청할 때 배서(Endorsement)함으로써 은행, 수입자 또는 기타 이해 당사자에게 피보험이익을 양도합니다. 즉, 배서를 통해 Assured가 변경되는 것입니다. 신용장 조건이 아닌 기타의 결제조건에서 가격조건이 CIF일 때 적하보험가입하면, 수입자에게 위험이 전가되는 시점인 On Board 전까지는 수출자(보험계약자)가 피보험자가 되며, On Board 이후부터 수입자 또는 기타 이해당사자(피보험이익 소유자)가 피보험자가 됩니다.

**2. 적하보험가입자와 Assured** : CIF 및 CIP 조건에서는 수출자가 C/I 단가에 적하보험료를 포함해서 수입자에게 물품 대금을 결제받습니다(유상 거래 건). 중요한 것은 CIF 조건(CIP 포함)에서 수출자의 적하보험가입은 기타의 가격조건과는 달리 선택이 아닌 필수사항입니다. 그리고 CIF에서 수출자가 적하보험을 가입하면, Assured는 수출자로 기재되어 적하보험증권이 발행됩니다.

**3. 보험사고 접수와 보험금의 지급** : CIF 조건에서 적하보험을 가입하면, On Board 이전 사고는 수출자가 보험사고를 접수하고 Assured로서 수출자가 보험금 결제를 받습니다. 만약 수출지에서 적하보험증권이 발행되고 On Board 이전에 사고가 없으면 수출자는 기타 선적서류와 적하보험증권을 수입자에게 전달합니다.[155] 그리고 On Board 이후 사고가 생기면, 적하보험증권에 Assured가 수출자이지만 수입자가 보험금을 받을 수 있습니다. 물론 On Board 이후 수출자가 수입자에게 사고 내용을 전달받아서 수출지 적하보험사로 사고 접수 가능합니다.[156]

**4. CIF 조건의 적하보험 커버 구간(Full 담보)** : 적하보험에서 Full 담보는 Shipper Door to Consignee Door까지 구간에 대한 위험 커버를 뜻하며, EXW 및 CIF, CIP 조건에서 한 번의 적하보험가입으로 Full 담보 설정됩니다. 물론 EXW는 수입자가 적하보험가입 선택 조건이기 때문에 가입했을 때 Full 담보 설정되고, CIF 및 CIP에서는 적하보험가입이 수출자의 필수사항입니다. 기타의 인코텀스(가격조건)에 대한 적하보험 커버 구간은 다음과 같습니다.

| 〈정리〉 | 가격조건(인코텀스)을 기준으로 한 적하보험 커버 구간 정리 |
| --- | --- |

- **EXW, CIF, CIP** : Full 담보(Shipper Door to Consignee Door)
- **D-Terms**[157] : Shipper Door to 지정장소(D조건은 수입지를 지정장소로 지정)
- **FOB, CFR**[158] : On Board 시점 to Consignee Door
- **FCA, CPT**[159] : 수입자에 의해서 지정된 포워더가 수출지에서 화물 인수 시점(반입지) to Consignee Door

---

155) 신용장이 아닌 경우, CIF 조건 하에서 발행된 적하보험증권은 배서 없이 수입자에게 전달됩니다.

156) CIF에서 On Board 이전 및 On Board 이후 사고에 대해서 사고 접수는 수출자가 할 수 있습니다. 그러나 CIF 위험분기점이 On Board 시점이니, On Board 이후 사고는 적하보험증권을 수입자가 수출자로부터 전달 받아서 수입자가 사고 접수하기도 합니다. 이때, 한국의 보험사가 해외 보험사보다 사고 접수 처리를 신속하게 하기 때문에, CIF에서는 한국의 업체가 사고 접수하는 것이 유리할 것입니다.

157) 수출자가 적하보험가입 선택하는 조건.

158) 수출자 Door에서 On Board 시점까지의 수출지 내륙 구간에 대해서 수출자가 별도 보험가입 가능.

159) 수출자 Door에서 수입자가 지정한 포워더가 제시한 수출지 반입지까지의 수출지 내륙 구간에 대해서 수출자가 별도 보험가입 가능.

# 🌐 적하보험의 가입 시점과 종료 시점<sup>종기</sup>

〈질문〉 FOB 조건으로 FCL 화물 수입하는 수입자입니다. 적하보험가입의 필요성을 알고 적하보험가입을 검토 중인데, 가입 시점을 알고 싶습니다. 그리고 적하보험을 가입하면 종료 시점이 수입지 특정 장소로 정해져 있는지 궁금합니다. 참고로 폐사는 40FT Dry Van 2대를 수입하고, 부산항에 도착하면 폐사의 내륙지 공장으로 컨테이너 내륙운송합니다.

〈답변〉 '적하'는 Cargo를 의미하고, '적하보험'은 운송 중에 화물의 파손 또는 분실 등의 손해가 발생되었을 때 이에 대한 실질적인 보상을 받기 위해 적하보험사에 부보(보험가입)하는 손해보험입니다. 적하보험은 화물이 수출지에서 외국으로 나가는 배/비행기에 On Board되기 이전에 가입 신청해야 함이 원칙이며, 가입한 보험의 종료 시점(종기)은 수입지에서 컨테이너가 개장되는 때입니다.

수출자의 Door(수출물품이 위치한 장소)에서 컨테이너에 적입해 Sealing한 컨테이너 화물(FCL)은 통상 수입자의 Door(Final Destination)에 도착 후 컨테이너를 개장합니다. 그러나 FCL 화물일지라도 수입지 CFS로 운송 후 개장되면, CFS에서 적하보험이 종료되는 것이 기본 개념입니다.

---

**〈관련 규정〉 상법**

**제699조(해상보험의 보험기간의 개시)** ① 항해단위로 선박을 보험에 붙인 경우에는 보험기간은 하물 또는 저하의 선적에 착수한 때에 개시한다.

② 적하를 보험에 붙인 경우에는 보험기간은 하물의 선적에 착수한 때에 개시한다. 그러나 출하지를 정한 경우에는 그곳에서 운송에 착수한 때에 개시한다.

③ 하물 또는 저하의 선적에 착수한 후에 제1항 또는 제2항의 규정에 의한 보험계약이 체결된 경우에는 보험기간은 계약이 성립한 때에 개시한다. [전문개정 1991.12.31.]

**제700조(해상보험의 보험기간의 종료)** 보험기간은 제699조제1항의 경우에는 도착항에서 하물 또는 저하를 양륙한 때에, 동조제2항의 경우에는 양륙항 또는 도착지에서 하물을 인도한 때에 종료한다. 그러나 불가항력으로 인하지 아니하고 양륙이 지연된 때에는 그 양륙이 보통종료될 때에 종료된 것으로 한다. 〈개정 1991.12.31〉

---

LCL 화물은 선택의 여지없이 수입지 CFS로 반입되어 개장되니, LCL 화물의 적하보험 종료 지점은 일반적으로 수입지 CFS입니다.



# 🌐 적하보험가입 조건 문구와 협회선급약관과 선급의 이해

**〈질문〉** 보험사를 통해서 적하보험가입을 계획 중입니다. 가격조건은 CIF이고 철강제품인데, 수입자가 수출자인 폐사에게 요구한 다음 내용의 의미를 모르겠습니다. 설명 부탁드립니다.

> International Standard Packing and then into container Approved Vessel Subject to Institute Classification Clause, Institute Cargo Clause(A) – 1/1/82, Excluding R.O.D. Unless directly caused by S.S.B.C. and/or Heavy Weather. Rate : 0.0345%

**〈답변〉 1. 해석** : Standard 포장을 요구하고 있으며, 협회선급약관을 이행하는 선급협회의 선급을 받은 컨테이너 선박에 선적 요구하고 있습니다. 협회선급약관에서는 특정 항구를 정기적으로 운항하는 정기선을 이용하고, 그 선박의 선령 제한을 25년으로 설정하고 있습니다. 보험목적물이 선적되는 선박이, 컨테이너 선박으로서 정기선인지, 그리고 선령 25년 이상 된 노령선박은 아닌지 선사를 통해서 확인받아야 할 것입니다.

아울러 Institute Cargo Clause는 협회적하(보험)약관이며, 런던보험업자협회에서 1912년에 제정한 협회적하(보험)약관은 1982년을 기준으로 이전 약관을 구약관, 이후 약관을 신약관으로 구분합니다. ICC(A)는 신약관으로서 구약관 ICC(All Risks)와 동일한 조건이라고 할 수 있습니다. 결국, 1/1/82는 1982년에 개정된 신약관을 뜻하며, 1/1은 1월 1일을 의미합니다.

다음으로 R.O.D.는 Rust, Oxidation, Discolouration의 약자로서 녹, 산화, 변색을 뜻합니다. 그리고 S.S.B.C.는 침몰(Sinking), 좌초(Stranding), 화재(Burning) 및 충돌(Collision)의 약자입니다. 따라서 침몰, 좌초, 화재 및 충돌 그리고/또는 악천후로 인한 직접적인 영향을 받은 것을 제외한 녹, 산화, 변색은 담보에서 제외함을 의미합니다. 마지막으로 Rate는 적하보험 요율입니다.


**2. 적하보험요율과 협회선급약관(Institute Classification Clause)** : 런던보험업자협회(ILU, Institute of London Underwriters)가 제정한 협회적하(보험)약관(ICC, Institute Cargo Clause)의 보험요율을 결정하는 데 영향을 미치는 요소는 보험약관(ICC(A), ICC(B), ICC(C)), 화물의 종류,[160] 포장 상태, 운송구간(국가, 전쟁위험 구간 등), 운송방법(해상 or 항공) 및 선박 정보 등이 있습니다.

보험자는 보험목적물로서 화물이 선적되는 선박이 정기선인지 또는 부정기선인지를 확인하며, 여기에 선박의 선령이 일정 선령 이상(노령선박)이거나 또는 일정 톤 미만의 선박에 대해서는 할증보험료를 징수할 수 있습니다. 예를 들어 화물이 선

---

160) 보험자(보험회사, Insurer)는 보험계약자(Policy Holder)에게 보험목적물에 대한 HS Code를 문의할 수 있습니다. HS Code를 요구하는 이유는 화물의 종류와 사고 빈도를 확인하기 위함입니다.

적되는 선박이 부정기선의 경우 선령 15년 이상, 정기선의 경우 25년 이상 선박에 대해서 노령선박이라는 이유로 보험료의 할증이 발생됩니다. 이렇게 보험목적물이 선적되는 적재 선박의 표준을 만들어서 이에 속하는 선박에 선적되는 화물에 대해서는 보험료의 할증을 면제하고, 이에 속하지 않는 선박에 적재되는 화물에 대한 보험료는 할증하고 있는데, 이러한 선박의 표준을 정한 것이 협회선급약관입니다.

협회선급약관에 등재된 선급협회는 우리나라의 한국선급(KR)을 비롯해서 Lloyd's(영), ABS(미), BV(불), NKK(일) 등 11개 선급협회이며, 이들 협회의 선급을 가진 선박에 적재되는 화물에 대해서는 보험료의 할증이 면제됩니다.

**3. 선급의 의미** : 선급(船級, classification)은 선급협회가 상선에 매기는 선박의 등급을 뜻합니다. 국제선급협회(IACS, International Association of Classification Societies)에 소속된 선급협회(Classification Societies)는 영국의 Lloyd's Register(LR), 미국의 American Bureau of Shipping(ABS)를 비롯해 여러 곳이 있으며, 국내에는 한국선급(KR, Korean Register of Shipping)이 선급협회로서 역할을 하고 있습니다. 한국선급과 같은 선급협회는 선박의 구조, 강도 및 안정성 등에 대한 일정한 기준을 정해 공평하게 검사하고 합격한 선박에 대해서 선급증서를 발행함으로써 선급이 부여됩니다.

선박은 수십만 가지의 부품으로 생산된 초대형 생산품이며, 사람과 화물을 목적지까지 안전하게 이동시키는 운송수단입니다. 그래서 일정한 기준을 정해 선박 건조를 위한 도면에서부터 건조(수리)과정 및 완성된 선박의 검사가 필요합니다. 아울러 운항 중인 선박에 대해서도 정기적으로 검사해 해상에서의 인명과 재산의 안전 및 해양 환경의 안전을 확보해야 합니다. 이렇게 일정한 기준을 정해 선박의 안전성에 대한 등급을 부여함으로써, 선박에 대한 비전문가일지라도 선급 기관의 객관적인 자료를 참고로 선박의 안정성과 기타 정보를 확보할 수 있습니다.

참고로 선급협회는 선박의 소유자인 선주 입장에서 선주에게 유리하게 선박을 검사하고 등급을 부여하는 것이 아니며, 선박보험 상품을 판매하는 해상보험자 입장에서 해상보험자에게 유리하게 선박을 검사하고 등급을 부여하는 기관이 아닙니다. 이들과 독립된 기관으로서 선급 업무를 수행합니다.

이러한 이유로 선급협회의 선박 검사 결과에 대해서 선주, 용선자, 해상보험자 및 기타 당사자는 객관적이고 전문적이면서도 신뢰성 높게 평가합니다.

**4. 선급의 필요성과 활용** : 선주로부터 선박을 매입하려는 자 또는 선주로부터 선박을 용선(Chartering)하려는 자는 해당 선박을 실제로 눈으로 확인하지 않고 계약 진행해야 할 수도 있고, 설령 눈으로 확인하더라도 거대한 선박에 어떤 문제가 있는지를 스스로 평가하기 어렵습니다. 아울러 해상보험자(Marine Insurer)[161]가 보험을 인수할 때 선박의 안정성 등의 선박 정보를 직접 확인할 수 없으며, 선박에 대해 비전문가인 해상보험자가 선박의 안정성 등을 스스로 평가하기는 어렵습니다. 그래서 선박의 안정성과 기타 선박 정보를 전문적이면서도 객관적으로 평가하는 검사 대행 기관이 필요한데, 이를 행하는 기관이 바로 선급협회입니다(검사 수수료 발생).

따라서 선주는 선급 기관을 통해 선박의 안전성을 확인받고 이를 근거로 선박의 매매 또는 용선에 나서며, 해상보험자 역시 선급 기관의 검사 결과를 신뢰하고 보험목적물(적하, 선박)의 보험을 인수합니다. 그러나 선급협회가 검사한 선박에 하자가 있어서, 선주와 기타 당사자가 손해를 입었다면, 선급협회를 상대로 손해배상청구가 제기될 수도 있습니다.

---

161) 해상보험 상품을 판매하는 보험회사입니다. 해상보험은 적하보험, 선박보험 및 운임보험으로 구분됩니다. 여기서 적하보험은 화물의 멸실 또는 훼손 등으로 인한 경제적인 손실을 보상하는 보험이며, 선박보험은 선박의 멸실 또는 훼손 등으로 인한 경제적 손실을 보상하는 보험입니다.

# 🌐 외부로부터의 충격이 수반되어야지만 보상하는 적하보험

〈질문〉 CFR 조건으로 가공식품을 LCL 수입하는 수입회사입니다. 수출자 쪽에서 소량이라는 이유로 한글표기사항을 부착해주지 않아, 화물 도착 후 보세창고에서 한글표기사항에 대한 보수작업을 진행하게 되었습니다. 그런데 보세창고에서 박스 포장을 개봉하니 상당수의 내품이 찌그러져 있었습니다. 박스 포장(겉포장)은 온전한 상태입니다.

수출지에서 On Board 이전에 적하보험사 통해서 적하보험을 가입했는데, 이러한 경우에도 보험금을 지급받을 수 있는지요?

〈답변〉 **1. 적하보험** : 적하보험은 외부 충격 또는 외부의 요인을 이유로 겉포장 파손이 수반되는 내품의 파손에 대해서 보상하는 보험입니다. 겉포장 파손 없는 내품의 파손이라면, 운송 과정 중의 외부로부터의 충격 또는 기타 외부로부터의 요인에 의한 파손이라 보기 어렵습니다. 따라서 이 건은 수출지에서 수출자가 불량품을 포장해 발송했을 가능성이 농후합니다.

**2. 클레임과 반품 절차** : 관련 내용은 수출자 쪽으로 연락해 상호 해결할 문제로 보입니다. 파손된 내품과 온전한 상태의 겉포장 사진을 첨부해 이메일로 적절히 클레임해서, 수출자가 자신의 잘못을 인정하는 답변을 받아야 합니다. 이후에 계약 상이(위약) 건으로 수출자에게 반품할 때(보세상태로의 반품으로서 단순반송신고해야), 세관으로 관련 사진과 수출자와 수입자가 주고받은 이메일 내용 등 객관적인 자료 및 이러한 상황을 설명하는 사유서의 제출이 필요합니다.

**3. 포워더의 부주의** : 포워더의 부주의로 인한 사고로 보는 것 역시 어렵습니다.

이유는 겉포장의 상태는 온전하기 때문입니다. 해상 LCL 건은 포워더가 CFS를 운영(또는 CFS와 제휴)하는 콘솔사(혼재업자)에게 컨테이너 적입 및 적출 작업 의뢰합니다. 이때 무역회사의 LCL 화물을 콘솔사가 적출입하는 과정에서 또는 CFS에서 화물을 핸들링하는 과정에서 콘솔사의 부주의로 인해서 파손될 수 있습니다. 이러한 사고는 겉포장에 파손이 수반되기에 사진 등의 자료를 확보 후, 실화주는 콘솔사와 계약 관계가 없기 때문에 포워더에게 클레임해 손해배상을 청구해야 합니다.

## 🌐 적하보험, On Board 이전에 가입 원칙 이유

〈질문〉 CIF 조건으로 매번 수입하다가 수입자인 폐사가 포워더를 지정해 업무를 진행하기 위해서 상대 수출자와 협의해 FOB 조건으로 가격조건을 변경했고, 이번에 변경 후 첫 번째 수입입니다. 그런데 On Board 이전에 폐사가 적하보험을 가입하지 못했습니다. On Board 이후에도 적하보험가입이 가능할까요?

〈답변〉 적하보험가입은 기본적으로 수출지에서 외국으로 나가는 배/비행기에 선(기)적하기 전에 진행해야 하는 것이 원칙입니다. 이유는 On Board 이전 화물의 상태에 문제가 없는지 확인이 필요하기 때문입니다. 만약 On Board 이후에 적하보험가입(부보)을 적하보험사가 받아주면, On Board 이전의 화물 손상에 대해서 On Board 이후 생긴 손상이라고 피보험자(Assured)가 주장하면서 보험금을 청구할 수도 있기 때문입니다.

# 🌐 CIP Incheon Airport에서 내륙지점 적하보험

〈질문〉 CIP Incheon Airport 조건으로 수입합니다. CIP 조건이기 때문에 수출자가 적하보험을 가입하고 발급받은 적하보험증권을 On Board 이후 기타의 선적서류와 함께 수입자에게 전달하는 것으로 압니다. 궁금한 점은 수출자가 부보(적하보험가입)한 적하보험이 담보 종료되는 종기가 수입지 공항 보세창고에서 ULD Break Down(해체작업)하는 시점인지, 아니면 Break Down 후 내륙운송 트럭에 상차되어 수입자가 지정한 수입자의 Door(Final Destination)까지인가 궁금합니다. 설명 부탁드립니다.

〈답변〉 CIF 및 CIP에서 수출자가 On Board 이전에 적하보험가입(부보) 진행하면, 기본적으로 적하보험사는 수출지 Door에서 수입지 Door(Final Destination)까지 담보를 제공한다고 할 수 있습니다.


# 🌐 현실전손의 형태와 공동해손 성립조건

〈질문〉 전손은 현실전손과 추정전손으로 구분되는 것으로 알고 있는데, 현실전손의 사례를 알고 싶습니다. 그리고 공동해손이 성립되기 위한 조건에 대해서 설명 부탁드립니다.

〈답변〉 **1. 해상손해** : 보험목적물(선박 또는 화물) 자체에 직접적으로 발생된 손해(멸실, 손상)로서 물적손해(Physical Loss)는 전손(Total Loss)과 분손(Partial Loss)으로 구분됩니다. 그리고 전손은 다시 현실전손(Actual Total Loss)과 추정전손

(Constructive Total Loss)으로 구분되며, 분손은 단독해손(Particular Average)과 공동해손(General Average)으로 구분됩니다.

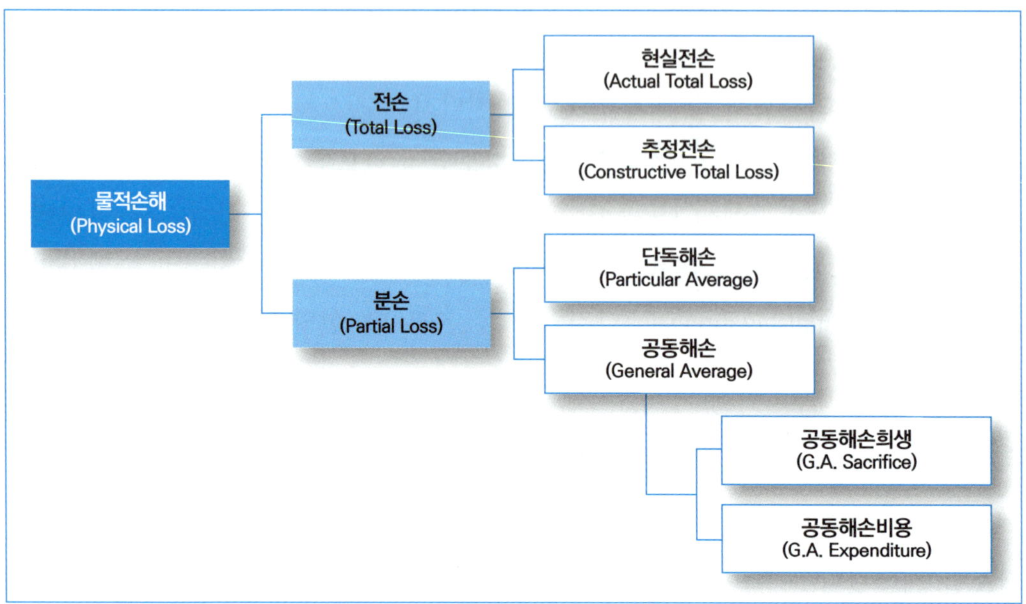


**2. 현실전손** : 피보험 목적물이 완전 멸실되거나 동 목적물이 부보 당시의 성질을 그대로 갖지 못할 정도로 심하게 훼손을 입거나, 또는 피보험자가 회복할 수 없도록 피보험 목적물을 박탈당했을 때를 의미하며, 위험에 처한 선박이 행방불명되어 상당 기간 찾을 수 없을 때를 현실전손으로 간주합니다. 피보험목적물의 ① 실질적인 멸실, ② 성질의 상실, ③ 회복의 전망이 없는 박탈을 말합니다.[162]

**현실전손의 형태**

- 실질적 멸실 또는 손상으로 복구 불능 상태(충돌, 침몰, 화재 등의 원인)
- 고유성질의 상실 상태
  (RF 컨테이너의 전원 고장으로 인한 내용물 부패, 습기로 인한 전기제품의 파손)
- 선박이 행방불명되고 상당기간 경과되어도 그 소식을 알 수 없을 때
- 나포, 약탈 또는 선장 또는 선원의 악행으로 화물이 타인에게 매각되어 회복할 수 없을 때

---

162) 출처 : 선박항해용어사전, 한국해양대학교.

**3. 추정전손** : 보험목적물에 발생된 손상을 수리·복구하는 비용이 보험목적물의 가액을 초과해 수리·복구에 대한 실익이 없는 경우입니다. 그래서 피보험자는 보험자에게 보험목적물의 권리를 양도하고 보험금을 지급받기 위해서 위부[163] 통지합니다.

**2. 공동해손과 공동해손분담금 의미** : 공동해손은 항해 중에 있는 선박 및 화물(적하, Cargo)에 '예기치 못하게 발생된 위험'을 피하기 위해서 '의도적'으로 특정 화물을 희생시켜서 나머지 화물 및 선박을 위험에서 구함으로써 발생된 손해를 뜻합니다. 예를 들어, 선박이 전복될 위험에 처했을 때, 선장은 선박의 무게를 줄이고자 컨테이너를 바다에 투척해 선박과 나머지 컨테이너를 구할 수 있습니다. 이러한 공동위험을 면하기 위해서 행하는 행위를 공동해손행위(General Average Act)라 하고, 그 결과로 인해서 발생된 손해(공동의 안전을 위해 희생된 일부 화물의 손해)를 공동해손손해(General Average Loss)라고 합니다. 공동해손손해는 다시 공동해손 희생(General Average Sacrifice)과 공동해손비용(General Average Expenditure)으로 구분됩니다. 이렇게 공동해손행위로 인해 발생된 공동해손손해에 대해서 공동위험을 면하게 된 화주들은 그 각자가 받은 혜택의 정도에 따라서 비용을 분담하게 되는데, 그 분담금을 공동해손분담금(General Average Contribution)이라고 합니다. 이러한 분담금으로써 공동해손분담금을 공동해손정산인(General Average Adjuster)이 결정하게 됩니다.

**3. 공동해손 성립조건** : 선박이 침몰 위기에 직면해, 해당 선박과 화물을 구하기 위해서 일부 화물을 바다에 투척했다면, 공동해손이 성립될 수 있습니다. 이유는 이러한 선박의 침몰 위기는 통상적(Ordinary, 일상적)으로 발생되는 사고가 아닌

---

163) 보험의 목적물인 선박 또는 적하(Cargo)가 완전히 멸실한 것은 아니나, 그 손해가 대단히 커서 전손에 가까울 때 피보험자는 보험의 목적물에 대한 일체의 권리를 보험자에게 양도하고 보험금액의 권리를 청구할 수 있는 보험제도를 의미합니다.

예기치 못하게 이례적(Extraordinary)으로 발생되는 사고이며, 바다에 투척된 해당 화물 자체의 사고가 아닌 선박과 기타 화물의 공동의 안전을 위해서 행해진 행동이고, 또한 바다에 투척된 화물이 우연하게 바다로 떨어진 것이 아닌 고의적이고 의도적으로 공동의 안전을 위해서 투하(Jettison)된 것이기 때문입니다. 즉, 공동해손이 성립되기 위해서는 이례적인 사건에 대해서 공동의 안전을 확보하기 위해서 의도적으로 행해진 결과에 따른 손해여야 합니다.

# 🌐 위부, 대위<sup>Subrogation</sup> 및 대위권<sup>구상권</sup> 포기

〈질문〉 적하보험가입 후 운송을 진행했는데, 화물에 상당한 파손이 발생되었습니다. 적하보험사 담당자는 분손 처리하는 것보다는 추정전손 처리해서 위부 통지할 것을 권합니다. 추정전손 및 위부의 의미를 알고 싶습니다.

〈답변〉 **1. 전손(현실전손, 추정전손)** : 보험목적물(보험가입 대상 화물 또는 선박, 이하 내용은 화물 관련 사항)이 복구 불가능한 상태, 고유성질 상실 상태 및 행방불명 등의 상황은 현실전손에 속한다고 할 수 있습니다. 반면 보험목적물이 행방불명되거나 복구 불가능한 상태는 아니나, 상실된 고유성질 또는 파손의 수리·복구 비용이 화물의 가액을 초과하는 경우가 있습니다. 이는 비록 실질적으로 현실전손되지는 않았으나, 전손이 발생한 것과 같은 경제적 손실 상태로입니다. 이것을 추정전손이라고 합니다.

이러한 전손(Total Loss)은 보험목적물 전체 가액에 대한 경제적 손실이 발생된 상황이기 때문에 보험자(적하보험회사)는 피보험자에게 보험목적물 가액(C/I 총액)에 희망이익(통상 110%)이 반영된 금액(보상 한도액)을 보험금으로 지급합니다.

**2. 분손** : 분손은 단독해손과 공동해손으로 구분됩니다. 목적국에 도착한 보험목적물에 손상이 발생된 건에 대해서는 단독해손으로 처리될 수 있을 것이며, 피해 발생 부분의 가액에 희망이익(통산 110%)을 반영해 보험금으로 지급될 수 있습니다.

**3. 이득금지의 원칙** : 적하보험은 실손보상됩니다. 그래서 중복 보장이 불가하고, 실제로 발생된 손해로 인해 피보험자가 금전적인 손해를 입었을 때 보험자가 보험금을 지급합니다. 이때 피보험자가 보험자에게 보험금을 지급받고, 피해가 발생된 화물의 소유권을 피보험자가 유지하면 이중이득을 취하게 됩니다.

따라서 현실전손 건으로 보험목적물이 분실된 경우는 해당 사항이 없겠지만, 추정전손 및 분손 건에 대해서는 피보험자가 보험자에게 보험금을 지급받는 조건으로 보험목적물에 대한 일체의 소유권을 보험자에게 이전해야 합니다.

**4. 위부와 대위** : 위부(Abandonment)는 보험의 목적물인 선박 또는 적하가 완전히 멸실한 것은 아니나, 그 손해가 대단히 커서 전손에 가까울 때에는 피보험자는 보험의 목적물에 대한 일체의 권리를 보험자에게 양도하고 보험금액의 권리를 청구할 수 있는 보험제도를 의미합니다.

대위는 보험자가 보험목적물에 관련되는 일체의 권리를 피보험자로부터 승계받는 것을 의미합니다. 피보험자로부터 보험자가 취득하는 권리는 '보험목적물에 대한 소유권'과 '제3자에 대한 손해배상청구권'입니다. 이 권한은 보험자가 피보험자에게 전손 보험금을 지급한 경우에 한하며, 분손 보험금을 지급했다면 잔존물에 대한 소유권을 취득할 수 없습니다.[164]

보험자가 구상을 청구하는 것은 피보험자에게 전손 보험금을 지급한 보험자의 권리이며, 선택 사항입니다. 즉, 구상 청구할지, 그러지 않을지에 대해서 보험자는 선택할 수 있습니다. 그런데 적하보험가입(부보) 후 발행되는 적하보험증권(Insurance Policy)에 Waiver of Subrogation(대위권 포기, 대위권을 구상권이라고도 함) 문

---

164) 참고 : 매일경제용어사전.

구[165]를 삽입하면, 보험사는 피보험자에게 보험금 지급 후 사고 원인 제공자인 운송인에게 구상권을 행사할 수 없습니다.

〈관련 규정〉 상법

**제713조(위부의 통지)** ① 피보험자가 위부를 하고자 할 때에는 상당한 기간 내에 보험자에 대하여 그 통지를 발송하여야 한다. 〈개정 1991.12.31〉
② 삭제 〈1991.12.31〉

**제714조(위부권행사의 요건)** ① 위부는 무조건이어야 한다.
② 위부는 보험의 목적의 전부에 대하여 이를 하여야 한다. 그러나 위부의 원인이 그 일부에 대하여 생긴 때에는 그 부분에 대하여서만 이를 할 수 있다.
③ 보험가액의 일부를 보험에 붙인 경우에는 위부는 보험금액의 보험가액에 대한 비율에 따라서만 이를 할 수 있다.

**제716조(위부의 승인)** 보험자가 위부를 승인한 후에는 그 위부에 대하여 이의를 하지 못한다.

**제717조(위부의 불승인)** 보험자가 위부를 승인하지 아니한 때에는 피보험자는 위부의 원인을 증명하지 아니하면 보험금액의 지급을 청구하지 못한다.

**제718조(위부의 효과)** ① 보험자는 위부로 인하여 그 보험의 목적에 관한 피보험자의 모든 권리를 취득한다.
② 피보험자가 위부를 한 때에는 보험의 목적에 관한 모든 서류를 보험자에게 교부하여야 한다.

# 🌐 3국 거래에서 중개인이 적하보험 부보 가능 여부

**〈질문〉** 폐사는 한국의 중개인이며, 중국 공장에서 생산된 물품을 베트남으로 직접 이동하고 있습니다. 지난번 거래에서 물품 이동 중 피해가 발생되어 이번 건부터는 적하보험가입(부보) 필요성을 느끼고 있습니다.

| 거래 당사자 | 계약 관계 | 외국환의 이동 | 물품의 이동 |
|---|---|---|---|
| – 중국 제조사(Exporter) : A사<br>– 한국 중개인(Broker) : B사<br>– 베트남 바이어(Importer) : C사 | – A사와 B사(FOB)<br>– B사와 C사(CFR)<br>– A와 C는 계약 관계없음 | 베트남 → 한국 → 중국 | 중국 → 베트남 |

현재 중개인으로서 한국의 폐사는 중국 제조사와 FOB 계약했고, 베트남 수입자와는 CFR로 계약했습니다. 이러한 상황에서 폐사가 적하보험가입이 가능한지요?

<답변> 물품의 이동이 중국에서 베트남으로 진행되는 상황에서 적하보험가입자는 베트남 업체와 한국의 중개자 중 한 곳이 될 것입니다. 한국 중개인과 베트남 수입자와의 계약에서 한국 중개인은 매도인(Seller)이며, 베트남 수입자는 매수인(Buyer)입니다.

매도인과 매수인 간 계약된 계약서의 가격조건(Price Term)이 EXW, FCA, FOB, CFR, CPT일 때, Freight 구간(On Board해서 목적국 터미널에 접안 시점까지)에 대한 위험 책임은 매수인에게 있습니다. 그래서 매수인으로서 베트남 수입자가 적하보험가입(부보) 여부를 결정할 수 있으며, 한국 중개인으로서 매도인은 적하보험가입을 한국 적하보험회사를 통해서 진행 불가할 수도 있습니다.

반면에 한국의 중개인으로서 매도인이 Freight 구간에 대한 위험 책임이 있는 DAP(=DDU) 및 DDP 조건으로 베트남 매수인과 계약했다면 한국 중개인이 적하보험가입 여부를 결정하고 가입을 원할 때는 한국의 적하보험회사를 통해서 적하보험가입이 진행 가능할 수 있습니다. 물론 Freight 구간에 대한 위험 책임이 매수인에게 있으나 C/I 단가에 적하보험료를 포함해 수출하는 CIF, CIP 조건에서는 수출자가 적하보험을 필수적으로 가입해야(선택 아님) 하고, 중개인이 위치한 한국의 적하보험사를 통해서 적하보험가입이 가능할 수 있습니다.

---

165) Waiver of Subrogation against to 운송인(포워더).

# 중계개무역

# Ⅰ. 중계<sup>개</sup>무역

## 🌐 중계무역과 중개무역의 차이점

<질문> 폐사가 금번에 중국 제조사에게 오더한 물품이 부산항에 도착했는데, 원산지 표기가 되어 있지 않아서 원산지 표기 작업에 대한 보수작업 신청 후 CFS에서 원산지 표기 작업을 하게 되었습니다. 사람을 고용해 원산지 표기 작업을 하기 위해서 담당자인 제가 CFS에 방문을 했고, 박스를 개봉해서 물품을 확인하니 폐사가 오더한 모델이 아니라 다른 모델이었습니다. 물품에 파손은 전혀 없습니다. 물론 선적서류에는 폐사가 오더한 모델이 기재되어 있습니다.

그래서 중국 업체에게 클레임 후 중국으로 반품하려고 관세사 사무실로 상황을 설명했더니, 관세사 사무실에서 단순반송 건이라고 합니다. 과거에 한국 CFS에 반입된 물품을 수입신고하지 않고 그대로 일본 바이어에게 판매한 적이 있는데 이때는 중계반송이라는 용어를 사용하더군요. 단순반송, 중계반송 및 중계무역, 중개무역의 차이점을 알고 싶습니다.

<답변> **1. 단순반송과 중계반송의 정의** : 반송은 국경선 밖의 외국에서 국경선 안의 국내 보세구역에 도착한 외국(보세)물품을 수입신고해서 세액 납부 후 내국물품으로 만들지 않고 다시 외국으로 반출하는 것을 의미합니다.

이러한 반송은 실무에서 단순반송으로 최초 수출국에 무상 반품하는 단순반송과 제3국으로 유상 판매하는 중계반송으로 구분됩니다. 단순반송과 중계반송은 반송

신고필증이라는 이름으로 신고필증이 발행되는데(양식은 수출신고필증과 동일), 신고필증의 '⑩ 거래구분'에서 단순반송은 '외국으로부터 보세구역에 반입된 물품으로 다시 반송되는 물품'이라는 표현을 사용하면서 거래구분 78번으로 신고됩니다. 반면 유상 수출되는 중계반송은 '중계무역의 수출'로서 거래구분 79번으로 신고됩니다. 따라서 귀사의 반송은 단순반송으로 78번에 속합니다. 만약 해당 물품을 보세상태에서 중국으로 단순반송하지 않고, 제3국의 바이어를 찾아서 유상 반송하면 중계반송입니다.

이렇게 단순반송과 중계반송은 일단 한국의 보세구역에 도착한 보세상태의 화물이라는 점에서는 동일하지만, 이후에 반송 진행하는 형태는 다릅니다.

| 관세법 |
| --- |
| **제2조(정의)** 이 법에서 사용하는 용어의 뜻은 다음과 같다.<br><br>~~~~~~~~~ 중략 ~~~~~~~~~<br><br>3. "반송"이란 국내에 도착한 외국물품이 수입통관절차를 거치지 아니하고 다시 외국으로 반출되는 것을 말한다. |

| 대외무역관리규정 |
| --- |
| **제2조(정의)** 이 규정에서 사용하는 용어의 뜻은 다음과 같다.<br><br>~~~~~~~~~ 중략 ~~~~~~~~~<br><br>11. "중계무역"이란 수출할 것을 목적으로 물품 등을 수입하여 「관세법」 제154조에 따른 보세구역 및 같은 법 제156조에 따라 보세구역외 장치의 허가를 받은 장소 또는 「자유무역지역의 지정 등에 관한 법률」 제4조에 따른 자유무역지역 이외의 국내에 반입하지 아니하고 수출하는 수출입을 말한다. |

**2. 중개무역과 중계무역의 차이** : 중개무역은 대외무역법에서 규정하지 않고 있습니다. 실무적으로 중개무역은 물품을 발송하는 자와 물품을 수취하는 자 사이에 중개인이 존재하고, 그 중개인이 마진이 아닌 수수료를 취하는 거래입니다. 반면 중계무역은 양자 사이에서 마진을 취하는 거래입니다.

분명히 중계무역은 대외무역법에서 우리나라의 보세구역에 반입된 물품을 국내에 반입하지 않고 수출하는 형태의 거래라고 규정하고 있음에도 불구하고, 물품이 외국에서 외국으로 이동하는 거래에서 국내의 업체가 마진을 취하면 중계무역이라고 실무에서는 인식합니다. 심지어 수출실적증명서를 발급하는 은행조차도 중계무역의 의미를 이렇게 받아들이고 있으니 참고하기 바랍니다.

## 🌐 중계반송과 환적<sup>T/S</sup>의 차이점

<질문> 저는 포워더에서 근무하는 사람입니다. 물품이 해외에서 한국의 터미널(항구, 공항)에 도착해서 다시 제3국으로 이동되는 건에 대해서 어떤 경우는 중계반송이라 하고 또 어떤 경우는 환적이라고 합니다. 그런데 사실 중계반송 건과 환적 건의 차이점을 잘 모르겠습니다. 관련해 설명 부탁드립니다.

<답변> **1. 인바운드 건과 T/S 건의 구분 신고** : 운송인은 한국으로 입항하는 선박(또는 항공기)에 적재된 화물의 정보를 당해 선박(또는 항공기)이 한국의 터미널(항구, 공항)에 입항하기 전에 한국 세관으로 제출해야 합니다. 이것을 입항적하목록이라고 합니다.

운송인이 입항적하목록을 세관으로 신고할 때, C/I 및 P/L을 기초로 하지 않고 운송서류(B/L, 화물운송장)의 내용을 기초하며, 인바운드 건과 T/S 건으로 구분해 신고합니다. 이때 인바운드 신고 건은 운송서류 Consignee가 한국에 위치한 회사이며, T/S 신고 건은 운송서류 Consignee가 해외에 위치한 회사입니다.

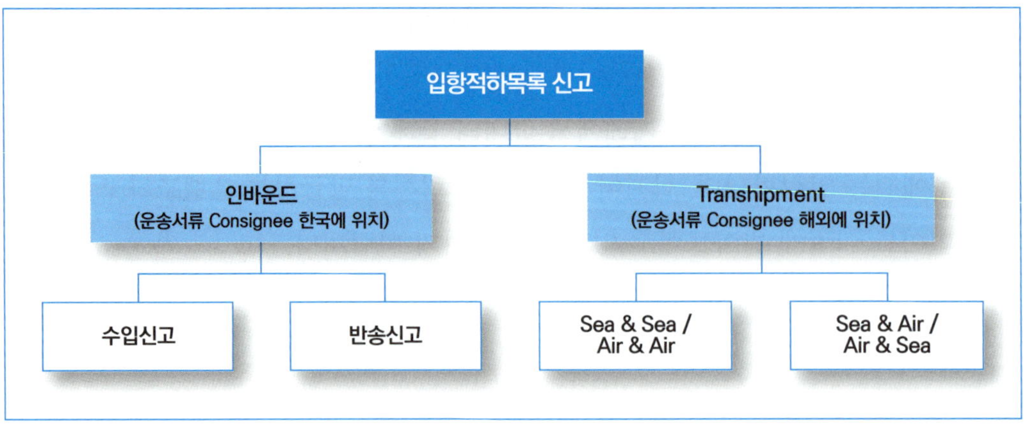


**2. 인바운드 건의 수입신고 또는 반송신고** : 인바운드 건은 한국의 수입자가 한국 세관에 수입신고 후 세액을 납부하고, 수입통관이 진행되는 것이 기본적인 절차입니다. 그러나 수입신고 수리 전 보세상태의 물품에 하자가 발견되어 보세상태에서 그대로 최초 수출국으로 단순반송(거래구분 78, 무상)을 진행하거나 보세상태의 정상적인 물품을 그대로 제3국 바이어에게 유상 판매하는 중계반송(거래구분 79)으로 진행되는 경우도 있습니다. 인바운드 건에 대해서 세관은 수입신고서를 받지 않고 반송신고서를 받으면, 신고인에게 반송 진행하는 사유를 입증하는 객관적인 자료와 이를 설명하는 사유서의 제출을 요구합니다. 서류 제출 후 문제없으면 단순반송 또는 중계반송신고 수리되어 반송신고필증이 발행되고, 포워더에게 Shipment Booking해 On Board될 수 있습니다. 물론 그 전에 입항 건에 대해서 한국 Consignee가 운송인에게 운송비를 결제하고 운송인이 D/O 발행해야 합니다.

**3. T/S 건의 진행** : T/S 건은 한국에 Consignee가 없으며 한국 세관에 반송신고하지 않기 때문에 관세사의 역할은 없습니다. 그래서 T/S 건에 대해서는 관세사가 개입하지 않습니다. 해상으로 입항한 화물을 다른 선박으로 선적 또는 해상 입항 건을 공항으로 보세운송 On Board될 항공기에 기적 후 최종 도착국가로의 운송 핸들링을 포워더가 진행합니다.

# 🌐 중계무역, 외국인도수출, 외국인수수입

〈질문〉 한국에 위치한 폐사는 중국 제조사에게 물품을 구입해서, 그 물품을 동일 국가인 중국에 위치한 도매업체에게 그대로 판매합니다. 이때 제조사와 도매업체 사이에는 계약관계가 없고, 폐사는 중간에서 마진을 취합니다. 외국인수수입, 외국인도수출 또는 중계무역 중 폐사의 거래 형태는 어디에 속하는지요? 그리고 이처럼 거래 대상 물품이 외국에서 외국으로 이동하면, 한국 세관에 수출입 신고하지 않는지요?

〈답변〉 **1. 외국인수수입** : 외국인수수입과 외국인도수출은 모두 3자 간의 거래가 아닌 양자 간 거래입니다. 외국인수수입이란 외국에서 사용할 물품을 외국에서 구입하는 것이며, 구입할 당시에 판매를 목적으로 하지 않습니다. 예를 들어 한국의 회사가 외국(해외) 공사 현장에서 필요한 중장비를 외국에서 구입하는 경우가 있습니다. 이때 중장비를 구입하는 목적은 외국에서 사용하기 위함이며(판매목적 아님), 대금 결제는 한국 업체가 한국의 외국환 은행을 통해서 진행합니다.

**2. 외국인도수출** : 외국인도수출이란 판매하고자 하는 한국 업체 소유의 물품이 외국(해외)에 위치하고 있어야 하며, 판매를 목적으로 구입한 사실이 없어야 합니다. 예를 들어 한국 업체가 외국 공사를 위해서 한국에서 중장비를 외국 공사 현장으로 발송하고, 공사 완료 후 당해 중장비를 한국으로 재수입할 실익이 없을 때 외국에서 판매하는 무역입니다.

물론 외국 공사 현장에서 사용할 중장비를 공사가 시작되는 시점에 공사 현장에서 사용할 목적으로 구입(외국인수수입)해서, 오랜 시간 동안 공사 현장에서 당해 장비를 사용 후 한국으로 수입할 실익이 없어서 외국에서 판매하면 이 역시도 외국인도수출이라고 할 수 있습니다. 중요한 것은 한국 업체가 해외에서 중장비를 구입한 시점과 판매하는 시점은 시간적으로 상당한 기간이 있습니다. 즉, 외국인도수출은 판매를 목적으로 외국에서 구입한 물품을 거래의 연속성을 가지고 그대로 외국으로 판매하는 형태의 무역은 아닙니다. 따라서 외국인도수출은 양자 간 거래입니다.[166]

**3. 관세법에서의 수출(입) 실적 조건** : 한국 세관으로 수출(입)신고하기 위해서는 반드시 신고 대상 물품이 국내에 위치하고 있어야 합니다. 수출신고할 때는 관세사무실에 물품 소재지[167] 정보를 전달하면 그 지역을 관할하는 세관으로 수출신고서를 제출하고, 수입신고할 때는 하선된 물품의 반입지 보세구역을 확인 후 그 지역을 관할하는 세관으로 수입신고서를 제출합니다. 이렇게 수출(입)신고 당시 국내에 위치하고 있는 물품에 대해서만 세관으로 수출(입)신고할 수 있으며, 수리받으면 수출(입)신고필증을 교부 받아서 실적을 인정받습니다. 이것이 관세법상의 수출(입)실적입니다.

반면 한국 업체가 거래하는 물품이 국외에서 국외로 이동하는 거래는 한국 세관에 수출(입)신고할 수 없습니다. 이러한 형태의 거래에서 한국 업체가 수출(입)실적을 인정받는 방법은 대외무역법에서 규정하고 있습니다.

**4. 중계무역** : 중계무역은 한국 업체가 해외에 있는 물품을 구입해 해외의 업체에게 마진을 붙여서 판매하는 형태의 무역입니다. 기본적으로 물품의 이동이 외국에서 외국으로 이동하는 것인데, 경우에 따라서는 구입한 물품이 외국에서 한국의 보세구역으로 반입 후 보세상태에서 그대로 외국으로 다시 이동하는 형태가 될 수도 있습니다.

중요한 것은 한국의 업체가 해외에서 물품을 구입하는 목적이 판매를 위함이며, 구입한 물품을 사용하지 않고 그대로 외국의 다른 업체에게 판매하는 형태를 가짐

---

166) 외국인수수입 역시 양자 간 거래이고, 3자 간 거래가 아닙니다.
167) 수출신고하는 시점에 신고 대상 물품이 위치하고 있는 장소의 주소.

니다. 한국의 업체는 Exporter와 Importer 사이에서 마진을 취하기 때문에 외국환 은행을 통한 외국환의 이동은 Importer에서 한국 업체 그리고 한국 업체에서 Exporter로 이어집니다.


## 🌐 중계무역 건의 수출실적 인정금액

〈질문〉 폐사는 한국에 위치한 중개자입니다. 베트남에 위치한 폐사의 공장에서 제조된 물품을 베트남에서 일본 거래처로 직접 운송합니다. 이 거래 건은 한국 세관으로 수출입 신고하지 않지만, 일본 거래처에게 폐사가 외국환을 결제받으니, 수출실적으로 인정받을 수 있을 것으로 보입니다.
이처럼 물품이 외국에서 외국으로 이동하는 건에 대해서 수출실적 인정을 받을 수 있다면, 일본 거래처에게 결제받은 총액이 수출실적액으로 인정되는지요?

〈답변〉 **1. 중계무역(3자 거래)과 외국인도수출(양자 거래) 차이점** : 중계무역은 3자 간 거래이며, 중개인이 물품을 외국에서 구입해 다시 외국으로 판매하는 '거래의 연속성'이 나타납니다.[168] 반면 외국인도수출은 거래의 연속성이 없으며, 한국 업체가 판매하고자 하는 물품이 이미 외국에 위치하고 있는 것입니다(구입해서 판매하는 것 아님).

---

168) 「대외무역관리규정」에서는 '중계무역'의 정의를 규정하고 있습니다. 그러나 실무에서 중계무역은 대외무역관리규정에서 정의하고 있는 것과 같이 해석되지 않고, 거래물품을 수출하는 자와 실질적으로 수입하는 자 사이에서 마진을 취하는 거래의 형태를 중계무역으로 인식하고 있습니다.

**2. 수출실적인정금액** : 대외무역관리규정 제26조에서는 수출입실적 인정금액에 대해서 규정하고 있습니다. 제26조 1항 1호에서 말하고 있는 중계무역은 국내의 보세구역으로 반입된 물품이 수입신고되지 않고 제3국으로 유상 반송신고되는 중계반송의 개념보다는 외국에서 외국으로 물품이 이동되는 거래에서 한국의 업체가 마진을 취하는 형태의 3자 무역을 뜻합니다. 실적 인정을 해주는 외국환 은행에서도 외국에서 외국으로 이동하는 무역 거래에서 한국 업체가 마진을 취하는 거래일 때, 수출실적 인정금액은 제26조 1항 1호에서 규정하듯이 '수출금액(FOB가격)에서 수입금액(CIF가격)을 공제한 가득액(차액)'으로 인식하고 있습니다.

<table>
<tr><th>대외무역관리규정</th></tr>
</table>

**제2조(정의)** 이 규정에서 사용하는 용어의 뜻은 다음과 같다.

~~~~~ 중략 ~~~~~

11. "중계무역"이란 수출할 것을 목적으로 물품 등을 수입하여 「관세법」 제154조에 따른 보세구역 및 같은 법 제156조에 따라 보세구역 외 장치의 허가를 받은 장소 또는 「자유무역지역의 지정 등에 관한 법률」 제4조에 따른 자유무역지역 이외의 국내에 반입하지 아니하고 수출하는 수출입을 말한다.

12. "외국인수수입"이란 수입대금은 국내에서 지급되지만 수입 물품 등은 외국에서 인수하거나 제공받는 수입을 말한다.

13. "외국인도수출"이란 수출대금은 국내에서 영수하지만 국내에서 통관되지 아니한 수출물품 등을 외국으로 인도하거나 제공하는 수출을 말한다.

~~~~~ 중략 ~~~~~

**제25조(수출·수입실적의 인정범위)** ① 수출실적의 인정범위는 다음 각 호로 한다.
1. 영 제2조제3호에 따른 수출 중 유상으로 거래되는 수출(대북한 유상반출실적을 포함한다)

~~~~~ 중략 ~~~~~

3. 수출자 또는 수출물품 등의 제조업자에 대한 외화획득용 원료 또는 물품 등의 공급 중 수출에 공하여 지는 것으로 다음 각 목의 어느 하나에 해당하는 경우

    가. 내국신용장(Local L/C)에 의한 공급
    나. 구매확인서에 의한 공급

**제26조(수출·수입실적의 인정금액)** ① 제25조제1항제1호 및 제2호에 따른 수출실적 인정금액은 다음 각 호의 경우를 제외하고는 수출통관액(FOB가격 기준)으로 한다.

1. 중계무역에 의한 수출의 경우에는 수출금액(FOB가격)에서 수입금액(CIF가격)을 공제한 가득액

2. 외국인도수출의 경우에는 외국환은행의 입금액(다만, 위탁가공된 물품을 외국에 판매하는 경우에는 판매액에서 원자재 수출금액 및 가공임을 공제한 가득액)
~~~~~

# 🌐 비특혜 C/O의 Switch

〈질문〉 중국에서 비특혜 C/O 없이 국내로 물품을 수입했습니다. 그런데 당해 물품을 제3국의 업체가 폐사로부터 구입하겠다는 의사를 밝혔습니다. 원상태 유상 수출을 진행하면 되는데, 문제는 비특혜 C/O를 요구합니다.

원상태 유상 수출하는 물품이 중국산이라는 사실을 입증하는 비특혜 C/O가 없는 상태에서 폐사의 해외 거래처에게 비특혜 C/O를 제공할 수 있는지요?

**〈답변〉 1. 중국 업체의 비특혜 C/O 미발행 상황** : 수입신고필증의 '수입자'와 원상태 수출 건의 수출신고필증 '수출화주'가 동일하고, 수입신고필증 및 수출신고필증상의 '원산지'가 중국으로 동일하다면, 원상태 수출 건에 대해서 한국 상공회의소에서 원산지 중국산으로 기재된 비특혜 C/O를 발급할 수도 있습니다. 이때 상공회의소로 사유서를 제출해 사유를 설명해야 할 것이며, 상공회의소에서 상황 검토 후 결론을 내릴 것입니다.

**2. 중국 업체의 비특혜 C/O 발행** : 원상태로 수출하는 한국 업체가 원상태 수출신고필증을 발급받고, 중국 업체로부터 제공받은 비특혜 C/O를 한국 상공회의소로 제출하면 상공회의소에서 Exporter를 한국 업체, Consignee를 수출신고필증의 구매자로 기재된 비특혜 C/O를 발급받을 수 있습니다. 물론 원산지는 중국입니다.

# PART 09

# FTA

# Ⅰ. FTA 협정세율 적용

## 🌐 FTA C/O 사본 제출과 FTA C/O와 운송서류의 역할

〈질문〉 폐사는 미국과 체코에서 한국으로 식품 첨가제를 수입하는데, 해당 제조사의 대리점으로서 홍콩의 업체와 계약합니다. 이번에 FTA C/O를 관세사무실에 C/I, P/L, 운송서류와 함께 제출해서 FTA 협정세율을 신청하는데, FTA C/O와 운송서류를 세관으로 제출해야 한다고 하더군요. 그러면서 FTA C/O 원본을 요구하는데, 원본은 아직 특송으로 받지 못했다고 하니, 다음의 문구를 FTA C/O 사본 위에 날인해 전달을 요구받았습니다.

| FTA 고시 별표 1 |
| --- |
| 이 사본이 원본과 다를 경우 관세법 등 관련법령에 의해 처벌받을 수 있음을 알고 있으며, 세관에서 요구 시 원본을 제출하겠습니다.<br><br>수입자 ○○○ 서명 |

세관에서 왜 이러한 서류의 제출을 요구하는지와 관련 법령을 확인받고 싶습니다.

〈답변〉 1. FTA 협정세율 적용해 수입신고 후 FTA C/O 제출 : 한국이 수입지인 경우, 수입신고 당시에 FTA C/O의 사본[169]이라도 확보한 상태라면, FTA 협정세율을 적용해 수입신고 가능합니다. 만약 세관에서 전산으로 제출된 수입신고서[170]

---

169) 원본을 스캔 등의 방법으로 전자 이미지화 한 것.
170) 관세사무원이 작성해 관할지 세관으로 전산 제출.

를 확인 후 Paperless가 아닌 서류 제출로 지정하면, FTA C/O 사본에 'FTA 고시 별표 1'에서 요구하는 문구를 날인해 사본을 제출할 수 있습니다. 물론 Paperless로 지정되면, 세관으로 전산 신고된 수입신고서의 내용만 세관에서 확인하고 수입자가 세액을 납부하면 수리되어 수입신고필증이 발행됩니다. 중요한 것은 수입신고 받은 세관이 FTA C/O의 제출을 요구하지 않더라도 FTA C/O는 FTA 협정에서 요구하는 양식과 기재요령에 의해서 작성되어야 합니다. 수입신고 수리된 이후에 세관으로부터 사후 검증받을 수도 있기 때문입니다.

**2. FTA C/O 제출과 운송서류의 제출을 요구하는 이유** : FTA 수입체약국에서 FTA 협정세율을 적용받기 위해서는 FTA 수출체약국에서 물품이 생산되어 On Board 이전까지 원산지(Origin)가 FTA 수출체약국임을 증명하는 FTA C/O(대표적인 특혜 C/O)와 함께, On Board 이후에 FTA C/O상의 원산지가 FTA 수입체약국까지 물품이 이동하면서 유지된다는 것을 증명하는 직접 운송원칙 충족입니다.

직접 운송원칙은 운송서류(B/L, 화물운송장)로 확인되며, 운송서류상의 Port of Loading(Airport of Departure)이 FTA 수출체약국, Port of Discharge(Airport of Destination)가 FTA 수입체약국으로서 하나의 운송서류로 FTA 수출체약국과 FTA 수입체약국 사이의 운송이 Tracking되어야 합니다(Port를 보유한 국가의 경우).

그런데 화물의 원산지는 한-미 FTA C/O로 미국산임을 나타내고, 운송서류 역시 Port of Loading은 미국, Port of Discharge는 한국임에도 불구하고, C/I상의 Shipper는 홍콩인 경우가 있습니다. 한국 수입자가 홍콩 대리점과 계약하고 계약 물품은 미국에서 한국으로 운송되는 상황이라고 할 수 있습니다. 특히 이러한 형태의 거래에서는 한국으로 수입신고된 물품의 원산지가 FTA C/O상의 원산지가 맞는지,[171] 그리고 운송서류상으로 직접 운송원칙이 충족되었는지, 세관에서 확인을 위해서 FTA C/O와 운송서류의 제출을 특별히 요구할 수 있습니다.

---

171) FTA C/O의 양식과 기재 내용이 FTA 협정문에서 요구하는 조건을 충족했는지 확인.

# FTA 사후 환급 신청 절차와 관세사 수수료

〈질문〉 중국에서 세번부호 7013.99.0000으로 분류되는 유리 찻잔을 수입합니다. 기본세율(구분기호 'A') 8%의 품목인데, 한-중 FTA C/O가 있으면 1.6%(FCN)의 한-중 FTA 협정세율을 적용받을 수 있습니다. 그런데 처음 계약과 다르게 중국 수출자 측에서 FTA C/O를 화물 선적 후 2주 정도 뒤에 전달이 가능하다고 합니다. 그렇다면 한국의 수입자인 폐사는 기본세율 8%로 관세사무실을 통해서 수입신고 후 사후에 협정세율이 신청 가능하다고 알고 있습니다.

사후협정세율을 신청하면 관세사 수수료가 추가 발생되는지, 만약 그렇다면 얼마 정도 되는지와 기본세율 8%에서 한-중 FTA 협정세율 1.6%의 차이로 인한 관세를 언제까지 받을 수 있는지 확인 바랍니다.

**〈질문〉 1. FTA 사후협정세율 신청 건의 관세사 수수료** : 관세사무실의 수입신고 수수료는 총과세가격[172]을 기준으로 2/1,000 정도 발생되며, 최저는 통상 3만 원 정도입니다. 수입자가 수입신고필증이 발행된 이후에 수출자로서 FTA C/O 전달 받았다면, 당해 건을 수입신고 대행한 관세사무실에게 FTA C/O 원본과 운송서류[173]를 제출하면서 사후협정세율 적용을 요청할 수 있습니다.

이때 관세사무실은 추가적으로 수입자에게 대략 3만 원 정도의 수수료를 청구할 수 있습니다. 이렇게 수입신고 완료 후 납부한 세액의 환급을 신청하는 것을 경정청구 또는 과오납환급이라고 합니다. 참고로 경정청구를 대행하는 관세사무실과 당해 건을 수입신고 대행한 관세사는 동일해야 합니다.

---

172) CIF 총액에 근접하는 가격.

173) 직접 운송원칙 충족을 입증하는 서류. FTA C/O는 On Board 이전의 원산지만 증명할 뿐 FTA 수출체약국에서 On Board 이후에 FTA 수입체약국까지 운송되는 과정에서 원산지가 변동 없었다(추가공정)는 내용을 입증할 수 없습니다.

**2. FTA 사후협정세율 신청 건의 과오납된 관세의 환급 시점** : FTA C/O 없는 상태에서 기본세율(구분기호 'A') 또는 WTO 협정세율(구분기호 'C')을 적용받은 이후에 수입신고 수리일로부터 1년 이내에 FTA C/O 사본(또는 원본)을 확보하면 사후에 FTA 협정세율을 신청할 수 있습니다.[174] 이후에 세관이 검토 후 FTA 협정세율이 적용될 수 있으며, 과오납 관세의 환급은 실무적으로 대략 3개월 이후에 이루어지는 것으로 확인됩니다.

**3. 식품 등의 수입신고, 최초 건으로 정밀검사를 진행하는 경우** : 특정 제조사로부터 특정 식품 등(농임산물, 가공식품, 식품첨가물, 기구·용기·포장)을 수입할 때는 '해외 제조업소 등록'과 현품에 한글표기사항이 적절히 부착된 상태에서 당해 물품이 보관(장치)된 보세창고의 위치를 관할하는 지방식약처에 식품 등의 수입신고를 진행합니다. 이때 최초 수입되는 제품은 정밀검사가 진행되며, 정밀검사의 처리기한은 10일입니다. 정밀검사 기간 동안 보세창고료는 계속 발생되고, 적합 통지 후 관할지 세관에 수입신고해 수리받기까지는 또 한 번의 시간이 필요합니다.

따라서 만약 정밀검사 건이라면, 정밀검사 결과 통보 이전까지만 FTA C/O를 확보할 경우 FTA 협정세율을 적용해 수입신고가 가능할 것입니다.

---

174) FTA 수입체약국이 한국이라면, FTA C/O 원본이 아닌 사본으로 FTA 협정세율을 적용받을 수 있습니다. 사후협정세율을 신청할 때 역시 FTA C/O 사본의 확보만으로 가능합니다. 반면 타국은 FTA C/O의 원본을 수입신고 당시부터 확보하고 있어야 하는 경우도 있습니다.

# 한-미 FTA 협정에 따른 수리·복구 후 재수입과 관세 면세

〈질문〉 폐사는 미국 본사의 공장(미국 내 위치)에서 생산된 물품을 한국으로 수입했습니다(한-미 FTA C/O는 미확보). 문제는 한국에서 사용 중 고장 발생되어 수리·복구가 필요한데, 미국 업체가 수리·복구를 위한 공장은 중국에 있으니 중국으로 발송 요청했고, 실제로 물품은 중국으로 발송됐습니다(수출신고필증의 목적국 중국, CN).

그런데 중국에서 수리·복구가 불가하다는 통보를 받고 다시 미국으로 발송되어 미국에서 수리·복구 후 한국으로 재수입됩니다. 한-미 FTA 협정문에 상대국에서 수리·복구 후 수입하는 건에 대해서는 원산지와 관계없이 관세 면세 규정이 있는 것으로 알고 있는데, 이 건에 대해서 한-미 FTA 협정문을 기초로 관세 면세 받을 수 있는지요?

〈답변〉 **1. 수리·복구를 위해서 상대체약국으로 수출해야 한다는 규정** : 한미 FTA 협정문 제2.6조에서는 "수리 또는 개조를 위해 자국 영역에서 다른 쪽 당사국의 영역으로 일시적으로 수출된 후 자국 영역으로 재반입되는 상품에 대해 그 상품의 원산지와 관계없이 관세를 적용할 수 없다"라고 규정하고 있습니다. 그러나 수리·복구를 위한 물품을 한국에서 한미 FTA 상대체약국으로서 미국으로 직접 운송해야 한다는 내용은 명확히 나와 있지 않습니다.

**2. FTA 특례법** : 제30조(일시수입물품 등에 대한 관세의 면제) 제1항2호에서 수리·복구를 위해서 체약상대국으로 수출했다가 다시 수입하는 물품에 대해서 원산지와 관계없이 관세를 면제할 수 있다는 내용이 규정하고 있습니다.

따라서 질문자의 상황은 한국에서 한미 FTA 체약상대국으로서 미국으로 수출한 것이 아니라 중국으로 수출 후 미국으로 다시 이동하는 건이니 미국에서 수리·

복구 후 재수입하더라도 관세를 면제받기 어려울 수 있을 것으로 사료됩니다. 만약 관세를 면제받지 못한다면 관세법 제101조(해외임가공물품 등의 감세)가 적용되어 수리비용과 왕복 운임 및 적하보험료를 총과세가격으로 해서 수입신고물품의 HS Code상 기본세율(또는 WTO 협정세율)만큼의 관세과 부가세[175]를 납부해야 합니다.

**FTA 특례법**

**제30조(일시수입물품 등에 대한 관세의 면제)** ① 체약상대국에서 수입되는 것으로서 다음 각 호의 어느 하나에 해당하는 물품은 협정에서 정하는 범위에서 그 원산지에 관계없이 관세를 면제할 수 있다.

1. 수입신고의 수리일부터 2년의 범위에서 대통령령으로 정하는 기간 이내에 다시 수출하기 위하여 일시적으로 수입하는 물품으로서 협정에서 정하는 바에 따라 기획재정부령으로 정하는 물품

2. 수리 또는 개조 등을 할 목적으로 체약상대국으로 수출하였다가 다시 수입하는 물품으로서 기획재정부령으로 정하는 물품

---

175) 부가세=(총과세가격+관세)×10%(부가가치세율)

# Ⅱ. FTA C/O의 발행

## 🌐 신용장에서 FTA C/O의 Consignee

〈질문〉 신용장 조건으로 수출하는 수출자입니다. FTA C/O의 Consignee를 B/L Consignee처럼 To the order of Issuing Bank(지시식)로 발행 가능한지요?

〈답변〉 FTA C/O는 대표적인 특혜 C/O입니다. 특혜 C/O는 수입국에서 관세 혜택을 제공하는 C/O입니다. 예를 들어 한-중 FTA C/O가 있으면, 한-중 FTA 수입체약국에서 수입신고할 때, HS Code의 기본세율 또는 WTO 협정세율보다 세율이 낮은 한-중 FTA 협정세율을 적용해 수입신고가 가능합니다.

이러한 FTA C/O의 Consignee 의미는 수입체약국에 위치한 자로서 협정세율을 적용받는 자입니다. 그리고 FTA C/O의 Consignee는 최초 발행될 당시부터 수입국에서 FTA 협정세율을 적용받는 자가 기재되어 발행되어야 하며, 중간에 Consignee를 Switch할 수 없고, 지시식으로 Consignee를 기재해 배서를 통해 Consignee가 변경될 수도 없습니다.

결국, 결제조건이 L/C라고 할지라도 Consignee를 지시식으로 발행 신청할 수도 없고 지시식으로 발급받아서도 안 됩니다. 설령 지시식으로 FTA C/O를 발급받아서 FTA 수입체약국의 수입자에게 전달하더라도 수입체약국에서 FTA 협정세율 적용받는 데 문제될 수 있습니다.

**제12조(원산지증빙서류 제출요구)** ① 법 제8조제2항에 따라 세관장은 다음 각 호의 어느 하나에 해당하는 물품에 대해서는 수입자에게 원산지증빙서류의 제출을 요구할 수 있다.

1. 수입신고서와 협정관세적용신청서의 원산지가 다른 물품

2. 품목번호와 원산지 결정기준이 부합하지 않은 물품

3. 제3국 선적물품 등 직접 운송 위반 우려물품

4. 물품의 특성, 수출국의 산업구조 등을 고려하여 원산지증빙서류 제출대상 품목으로 관세청장이 지정한 물품

5. 그 밖에 원산지확인이 필요하다고 인정하는 물품

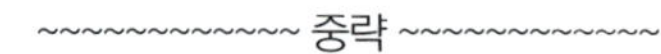

~~~~~~~~~~~ 중략 ~~~~~~~~~~~~

③ 수입자는 제2항에 따른 보완요구서를 통보받은 때에는 제2항제3호의 기간 이내에 수입신고서에 원산지증빙서류를 첨부하여 세관장에게 제출하여야 한다. 이 경우 세관장은 체약상대국과의 원산지 전자자료교환시스템을 통해 원산지증명서의 내용을 확인할 수 있는 경우에는 원산지증명서의 제출요구를 생략할 수 있으며, 수입자는 세관장이 특별한 사유로 원본을 요구한 경우가 아니면 원산지증명서 원본을 스캔 등의 방법으로 전자이미지화 한 것 또는 별표 1의 원산지증명서 사본 제출 스탬프를 날인한 사본을 제출할 수 있다. 다만, 원산지증명서 사본 제출을 허용한 협정의 경우에는 스탬프 날인을 생략할 수 있다.
~~~~~~~~~~~

# 3자 거래와 기관 발급되는 FTA C/O 발행 한-중 및 한-아세안

<질문> 한국의 폐사(A사)는 홍콩 업체(B사)와 계약하지만, 화물은 한국에서 중국 (C사)으로 직접 운송되고 당해 구간에 대해서 운송서류(B/L, 화물운송장) 는 1회 발행됩니다. 그리고 동일한 홍콩 회사(B사)와 폐사가 거래하는데, 물품은 한국에서 베트남(D사)으로 직접 운송됩니다. 이렇게 3자 간의 거 래에서 한-중 및 한-아세안 FTA C/O가 어떻게 발행되어야 하는지 설명 부탁드립니다.

## <답변> 1. 3자 거래와 한-중 FTA C/O 발행

| 1. Exporter's name and address, country: | Certificate No.: |
|---|---|
| 2. Producer's name and address, country: | **CERTIFICATE OF ORIGIN**<br>**Form for Korea–China FTA**<br><br>Issued in __________<br>(see Overleaf Instruction) |
| 3. Consignee's name and address, country: | |
| 4. Means of transport and route(as far as known) :<br>  Departure Date :<br>  Vessel/Flight/Train/Vehicle No. :<br>  Port of loading :<br>  Port of discharge : | 5. Remarks : |

| 6. Item number<br>(Max 20) | 7. Marks and Numbers on packages | 8. Number and kind of packages ; description of goods | 9. HS code<br>(Six-digit code) | 10. Origin criterion | 11. Gross weight, quantity (Quantity Unit) or other measures (liters, ㎥, etc.) | 12. Number and date of invoice |
|---|---|---|---|---|---|---|
| | | | | | | |

- 제5란에는 비당사국의 운영인에 의하여 송품장이 발행되는 경우, 비당사국 운영인의 법적이름을 적습니다. 또한, 증명서가 소급 발급된 경우에는 'ISSUED RETROACTIVELY', 인증된 진본의 경우에는 'CERTIFIED TRUE COPY of the original Certificate of Origin number (발행번호) dated (날짜)'를 적습니다.

- 제12란에는 송품장의 번호 및 발행일을 적습니다. 비당사국의 운영인에 의하여 송품장이 발행되어 송품장의 번호 및 발행일을 알 수 없는 경우, 수출당사국에서 발행된 원본 송품장의 번호 및 발행일을 적습니다.

a) '5. Remarks' : 중개자 B사(홍콩 업체)는 Exporter A사(한국 업체)에게 C/I(송품장)를 받아서 자신의 마진을 포함 후, Importer C사(중국 업체)에게 C/I를 발행합니다. 따라서 제5란에는 '비당사국 운영인'으로서 중개자 B사의 상호를 기재해 한국에서 한-중 FTA C/O가 발행되어야 합니다.

b) '12. Number and date of invoice' : 제12란에는 송품장의 번호 및 발행일을 적습니다. 그러나 비당사국의 운영인으로서 홍콩 B사가 C/I(송품장)를 발행해 수입 당사국의 C사에게 제공하는 C/I의 번호와 발행일을 수출 당사국으로서 한국의 A사가 한-중 FTA C/O를 신청할 때 알지 못합니다. 따라서 제12란에는 수출 당사국으로서 한국 A사가 발행해서 중개자에게 제공하는 C/I의 번호와 발행일을 반영합니다.



홍콩 업체가 중개하고 한국과 중국이 직접 계약하지 않았지만, 한국에서 발행되는 한-중 FTA C/O '1. Exporter's~'란에 한국 업체 그리고 '3. Consignee's~' 란에 FTA 협정세율 적용받는 중국 업체가 기재되어야 합니다. 만약 중개자가 수출자에게 수입자를, 수입자에게 수출자 정보를 공개하지 않는다면 FTA 수출체약국에서 FTA C/O를 발행할 수 없고, FTA 수입체약국에서 수입자는 FTA 협정세율 적용받을 수 없습니다.
참고로 FTA C/O와 같은 특혜 C/O는 중개국에서 Switch가 불가합니다.

## 2. 3자 거래와 한-아세안 FTA C/O(AK Form)



| 5.Item number | 6. Marks and numbers on packages | 7. Number and type of packages, description of goods(including quantity where appropriate and HS number of the importing country) | 8. Origin Criterion (See Notes overleaf) | 9. Gross weight or other quantity and Value(FOB only when RVC criterion is used) | 10. Number and date of Invoices |
|---|---|---|---|---|---|
| | | ~ ~ ~ | | | |
| 13. ☐ Third Country Invoicing | | ☐ Exhibition | | ☐ Back-to-Back CO | |



- 제10란에는 송장의 일련번호 및 발급 일자를 적습니다.

- 제13란은 다음 구분에 따라 '✓' 표시를 합니다.
  가. 수출 당사국이 아닌 제3국에서 송품장이 발급된 경우 '제3국 송품장(Third country invoicing)' 란에 '✓' 표시를 합니다. 이 경우 제7란에는 송장을 발행한 회사의 상호 및 국가명을 적습니다.

a) '10. Number and date of Invoices' : FTA C/O가 발행되는 국가의 수출자가 상대 계약자에게 발행하는 C/I No.와 Date를 적습니다. 따라서 A사가 중개사 홍콩 B사에게 발행하는 C/I 정보가 기재됩니다.

b) '13. Third Country Invoicing'과 제7란 : FTA C/O를 기초로 FTA 협정세율을 적용받는 수입 체약국의 중국 C사는 중개자 B사(홍콩 업체)에게 C/I를 받습니다. 따라서 제13란에 체크하고, 제7란에는 C사에게 C/I를 발행하는 중개자 B사의 상호 및 국가명이 기재되어야 합니다.

# 🌐 한-EU FTA C/O 발행 가능한 자 <sup>인증수출자</sup>

〈질문〉 유럽에서 한국으로 물품 수입을 준비 중입니다. 한-EU 원산지신고서 문안이 기재된 C/I를 받으면, 한-EU FTA 협정세율을 받을 수 있다는 사실을 알고 있어서 유럽 수출자에게 요구하니 거부합니다. 인증수출자가 아니라도 선적 건당 총액이 EUR 6,000 이하면, 원산지신고서 문안을 C/I에 기재할 수 있는 것 아닌지요?

〈답변〉 하나의 선적 건당 한-EU FTA 원산지 결정기준을 충족한 물품의 총액이 EUR6,000 이하 또는 EUR6,000 초과의 건 모두 기본적으로 해당 물품은 한-EU FTA 원산지 결정기준을 충족해야 합니다.

원산지신고서 문안을 C/I 등의 상업서류에 기재하는 자, 한-EU FTA 수출체약국에 위치한 자는 자신이 원산지신고서 문안을 기재하는 건의 물품이 한-EU FTA 원산지 결정기준을 충족하고 있음을 입증할 수 있어야 합니다. 만약 거래물품이 한-EU FTA 원산지 결정기준을 충족하지 못하거나 또는 충족 여부를 입증서류로 입증할 수 없으면, 원산지신고서 문안을 C/I 등의 상업서류에 기재해 한-EU FTA C/O를 발행할 수 없습니다.

유럽의 수출자는 비록 건당 EUR6,000 이하의 건이지만 스스로 원산지 결정기준을 미충족한다고 판단했거나 또는 이를 입증할 수 있는 상황이 되지 못해 한국 수입자의 한-EU FTA C/O 발급 요청을 거부한 것으로 보입니다.

# 🌐 3자 간 거래에서 한–EU FTA C/O 발행

〈질문〉 한국에 위치한 수입자이며, 계약은 홍콩 업체와 합니다. 그러나 거래물품은 프랑스에서 제조되어 한국으로 직접 운송됩니다. 한-EU FTA C/O를 받고자 하는데, 홍콩 업체는 한-EU FTA 체약상대국에 위치한 업체가 아니기 때문에 원산지신고서 문안을 C/I에 기재할 수 없다고 합니다.

그렇다면 폐사는 분명 프랑스에서 제작된 물품으로써 직접 운송됨에도 불구하고 한-EU FTA 협정세율을 적용받지 못하는 것인지요?

〈답변〉 **1. FTA C/O의 Shipper 의미** : 모든 무역 서류는 발행 목적이 존재하며, 당해 서류의 역할에 따라서 Shipper와 Consignee 의미를 달리 해석합니다. FTA C/O를 발행하는 자로서 FTA C/O의 Shipper는 FTA 수출체약국에 위치하면서, FTA C/O상에 기재되는 물품이 FTA 원산지 결정기준을 충족한 물품이라는 사실을 입증할 수 있어야 합니다. 따라서 한-EU FTA 비체약국으로서 홍콩에 위치한 자는 한-EU FTA C/O의 Shipper가 될 수 없으며 발행 역시 할 수 없습니다.

**2. FTA C/O의 Consignee 의미** : FTA C/O의 Consignee는 FTA 수입체약국에 위치한 자로서 FTA 협정세율을 적용받는 자입니다. 홍콩 업체는 한-EU FTA 비체약국 업체이며, 한-EU FTA 협정세율을 적용받는 자가 아니기 때문에 한-EU FTA C/O Consignee가 될 수 없습니다.

**3. 한-EU FTA C/O 발행** : 한-EU FTA C/O는 별도의 C/O가 발행되는 것이 아니라 C/I, P/L 등 상업서류에 원산지신고서 문안을 기재해 발행합니다. 만약 C/I(Commercial Invoice)에 원산지신고서 문안을 기재하면 해당 C/I는 수출자와 수입자 간에 계약한 상품의 가격명세서이자 한-EU FTA C/O 역할을 동시에 합니다.

C/I에 한-EU FTA 수출체약국의 수출자로서 프랑스 업체가 원산지신고서 문안을 기재하면, C/I는 한-EU FTA C/O로서 역할을 하기 때문에 C/I의 Shipper(프랑스 업체)는 FTA 수출체약국의 수출자로서 FTA C/O상의 물품이 FTA 원산지 결정기준을 충족했음을 입증할 수 있어야 합니다. 그래야 C/I(한-EU FTA C/O)의 Consignee(한국 업체)는 FTA 수입체약국의 수입자로서 FTA 협정세율을 적용받을 수 있습니다.

**4. 중계무역에서 한-EU FTA C/O 발행** : 프랑스 업체는 홍콩 중개인에게 C/I를 발행하고, 홍콩 중개인은 마진을 더한 C/I를 한국 업체에게 발행합니다. 따라서 이러한 중계무역에서 C/I에는 원산지신고서 문안을 기재해 한-EU FTA C/O로 활용할 수 없습니다. 반면 P/L은 거래물품의 부피, 중량 등 포장 관련된 정보가 기재되고 가격정보가 기재되지 않습니다. 그래서 중개국에서 중개인에 의해서 재발행될 필요가 없습니다. 거래물품은 수출국에서 발송된 그래도 수입국으로 이동하기 때문입니다. 따라서 프랑스 업체가 P/L에 원산지신고서 문안을 기재하고, P/L의 Shipper에 프랑스 업체, Consignee에 한국 업체를 넣어서 P/L이자 한-EU FTA C/O로서 역할을 할 수 있는 서류를 발행할 수 있습니다.

**5. 특혜 C/O는 중개국에서 Switch 불가** : FTA C/O는 대표적인 특혜 C/O입니다. 특혜 C/O라 함은 수입국에서 관세 혜택을 제공하는 C/O입니다. 특혜 C/O는 수출국에서 C/O가 발행될 당시부터 수입국에서 협정세율을 적용받을 수 있도록 발행되어야 합니다. 중개국에서 Switch가 불가하기 때문입니다.[176]

결국, 홍콩이 한-EU FTA C/O 발행하는 프랑스 업체에게 한국 업체 정보를 전달해야 하고, 한국 업체는 홍콩 업체를 통해서 한-EU FTA C/O를 프랑스에서 발행된 상태 그대로를 전달받으니 한국 업체에게 프랑스 업체 정보 역시 노출됩니다.

---

176) 비특혜 C/O는 중개국에서 Switch가 가능합니다. 최초 수출국 상공회의소에서 발행된 비특혜 C/O와 수출국에서 수입국으로 이동하는 운송서류 사본을 중개인이 중개국의 상공회의소로 제출하면, 비특혜 C/O의 Exporter, Consignee를 Switch 받을 수 있습니다.

# 🌐 중국에서 발행되는 한–중 FTA C/O의 대행 발행

〈질문〉 FTA C/O의 Exporter(Shipper)는 수출체약국에 위치한 자로서 FTA C/O상의 원산지를 입증할 수 있는 자라고 알고 있습니다. 그런데 중국 수출자로부터 전달받은 한–중 FTA C/O의 Exporter란에 중국 수출자가 아닌 제3자가 기재되었는데, 한국에서 한–중 FTA 협정세율을 적용받는 데 문제없을까요?

그리고 중국 수출자가 한–중 FTA C/O 발행 수수료라는 명목으로 USD150 정도의 비용을 청구하는데, 그 이유와 정당한 청구인지 알고 싶습니다.

〈답변〉 **1. FTA C/O의 Exporter(Shipper)와 발행 수수료** : 한–중 FTA C/O는 중국 수출자가 아닌 대행자가 발급기관으로 발급 신청해서 발급받는 것이 일반적입니다. 이러한 이유로 FTA C/O의 Exporter 부분에는 중국 수출자가 아닌 FTA C/O 발급 신청 대행자 상호가 기재됩니다. 그리고 관련 수수료가 발생되며, FTA C/O를 요구한 한국 수입자에게 청구합니다.

**2. 한국 세관의 한–중 FTA 협정세율 인정 여부** : 한–중 FTA C/O Exporter에 대행자의 상호가 기재되더라도 한국 세관은 한–중 FTA 협정세율 신청에 문제를 제기하지 않고 있습니다. 단, 한–중 FTA C/O의 발급번호(Certificate No.)를 CO-PASS(한–중 원산지증명서 전자자료교환시스템)에서 조회했을 때, 정상적으로 발행된 사실이 확인되어야 합니다.

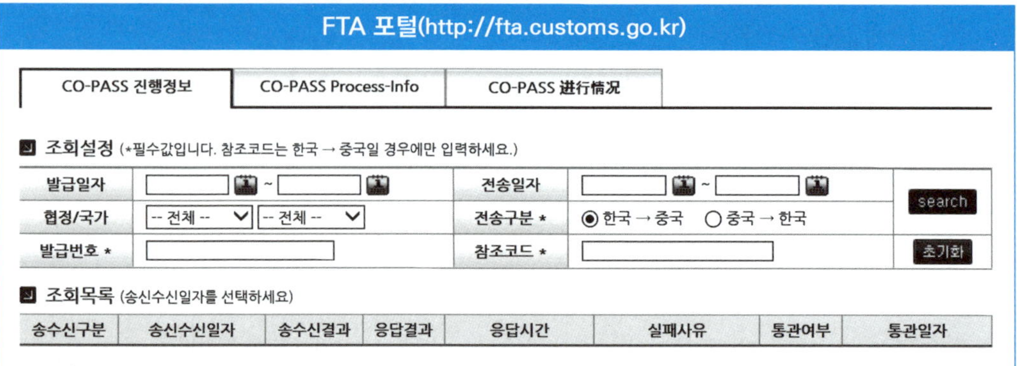



## FTA 포털(http://fta.customs.go.kr)

| CO-PASS 진행정보 | CO-PASS Process-Info | CO-PASS 进行情况 |
| --- | --- | --- |

■ 조회설정 (*필수값입니다. 참조코드는 한국 → 중국일 경우에만 입력하세요.)

| 발급일자 | ☐ ~ ☐ | 전송일자 | ☐ ~ ☐ | search |
| 협정/국가 | -- 전체 -- ▾ -- 전체 -- ▾ | 전송구분 * | ◉ 한국 → 중국  ○ 중국 → 한국 | 초기화 |
| 발급번호 * | | 참조코드 * | | |

■ 조회목록 (송신수신일자를 선택하세요)

| 송수신구분 | 송신수신일자 | 송수신결과 | 응답결과 | 응답시간 | 실패사유 | 통관여부 | 통관일자 |
| --- | --- | --- | --- | --- | --- | --- | --- |

## 한-중 FTA 중국 발행 원산지증명서 처리 지침

☐ 한-중 원산지자료교환시스템(EODES)을 통해 원산지증명서 진본 여부와 세부내용이 확인되는 경우에는 특혜 적용(원칙)

※ FTA관세특례법 제9조에 따른 협정관세 사후적용 신청의 경우에도 동일하게 적용

o 수입 C/S에서 「서류 제출」로 선별되었더라도, 원산지자료 교환 시스템(EODES)에서 확인 가능하면 P/L 처리 가능

☐ 원산지자료교환시스템(EODES)에서 C/O 조회가 안 되는 경우, 원산지증명서와 증빙서류(필요한 범위 내)의 제출을 요청*

* 수입통관사무처리에 관한 고시 제15조(수입신고시 제출서류), 제25조(보완요구)

o 원산지증빙서류의 종류는 다음과 같음

> ☆ 거래계약서, 송품장, 포장명세서, 직접 운송서류(B/L, AWB, 비가공증명서 등)
> ☆ 대외무역사업자와의 위임장 또는 계약서
> ☆ 중국 해관에 신고한 수출내역서 사본

o 협정관세적용신청 내역, 원산지증명서, 원산지증빙서류가 일치 하거나 동일성을 확인할 수 있으면 특혜관세를 적용

*출처 : FTA 포털 공지사항

# 한중<sup>한미</sup> FTA C/O 원산지 결정기준 <sup>WO, WP/PE, PSR</sup>

〈질문〉 폐사는 한국의 수입자이며, 중국 수출자로부터 한-중 FTA C/O를 받습니다. 그런데 매번 의심이 드는 것이 공산품이라서 BOM의 모든 원재료가 한-중 FTA 원산지 결정기준을 충족한 역내산 재료가 아닐 거 같은데, 한-중 FTA C/O의 '10번 란 Origin Criterion' 부분에 WP가 기재되어 있습니다(종종 WO가 기재된 경우도 있음). 한국 세관에 수입신고할 때 WP가 기재된 건에 대해서 한-중 FTA 협정세율을 적용받고 있기는 하지만, 향후에 문제 될 것 같아서 심적으로 편하지 않습니다. 미국 수출자로부터 발급받는 한-미 FTA C/O의 원산지 결정기준 기재 란에는 항상 PSR 또는 CTSH가 기재되는데, 관련해서도 설명 바랍니다.

〈답변〉 **1. 한-중 및 한-미 FTA C/O 원산지 결정기준 표기** : 한-중 FTA C/O 제 10란 'Origin criterion'은 원산지 결정기준(Origin Criterion)이 기재되는 부분으

| 한-중 FTA C/O 관련 | | | | | | |
|---|---|---|---|---|---|---|
| 6. Item number (Max 20) | 7. Marks and Numbers on packages | 8. Number and kind of packages ; description of goods | 9. HS code (Six-digit code) | 10. Origin criterion | 11. Gross weight, quantity (Quantity Unit) or other measures (liters, ㎥, etc.) | 12. Number and date of invoice |

| 기재 문구 | 원산지 결정기준 |
|---|---|
| WO | 협정 제3.4조 및 부속서3-가(품목별원산지기준)에 따라 체약당사국의 영역에서 완전 생산된 경우 |
| WP | 체약당사국의 영역에서 협정 제3장에 부합하는 원산지재료로만 생산된 경우 |
| PSR | 체약당사국의 영역에서 비원산지재료를 사용하여 세번변경, 역내부가가치비율, 특정공정요건 또는 부속서3-가에 명시된 그 밖의 요건을 충족하여 생산된 경우 |

**한-미 FTA C/O 관련**

**5.원산지증명대상물품 내역**

| Serial No.<br>(연번) | Description of Good(s)<br>(품명·규격) | Quantity & Unit<br>(수량 및 단위) | HS2002 No.<br>(품목번호 HS 6단위) | Preference Criterion<br>(원산지 결정기준) | Country of Origin<br>(원산지 국가) |
|---|---|---|---|---|---|
|  |  |  |  |  |  |
|  |  |  |  |  |  |

Originating goods in accordance with Article 6.1(a) of the Agreement(미합중국과의 협정 제6.1조 가호에 따른 원산지 물품) : WO

Originating goods in accordance with Article 6.1(b) of the Agreement(미합중국과의 협정 제6.1조 나호에 따른 원산지 물품) : PSR

Originating goods in accordance with Article 6.1(c) of the Agreement(미합중국과의 협정 제6.1조 다호에 따른 원산지 물품) : PE

로 WO, WP, PSR 중 하나가 기재됩니다. 반면 한-미 FTA C/O에서 원산지 결정기준은 'Preference Criterion' 부분에 기재되며, WO, PE, PSR 중에 하나로 표현됩니다.

WO는 농산물, 수산물 등과 같은 1차 상품으로서 수출국에서 완전 생산된 경우에 기재됩니다. 따라서 공산품을 수입할 때 제10란에 WO가 기재되는 것은 있을 수 없는 일입니다.

WP는 생산품의 BOM(Bill of Material, 원재료 명세서)에 포함된 모든 원재료가 원산지 재료[177]라는 의미입니다. 그리고 PSR은 생산품의 BOM에 원산지 재료뿐만 아니라 비원산지 재료[178] 및 원산지 미상 재료[179]를 포함하고 있다는 의미입니다.

---

177) 역내산, 한-중 FTA 원산지 결정기준을 충족 재료.

178) 역외산, 한-중 FTA 원산지 결정기준 미충족 재료.

179) 공급자 폐업 등으로 당해 원재료의 BOM 내역을 알지 못해 원산지 확인이 불가한 재료.

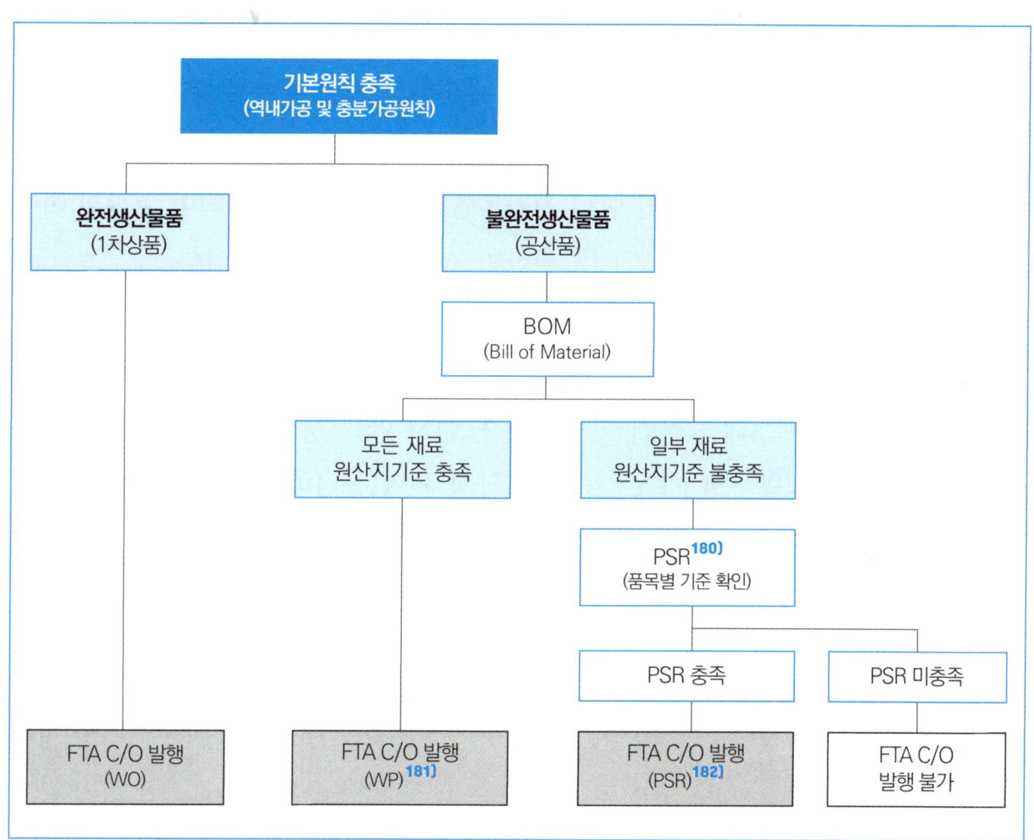




1차 상품이라 해서 무조건 원산지 결정기준을 WO로 표기할 수 있는 것이 아니라, 생산품의 HS 6단위를 기초로 FTA 협정에서 정하는 원산지 결정기준이 WO이어야 합니다. 산 동물(Live Animal)로서 닭의 HS 6단위가 '0105.94'라는 가정하에, 한중 FTA 원산지 결정기준은 WO(완전생산기준)가 됩니다.

| 한-중 FTA | 단일기준 | |
|---|---|---|
| HS Code | 품목명 | 원산지기준 |
| 0105.94 | 닭<br>(Fowls of the species Gallus domesticus) | 완전생산기준(WO) |

---

180) HS6단위를 기초로 FTA 원산지 결정기준(세번변경기준, 부가가치기준, 가공공정기준)을 확인해 충족하면, 원산지 물품으로서 FTA C/O 발행 가능.

181) 한-미 FTA C/O에는 PE로 기재.

182) FTA C/O의 원산지 결정기준 부분에 PSR이라고 기재될 수도 있고, 세번변경기준이면 CC, CTH, CTSH, 그리고 부가가치기준이면 RVC, MC로 기재될 수도 있습니다.

**2. 공산품의 원산지 확인 과정** : FTA C/O를 발행하기 전에 생산품의 제조사가 FTA 수출체약국에 위치하고 있는지(역내가공원칙) 그리고 수출체약국에서 충분할 정도의 생산 공정을 거쳐서 생산된 물품인지(충분가공원칙, 제조공정도로 확인 가능)에 대한 사실 확인이 이루어져야 합니다(기본원칙). 이러한 기본원칙이 충족된 이후에 생산품의 HS6 단위를 기초로 FTA 원산지 결정기준을 확인합니다.

이때 생산품이 공산품이라면, 생산품에 투입된 원재료 명세서로서 BOM이 생산품의 원산지를 확인할 때 가장 기초가 되는 서류 역할을 합니다. BOM의 모든 원재료가 원산지 재료(역내산)라면, 생산품은 당연히 당해 생산품이 제조(생산)된 국가를 원산지로 인정받아서 FTA C/O를 발급할 수 있습니다. 이러한 BOM 내역을 가지고 있는 생산품의 원산지 결정기준을 한-중 FTA에서는 WP, 한-미 FTA에서는 PE로 표현합니다.

**BOM**
**(Bill of Material, 원재료리스트)**

- 생산품 : Spark Plug(HS 8511.10)
- 적용협정 : 한-미 FTA

• PSR(품목별 기준) : CTSH(6단위 변경 기준)

| 부품명<br>(재료명) | 품목번호<br>(HS Code) | 원산지 | 수량 | 단가 | 가격(원) | 구성비 | 생산자<br>/공급자 | 증빙서류 | 연락처 |
|---|---|---|---|---|---|---|---|---|---|
| Mechanical seals | 8484.20 | 한국<br>(역내산)[183] | | | | | 태산(주) | 원산지<br>(포괄)확인서 | 000-0000 |
| Gasket | 8484.10 | 미상 | | | | | 진성(주) | 세금계산서 | 000-0000 |
| Ceramic Insulator | 8547.10 | 중국<br>(역외산)[184] | | | | | TS Trading | 세금계산서 | 000-0000 |

[작성자]업체명/담당부서 : 미래 공업(주)/구매부
담당자 : 최주호 차장 (서명)

명판·직인

---

183) 한-미 FTA 원산지 결정기준을 충족한 원산지 재료. 당해 원재료를 공급한 국내 공급자로부터 Local C/O 역할을 하는 원산지(포괄)확인서를 발급받아야, 생산품의 BOM에 원산지 재료로 기재할 수 있습니다.

184) 한국에서 생산된 생산품은 한-미 FTA 상대체약국인 미국으로 수출됩니다. 따라서 중국산 재료는 역외산, 즉 비원산지 재료로 분류해야 합니다.

그러나 BOM에 비원산지 재료 또는 원산지를 알 수 없는 원산지 미상 재료가 포함되어 있다면, 품목별 기준(PSR, 실질변형기준)으로 넘어갑니다. 이러한 BOM 내역을 가지고 있는 생산품의 원산지 결정기준을 한-중 FTA뿐만 아니라 기타의 FTA에서 PSR이라고 표현합니다. 참고로 PSR은 세번변경기준, 부가가치기준, 가공공정기준으로 다시 세분화됩니다.

**3. 원산지 결정기준 WP에 대해서** : 일반적으로 공산품의 생산에 투입된 모든 원재료가 원산지 재료로 구성되어 있기는 어렵습니다. 그럼에도 불구하고 중국에서 발행되는 상당수의 한-중 FTA C/O 제10란에는 WP가 기재되어 있고, 이러한 한-중 FTA C/O를 수입체약국으로서 한국의 수입자가 받아서 한국세관으로 한-중 FTA 협정세율을 신청 후 문제없이 통관이 이루어지고 있습니다.

분명한 것은 WP라는 의미는 생산품 BOM상의 모든 원재료가 원산지 재료라는 의미입니다. 향후에 사후 검증이 세관에 의해서 진행될 때, 중국 수출자가 이를 입증하지 못하면 한국 수입자는 FTA 협정세율을 적용받은 세액을 추징당할 수도 있습니다.


# 🌐 중계무역 건, 기관발급 FTA C/O의 Invoice No.와 FOB 가격

〈질문〉 폐사는 한국의 제조사로서 싱가포르 업체와 매매 계약했으나, 거래물품은 한국에서 베트남으로 운송됩니다(중계무역). 싱가포르 업체(중개인)는 폐사에게 한-아세안 FTA C/O를 요청하면서, 싱가포르 업체가 베트남으로 제시하는 C/I의 FOB 가격과 당해 C/I의 Number를 한-아세안 FTA C/O에 반영할 것을 요청했습니다.

관련해 관세사무실로 문의하니, 한국에서 발행되는 C/I를 기초로 계산된

FOB 가격과 C/I Number가 기재될 수 있다고 합니다. 수출하는 물품의 원산지 결정기준이 RVC라서 FOB 가격이 한-아세안 FTA C/O에 기재되는데, 한국에서 수출될 때의 FOB 가격이라면, 싱가포르 업체에서 원가 노출되는 것입니다. 관련해 설명 부탁드립니다.

**〈답변〉 1. FOB 가격은 수출체약국 기준** : 원산지 결정기준(PSR)이 RVC일 때, 한-아세안 FTA C/O의 '9. Gross weight or other quantity and Value'에는 FOB 가격이 기재됩니다. 이때의 FOB 가격은 FTA 수출체약국으로서 한국에서 수출될 때의 FOB 가격입니다.

수출체약국에서 생산된 물품의 생산에 투입된 BOM상의 원산지재료의 합계(비원산지재료 합계 제외)와 제조경비, 포장비, 수출자의 마진 및 수출자 공장에서 On Board 시점까지의 내륙운송비의 가격이 FOB 가격 기준으로 일정 비율 이상이어야 한국산이 되는 원산지 결정기준이 바로 RVC(역내부가가치비율)입니다. 따라서 한-아세안 FTA C/O 9번 란에 기재되는 FOB 가격은 수출체약국에서 수출될 때의 FOB 가격입니다.

**2. C/I Number와 Date 기준** : FTA 수출체약국에서 발행되는 한-아세안 FTA C/O '10. Number and date of invoices'는 수출체약국의 수출자가 발행하는 C/I의 Number와 Date가 반영됩니다.

**3. 생산품의 원산지 결정기준이** 세번변경기준과 부가가치기준 중에 선택할 것을 요구하는 선택기준이라면, 세번변경기준을 충족시킬 수 있도록 BOM 구성해보기 바랍니다. 세번변경기준을 충족하는 경우, 한-아세안 FTA C/O에는 FOB 가격이 표기되지 않습니다.

# Ⅲ. 원산지 결정기준 등

## 🌐 FTA 원산지 결정기준의 이해 기본원칙과 품목별 기준

<질문> 수출물품이 한-아세안 FTA 원산지 결정기준 CTH를 충족했습니다. 그런데 발급기관에서 생산품이 충분할 정도의 공정을 거치지 않았기 때문에 FTA C/O 발급이 불가하다고 합니다. BOM에 포함된 비원산지 재료의 HS 4단위와 생산품의 HS 4단위가 상이하기 때문에 충분할 정도의 공정을 거쳤다고 판단되는데, 잘못 알고 있는 것인지요?

<답변> **1. 기본원칙과 품목별 기준의 이해** : 생산품의 BOM에 원산지 재료, 비원산지 재료 및 원산지 미상 원재료가 혼용되어 있다면, HS 6단위의 원산지 결정기준을 충족하는지 검토해야 합니다. 이때 HS 6단위를 기초로 확인된 원산지 결정기준으로서 세번변경기준, 부가가치기준, 가공공정기준이 바로 품목별 기준으로서 이를 실질변경 기준, 즉 PSR이라고 합니다.

그런데 아무리 품목별 기준을 충족하더라도, 생산품이 생산국을 원산지로 인정받으려면, 기본원칙이라고 할 수 있는 조건을 충족해야 합니다. 기본원칙에는 역내가공원칙과 충분가공원칙이 있습니다.

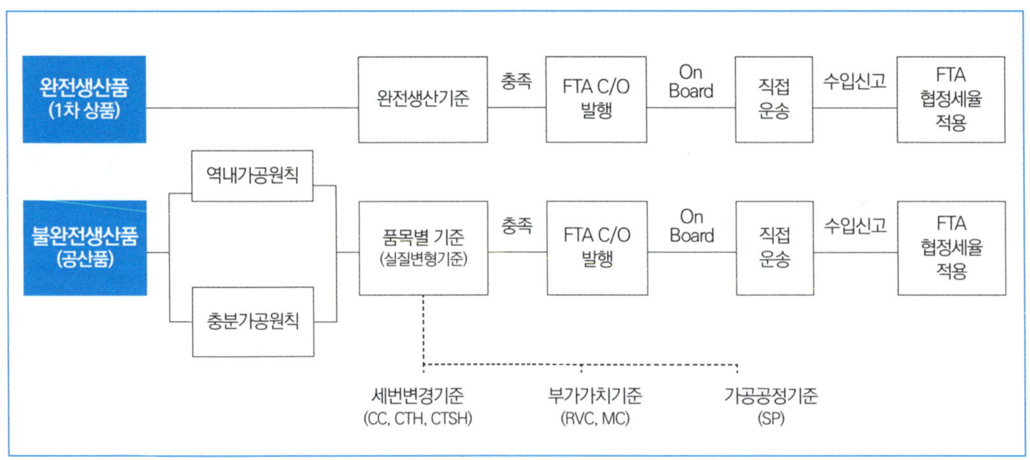



**2. 역내가공원칙과 충분가공원칙** : 역내가공원칙은 생산품의 원산지가 한국이 되기 위해서 생산품의 재배, 채집, 생산(제조) 등의 국가가 한국이어야 한다는 뜻입니다. 공산품이 한국산으로 인정받기 위해서는 당해 공산품의 제조공장은 한국 내에 위치해야 한다는 뜻입니다. 제조자는 공장등록증이라는 입증서류를 가지고 있습니다.

충분가공원칙은 특별한 기술이 필요하지 않는 단순 절단, 재포장, 혼합, 도색 등의 공정은 당해 공정이 이루어진 국가를 생산품의 원산지로 인정되지 않는다는 원

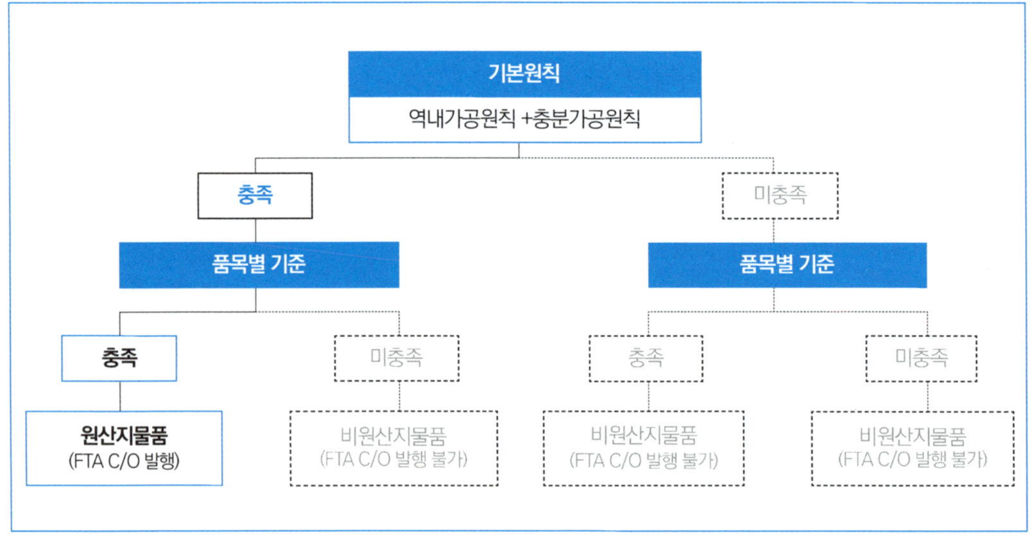

칙입니다. 이를 불인정공정기준(최소공정기준)이라고도 합니다. 쉽게 말해서 생산품의 원산지가 한국이 되기 위해서는 제조공장이 한국 내에 위치해야 하고, 최소한의 가공 공정이 이루어져야 한다는 것입니다.[185]

이러한 기본원칙이 충족된 상태에서 생산품 HS 6단위의 원산지 결정기준 확인 및 BOM 등의 입증서류를 기초로 원산지 제품인지의 검토가 진행되어야 합니다.


**3. 직접 운송원칙** : 한국에서 제조된 물품이 기본원칙과 품목별 기준을 모두 충족해서 한-미 FTA C/O를 발행되었다면, 한-미 FTA 수입체약국으로서 미국으로 직접 운송되어야 합니다. 직접 운송원칙은 하나의 운송서류(B/L, 화물운송장)로 수출체약국에서 출발한 화물이 그대로 수입체약국에 도착한다는 사실이 Tracking되어져야 한다는 것입니다.[186]

한국에서 FTA C/O가 발행된 한국산 화물을 한국에서 일본으로 발송해서 일정 기간 이후에 일본에서 미국으로 화물을 이동시키면, 한국-일본 그리고 일본-미국 구간에 대해서 운송서류가 각각 발행됩니다. 그렇다면 아무리 한-미 FTA C/O로 한-미 FTA 원산지 결정기준을 충족한 한국산 물품이라는 사실이 증명되더라도 수출체약국에서 수입체약국으로 이동하면서 추가적인 공정을 하지 않았다는 사실을 운송서류로 입증할 수 없기에 직접 운송원칙 불충족으로 수입체약국에서 FTA 협정세율을 적용받지 못합니다.

수출체약국을 원산지로 하는 물품은 수입체약국까지 이동되면서 추가적인 공정을 하지 않아야 FTA C/O상의 원산지가 유지됩니다. 이렇게 FTA 수출체약국에서 FTA 수입체약국으로 FTA C/O의 원산지 물품이 이동하면서 추가적인 공정을 통해서 원산지가 변경되지 않았음을 입증하는 서류가 바로 운송서류입니다. 따라서

---

185) 충분할 정도의 공정이 이루어졌다는 사실은 제조공정도(Manufacturing Flow Chart)로 입증할 수 있습니다.

186) 해상운송의 경우, 운송서류의 Port of Loading은 FTA 수출체약국의 항구, Port of Discharge는 FTA 수입체약국의 항구가 되어야 합니다. 항공운송의 경우, AWB의 Airport of Departure는 FTA 수출체약국 공항, Airport of Destination은 FTA 수입체약국 공항이어야 합니다.

FTA 수입체약국에서 FTA 협정세율을 적용받기 위해서는 FTA C/O와 함께 직접 운송 충족을 입증하는 운송서류가 필요합니다.


## 🌐 생산품의 원산지 결정기준과 원재료의 원산지 결정기준

〈질문〉 폐사는 국내 제조사에게 원재료를 공급하는 위치에 있습니다. 국내 제조사는 폐사의 원재료를 사용해서 생산한 물품을 미국과 중국으로 수출하는데, 원산지확인서 발행을 요구합니다. 그렇다면 폐사가 공급하는 원재료에 대해서 한-미 FTA 및 한-중 FTA 원산지 결정기준을 각각 충족시켜서 원산지(포괄)확인서를 국내 제조사에게 발행해야 하는지요?

〈답변〉 **1. 생산품 원재료에 대한 원산지 결정기준 확인** : '최종재'라고 할 수 있는 수출물품이 한미 FTA 상대체약국으로서 미국으로 수출될 때는 한-미 FTA 원산지 결정기준 충족 여부를 확인합니다. 이때 수출물품으로서 생산품 BOM에 투입되는 원재료의 원산지 결정기준 역시도 HS 6단위를 기초로 한-미 FTA 원산지 결정기준 충족 여부를 확인해 충족하면 원산지 재료로 인정됩니다.

생산품이 한-중 FTA 상대체약국으로서 중국으로 수출되는 상황에서, 생산품 BOM에 속하는 원재료가 한-미 FTA 원산지 결정기준을 충족했다고 원산지(포괄)확인서로 확인되면 당해 원재료는 원산지 재료가 아니라 비원산지 재료입니다.[187]

따라서 최종 수출물품의 생산에 투입되는 원재료를 공급하는 자는 수출물품이 어떤 국가로 수출되는지 확인해서 해당 국가와 체결한 FTA 원산지 결정기준을 충족하는지 검토해야 합니다. 이러한 개념은 1차 원재료 공급자 및 2차 원재료 공급자

---

187) 한-미 FTA에서 중국은 비체약국입니다.

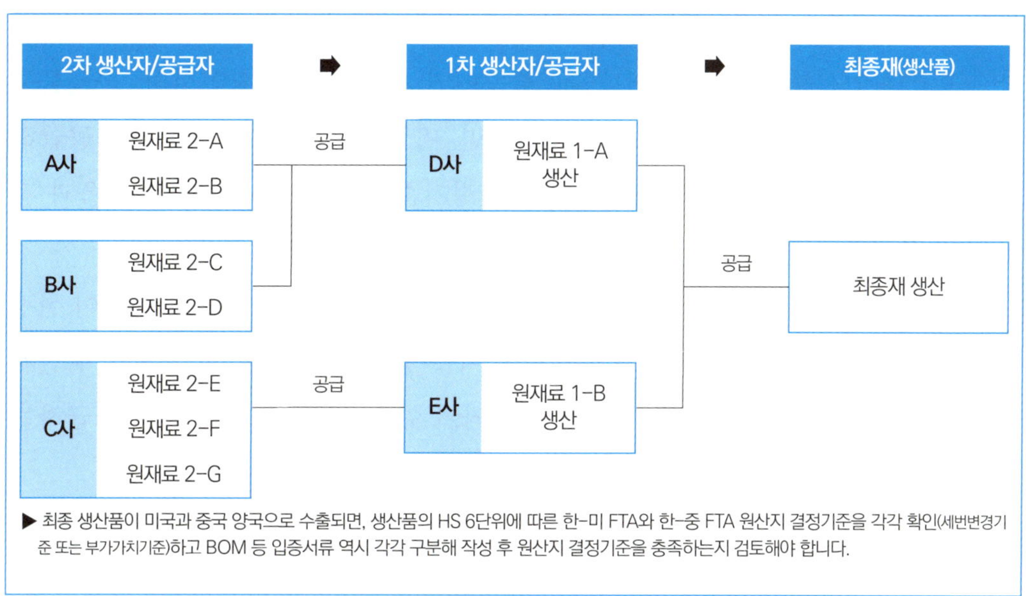


▶ 최종 생산품이 미국과 중국 양국으로 수출되면, 생산품의 HS 6단위에 따른 한-미 FTA와 한-중 FTA 원산지 결정기준을 각각 확인(세번변경기준 또는 부가가치기준)하고 BOM 등 입증서류 역시 각각 구분해 작성 후 원산지 결정기준을 충족하는지 검토해야 합니다.

에게도 동일하게 적용되는 개념입니다.

**2. 하나의 원산지(포괄)확인서와 2개 이상의 FTA 협정** : 국내의 구매자에게 공급되는 원재료가 한-미 및 한-중 FTA 모두의 원산지 결정기준을 충족하는 경우도 있고, 2개 중에 하나만 충족하는 경우도 있으며, 모두 미충족하는 경우도 있습니다.

| 공급물품 명세서(Good(s) Statements) | | | | | | | | | |
|---|---|---|---|---|---|---|---|---|---|
| 4. 연번 (S/N) | 5. 자유무역협정 명칭 (Name of FTA) | 6. 품목번호 (HS No.) | 7. 품명·규격 [Description· Specification of Good(s)] | 8. 수량 및 단위 (Quantity & Unit) | 9. 원산지 결정기준 (Origin Criterion) | 10. 원산지 결정 기준 충족 여부 (Fulfillment of Origin Criterion) | | 11. 원산지 (Country of Origin) | 12. 원산지 포괄확인기간 ( 년 월 일 ~ 년 월 일 ) [Blanket period (YYYY/MM/DD ~ YYYY/MM/DD)] |
| | | | | | | 충족 (Y) | 미충족 (N) | | |
| 1 | 한미 | 8482.91 | 볼·니들 및 롤러 | – | CTH | [√] | [ ] | KR | – |
| 2 | 한중 | 8482.91 | 볼·니들 및 롤러 | – | CTH | [√] | [ ] | KR | – |

원산지 결정기준의 충족 여부와 관계없이 국내의 공급자는 국내의 구매자에게 원산지(포괄)확인서를 발급할 수 있는데, 충족이면 원산지(포괄)확인서의 '공급물품명세서' 부분에 '충족'을 선택하고, 미충족이면 '미충족'을 선택합니다. 만약 공급하는 생산품이 한-미 및 한-중 FTA 원산지 결정기준을 모두 충족했다면, 다음과 같이 충족 부분을 선택하면 됩니다.

참고로 원산지(포괄)확인서의 '12. 원산지포괄확인기간' 부분에 포괄 기간이 설정되어 있지 않다면, 원산지확인서가 됩니다. 이는 공급하는 것은 by 건으로 원산지를 확인하는 경우입니다. 포괄 기간이 적용되어 있으면, 해당 기간 동안 공급하는 물품에 대해서 하나의 원산지포괄확인서로 원산지가 확인됩니다.


## 🌐 생산품의 FTA 원산지 결정기준과 누적기준

〈질문〉 폐사는 중국과 미국 및 국내 공급자 등으로부터 원재료를 공급받아서 직접 생산한 물품을 미국으로 수출합니다. 생산품의 원산지 결정기준은 CTH(4단위 변경 기준)입니다. 이와 같은 상황에서 질문은 다음과 같습니다.

a) 중국에서 수입한 원재료는 한-중 FTA C/O를 확보하고 있는데, 생산품을 미국으로 수출할 때 중국산 원재료는 원산지 재료가 될 수 있는지요?

b) 미국에서 수입한 원재료는 한-미 FTA C/O를 확보하지 못했으나, 당해 원재료의 HS 4단위와 생산품의 HS 4단위는 다릅니다. 그렇다면 원산지 재료가 될 수 있는지요(생산품의 원산지 결정기준 CTH)?

c) 국내 공급자에게 공급받은 원재료 중에는 생산품의 4단위와 동일한 비원산지 재료가 2개 있고 각각 공급자는 다릅니다. 문제는 2개 국내 공급자 모두가 국내에서 직접 제조한 원재료임에도 불구하고, 한 곳은 FTA 업무를 몰라서 또 한 곳은 한-미 FTA 원산지 결정기준을 미충족

한다는 이유로 원산지(포괄)확인서의 발급을 거부합니다. 그렇다면 폐
사가 제조 및 수출하는 생산품에 대해서 한-미 FTA C/O 발급을 무조
건 할 수 없는지요?

  d) 국내의 다른 공급자가 공급하는 원재료의 HS 4단위는 생산품의 4단위
  와 다릅니다. 상사분은 당해 원재료를 공급하는 국내 공급자로부터 원
  산지(포괄)확인서 확보를 요구하는데, 실익이 있는지요?

〈답변〉 1. 질문 a : 한국에서 생산한 생산품을 한-미 FTA 상대체약국인 미국으로
수출할 때, BOM의 중국산 원재료는 비원산지 재료입니다. 중국은 한-미 FTA 비체
약국이기 때문입니다. 따라서 당해 원재료의 HS 4단위는 생산품의 HS 4단위와 달
라야 생산품이 한-미 FTA 원산지 결정기준 CTH를 충족해서 한-미 FTA C/O 발급
이 가능할 것입니다(물론 '최소기준' 적용 가능).

2. 질문 b : 한국에서 생산한 생산품이 미국으로 수출됩니다. 따라서 생산품의 생
산에 투입된 원재료가 한-미 FTA C/O로 미국산이라는 사실이 증명되면, 당해 원
재료는 누적기준이 적용되어 원산지 재료로 인정될 수 있습니다. 그런데 당해 원재
료의 HS 4단위와 생산품의 HS 4단위가 상이하면, 한-미 FTA C/O를 기초로 누적
기준을 적용되지 않아도 됩니다. 이유는 4단위가 변경되었기 때문에 생산품의 CTH
불충족에 영향을 미치지 못합니다.

 즉 누적기준 적용 없이 당해 원재료를 비원산지 재료 또는 미상으로 처리하더라
도 충분할 정도의 제조 공정을 거쳤다고 판단[188]해 생산품은 한국산이 될 수 있
습니다. 참고로 당해 원재료에 대해서 한-미 FTA C/O를 확보하고, 당해 원재료를
사용해 생산한 생산품을 한-미 FTA 상대체약국이 아닌 중국 또는 기타의 국가로
수출하면, 당해 원재료는 누적기준이 적용되지 않으며, 비원산지 재료가 됩니다.

---

188) 세번이 변경되었다는 뜻이 곧 충분할 정도의 공정을 거쳤다는 의미입니다.

**3. 질문 c** : 생산품의 원산지 결정기준이 CTH일 때, 생산품의 BOM에는 생산품의 HS 4단위와 다른 HS 4단위를 가진 비원산지 재료가 미포함되어야 합니다.[189], [190] 그래야 생산품이 CTH를 충족해 FTA C/O가 발행될 수 있습니다. 그러나 생산품과 세번이 동일한 비원산지 재료가 포함되어 있다고 해서 무조건 생산품이 원산지 결정기준으로써 세번변경기준을 미충족했다고 단정하지는 않습니다. '최소기준(미소기준)'이라는 특례기준이 존재하기 때문입니다.

한-미 FTA에서 최소기준은 생산품의 생산에 투입된 BOM상의 비원산지 재료 중에 생산품의 세번과 다른 비원산지 재료의 가격 합계가 생산품의 FOB 가격에서 차지하는 비율이 10%를 초과하지 않을 때, 생산품을 원산지 물품으로 인정해 FTA C/O 발급이 가능하도록 허용하는 기준이라고 할 수 있습니다. 따라서 최소기준을 적용하기 위해서는 BOM에 기재되는 원재료의 가격과 BOM상의 원재료를 투입해서 생산한 생산품에 대한 FOB 가격 확인이 되어야 합니다. 참고로 최소기준을 적용하지 않고 단순히 세번변경기준을 충족한다면 BOM상에 원재료의 가격 확인과 FOB 가격 산출은 필요하지 않습니다.

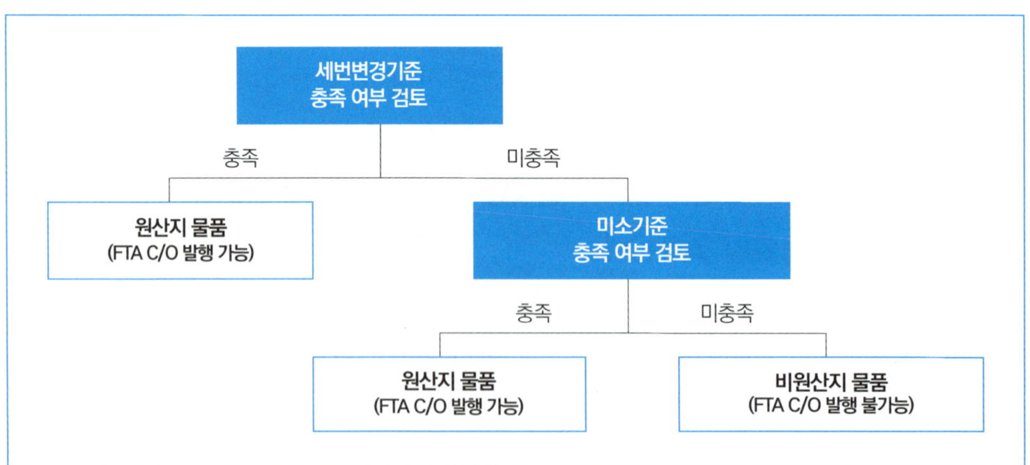


---

189) 생산품과 동일한 세번을 가진 비원산지 재료가 포함되었다는 의미는 충분할 정도의 가공 공정을 진행하지 않았다는 의미가 될 수도 있습니다. 세번은 가공 공정을 이행하면 달라집니다.
190) 생산품과 동일한 세번을 가진 원산지 재료의 포함은 문제되지 않습니다.

| FTA 협정 | 내용 | |
|---|---|---|
| 아세안 | – 세번 변경이 일어나지 아니한 그 생산에 사용된 모든 비원산지 재료의 가격이 그 상품의 FOB 가격의 10퍼센트를 초과하지 아니할 것. | 부속서3 제10조 |
| EU | – 비원산지 재료의 총가치가 그 제품의 공장도 가격의 10퍼센트를 초과하지 아니할 것. | 제5조 제2항 |
| 미국 | – 세번 변경이 이루어지지 아니한 모든 비원산지 재료의 가치가 그 상품의 조정가치의 10퍼센트를 초과하지 아니하는 경우 원산지 상품으로 규정한다. | 제6.6조 |

▲ 상기 '한미 FTA'에서 '조정가치'는 FOB 가격이라고 할 수 있습니다.

**4. 질문 d** : 생산품의 원산지 결정기준이 CTH이고, 비원산지 재료의 HS 4단위가 생산품의 HS 4단위와 상이한 경우라면, 당해 원재료에 대해서 원산지(포괄)확인서를 확보해 원산지 재료로 만들 실익이 없습니다. 그러나 비원산지 재료의 공급자에게 원산지(포괄)확인서를 요구하는 경우도 있는데, 이러한 경우에 원산지(포괄)확인서 '공급물품 명세서' 부분의 '8. 원산지기준 충족여부'에는 '미충족'이 선택되어 있을 것입니다. 물론 원산지 재료라면, '충족'이 선택되어 있어야 합니다.

| 공급물품 명세서(Good(s) Statements) | | | | | | | | | |
|---|---|---|---|---|---|---|---|---|---|
| 4. 연번 (S/N) | 5. 자유무역협정 명칭 (Name of FTA) | 6. 품목번호 (HS No.) | 7. 품명·규격 [Description· Specification of Good(s)] | 8. 수량 및 단위 (Quantity & Unit) | 9. 원산지 결정기준 (Origin Criterion) | 10. 원산지 결정 기준 충족 여부 (Fulfillment of Origin Criterion) | | 11. 원산지 (Country of Origin) | 12. 원산지 포괄확인기간 ( 년 월 일 ~ 년 월 일) [Blanket period (YYYY/MM/DD ~ YYYY/MM/DD)] |
| | | | | | | 충족 (Y) | 미충족 (N) | | |
| | | | | | | [ ] | [ ] | | |

# 🌐 원산지 소명서의 '물품가격'

〈질문〉 폐사는 한국의 수출자이며, 제조사는 별도로 있습니다. 수출자인 폐사가 제조사에게 원산지(포괄)확인서를 받아서 한-아세안 FTA C/O를 발행 신청해야 하는 상황입니다. 그런데 제조사에서 원산지 소명서의 '물품가격'을 기재해야 하는데, 수출자인 폐사에게 FOB 가격이 얼마냐고 물어봅니다. 폐사는 CIF로 수출하며 제조사에게 공급받은 가격에 마진을 붙여서 수출하는데, 제조사에게 FOB가격을 알려줄 수 있는지요?

〈답변〉 **1. 원산지 소명서 의미와 기재 사항** : 원산지 소명서는 제조사에 의해서 생산된 물품이 어떠한 원재료를 기초로 FTA 원산지 결정기준을 충족했는지 설명(소명)하는 서류입니다. 이러한 원산지 소명서에는 제조사가 외부로 유출하기 어려운 원재료명세서(BOM, Bill of Material)가 포함되어 있습니다. 따라서 원산지 소명서를 작성하는 자는 기본적으로 제조사이지만, 문제는 생산품의 원산지 결정기준이 세번변경기준이 아닌 부가가치기준(RVC, MC)일 때 원산지 소명서 내의 '물품가격' 란에 FOB(RVC일 때) 또는 EXW(MC일 때) 가격을 기재해야 한다는 것입니다.

**2. 원산지 소명서의 발행인** : 한-아세안 또는 한-중 FTA 상대체약국으로 수출할 때, 생산품의 원산지 결정기준이 부가가치기준이면, FOB 가격을 기준으로 FOB 가격 내에서 역내 발생 가치(가격)가 일정 % 높아야 한국산이 될 수 있는 조건으로서 RVC(역내발생부가가치)가 됩니다. 이때 수출자와 제조사가 다르면, 수출자가 수출신고필증에 신고된 '46 총신고가격(FOB)'과 동일한 금액으로서 FOB 가격을 제조사에게 제공해야 할 것입니다.[191] 그런데 수출자 입장에서는 제조사에게 공급받

---

191) 수출신고필증 '49 결제금액' 부분은 C/I 가격조건과 총액이 기재되고, '46 총신고가격'은 항상 FOB 가격으로 신고됩니다. 참고로 C/I가 EXW, FCA 중에 하나로 발행되었다면, '49 결제금액'과 '46 총고가격'의 금액은 동일하게 신고됩니다.

은 가격에 수출자 자신의 마진을 붙인 FOB 가격을 공개하기는 쉽지 않을 것입니다.

　이러한 이유로 인해서 수출자와 제조사가 다른 경우, 수출자가 원산지 소명서를 작성하는 경우도 있습니다. 이때 제조사는 수출자에게 생산품의 원재료명세서(BOM) 내역을 공개하지 않기 때문에, 수출자는 원산지 소명서를 작성할 때 '원재료명세서' 부분에 '별도첨부'라는 용어를 기재하고, FTA C/O 발급기관으로 원산지(포괄)확인서와 원산지 소명서 등을 구비해 FTA C/O 발행 신청합니다. 이후에 발급기관이 제조사에게 원재료명세서 내역 등 원산지 결정을 위한 추가 자료를 요구할 수 있습니다.

| 물품명세 | | | | |
|---|---|---|---|---|
| 3. 품명/규격 | | | 4. 품목번호(HS No.) | |
| 5. 물품가격 | 가격조건 | 공장도가격(EXW) [　] <br> 본선인도가격(FOB) [　] | 6. 원산지 결정기준 | |
| | 금액 | | 7. 자유무역협정명칭 | |
| 8. 주요생산 공정 | | | | |

| 원재료명세서 | | | | | | |
|---|---|---|---|---|---|---|
| 9. 연번 | 10. 재료명 | 11. 품목번호 (HS No.) | 12. 원산지 | 13. 가격 | | 14. 공급자(생산자) |
| | | | | 수량 | 가격 | |
| | | | | | | |
| 15. 합계 | | 원산지재료(국산) | | | | |
| | | 비원산지재료(수입산) | | | | |
| | | 합계 | | | | |

# PART 10

# 관세환급

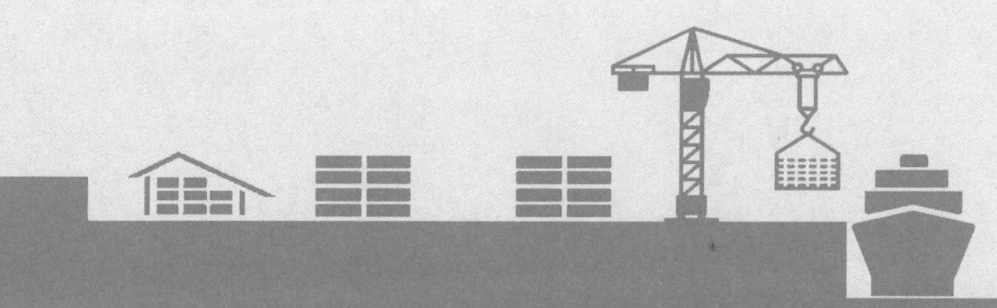

# Ⅰ. 관세환급

## 🌐 관세환급 상황 관세법 및 관세환급특례법상의 환급

<질문> 수출 이행에 따른 수입관세환급 신청 상황을 정리하고자 합니다. 그리고 상황별로 수출신고필증이 어떻게 발행되어야 하는지에 대한 설명도 함께 부탁드립니다. 마지막으로 일전에 수입한 물품에 하자가 있어, 계약 상이를 이유로 재수출한 건이 있습니다. 폐사는 계약 상이 물품을 해외 Seller에게 반품(재수출) 후 물품 금액을 환불 받기로 했습니다. 그렇다면 당해 건에 대해서 유상 신고되어야 하는 게 아닌지요?

<답변> 1. 관세법 및 관세환급특례법의 관세환급 구분

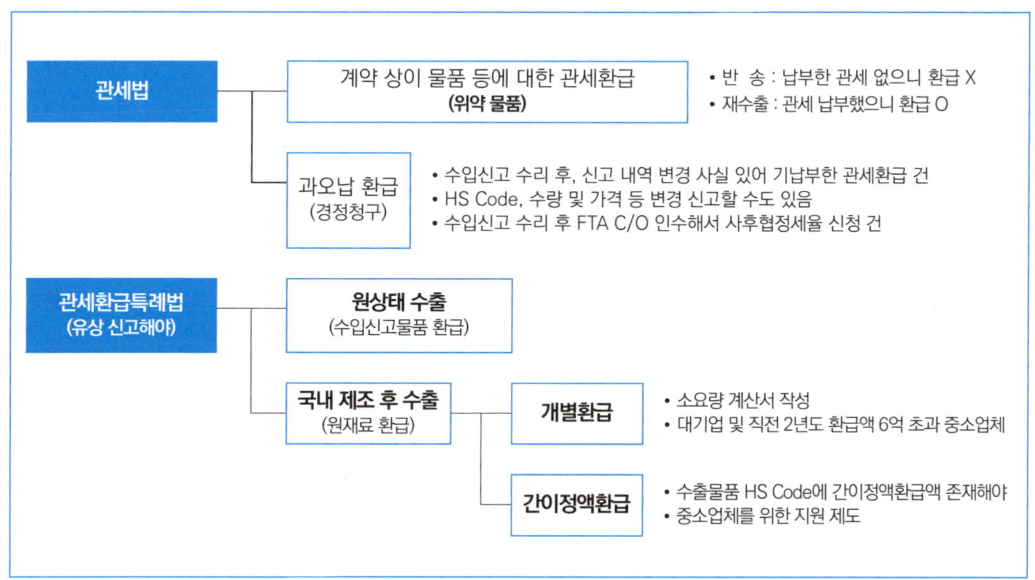

## 2. 관세환급 상황별 수출신고필증의 발행

| 구분 | | | ③ 제조사 | ㉖ 환급신청인 | ㊶ 원산지 | ⑫ 결제방법 | 보관 |
|---|---|---|---|---|---|---|---|
| 관세법 | 해외 제조 | 계약 상이 | 미상 | 수출화주 | KR 이외 국가 | 무상 | 수출자 |
| 관세환급 특례법 | 해외 제조 | 원상태 | 미상 | 수출화주 | KR 이외 국가 | 유상 | 수출자 |
| | 국내 제조 | 완제품 구입 (기납증 발행 X) | 제조사 | 제조사 | KR | 유상 | 제조사 |
| | | 완제품 구입 (기납증 발행 O) | 미상 | 수출화주 | KR | 유상 | 수출자 |
| | | 임가공 의뢰 | 수출자 | 수출화주 | KR | 유상 | 수출자 |

**3. 계약 상이 물품의 재수출[192]은 '무상'신고** : 관세환급특례법(수출용 원재료에 대한 관세 등 환급에 관한 특례법)에서 수출 이행에 따른 수입관세를 환급 신청하기 위해서 수출신고필증 ⑫ 결제방법은 기본적으로 '유상' 신고되어야 합니다.[193] '무상' 신고된 건에 대해서는 관세환급특례법 시행규칙 제2조(환급대상 수출 등) 제1항에서 규정하는 상황에 한해 관세환급 대상 수출이 될 수 있습니다.

반면 관세를 납부하고 수입한 물품에 하자가 있어 수입한 원상태 그대로 재수출하는 계약 상이(위약물품) 건은 무상 수출신고됩니다. 그럼에도 불구하고 수출이행 후 관세환급 신청 가능합니다. 이유는 관세환급특례법상의 환급이 아니라 관세법

---

192) 「관세법」 제106조(계약내용과 다른 물품 등에 대한 관세환급). 계약 상이 물품의 재수출 이행에 따른 관세환급은 관세환급특례법상의 환급이 아닌 관세법상의 환급입니다. 따라서 무상 수출되더라도 관세환급 신청 가능합니다.
193) 관세환급특례법 제4조(환급대상 수출 등) 제1호.

상의 환급 상황이기 때문입니다. 계약 상이를 이유로 재수출 이행 후 결제 금액을 환불 받더라도 무상(GN, Free of Charge) 신고되며, 환불 받을 때는 해외 Seller가 Credit Note를 한국 바이어에게 발행합니다. 한국 바이어는 Credit Note와 관련 내용을 입증하는 계약서 등의 입증 자료를 외국환 은행으로 제출하면, 해외 Seller가 환불하는 금액을 결제받을 수 있습니다.

## 🌐 상황별 관세환급 신청인과 환급받는 자 <sub>재수출 & 국내제조</sub>

〈질문〉 수출신고필증 '㉖ 환급신청인' 부분은 '1 : 수출대행자/수출화주' 및 '2 : 제조사' 이렇게 표기되어 있으며, 둘 중 하나를 선택하게 되어 있습니다. 이번에 폐사가 국내 제조한 물품을 수출 후 관세환급을 신청하고자 하는데, 폐사가 사용하는 관세사무실에서 폐사는 수출물품의 제조사가 아니기 때문에 환급신청인이 될 수 없다고 합니다. 일전에 폐사가 수입한 물품에 하자가 있어 계약 상이를 이유로 수출한 건에 대해서는 환급신청인을 폐사로 해서 관세환급받았습니다. 상황별로 환급 신청인이 다른지요?

〈답변〉 **1. 수출자 환급** : 수입할 때 관세를 납부하는 이유는 기본적으로 국내에서 소비될 것을 전제합니다. 그런데 수입신고해 관세 납부 후 수리된 물품이 국내에서 소비되지 않고, 수입한 원상태 그대로 일정 기간 이내에 수출 이행하면 수출자가 수입관세환급을 신청할 수 있습니다(수출자 환급).[194] 이러한 2가지 상황에 대해서 환급신청인과 환급받는 자 모두는 수출자가 됩니다.

---

194) 2가지 상황이 있습니다. 수입한 물품에 하자가 있어 계약 상이를 이유로 무상 재수출하는 상황(관세법상의 환급)과 수입한 물품에 하자가 없지만 국내에서 소비되지 않아서 유상으로 제3국의 업체에게 판매를 목적으로 유상 재수출하는 상황(관세환급특례법상의 환급)이 있습니다. 그 외에 수입한 물품을 재수출하는 상황에서는 수입관세환급을 신청할 수 없고 환급받을 수도 없습니다.

| 수출신고필증 신고 내용 | |
| --- | --- |
| ② 수출화주 | C/I의 Shipper |
| ③ 제조사 | 미상(재수출 건은 국내에 제조사가 존재할 수 없음) |
| ⑩ 거래구분 | 계약 상이 수출은 93(수입된 물품이 계약내용과 상이하여 반출하는 물품) |
| | 원상태 수출은 72(외국물품을 수입통관 후 원상태로 수출) |
| ㉖ 환급신청인 | 수출대행자/수출화주 |
| ⑫ 결제방법 | 계약 상이 건은 '무상(GN)', 원상태 유상 건은 '유상' |
| ㊶ 원산지 | KR 될 수 없음(국내에서 제조하지 않았기 때문) |

**2. 제조사 환급** : 관세 납부하고 수입한 물품을 원재료로 사용해서 국내 제조사가 완제품 또는 반제품[195]을 제조 후 수출 이행하면, 역시 수입 원재료에 대한 관세를 환급 신청할 수 있습니다. 이러한 국내 제조 후 수출이행에 대한 관세환급은 기본적으로 제조사가 신청해서 제조사가 환급받습니다(제조사 환급). 따라서 수출자가 제조사에게 수출신고필증을 전달해야 하는데, 이때 수출신고필증의 일부 내용을 숨기고 전달하지 않고 그대로 전달해야 합니다. 이로 인한 문제는 수출자가 해외 마케팅해 발굴한 수입자의 정보와 제조사로부터 구입한 원가에 수출자의 마진을 붙여서 수출한 금액이 제조사에게 노출된다는 것입니다.

| 수출신고필증 신고 내용 | |
| --- | --- |
| ② 수출화주 | C/I의 Shipper |
| ③ 제조사 | 한국 내의 실제 제조사(국내 제조 후 수출 건이기 때문에 국내 제조사 기재되어야 함) |
| ⑩ 거래구분 | 11(일반 형태) |
| ㉖ 환급신청인 | 제조사 |
| ⑫ 결제방법 | 유상(TT, LS, LU 등, 관세환급특례법상의 환급 기본은 유상 수출) |
| ㊶ 원산지 | KR |

---

195) 추가 공정을 할 수 있는 물품, Blank 상태의 물품.

참고로 국내 제조 물품의 관세환급 신청을 위해서는 환급신청인으로서 제조사는 공장등록증을 가지고 있어야 하는데, 공장등록증이 없다면 공장부지 매매(임대) 계약서로 대신할 수도 있습니다. 그리고 수출물품을 직접 제조했다는 것을 증명하기 위한 추가적인 서류로 원재료 구매 내역이 필요할 수 있는데, 이는 간이정액환급업체라도 예외가 아닙니다. 아울러 환급신청인이 중소기업이라는 사실을 확인하는 중소기업확인서가 필요할 수 있으니 참고하기 바랍니다.


## 🌐 간이정액환급업체의 개별환급 신청

〈질문〉 폐사는 간이정액환급업체인데, 제조 후 수출하는 몇 가지 품목은 HS Code상 간이정액환급액 내역이 존재하지 않습니다. 그래서 간이정액환급 신청을 하지 못하고 있는데, 간이정액환급업체로서 일부 품목에 대해서 개별환급 신청이 가능한지요?


〈답변〉 **1. 간이정액환급업체가 개별환급을 신청하려면** : 관세환급특례법 시행규칙 제12조(간이정액환급률표의 적용대상)의 규정을 충족하는 업체이지만, 간이정액환급을 포기하고 개별환급업체로의 전환이 가능할 수 있습니다. 이렇게 간이정액환급률표의 비적용승인을 받으려는 자는 관할지 세관으로 '간이정액환급 비적용승인신청서'[196]를 제출해 승인받아야 합니다(「수출용원재료에 대한 관세 등 환급사무처리에 관한 고시」 제32조 제3항).


**2. 비적용승인을 얻은 경우** : 비적용승인을 얻은 자의 모든 수출물품(내국신용

---

196) 「수출용원재료에 대한 관세 등 환급사무처리에 관한 고시」 별지 제16호서식.

장 등에 의해 거래된 물품을 포함한다)에 대해서는 정액환급률표를 적용하지 않습니다. 그리고 간이정액환급 비적용 승인받은 개별환급업체가 다시 간이정액환급 적용 업체가 되기 위해서는 비적용 승인을 얻은 날부터 2년의 시간이 흘러야 합니다.

간이정액환급업체 → 비적용 신청 및 승인 → 개별환급업체로의 전환 → 비적용 승인 후 2년 경과 → 간이정액환급 적용 승인 신청 가능

### 관세환급특례법 시행령

**제14조(정액환급의 기준)** ③ 수출물품 또는 내국신용장등에 의하여 거래된 물품이 법 제13조제1항의 규정에 의한 정액환급률표에 기재된 경우에는 수출 등에 제공된 날 또는 내국신용장 등에 의하여 거래된 날에 시행되는 정액환급률표에 정하여진 바에 따라 환급하거나 기초원재료납세증명서를 발급한다. 다만, 관세청장이 정하는 바에 따라 정액환급률표를 적용하지 아니하기로 승인(이하 "비적용승인"이라 한다)을 얻은 경우에는 그러하지 아니하다.

⑤ 제3항 단서의 규정에 의하여 비적용승인을 얻은 자의 모든 수출물품(내국신용장등에 의하여 거래된 물품을 포함한다)에 대해서는 정액환급률표를 적용하지 아니한다.

⑥ 제3항 단서의 규정에 의하여 비적용승인을 얻은 자가 관세청장이 정하는 바에 따라 정액환급률표의 적용을 신청하거나 정액환급률표의 적용승인을 얻은 자가 다시 비적용승인을 신청하는 경우에는 비적용승인 또는 적용승인을 얻은 날부터 2년 이내에는 이를 신청할 수 없다. 다만, 다음 각 호의 1에 해당하는 때에는 관세청장이 정하는 바에 따라 2년 이내에도 신청할 수 있다. 〈개정 2000. 10. 23〉

1. 생산공정의 변경 등으로 인하여 소요량계산서의 작성이 곤란하게 된 때
2. 정액환급률표에 의한 환급액이 법 제10조의 규정에 의하여 산출된 환급액의 70퍼센트에 미달하게 된 때

따라서 다수의 수출물품 중 일부 물품의 HS Code에 간이정액환급액이 정해져 있지 않더라도, 간이정액환급률표의 비적용승인 신청해 개별환급업체로의 전환에 대해서는 신중한 검토가 필요할 것입니다.

# 개별환급과 간이정액환급의 차이점 및 간이정액환급 신청 조건

〈질문〉 폐사는 제조사이고 내수 판매 비중이 높은데, 올해부터 수출을 조금씩 하고 있습니다. 수출 이행 후에 관세환급을 신청할 때, 개별환급과 간이정액환급으로 구분된다고 하는데 그 차이점을 알고 싶습니다.

그리고 간이정액환급 신청을 위한 조건이 있다고 들었는데, 관련해 세부적으로 알고자 합니다. 설명 부탁드립니다. 참고로 폐사의 수출물품은 3305.10-0000으로 분류됩니다.

〈답변〉 **1. 개별환급과 간이정액환급의 차이점** : 국내 제조사에 의해서 제조된 물품의 수출이행에 따른 관세환급은 개별환급과 간이정액환급으로 구분됩니다. 개별환급은 생산품 생산에 투입된 원재료 내역(BOM)[197]과 수입 원재료의 소요량 계산서 등을 작성해서 수출물품에 투입된 수입 원재료의 관세를 정확히 환급 신청하는 방법입니다. 반면 간이정액환급은 수출물품의 HS Code에 FOB 1만 원당 국가가 정해둔 환급액을 환급받는 방법입니다.[198] 이는 소요량 계산 등에 어려움이 있는 중소기업 지원 제도라고 할 수 있습니다. 기본적으로 모든 회사는 개별환급업체로 개별환급 신청이 가능한데, 중소기업으로서 법에서 정한 규정[199]을 충족하는 업체라면 간이정액환급을 신청할 수 있습니다. 다시 말해서 간이정액환급제도는 국가가 중소기업의 편의를 위해서 만든 중소기업 지원제도로 대기업은 무조건 개별환급을 신청해야 합니다.

---

197) Bill of Material, 생산품의 생산에 투입된 원재료 List로서 수입 원재료가 포함될 수 있습니다.
198) 관세환급특례법 제13조(정액환급률표).
199) 관세환급특례법 시행규칙 제12조(간이정액환급률표의 적용대상).

## 2. 간이정액환급 및 개별환급 적용 조건 : 국내 제조 물품의 수출 이행에 따른 수입관세를 환급 신청하기 위해서는 기본적으로 아래의 조건을 충족해야 합니다.

<table>
<tr><td>국내 제조 물품의 수출이행에 따른 관세환급 조건</td></tr>
<tr><td>
a) 수출물품이 국내 제조사에 의해서 제조되어야 함.<br>
b) 유상 수출신고 등 수출신고필증의 신고 내용에 문제가 없어야 함.<br>
c) 수출신고 수리일로부터 2년 이내에 관세환급을 신청(환급신청기간)해야 함.<br>
d) 기납증이 발행되지 않는 이상 수출신고필증의 환급신청인은 제조사.
</td></tr>
</table>

### A. 간이정액환급 적용 조건

상기와 같은 기본적인 조건이 갖추어진 상태에서 환급신청인이 개별환급이 아닌 간이정액환급 신청을 위해서는 다음의 조건을 추가적으로 충족해야 합니다.

<table>
<tr><td>[간이정액환급 신청 조건 1]<br>관세환급특례법 제13조(정액환급률표)에 의해서 정액환급률표에 속하는 수출물품</td></tr>
<tr><td>
수출신고물품의 HS Code에 간이정액환급액이 정해진 품목을 수출해야 간이정액환급 신청이 가능하며, 간이정액환급액 내역이 없는 품목을 수출하면, 중소기업일지라도 개별환급 신청해야 합니다.
</td></tr>
</table>

<table>
<tr><td>[간이정액환급 신청 조건 2]<br>관세환급특례법 시행규칙 제12조(간이정액환급률표의 적용대상)</td></tr>
<tr><td>
a) 「중소기업기본법」 제2조제1항에 따른 중소기업일 것.<br>
b) 환급신청일이 속하는 연도의 직전 2년간 매년도 환급실적(기초원재료납세증명서 발급실적을 포함한다. 이하 이 조에서 같다)이 6억 원 이하일 것.<br>
c) 환급신청일이 속하는 연도의 1월 1일부터 환급신청일까지의 환급실적(해당 환급신청일에 기초원재료납세증명서의 발급을 신청한 금액과 환급을 신청한 금액을 포함한다)이 6억 원 이하일 것.
</td></tr>
</table>

### B. 개별환급 적용 조건

<table>
<tr><td>
a) 대기업(「중소기업기본법」 제2조제1항에 따른 중소기업에 속하지 않는 자).<br>
b) 중소기업이지만 관세환급특례법 시행규칙 제12조(간이정액환급률표의 적용대상) 각 호의 요건을 갖추지 못한 자.<br>
c) 간이정액환급 비적용승인업체가 수출한 물품(관세환급특례법 시행령 제14조 제3항).<br>
d) 간이정액환급률표에 배제된 수출물품.
</td></tr>
</table>

**3. 간이정액환급으로 환급 신청 가능한 품목** : 3305.10-0000으로 분류되는 품목에 대해서는 간이정액환급액이 FOB 1만 원당 40원으로 정해져 있습니다. 따라서 관세환급특례법 시행규칙 제12조(간이정액환급률표의 적용대상)를 충족하는 업체라면, 수출신고필증 ㊻ 총신고가격(FOB)의 금액에 나누기 10,000하고 40원을 곱한 환급액을 환급 신청할 수 있습니다.

| 국가 | 한국 | | 해당년도 | 2019년 | |
|---|---|---|---|---|---|
| 품목번호 | **3305.10-0000** | | 단위(중량/수량) | KG / | 단위표기 |
| 품명 | 국문 | 샴푸 | | | |
| | 영문 | Shampoos | | | |
| 간이정액환급 | 40 원 ( 2019-01-01 ~ ) (10,000원당 환급액) | | | | |
| 원산지 | 원산지표시대상 ( Y ) [ 적정표시방법 ] | | | | |

참고로 간이정액환급은 중소기업법에 의한 중소기업자가 생산한 수출물품에 적용되는 것으로 수출신고 수리 시점에 중소기업자이면 간이정액환급 신청이 가능하며, 환급청구 시까지 중소기업자일 것을 요구하는 것은 아닙니다(참고 : 관세청 사례집).


## 🌐 제조사와 수출자 중간에 도매업체가 있는 경우

〈질문〉 국내 제조사가 생산한 물품을 국내 도매업체가 구입하고, 이를 다시 폐사(수출자)가 구입 후 수출합니다. 이때 생산품에 투입된 수입 원재료의 수입 관세환급을 누가 신청할 수 있는지요?

<답변> **1. 국내 제조 후 수출 이행에 따른 관세환급 신청인** : 국내의 제조사에 의해서 생산된 물품의 수출 이행에 따른 관세환급 신청은 기본적으로 제조사가 수출신고필증을 근거로 진행합니다. 국내 제조 건의 관세환급 신청을 제조사가 아닌 수출자가 하기 위해서는 제조사가 기초원재료납세증명서(기납증)를 수출자에게 발급해야 하며, 수출자는 이 건에 대해서 수출신고필증의 '제조사'를 미상 처리해서 원상태 건으로 기납증을 기초로 관세환급을 신청할 수 있습니다. 그러나 제조사가 기납증을 수출자에게 발급하는 경우는 흔치 않습니다. 참고로 제조사가 간이정액환급업체이면 간이 기납증, 개별환급업체이면 개별 기납증을 발급해야 합니다.

그래서 대부분 수출자가 수출신고필증의 '제조사'를 실제 제조사로 수출신고 후 수출신고필증을 제조사에게 전달해서 제조사가 관세환급을 신청할 수 있도록 처리합니다. 결국, 양자 택일을 해야 하는데, 제조사가 수출자에게 기납증 제공을 거부하고, 수출자 역시 제조사에게 수출신고필증 전달을 거부하면 누구도 관세환급 신청이 불가합니다.

**〈참고〉**

국내 제조 물품을 제조사가 아닌 수출자가 수출하는 건에 대해서 수출자가 제조사에게 수출신고필증을 전달(이때 수출신고필증의 수출화주는 수출자이고 제조사는 실제 제조사)해야 제조사가 관세환급 신청이 가능합니다. 그러나 수출자가 제조사에게 수출신고필증을 전달하지 않으면, 제조사는 관세환급을 신청할 수 없으며, 수출자 역시도 제조사에게 기납증을 제공받지 못했기 때문에 수출자가 관세환급 신청이 불가합니다. 이러한 경우의 수출신고필증 수출화주와 제조사 모두는 수출자의 상호가 기재될 수도 있고, 제조사에 미상 기재될 수도 있습니다. 누구도 관세환급을 신청할 수 없는 상황이 됩니다.

**2. 제조사, 도매업자, 수출자 간의 거래** : 제조사와 수출자 간의 1:1 거래가 아닌 중간에 도매업체가 존재하는 경우, 대부분 관세환급 신청은 누구도 할 수 없습니다. 제조사는 도매업자에게 기납증을 발행하고, 도매업자는 수출자에게 분증(수입세액분할증명서)을 발행해야 수출자가 원상태 건으로 수출 이행 후 관세환급 신청이 가능합니다.

그러나 제조사가 도매업자에게 기납증을 발행할 가능성은 낮습니다. 결국, 제조사와 수출자 양자 간의 직접적인 거래가 아닌, 중간에 도매업자가 존재하는 경우의 관세환급 신청은 이루어지기 어렵습니다.



수입한 원재료를 사용해서 국내에서 가공 공정을 이행 후 생산된 생산품의 국내 공급자(제조사)가 국내 구매자(수출자)에게 발급할 수 있음.



수입한 원재료를 국내에서 추가 가공 없이 수입한 원상태 그대로 국내 구매자에게 판매할 때 공급자가 수입신고필증을 근거로 발급할 수 있음. A사가 수입하면서 관세를 납부한 물품을 추가 가공 없이 국내의 B사에게 원상태 판매할 때 분증을 A사가 발행할 수 있으며, B사 역시 추가 가공 없이 국내의 C사에게 공급할 때는 A사가 발행한 분증을 근거로 C사에게 또 다른 분증을 발행할 수 있음.

# 해외 임가공 위탁가공 목적으로 무상 수출하는 건의 관세환급

〈질문〉 폐사는 국내에서 원단을 동대문에서 구입 후 베트남으로 해외 임가공[200] 조건으로 무상 수출합니다. 이후에 베트남 공장으로 임가공 Fee를 결제하고 완제품을 한국으로 수입합니다.

첫 번째 질문은 무상 수출되는 국내 구입 원단에 대해서 관세환급 신청이 가능한지요? 두 번째 질문은 해외 임가공을 의뢰해 생산된 제품을 한국으로 수입할 때 과세가격은 어떻게 산출되는지요?

---

200) 위탁가공계약을 Consignment Processing Contract 또는 CMT(Cutting Making, Trimming) Contract라고 합니다. 그리고 원재료를 무상 공급해 위탁가공 의뢰하는 자가 위탁가공하는 자에게 지불하는 임가공 비용을 CMT Charge 또는 Processing Fee라고 합니다.

**〈답변〉 1. 해외 임가공 원재료의 무상 수출 후 관세환급** : 기본적으로 외국에서 위탁 가공할 목적으로 국내에서 반출되는 무상 원재료의 수출에 대해서도 관세환급 신청이 가능하다고 할 수 있습니다. 그리고 수출신고필증의 '거래구분'은 '29 위탁가공(국외가공)을 위한 원자재수출', '수출종류'는 'A 일반 수출', '결제방법'은 'PT 임가공 지급방식의 수탁(위탁)가공 무역'으로 신고됩니다.

---

**관세환급특례법 시행규칙**

**제2조(환급대상 수출 등)** ① 「수출용 원재료에 대한 관세 등 환급에 관한 특례법」(이하 "법"이라 한다) 제4조제1호 단서에서 "기획재정부령으로 정하는 수출"이란 다음 각 호의 수출을 말한다.

~~~~~ 중략 ~~~~~

5. 외국으로부터 가공임 또는 수리비를 받고 국내에서 가공 또는 수리를 할 목적으로 수입된 원재료로 가공하거나 수리한 물품의 수출 또는 당해 원재료 중 가공하거나 수리하는 데 사용되지 아니한 물품의 반환을 위한 수출

5의2. 외국에서 위탁가공할 목적으로 반출하는 물품의 수출

---

**2. 관세환급의 어려움** : 국내 제조사에 의해서 제조된 원단을 국내의 수출자가 구입 후 유상 판매하거나 또는 해외 임가공을 목적으로 무상 수출하면, 관세환급 신청이 가능합니다. 물론 국내 제조 물품이기 때문에 제조사 환급 신청 건입니다.

그러나 기본적으로 수출자 입장에서 제조사에게 수출신고필증을 제공하는 것에 부정적이며, 제조사가 수출신고필증을 제공받더라도 당해 수출자가 수출하는 물량이 많지 않으면 환급액은 많지 않습니다.[201] 그래서 제조사 입장에서 수출자에게 수출신고필증을 제공받는 데 적극적이지 않을 수도 있습니다.

특히나 해외 임가공 업체로 수출하는 원재료로서 원단을 국내 제조사가 아닌 동대문 도매업자로부터 구입했다면, 사실상 관세환급을 받기는 어렵습니다. 국내 제조사가 도매업자에게 기납증을 발행하고 도매업자가 이를 기초로 분증을 수출자에게 발

---

201) 관세환급 신청인이 개별환급업체라면 수출신고필증의 수출신고물품 HS Code(세번부호)상의 간이 정액환급액으로서 FOB1만 원당 정해진 금액을 환급 신청할 수 있습니다.
~~~~~

행해야 하는데, 대부분의 제조사가 도매업체에게 기납증을 발행하는 일은 거의 없고, 설령 발행한다 하더라도 도매업체가 수출자에게 분증을 발행하기는 어렵습니다.

# 🌐 수입세액분할증명서<sup>분증</sup> 발행을 위한 필요서류

〈질문〉 폐사는 수입한 물품(부품, 반제품)을 추가 가공 없이 국내의 제조사에게 공급합니다. 제조사는 폐사가 공급한 반제품 상태의 부품을 기타의 원자재와 혼용해 생산된 생산품을 수출합니다. 이 상황에서도 제조사가 구매확인서를 부품 공급하는 폐사에게 제공 가능한지요? 두 번째로 제조사가 수입세액분할증명서 발행을 요구하는데, 어떤 서류가 필요한지 확인 바랍니다.

〈답변〉 **1. 구매확인서 의미와 발행** : 구매확인서는 해외 수출을 위한 수출용 물품의 국내조달을 증명하는 문서로, 여기에 속하는 수출용 물품은 완제품뿐만 아니라 원자재(부품) 역시도 포함됩니다.

따라서 제조사가 생산하는 물품이 해외 수출된다는 사실을 입증하는 매매계약서를 근거로 유트레이드허브를 통해서 구매확인서를 발급받아서 생산품의 제조 공정에 투입되는 원재료를 공급하는 국내의 공급자에게 구매확인서를 전달할 수 있습니다. 이때 국내 공급자는 구매확인서를 받고 부가세 영세율로 세금계산서 발행이 가능합니다.

**2. 수입세액분할증명서(분증) 발행을 위한 필요서류** : 수입세액분할증명서 발행을 위해서는 첫 번째로 '국내거래 인증서류'로, 내국신용장, 양도승인서, 구매확

인서, 수출신용장 또는 수출계약서 등의 서류 중에 하나의 서류가 필요합니다.

두 번째로 '양도일자 확인서류'로, 세금계산서, 신용카드매출전표 등의 서류 중에 하나가 필요하며, 내국신용장 거래의 경우에는 내국신용장 물품수령증이 필요합니다.



**제49조(국내거래물품의 양도일자)** 제48조 및 제55조에서 정한 서류로 거래된 물품의 양도 일자는 다음 각 호 중에서 어느 하나에 해당하는 방법으로 확인한다.

1. 신용장으로 거래된 경우에는 내국신용장 물품수령증상의 인수일
2. 신용장 이외의 방법으로 거래된 경우에는 다음 각 목의 어느 하나에 해당하는 일자
    가. 세금계산서가 발급된 경우 세금계산서상의 물품공급일
    나. 「부가가치세법」 제33조제2항에 따라 세금계산서를 발급하지 않는 경우에는 신용카드 매출전표 등에 따른 거래일
    다. 법인분할 등으로 세금계산서가 발급되지 않는 경우에는 법인등기부상 등기일

~~~~~ 중략 ~~~~~

**제53조(분증의 발급대상)** 법 제11조제1항 및 제12조제1항에 따라 분증을 발급할 수 있는 경우는 다음 각 호의 어느 하나와 같다.

1. 수입분증 또는 수입분증의 분증은 해당 수입(매입)원재료의 수입신고 수리일부터 2년 이내에 수입(매입)한 상태 그대로 수출자 및 수출물품의 생산자 또는 수출물품을 생산하는 데 사용할 중간원재료를 생산하는 자에게 양도한 경우

~~~~~ 중략 ~~~~~

**제54조(분증의 발급 신청 및 제출서류)** ① 분증의 발급 신청 시 제출하여야 하는 서류는 다음 각 호와 같다.

1. 별지 제26호서식의 분할증명서
2. 제55조 각 호 중에서 어느 하나에 해당하는 국내거래 인정서류
3. 제49조 각 호 중에서 어느 하나에 해당하는 방법으로 양도일자를 확인할 수 있는 서류
4. 수입신고필증 등 분할하려는 물품 및 납부세액을 확인할 수 있는 서류. 다만, 세관장이 전산으로 확인이 가능하여 제출할 필요가 없다고 인정하는 때에는 제출하지 아니할 수 있다.

**제55조(분증 발급에 따른 국내거래 인정서류)** 제53조에서 정한 물품에 대한 국내거래 인정서류는 다음 각 호 중 어느 하나와 같다.

1. 내국신용장
2. 양도승인서(「대외무역법」 제17조제2항에 따라 산업통상자원부장관의 승인을 받은 것)
3. 구매확인서(제1호의 내국신용장에 준하여 외국환은행장이 발급한 것)
4. 수출신용장 또는 수출계약서(물품대금은 외화를 받고 물품은 외국인이 지정한 국내업체에 인도하는 경우로서 신용장 또는 수출계약서와 물품을 인도받은 자가 기재된 것. 다만, 수출계약서의 경우에는 거래명세표 등에 의하여 물품인도사실이 확인되고 인도물품이 수출 등에 제공할 것으로 인정되는 경우로 한정함)

~~~~~ 이하 생략 ~~~~~
~~~~~

# 🌐 계약 상이 물품의 재수출 신고 거래구분[93]과 결제방법 무상, 유상

〈질문〉 수입한 물품에 하자가 있어 해외 판매자와 상의해서 반품하기로 했습니다. 수입할 때 관세를 납부했는데, 하자로 인해서 반품하면 당해 관세를 환급 받을 수 있는지 확인 바랍니다. 그리고 반품되는 물품에 대해서는 환불 받기로 했는데, 그렇다면 유상 신고되는지요?

〈답변〉 **1. 계약 상이 물품의 거래구분** : 수입신고 수리받은 물품을 국내에서 사용 및 추가 가공하지 않고 수입한 원상태 그대로 해외로 반출하는 수출을 재수출[202]이라고 합니다. 재수출 건에 대해서 중요한 것은 재수출 사유와 당해 물품을 수입할 당시 관세 납부 사실 여부입니다. HS Code상 관세율이 0%이지 않은 이상, 수입 신고 시점에 관세 등의 세액을 납부했을 것이며, 계약 상이 또는 원상태 유상으로 재수출 진행한다면 수입 세액을 재수출 이행 후 환급 신청할 수 있습니다.

수입 통관 완료 후 계약 상이 물품이라는 사실을 확인하고, 재수출을 진행함에 있어 수입 관세를 납부한 경우라면, 거래구분 93(수입된 물품이 계약내용과 상이해 반출하는 물품)으로 수출 신고해야 합니다. 그러나 수입 관세가 0원의 물품을 계약 상이를 이유로 재수출한다면, 수출신고할 때 거래구분 93이 아닌 94(기타 수출승인 면제)로 신고하는 것이 업무 절차를 간소화 할 수 있는 방법이 됩니다. 거래구분 93으로 신고하면, 계약 상이 건이라는 사실을 입증하는 객관적인 자료[203]를 세관으로 제출해야 하기 때문입니다.

---

202) 재수출 성립 조건 : a) 수입신고필증, b) 국내에서 사용 및 추가 가공 하지 않아야 함(수입신고필증의 세번부호와 수출신고할 때의 세번부호 일치해야 함), c) 동일성 입증(수입신고필증의 품명 및 모델 번호 또는 Lot No. 또는 Serial No.가 수출신고 물품의 그것과 일치해야 함).

203) 구매자가 판매자에게 계약 상이 물품에 대한 클레임 내용과 판매자가 이에 대한 잘못을 인정하는 내용이 이메일로 확인되어야 합니다. 그리고 하자 내용에 대한 사진 자료와 관련 내용을 설명하는 사유서 등의 서류가 필요합니다.

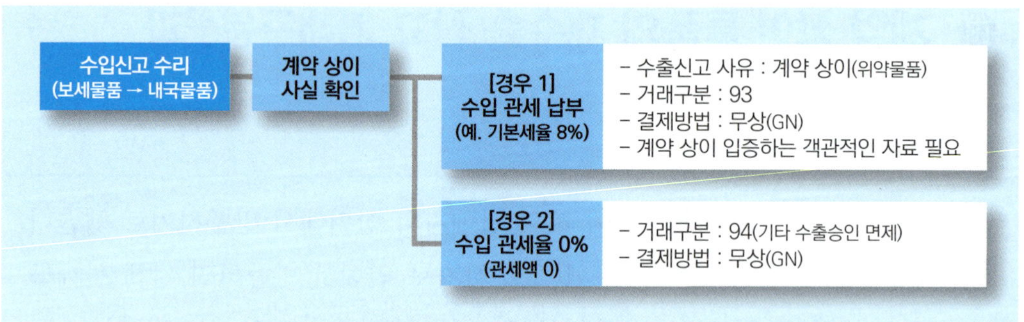


**2. 계약 상이 물품의 결제방법은 무상(GN)** : 거래구분 93으로 수출 신고하면 결제방법은 기본적으로 무상(GN) 신고됩니다. 설령 수출화주가 반품하는 물품에 대해서 해외 업체(원 수출자)에게 당해 물품의 금액을 환불 받더라도 거래구분 93으로 신고된 건은 무상 신고됩니다.

수출 이행 후 환불 진행된다면, 환불하는 자가 Credit Note를 발행해서 환불 받는 자에게 전달합니다. 그리고 당해 금액에 대해서 외국환 은행을 통해서 결제가 이루어질 때는 Credit Note와 관련 내용을 입증하는 서류를 제출해서 대금의 입출금 사유를 입증하면 되겠습니다.

| | 수출거래구분코드 | |
| --- | --- |
| **부호** | **한글명** |
| 92 | 무상으로 반출하는 상품의 견품 및 광고용품 |
| 72 | 외국물품을 수입통관후 원상태로 수출 |
| 90 | 수출된 물품이 계약내용과 상이해 반출하는 물품 |
| 93 | 수입된 물품이 계약내용과 상이해 반출하는 물품 |
| 11 | 일반형태 수출 |
| 94 | 기타 수출승인 면제 물품 |

# 🌐 계약 상이 물품의 재수출 당사자와 관세환급 신청인

<질문> 폐사(A)는 해외 판매자(B)와 매매계약 후 수입 관세납부하고 직접 물품을 수입했습니다. 이후 국내 거래처(C)에게 분증(분할증명서) 발행해서 원상태로 공급했는데, 알고 보니 불량이었습니다. 이 상황에서 수입자인 폐사가 아닌 국내 거래처 C사가 계약 상이(위약)를 사유로 수출 신고 후 관세환급 신청 가능한지요?

<답변> **1. 계약 상이 물품의 재수출 신고와 관세환급 신청자** : 계약 내용과 다른 물품 등에 대한 관세 환급은 기본적으로 해외 판매자와 매매계약한 국내의 당사자 간의 거래에 한해서 인정된다고 할 수 있습니다. 따라서 국내 수입자로서 A사가 수입 관세 납부하고 국내 거래처 C사에게 공급한 계약 내용과 상이한 위약 물품을 C가 계약 상이를 이유로 재수출 신고 및 수입 관세 환급 신청하기는 어렵겠습니다.

**2. 국내 계약 해지와 분증 취하 신청** : 수입자 A사와 국내 거래처 C사 사이에 거래된 계약 상이(위약, 하자) 물품을 계약 상이를 사유로 재수출 신고하고 수입관세를 환급 신청할 수 있는 자는 해외 판매자 B사와 매매계약한 수입자 A사입니다. 따라서 수입자 A사가 수입한 원상태 그대로 국내 거래처 C사에게 공급한 건의 계약 해지를 통해서 수입자 A사가 C사로부터 물품을 다시 반품받아야 합니다.

그리고 수입자 A사가 국내 거래처 C사에게 수입한 원상태 그대로 물품을 공급하면서 발행한 분증의 취하 신청이 세관으로부터 승인되어야 합니다. 이때 계약 상이(위약, 하자) 물품이라는 사실을 입증하는 객관적인 자료의 제출이 필요할 수 있겠습니다.

**3. 판매자가 아닌 제3자로의 재수출** : 계약 상이를 사유로 재수출 신고할 때 목적국과 Consignee가 최초 수출국의 판매자와 다를 수도 있습니다. 해외 판매자 B사가 수입자 A로부터 계약 상이 물품에 대한 클레임을 접수 받고 반품 받는 과정에서 B사 자신에게 보내지 말고, 제3국의 제3자에게 반품할 것을 요구하는 경우가 있습니다.

이때 제3국의 제3자에게 반품해야 하는 사유를 설명하는 자료를 확보해서 A사가 세관으로 계약 상이 재수출을 신고할 수 있을 것입니다.

## ⊕ 관세환급 신청서 관세법과 관세환급특례법

### 1. 관세법 상에서의 관세환급 신청

#### a) 과오납 환급(경정청구)

수입신고 시점에 관세를 징수하는 이유는 신고 물품이 국내에서 소비될 것을 전제합니다. 그런데 납세의무자가 납부한 관세가 적정한 금액이 아니라 과오납된 사실이 있다면, 납세의무자가 세관장에게 과오납된 관세의 환급을 요청(경정청구)[204]할 수 있습니다. 이를 과오납 환급이라 합니다.

과오납 환급은 수입신고 수리된 건에 대한 경정 청구 건으로서「수입통관 사무처리에 관한 고시」별지 6 수입·납세신고 정정신청서를 통해서 당해 수입 건에 대해

---

204) 「관세법」제38조의3(수정 및 경정) 제2항 및 「관세법시행령」제34조(세액의 경정) 제1항.

서 과오납된 세액의 환급 신청합니다. 이때 「납세업무 처리에 관한 고시」 별지3호 서식 환급신청서[205]를 함께 제출합니다.

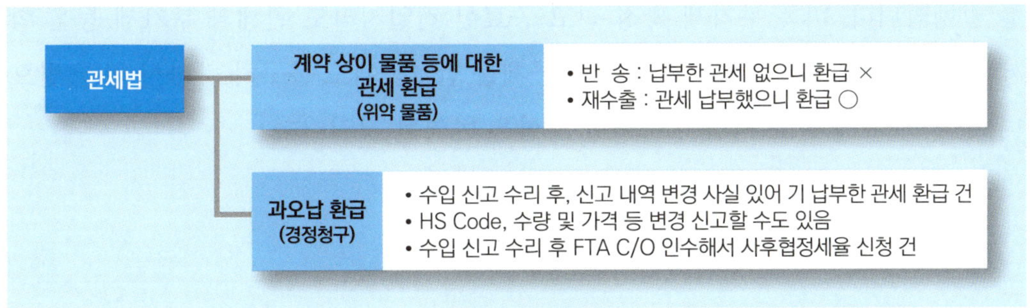


## b) 계약 상이 물품의 관세환급(위약물품)

계약 상이를 이유로 재수출된 건의 수입관세 등의 환급은 수입신고 건에 대한 변경이 필요치 않기 때문에 '수입·납세신고 정정신청서'는 작성하지 않고 「납세업무 처리에 관한 고시」 별지3호 서식 환급신청서를 작성합니다.

| 관세법 |
| --- |
| **제46조(관세환급금의 환급)** ① 세관장은 납세의무자가 관세·가산금·가산세 또는 체납처분비의 과오납금 또는 이 법에 따라 환급해야 할 환급세액의 환급을 청구할 때에는 대통령령으로 정하는 바에 따라 지체 없이 이를 관세환급금으로 결정하고 30일 이내에 환급해야 하며, 세관장이 확인한 관세환급금은 납세의무자가 환급을 청구하지 아니하더라도 환급해야 한다. 〈개정 2013. 1. 1.〉 |
| **제106조(계약 내용과 다른 물품 등에 대한 관세 환급)** ① 수입신고가 수리된 물품이 계약 내용과 다르고 수입신고 당시의 성질이나 형태가 변경되지 아니한 경우 해당 물품이 수입신고 수리일부터 1년 이내에 다음 각 호의 어느 하나에 해당하면 그 관세를 환급한다. 〈개정 2011. 12. 31.〉 |
| **제106조의2(수입한 상태 그대로 수출되는 자가사용물품에 대한 관세 환급)** ① 수입신고가 수리된 개인의 자가사용물품이 수입한 상태 그대로 수출되는 경우로서 다음 각 호의 어느 하나에 해당하는 경우에는 수입할 때 납부한 관세를 환급한다. 이 경우 수입한 상태 그대로 수출되는 경우의 기준은 대통령령으로 정한다. |

---

205) 「관세환급특례법」 상에서의 관세환급 건은 「관세환급특례법 고시」 별지 제3호 서식을 사용해서 환급 신청합니다.

## 2. 계약 상이 수출 건의 부가세 환급

계약 상이를 이유로 재수출 이행 후 환급 신청할 때는 관세와 부가세 등의 내국세를 함께 환급 신청합니다. 이후 환급 세액에 대해서 세관장은 마이너스 세금계산서를 발행합니다. 비록 부가세 확정 신고 종료한 건일지라도 관세와 부가세 등을 함께 환급 신청합니다. 그렇다면 부가세 공제를 받았음에도 불구하고 다시 환급 받으니, 향후 부가세 신고 시점에 이러한 사항은 반영될 것입니다.

「납세업무 처리에 관한 고시」 별지 제3호서식

<table>
<tr><td colspan="7" align="center"><h1>환 급 신 청 서</h1></td><td colspan="2">신 청 번 호<br>(　　　　)</td></tr>
<tr><td colspan="7"></td><td colspan="2">처리기간<br>7일</td></tr>
</table>

| 신 청 인 | | | | | | | | |
|---|---|---|---|---|---|---|---|---|
| 상 호 | | | | 사업자등록번호 | | | | |
| 대 표 자 | | | | 주민등록번호 | | | | |
| 주 소 | | | | | | | | |

환 급 신 청 내 역

| 수입신고<br>번 호 | 신고 수리<br>년 월 일 | 란번호 | 품명 | 규격 | 수량 | 금액 | 환급받고자<br>하는 금액 | 환급 사유 |
|---|---|---|---|---|---|---|---|---|
| | | | | | | | | |
| | | | | | | | | |
| 합 계 | | | | | | | | |

| * 계약 상이 환급 시<br>　보세공장반입일자(폐기일자) | | *폐기, 멸실변질손상 환급 시 장치장소 | |
|---|---|---|---|
| * 폐기시 잔존물의 품명, 규격, 수량 | | *멸실변질손상 시 피해상황 및 기타 참고사항 | |

계좌입금 신청내역(첨부 : 법인통장 사본)

| 은행명 | |
|---|---|
| 지급계좌번호 | |
| 계좌개설인(법인) | |

「관세법」 제46조 및 제106조제1항부터 제4항까지 및 제106조의2와 같은 법 시행령 제50조, 제121조제2항, 제122조제2항, 제123조제1항 및 제124조의2제2항에 따라 위와 같이 환급을 신청합니다.

20　년　월　일

신청인　　　　(서명 또는 인)

○ ○ 세 관 장 귀하

# 환급신청서(공통사항, 갑)

제출번호 :
접수번호 :

처리기간 : 3일

## 1. 신청내역

| ① 접수번호(접수일) | | 신청 관세사 | ③ 상 호 : | | ⑤ 환급구분 | |
|---|---|---|---|---|---|---|
| ② 당초 접수번호<br>(추가환급 시) | | | ④ 관세사 부호: | | ⑥ 소요량구분 | |

## 2. 환급신청인

| ① 상호 | | ③ 사업자번호 | | ⑤ 통관고유부호 | |
|---|---|---|---|---|---|
| ② 성명 | | ④ 주소 | | ⑥ 연락처 | |

## 3. 지급계좌

| ① 은행명 | | 본(지)점 |
|---|---|---|
| ② 지급은행코드 | | |
| ③ 지급계좌번호 | | |

## 4. 제조자

| ① 상호 | | ③ 사업자번호 | | ⑤ 통관고유부호 | |
|---|---|---|---|---|---|
| ② 성명 | | ④ 주소 | | | |

## 5. 수출물품(개요)

| ① 대표<br>품명규격 | ② 환급<br>수출형태 | | ③ 품목번호 | |
|---|---|---|---|---|
| | ④ 총수출<br>물량(단위) | | | |
| | ⑤ 총수출<br>금액(FOB) | | ⑥ 목적국 | |

| 6.<br>환급세액 | 관　세 | |
|---|---|---|
| | 개별소비세 | |
| | 교 통 세 | |
| | 주　　세 | |
| | 교 육 세 | |
| | 농 특 세 | |
| | **합　　계** | |

## 7. 신청처리내역(세관 기재사항)

| 결정일자 | | 세관 | | 담당자 | |
|---|---|---|---|---|---|

| 결재<br>사항 | 담당자 | 주무 | 과장 | 세관장 |
|---|---|---|---|---|
| | | | | |

# 수출한 물품의 하자로 인한 재수입과 대체품 수출 <sub>재수입 면세와 관세환급</sub>

〈질문〉 제조사이며, 직접 제조한 물품의 대부분을 수출하는 회사입니다. 이번에 수출한 물품에 하자가 있어서 하자 수량은 반품(재수입) 받을 것이고, 그 수량만큼은 대체품으로 공급할 예정입니다.

재수입할 때 수입 관세 면세 기준과 대체품을 무상으로 공급함에도 불구하고, 해당 건에 대한 관세를 환급 신청할 수 있는지 확인 바랍니다.

〈답변〉 **1. 대체품(Replacement) 수출의 거래구분과 결제방법** : 수출된 물품이 계약 내용과 상이해서 대체품을 수출하는 경우가 있습니다. 이때 수출신고필증 '10 거래구분'은 90(수출된 물품이 계약 내용과 상이해 반출하는 물품)이며, '12 결제방법'은 무상(GN) 신고됩니다.

**2. 대체품 무상 수출 건의 관세환급** : 대체품으로 수출되는 물품이 국내에서 제조된 물품이라면, 「관세환급특례법」하에서 관세환급을 신청할 수 있습니다. 이때 가장 우선되는 것은 수출물품의 결제방법이 유상이어야 한다는 것입니다.

그러나 「관세환급특례법」 제4조(환급대상 수출등) 제1호에서 '「관세법」에 따라 수출신고가 수리(受理)된 수출. 다만, 무상으로 수출하는 것에 대해는 기획재정부령으로 정하는 수출로 한정한다'라고 규정하고 있습니다. 여기서 기획재정부령은 「관세환급특례법 시행규칙」입니다.

시행규칙 제2조(환급대상 수출 등) 제1항제3호에서 '수출된 물품이 계약조건과 서로 달라서 반품된 물품에 대체하기 위한 물품의 수출'에 대해서 환급대상이라고 규정합니다. 다시 말해서 수출된 물품이 계약과 상이해서 그 대체품을 무상 수출 후 당해 대체품에 포함된 수입 원재료의 관세를 환급받기 위해서는 계약 상이 물품이 재수입되어야 하며, 이는 수입신고필증으로 입증되어야 하겠습니다.

**관세환급특례법**

**제4조(환급대상 수출등)** 수출용원재료에 대한 관세 등을 환급받을 수 있는 수출 등은 다음 각 호의 어느 하나에 해당하는 것으로 한다.

1. 「관세법」에 따라 수출신고가 수리(受理)된 수출. 다만, 무상으로 수출하는 것에 대해는 기획재정부령으로 정하는 수출로 한정한다.

~~~~~ 이하 생략 ~~~~~

</div>

<div style="border:1px solid #2b8fd4;">

**관세환급특례법 시행규칙**

**제2조(환급대상 수출 등)** ① 「수출용 원재료에 대한 관세 등 환급에 관한 특례법」(이하 "법"이라 한다) 제4조제1호 단서에서 "기획재정부령으로 정하는 수출"이란 다음 각 호의 수출을 말한다. 〈개정 1999. 3. 20., 2001. 11. 3., 2005. 9. 12., 2007. 4. 23., 2010. 3. 30., 2014. 3. 14.〉

1. 외국에서 개최되는 박람회·전시회·견본시장·영화제 등에 출품하기 위해 무상으로 반출하는 물품의 수출. 다만, 외국에서 외화를 받고 판매된 경우에 한한다.

2. 해외에서 투자·건설·용역·산업설비수출 기타 이에 준하는 사업에 종사하고 있는 우리나라의 국민(법인을 포함한다)에게 무상으로 송부하기 위해 반출하는 기계·시설자재 및 근로자용 생활필수품 기타 그 사업과 관련해 사용하는 물품으로서 주무부장관이 지정한 기관의 장이 확인한 물품의 수출

3. 수출된 물품이 계약조건과 서로 달라서 반품된 물품에 대체하기 위한 물품의 수출

4. 해외구매자와의 수출계약을 위해 무상으로 송부하는 견본용 물품의 수출

5. 외국으로부터 가공임 또는 수리비를 받고 국내에서 가공 또는 수리를 할 목적으로 수입된 원재료로 가공하거나 수리한 물품의 수출 또는 당해 원재료 중 가공하거나 수리하는데 사용되지 아니한 물품의 반환을 위한 수출

5의2. 외국에서 위탁가공할 목적으로 반출하는 물품의 수출
6. 위탁판매를 위해 무상으로 반출하는 물품의 수출(외국에서 외화를 받고 판매된 경우에 한한다)

</div>

**3. 계약 상이 물품의 재수입 면세** : 수출된 물품에 하자가 있어 재수입될 때, 재수입 관세 면세[206]를 받을 수 있는데[207]. 문제는 수출 이행 후 관세환급 받았다면

---

206) 재수입 성립 조건을 갖추었다 해서 「관세법」 제99조(재수입면세)에 따라서 무조건 재수입 관세 면세를 받을 수 있는 것은 아닙니다. 재수입 면세를 받기 위해서는 재수입 사유가 적정해야 하며, 당해 사유를 입증하는 객관적인 자료와 사유를 설명하는 사유서의 제출이 필요합니다.
207) 유상 수출된 건의 재수입이기 때문에 부가세는 과세됩니다.
~~~~~

이를 반환해야 재수입 면세 적용 가능합니다. 이러한 재수입 면세와 대체품 관세 환급 신청을 위해서 유상 수출된 수출신고필증과 재수입 신고필증뿐만 아니라 대체품 무상 수출에 대한 내용을 입증할 수 있는 객관적인 자료의 제출이 필요할 것입니다.

**재수입 및 재수입 관세 면세 성립조건**

**[재수입 성립 조건]**
① 수출 사실 입증 : 수출신고필증.
② 국외 공정(및 사용) 사실 없어야 함 : 수출신고필증의 품명, 단가 및 HS Code(세번부호) 변동 없어야 함.
③ 동일성 입증 : 수출신고필증의 Serial No(존재한다면)와 재수입 물품의 Serial No.가 동일해야 함.

**[재수입 관세 면세 조건]**
① 수출신고 수리일로부터 2년 이내에 재수입되어야 함.
② 수출 이행 후 관세환급 받은 경우, 반환해야 재수입 관세 면세 적용 가능.

**[재수입 부가세 면세 조건]**
수출신고필증의 '결제방법'이 무상(GN)이면, 기본적으로 면세.
그러나 부가가치세법에서 규정하는 소비 권한 불이전 사실을 화주가 입증해야하는데, 이를 입증하기 어렵기 때문에 부가세 납부하고 향후에 공제 받는 사례가 많음.

**4. 클레임 물품 반입, 거래구분 89** : 수출된 물품에 하자가 있어 한국으로 재수입할 때의 수입신고필증 '17 거래구분'은 89(클레임 물품 반입)입니다. 그리고 재수입되는 물품에 대해서는 대금결제가 이루어지지 않으니, C/I에는 Free of Charge(또는 No Commercial Value)가 기재되고, 재수입 신고에 따른 수입신고필증 '54 결제금액' 부분에는 GN으로 표기되겠습니다.

# 🌐 해외 임가공 건의 무상 수출 원재료 관세환급과 총과세가격

〈질문〉 폐사는 7318.19-0000으로 분류되는 품목(철강으로 만든 스크루)을 일본 제조사로 해외 임가공 목적 무상 수출합니다. 이후에 도금 공정을 거쳐서 한국으로 재수입하는데, 세 번의 변경은 이루어지지 않습니다. 일본 제조사와 폐사는 해외 임가공 계약서를 작성했습니다.

이때 임가공 목적으로 원재료를 무상 수출 이행 후 관세환급 신청 가능한지와 한국으로 재수입될 때 무상 공급한 원재료의 가격에 대해서도 관세가 발생되는지 설명 부탁드립니다.

〈답변〉 **1. 해외 임가공 원재료의 무상 수출과 관세환급** : 한국 업체가 해외 제조사와 임가공 계약 체결 후 주요한 원재료를 무상(Free of Charge) 공급하는 수출은 '위탁가공(국외가공)을 위한 원자재 수출'로서 수출신고필증 '⑩ 거래구분 : 29 위탁가공원자재' 및 '⑫ 결제방법 : PT 임가공지급방식'으로 신고됩니다.

그리고 이 건에 대해서 수출 이행 후에 관세환급 신청 가능합니다.[208] 이때의 관세환급은 관세법에서의 환급이 아닌 관세환급특례법에서의 환급입니다. 따라서 국내 제조사에 의해서 가공된 원재료를 한국 수출자(해외 임가공 의뢰자)가 국내 구입 후 수출한다면, 기납증(기초원재료납세증명서)을 제조사로부터 받아서 수출자가 관세환급 신청이 가능합니다. 국내 업체가 해외로부터 수입한 당해 원재료를 추가 가공 없이 수출자에게 공급한 건에 대해서는 수출자가 분증(분할증명서)을 받아서 수출 이행 후 관세환급 신청 가능합니다.

---

208) 「관세환급특례법 시행규칙」 제2조(환급대상 수출 등) 제1항 5의2호. 외국에서 위탁가공할 목적으로 반출하는 물품의 수출.

## 2. 해외 임가공 후 재수입 물품의 과세가격 : 무상 공급된 원재료의 가격은 생산품 수입할 때 총과세가격에 기본적으로 포함됩니다. 원재료의 가격이 총과세가격에서 제외되어 기타의 비용(임가공 비용, 왕복운임, 적하보험료)에 대해서만 과세가 되기 위해서는 원재료가 관세율표 제85류 및 제90류 중 제9006호에 해당 되거나 혹은 수출되는 원재료의 HS Code와 임가공 후 수입되는 생산품의 HS Code가 동일해야 한국에서 수출된 원재료의 가격이 생산품 수입할 때 총과세가격에서 제외될 수 있습니다.

### a. 임가공 원재료의 세번 ≠ 생산품의 세번(원재료 수출 후 관세환급 O)

- **총과세가격** : 무상 공급된 원재료의 가격(수출신고필증)+임가공 비용(Processing Fee, 임가공 계약서와 소요량 계산서 필요) + 왕복운임(포워더 발행) + 적하보험료
- **관세율의 적용** : 생산품의 세번에 따른 관세율만큼 관세가 발생한다. 기본 과세율(혹은 WTO 협정세율)이 0% 또는 FTA C/O를 기초로 FTA 협정세율 0% 적용 받으면, 납부해야 할 관세액은 0원. 부가세는 별도 발생한다.
- **원재료 수출 이행 후 관세환급 받은 경우** : 임가공 원재료와 생산품의 세번이 상이하기 때문에, 생산품 수입할 때 원재료 가격은 총과세가격에 기본적으로 포함한다. 따라서 원재료 무상 수출 이행 후 관세환급을 받을 수 있다면, 가능한 받는 것이 적절하다. 이때 수출 원재료의 관세환급을 위한 기초 서류를 확보하지 못하면 환급 신청 불가하다.

### b. 임가공 원재료의 세번 = 생산품의 세번(원재료 수출 후 관세환급 X)

- **총과세가격** : 임가공 비용(Processing Fee, 임가공 계약서와 소요량 계산서 필요) + 왕복운임(포워더 발행) + 적하보험료
- **관세율의 적용** : 생산품의 세번에 따른 관세율만큼 관세가 발생한다. 기본 관세율(또는 WTO 협정세율)이 0% 또는 FTA C/O를 기초로 FTA 협정세율 0% 적용 받으면, 납부해야 할 관세액은 0원이다. 부가세는 별도 발생한다.
- **세번이 변경되지 않는 해외 임가공 후 수입** : 생산품에 투입된 원재료의 가격이 생산품을 수입할 때 총과세가격에 미포함될 수도 있다. 단, 원재료 무상 수출 이행 후 관세환급을 받지 않아야 한다. 원재료의 세번과 생산품의 세번이 동일한 상황에서 수출 원재료의 관세를 환급 받았다면, 생산품 수입할 때 총과세가격에 원재료 가격을 포함한다.

### 관세법

**제101조(해외임가공물품 등의 감세)** ① 다음 각 호의 어느 하나에 해당하는 물품이 수입될 때에는 대통령령으로 정하는 바에 따라 그 관세를 경감할 수 있다.

  1. 원재료 또는 부분품을 수출해 기획재정부령으로 정하는 물품으로 제조하거나 가공한 물품
  2. 가공 또는 수리할 목적으로 수출한 물품으로서 기획재정부령으로 정하는 기준에 적합한 물품

② 제1항의 물품이 다음 각 호의 어느 하나에 해당하는 경우에는 그 관세를 경감하지 아니한다.

  1. 해당 물품 또는 원자재에 대해 관세를 감면받은 경우. 다만, 제1항제2호의 경우는 제외한다.
  2. 이 법 또는 「수출용원재료에 대한 관세 등 환급에 관한 특례법」에 따른 환급을 받은 경우
  3. 보세가공 또는 장치기간경과물품을 재수출조건으로 매각함에 따라 관세가 부과되지 아니한 경우

# 수입 농림축산물을 원재료로 제조된 수출물품의 수출이행과 관세환급

〈질문〉 폐사는 냉동 닭가슴살(0207.14-1010, 절단육)을 수입해서, 생산품을 직접 제조 후 수출합니다. 이미 수출된 건에 대해서 수입관세환급을 신청하고자 하는데, 관세사무실 쪽에서 수입된 농림축산물로 수출물품을 제조해 수출 이행한 건에 대해서는 제조 전에 그 사실을 제조공장이 속한 지역의 관할지 세관으로 신고해야 한다고 합니다.

그렇다면 이미 수출된 건에 대해서는 수입관세환급 신청이 불가하다는 의미 같은데, 다른 방법이 없을까요?

〈답변〉 **1. 농림축산물의 수입과 관세환급** : 기본적으로 수입할 때 납부하는 관세는 수입신고물품이 국내에서 소비할 것을 전제하에 납부하고, 그 물품이 수출되는 물품의 국내 제조·가공 공정에 투입되어 수출이행 후 수입관세환급 신청을 제조사에서 할 수 있습니다. 이때 수입 원재료가 수출되는 물품의 제조공정에 투입된다는 사실을 미리 제조공장이 속한 관할지 세관으로 신고하지 않고, 수출이행 후 개별환급 또는 수출물품의 HS Code상 간이정액환급액이 정해져 있으면 간이정액환급을 신청할 수 있습니다.

그러나 「농림축산물에 대한 관세 등 환급사무처리에 관한 고시」 별표에 속한 물품을 수입해 제조 공정에 투입 후 수출이행하는 경우라면, 해당 수입 물품으로 수출물품의 제조·가공 공정이 들어가기 전에 제조공장이 속한 관할지 세관으로 고세율 원재료 사용신고를 해야 합니다. 그래야 수출 이행 후 원재료로 사용된 농림축산물의 수입 원재료에 대한 수입관세환급 신청이 가능합니다.

물론 제조·가공 공정이 들어가기 전에 미리 관할지 세관으로 신고하지 않더라도, 수출물품의 제조·가공에 고세율의 수입 농림축산물이 사용된 것이 명백히 인정되

"

**제3조(농림축산물에 대한 고세율원재료의 환급)** ① 별표의 품목에 해당하는 고세율원재료에 대해서는 관세 등의 환급(기초원재료납세증명서 발급을 포함한다. 이하 같다)을 신청할 수 없다. 다만, 수출물품의 제조·가공에 실제로 고세율원재료가 소요된 경우로서 다음 각 호의 어느 하나에 해당하는 경우에는 제5조제1항에 따라 환급 관할지세관장에게 관세 등의 환급을 신청할 수 있다.

1. 환급신청인이 수출물품을 제조·가공하기 전에 고세율원재료로 수출물품을 제조·가공하려는 사실을 제조장 관할지세관장에게 신고하여 확인을 받은 경우.
2. 다음 각 목의 어느 하나에 해당하는 경우로서 수출물품의 제조·가공에 고세율원재료가 사용된 것이 명백히 인정되는 경우.

   가. 환급신청에 사용된 고세율원재료의 수입신고필증의 수리일부터 해당 고세율원재료를 사용하여 제조·가공한 수출물품의 수출신고 수리일까지 고세율원재료만 수입(국내 구매한 실적도 없을 것)한 경우.
   나. 그 밖에 제1호의 방법으로 신고하지 못한 부득이한 사유가 있다고 제조장 관할지세관장이 인정한 경우.

② 제1항에도 불구하고 별표의 물품으로서 고세율원재료인 경우에도 해당 물품이 수입한 상태 그대로 수출(수입세액분할증명서를 발급하여 수입한 상태 그대로 양수받은 물품을 수출한 경우를 포함한다)하였거나, 환급고시 제5장에 따라 수입한 상태 그대로 보세구역 등과 자유무역지역에 반입 또는 외국무역선(기)에 적재한 경우에는 환급 관할지세관장에게 관세 등의 환급을 신청할 수 있다.

면 관세환급 신청이 가능할 수도 있습니다. 참고로 이 경우의 관세환급은 개별환급으로 이루어집니다.


**2. 농림축산물의 사용신고** : 고세율의 수입 농림축산물을 국내 제조공정에 투입해 수출물품을 생산하기 전에 제조공장이 속한 세관으로 사용신고를 해야 합니다. 이때 '고세율 원재료 사용 수출물품 제조가공 신청(확인서)'와 '각서'를 제출해야 합니다.




**제4조(고세율원재료 사용신고 및 확인)** ① 제3조제1항의 방법과 같이 고세율원재료를 사용하여 수출물품을 제조·가공하려는 자는 해당 수출물품을 제조·가공하기 전에 다음 각 호의 서류를 갖추어 제조장 관할지세관장에게 해당 고세율원재료를 사용한다는 사실을 신고하여야 한다.

1. 별지 제1호서식의 고세율원재료 사용 수출물품 제조가공 신청(확인)서 2부.
2. 별지 제2호서식의 각서 1부.
3. 그 밖에 고세율원재료를 사용하여 수출물품을 제조·가공한다는 사실을 입증할 수 있는 자료.

**3. 고세율 원재료에 속하는 농림축산물** : 상기 내용은 「농림축산물에 대한 관세 등 환급사무처리에 관한 고시」 별표에 속하는 고세율의 원재료 관세환급을 말합니다. 질문자가 제시한 0207.14-1010으로 분류되는 냉동 닭가슴살 역시도 별표에 포함됩니다.

그리고 당해 물품을 수입할 때부터 외화획득용으로 수입하지 않고, 일반 내수용으로 수입해 제조·가공 전에 세관으로 사용 신고하면 됩니다. 그러나 일부 품목에 대해서는 수입신고할 때부터 외화획득용으로 신고해야 할 수도 있으니 별도 확인이 필요한 부분입니다.

# 특송 Courier & EMS 우편물

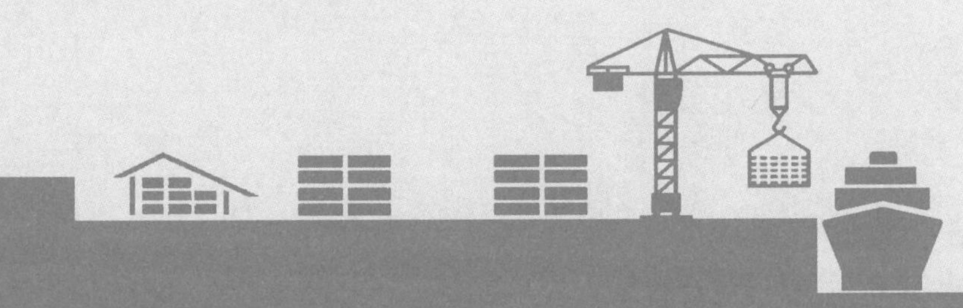

# I. 특송과 우편물 운송

## 🌐 특송<sup>DHL 등</sup>과 EMS 비교 설명

〈질문〉 소량의 물품을 수출입하고 있습니다. 과거에 EMS로 발송했다가 수입국에서 통관에 문제가 발생되어 그 이후에는 특송사를 사용하고 있습니다.[209] 그런데 사실 특송과 EMS의 차이점과 장단점을 정확히 모르겠습니다. 관련해 정리 부탁드립니다.

〈답변〉

| 구분 | 특송(DHL 등) | EMS |
|---|---|---|
| 통관 대행 | – 수출(입)신고 대행 ○<br>– 별도의 수수료 미청구(관세사 수수료) | – 수출(입)신고 대행 ×<br>– 별도 관세사 사무실에 대행 의뢰<br>– EMS 운임과 별도로 관세사 수수료 발생 |
| 운임 착불서비스 | – 운임 착불 발송 가능<br>– 조건) 수취인이 해당 특송사와 운송 계약해 Account No. 있어야 함<br>– EXW or FCA or FOB 발송 가능 | – 운임 착불 불가능<br>– 무조건 선불로만 발송 가능<br>– C/I 단가에 EMS 운임 포함시켜야 함<br>  (Price Term : CFR or CPT or DAP(=DDU)) |
| DDP 발송 | – DDP 발송 가능<br>– 조건) 발송인이 해당 특송사와 운송 계약해 Account No. 있어야 함<br>– C/I 가격조건 : DDP | – DDP 발송 불가능<br>– EMS 발송 건은 DDP 사용 불가능 |
| 운임 적용 | – 2개 이상의 Carton(CTN, Box)이라도 하나의 운송 건별로 운임 발생(/BL)<br>– 수출(입)신고필증은 하나의 건으로 발행 | – Carton별로 운임 책정<br>– 수출(입)신고필증은 하나의 건으로 발행 |
| 용적무게 | – 실제 무게 or 용적무게 중 더 큰 값 | – 실제 무게로만 계산(용적무게 개념 없음) |
| 부피, 무게 제한 | – 기본적으로 없음 | – 국가별로 제한 |
| 국가별 서비스 | – 큰 차이 없음 | – EMS는 국가 간의 우편물 서비스로서 선진국 or 후진국이냐에 의해서 차이 상당할 수도 있음 |
| 운송 시간 | – 통상적으로 EMS 보다는 신속 | – 통상적으로 특송보다 느림<br>– 인접국 (ex. 일본)은 비슷할 수도 있음 |
| 기타 | – 소량의 1회성 발송 건은 EMS가 운임이 저렴할 수 있으나, 반복적으로 상당량 발송 시 Discount 받으면 특송이 저렴할 수도 있음<br>– EMS는 수입지에서 수입통관 대행하지 않아 수취인이 통관하는 데 어려움이 있을 수도 있음 | |

# ⊕ 부피 제한이 없는 특송과 부피 제한이 있는 EMS

〈질문〉 EMS가 저렴해서 매번 EMS로 물품을 발송하고 있습니다. 그런데 이번에 나가는 건은 부피가 좀 큽니다. 박스 가로 길이만 1.5m 정도이고, 세로 길이 역시 1m가 조금 넘습니다. 그래서 EMS에서는 최대 규격보다 크기 때문에 해체를 요구합니다. 그러나 수취인 쪽에서는 포장 하나로 받고 싶어 합니다. 혹시 특송사를 통하면 이러한 부피 제한이 없는지요?

〈답변〉 **1. 부피 제한이 없는 특송** : EMS는 운송비가 저렴한 반면 서비스 제한이 많은 편입니다. 그중 하나가 도착국마다 상이한 발송조건으로서 포장의 길이와 둘레를 합한 사이즈를 제한한 규정(길이+둘레의 최대 규격)입니다. 반면 DHL 등과 같은 특송사[210]는 이러한 포장 사이즈 제한이 없습니다.

물론 기본적인 운송비가 EMS보다 높은 편입니다. 그러나 물동량이 많은 화주에게 특송사는 기본 운임에서 할인율을 적용해주는데, 상당히 낮은 운임을 제공받는 화주도 있습니다. 이러한 화주는 서비스의 질과 제한이 있는 EMS보다는 특송사를 선호할 수밖에 없습니다.

**2. EMS에서는 존재하지 않는 Volume Weight** : EMS는 규격 제한이 있으며, EMS 운송비는 무조건 화물의 실제 무게를 기초로 계산됩니다. 반면에 DHL과 같은 특송사는 규격 제한은 없지만, 화물의 실제 무게(Actual Gross Weight)와 부피를 무게 값으로 변경한 부피중량(Volume Weight) 중에 더 큰 값으로 운임을 계산

---

209) EMS는 통관 대행 서비스를 제공하지 않습니다. 반면 DHL 등과 같은 특송사는 통관 대행 서비스를 제공합니다. 따라서 통관이 필요한 물품의 발송에서는 EMS보다는 특송사를 사용하는 것이 적절합니다. DHL과 같은 특송사의 운송비가 비싸다면, 특송사로부터 Account No.(고객번호)를 받아서 여러 업체의 물품을 취합 후 특송사로 다시 운송의뢰하는 서비스를 제공하는 업체를 통하면 보다 저렴하게 운송서비스를 받을 수 있습니다.

210) 포워더를 통한 운송에서 역시 부피 제한은 없습니다.

하게 됩니다.

예를 들어 포장완료한 화물의 Actual Gross Weight가 50kg이고, 최대 가로, 최대 폭, 최대 높이가 150cm, 150cm, 100cm인 화물이 있다고 가정해봅니다. 해당 화물의 Volume Weight는 150cm×150cm×100cm해서 나누기 5,000을 합니다(포워더를 통한 항공 건은 나누기 6,000). 그러면 450이라는 값이 나오는데, 이것이 Volume Weight입니다. Actual Gross Weight보다 Volume Weight가 더 크니 Volume Weight 값으로써 450kg을 기준으로 특송 운송비가 계산됩니다.

# 🌐 특송 수입 건, 수입관세 면세 기준

〈질문〉 특송사를 이용해서 물품을 수입할 때, 정식으로 수입신고 후 세액 납부하는 경우도 있고, 그렇지 않은 경우도 있습니다. 관련 기준을 설명 부탁드립니다.

〈답변〉 **1. 수취인의 구분과 수입 용도** : 수취인은 크게 사업자와 개인이 있고, 물품을 수입하는 용도는 판매용과 샘플 그리고 자가사용으로 구분할 수 있을 것입니다.

사업자뿐만 아니라 개인 신분으로도 판매를 목적으로 물품을 수입할 수 있는데, 이때는 '통관고유부호'를 발급받아서 정식으로 세관에 수입신고 후 세액을 납부해야 합니다. 물론 수입신고물품의 HS Code에 세관장확인(수입요건)이 존재하는 경우, 관계 기관을 통해서 요건을 득해야만 세관으로 수입신고가 가능합니다. 아울러 판매가 목적이기 때문에 현품 및 판매 포장 단위에 대외무역법에서 규정하는 범위 내에서 원산지표기(예 : Made in China) 후 수입신고해야 합니다. 수입신고 전 보세 상태의 현품에 원산지 표기가 적정하게 되어 있지 않으면, 원산지 표기에 대한 보수작업 후 수입신고해야 합니다.

**2. 사업자의 샘플(견본품) 수입** : 샘플은 판매를 목적으로 하지 않는 소량의 물품이라고 할 수 있습니다. 샘플 건의 물품가격이 USD150 이하로 목록통관 배제 대상 물품[211]에 속하지 않는다면, 수입신고 및 세액의 납부가 면제될 수 있습니다. 물론 물품가격 USD150 이하의 건이라고 할지라도 목록통관 배제 대상 물품에 속하고 판매 용도로 수입되는 건이라면 정식으로 수입신고 후 세액 납부해야 합니다.

아울러 샘플 건으로서 물품가격 USD150 초과하는 건이지만 과세가격 USD250 이하의 건이면, 역시 세액 면세될 수 있습니다.[212] 이러한 내용은 세관원으로부터 샘플 건이라고 인정받아야 가능합니다. 그리고 샘플 건이라고 할지라도 과세가격 USD250을 초과하는 건이면 수입신고와 세액 납부 모두를 정상적으로 해야 합니다.

마지막으로 사업자가 세관장확인(수입요건)이 요구되는 물품을 샘플로 수입할 때, 요건 확인이 무조건 면제되는 것은 아닙니다. 어떠한 용도(목적)로 사용할지에 대한 용도설명서와 사유서를 요구받을 수 있겠습니다.[213]

| 특송(Courier Service) 화물 | | | | | | | |
|---|---|---|---|---|---|---|---|
| 수취인 | 사업자 | | | | 개인 | | |
| 구분 | 판매용<br>(수입신고) | 샘플(견품) | | | 판매용<br>(수입신고) | 자가사용물품 | |
| | | 물품금액<br>USD150 이하<br>(목록통관) | 과세가격<br>USD250 이하<br>(면세범위) | 과세가격<br>USD250 초과<br>(과세) | | 물품금액<br>USD150 이하<br>(목록통관) | 물품금액<br>USD150 초과<br>(과세) |
| 세관신고 | ○ | × | ○ | ○ | ○ | × | ○ |
| 수입신고필증<br>발행 | ○ | × | ○ | ○ | ○ | × | ○ |
| 세액납부<br>(관부가세) | 과세 | 면세 | 면세<br>(샘플 인정 필요) | 과세<br>(샘플 관계없이) | 과세 | 면세 | 과세 |
| 수입요건 | 필요 | – | – | – | 필요 | 면세 | 면세 |

---

211) 「특송물품 수입통관 사무처리에 관한 고시」 별표1.

212) 「관세법 시행규칙」 제45조(관세가 면제되는 소액물품).

213) 전기용품의 경우는 수입자가 관세청 유니패스에 로그인해서, 전기안전 인증(한국제품안전관리원)과 전자파 인증(국립전파연구원) 기관으로 요건 면세 신청 후 요건 면제 확인서를 발급받아야 합니다.

**3. 개인의 자가사용물품 수입** : 개인이 자가사용을 목적으로 물품을 수입할 때 무조건 세액 납부를 면제받는 것은 아닙니다. 기본적으로 물품가격 USD150 이하의 수입 건에 대해서는 면세 받습니다. 그러나 물품가격 USD150을 초과하는 경우에는 발생된 세액을 납부해야 합니다.

마지막으로 개인이 자가사용을 목적으로 물품을 수입할 때는 세관장확인(수입요건)이 존재하는 물품이라고 할지라도 요건 면제를 받을 수 있습니다.[214]

**특송물품 수입통관 사무처리에 관한 고시**

**제8조(신고구분)** ① 특송물품에 대한 통관절차는 다음 각 호에 따른다.

1. 국내거주자가 수취하는 자가사용물품 또는 면세되는 상용견품 중 물품가격이 미화 150달러(미합중국과의 협정에 따른 특송물품 통관의 특례에 해당하는 물품은 미화 200달러) 이하에 해당하는 물품(이하 "목록통관특송물품"이라 한다)은 특송업체가 통관목록을 세관장에게 제출함으로써 법 제241조제1항의 수입신고를 생략할 수 있다.
2. 물품가격이 미화 150달러(미합중국과의 협정에 따른 특송물품 통관의 특례에 해당하는 물품은 미화 200달러)를 초과하고 2,000달러 이하인 물품(이하 "간이신고특송물품"이라 한다)은 간이한 방법으로 신고할 수 있다.

~~~~~ 중략 ~~~~~

② 제1항에도 불구하고 별표 1의 목록통관배제대상물품과 별표 2의 간이신고배제대상물품에 대해서는 제1항제1호 또는 제2호에 따른 목록통관 또는 간이신고를 배제하고 법 제241조제1항에 따른 수입신고를 하여야 한다.

</div>

**4. 목록통관 대상 건의 일반 수입신고** : 목록통관 가능한 수입 건에 대해서 수입자가 미리 특송사에 연락해 일반 수입신고를 요청하면, 일반 수입신고 진행이 가능합니다. 그러면 수입신고필증이 발행되며, 발생된 세액을 납부해야 합니다. 이때 납부해야 할 세액의 합계가 1만 원 이하면, 면세됩니다.

---

214) 「대외무역관리규정」 별표4(수입승인의 면제).
~~~~~

## 🌐 특송을 이용한 자가사용 물품의 통관과 여행자 휴대품 통관

〈질문〉 해외에서 개인이 자가사용 목적으로 물품을 수입할 때, 물품가격이 USD150 이하면 세액을 면제받는 것으로 압니다(해외 직구). 만약 개인이 자가 사용 목적으로 물품가격 USD350의 물품을 수입하고자 할 때, USD350에서 USD150을 제외한 USD200에 대해서 세액 납부 가능한지요?

과거 해외여행에서 구입한 물품을 한국으로 입국할 때 세액을 납부한 적이 있는데, 이때는 USD600을 공제한 나머지 금액에 대해서 일정한 세율을 적용받아서 세액을 납부한 적이 있습니다. 관련해 설명 부탁드립니다.

〈답변〉 **1. 여행자 휴대품의 면세통관** : 「여행자 및 승무원 휴대품 통관에 관한 고시」 제18조는 여행자 1명당 관세면제금액을 USD600 이하로 규정하고 있습니다. 그리고 제22조(면세범위 초과물품의 통관)에 의해서 여행자의 기본면세 범위로서 USD600을 초과하는 경우에 과세통관이 진행되는데, 이 경우 제24조(과세가격의 결정)에서는 USD600을 공제한 후 나머지 금액에 대해서 신고물품의 세율을 적용한다고 규정하고 있습니다. 적용되는 세율은 간이세율입니다.

**2. 특송을 활용한 수입** : 특송사를 통해서 물품을 수입하는 경우에는 「여행자 및 승무원 휴대품 통관에 관한 고시」가 적용되지 않습니다. 수취인이 개인으로서 자가 사용 물품의 면세범위는 물품가격 USD150 이하이며, 자가사용 물품이라도 물품가격 USD150을 초과하면 전체 금액에 대해서 과세됩니다.

참고로 수취인이 사업자로서 샘플용으로 수입하는 과세가격 USD250 이하의 건은 역시 세액을 면제받습니다. 그러나 샘플용이라도 과세가격 USD250을 초과하는 경우에는 그 전체 금액에 대해서 과세되는 것이지, 전체 금액에서 USD250을 공제한 나머지 금액에 대해서 과세되는 것은 아닙니다.

여행자 및 승무원 휴대품 통관에 관한 고시

**제18조(여행자 1명당 관세면제금액)** ① 법 제96조제1항제1호 및 시행규칙 제48조제1항·제2항에 따른 관세의 면제 한도는 여행자 1명이 반입한 제4조에 따른 여행자 휴대품으로서 각 물품의 과세가격 합계 기준으로 미화 600달러 이하(이하 "기본면세 범위"라 한다)로 한다. 이 경우 제20조 및 제21조의 농림축수산물(한약재를 포함한다) 및 한약의 면세범위는 기본면세 범위에 포함한다.

② 두 개 이상의 휴대품 취득가액 합계가 미화 600달러(제4항의 경우에는 미화 150달러)를 초과하는 경우에 기본면세 범위는 고세율품목부터 적용한다.

③ 제1항에도 불구하고 다음 각 호의 어느 하나에 해당하는 물품은 기본면세 범위를 적용하지 아니한다.
1. 주류        2. 담배        3. 향수
4. 상용물품       5. 수리용품·견본품 등 회사용품

④ 제1항에도 불구하고 쿠리어에 대해서는 기본면세 범위를 미화 150달러 이하로 한다.

~~~~~~ 중략 ~~~~~~

**제24조(과세가격의 결정)** 여행자휴대품의 과세가격은 제18조, 제23조에 따라 결정한다. 다만, 이 고시에서 정하지 아니한 경우에는 「수입물품 과세가격 결정에 관한 고시」에 따른다.

<div style="background:#2e9bd6;color:#fff;text-align:center;font-weight:bold">관세법</div>

**제81조(간이세율의 적용)** ① 다음 각 호의 어느 하나에 해당하는 물품 중 대통령령으로 정하는 물품에 대해서는 다른 법령에도 불구하고 간이세율을 적용할 수 있다.

1. 여행자 또는 외국을 오가는 운송수단의 승무원이 휴대하여 수입하는 물품
2. 우편물. 다만, 수입신고를 하여야 하는 것은 제외한다.
3. 삭제 〈2018. 12. 31〉
4. 탁송품 또는 별송품

② 삭제 〈2018. 12. 31〉
③ 간이세율은 수입물품에 대한 관세, 임시수입부가세 및 내국세의 세율을 기초로 하여 대통령령으로 정한다. 〈개정 2018. 12. 31〉

④ 제1항제1호에 해당하는 물품으로서 그 총액이 대통령령으로 정하는 금액 이하인 물품에 대해서는 일반적으로 휴대하여 수입하는 물품의 관세, 임시수입부가세 및 내국세의 세율을 고려하여 제3항에 따른 세율을 단일한 세율로 할 수 있다. [전문개정 2010. 12. 30.]
~~~~~~

## 🌐 특송 화물, 삼각무역 업무 진행 절차<sup>중계무역</sup>

<질문> 폐사(A사)는 한국에서 특송을 이용해 미국 C사로 물품을 발송합니다. 그런데 이 건에 대해서 폐사는 매매 계약을 일본 B사(중개인)와 했고, 미국 C사와는 계약 관계가 없습니다.

폐사 입장에서 DHL을 통해서 한국 세관으로 수출신고할 때는 일본 B사 앞으로 발행하는 C/I를 활용해야 할 것입니다. 그런데 한국에서 미국으로 물품 발송할 때 동봉되는 C/I 역시도 폐사가 일본 B사 앞으로 발행한 C/I를 동봉하면, 일본 B사가 중간에서 취하는 마진이 미국 C에게 노출됩니다. 이러한 경우에 업무 진행을 어떻게 해야 할지 조언 부탁드립니다.

| | |
|---|---|
| **<계약 관계>** | – 1차 : 한국 A사(수출자, 운송장 발송인)와 일본 B사(중개인)<br>– 2차 : 일본 B사와 미국 C사(수입자, 운송장 수취인)<br>– 결제 : 미국 C사 → 일본 B사 → 한국 A사 |
| **<운송 과정>** | – 한국에서 미국으로 직접 운송 |
| **<특이 사항>** | – 중개자가 취하는 마진이 수취인(미국 C사)에게 노출되면 안 됨<br>– 한국 A사에게 미국 C사 그리고 미국 C사에게 한국 A사 노출되어도 상관없음<br>– 일본 B사는 미국 C에게 발행한 C/I를 한국 A사에게 제공할 수 있는 상황 |

<답변> **1. 상황정리** : 특송사를 통해서 물품을 해외로 발송하기 위해서는 C/I가 필요합니다. 발송인이 발행한 C/I는 물품과 함께 목적국으로 발송되어 수입자 앞으로 C/I 및 운송장이 전달되고 수입통관 절차가 진행됩니다. 문제는 양자 간의 거래가 아니라 3자 간의 거래로 그 각각의 당사자가 모두 다른 국가에 위치하고 있다는 것이며, 중개인이 중간에서 취하는 마진은 최종 수입자(미국 C사)에게 노출되면 안 된다는 것입니다.

이러한 상황에서 DHL의 삼각무역 서비스를 활용할 수 있습니다.

**2. DHL의 삼각무역 서비스** : 발송인(한국 A사)은 DHL에게 삼각무역 건이라는 사실을 통지합니다. 그리고 발송 물품을 DHL에게 전달할 때 함께 제공하는 C/I는 발송국(한국) 세관 수출신고용 C/I와 목적국(미국)으로 발송되는 물품에 동봉되는 C/I로서 수입신고용 C/I를 구분해 각각 발행해야 합니다.

그 이유는 DHL을 통해서 물품이 발송될 때는 C/I를 첨부해야 하는데, 발송인과 중개인(일본 B사) 사이에서 발행된 C/I를 첨부하면, 수취인(미국 C사)에게 중개인의 원가가 노출되기 때문입니다. 따라서 중개인은 자신이 수취인에게 판매한 물품의 가격 및 수취인 정보를 발송인에게 제공해야, 발송인이 당해 내용을 기초로 물품에 동봉되는 수입신고용 C/I를 작성할 수 있습니다.

이때 발송인이 작성하는 각각의 C/I Shipper, Consignee는 모두 발송인과 수취인으로 같아야 합니다.

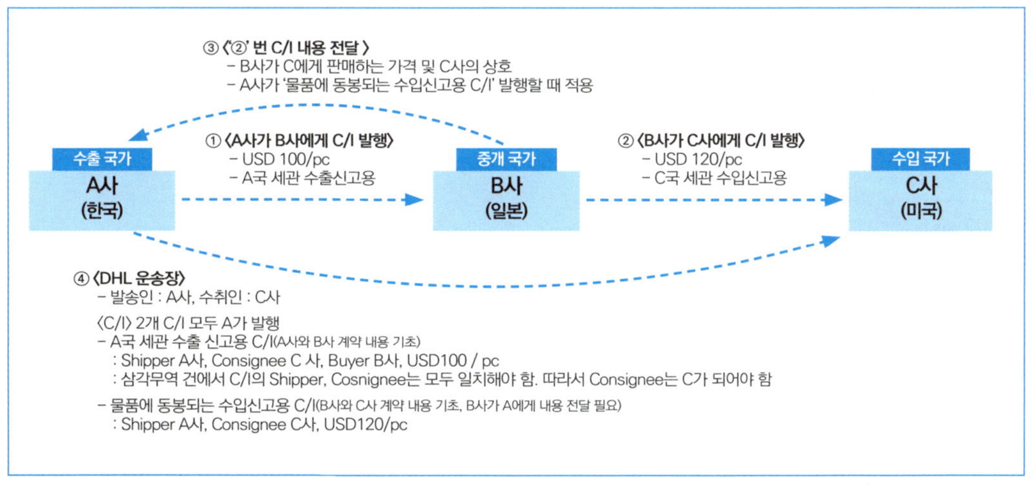

〈질문〉 폐사는 특송으로 물품을 수입해서 직접 물품의 상태를 검수 후 국내 구매자에게 공급하고자 합니다. 이때 폐사가 해외 수출자와 계약하고 수입신고 및 세액 납부까지 해야 합니다. 즉, 수입자인 폐사가 수입 물품을 수취한 이후에 다시 국내 거래처로 물품 배송합니다.
이러한 과정으로 업무 진행할 때의 서류 발행과 통관 및 배송 절차가 어떻게 되는지 설명 부탁드립니다.

〈답변〉 **1. C/I Consignee와 특송 운송장 수취인(Receiver)** : C/I는 Seller와 Buyer가 매매계약 후 계약한 물품의 확정된 가격이 명시된 가격명세서입니다. 이러한 C/I의 발행인은 거래물품의 대금을 청구하는 자로서 C/I의 Shipper 부분에 기재되고, C/I를 발행 받는 자는 거래물품의 대금을 결제하는 자로서 C/I의 Consignee 부분에 기재됩니다.

그리고 C/I를 기초로 세관에 수입신고 후 발행되는 수입신고필증의 '수입자'는 C/I의 Consignee이며, C/I의 Consignee가 일반적으로 관·부가세까지 납부하기 때문에 '납세의무자'이기도 합니다.

반면에 특송 운송장 수취인(Receiver)은 목적국(수입지)에서 실제로 거래물품을 받는 자가 됩니다. 거래물품이 목적국의 공항에 도착하면, C/I의 Consignee가 수입신고 및 세액을 납부하고 수리받으면 수입신고필증이 발행됩니다. 이후에 목적국 공항에서 물품이 반출되어 운송장 수취인에게 배송됩니다. 일반적으로 C/I의 Consignee는 운송장의 수취인과 동일한 자가 됩니다.

**2. 국내 거래처에게 판매** : C/I의 Consignee와 운송장의 수취인이 동일한 경우, 수입신고 후 세액 납부한 자가 목적국 공항에 도착한 물품을 특송사로부터 배송받습니다. 이후에 수입자(=C/I Consignee)는 자신의 국내 거래처에게 주문 받으면, 국내 택배사를 통해서 발송합니다.

이러한 과정으로 업무가 진행되면, 해외 수출자가 발행한 C/I와 수입통관 과정에서 발행된 수입신고필증이 '수입자'의 '국내 거래처'에게 노출되지 않습니다. 물론 수입자가 직접 물품 검수 후 국내 거래처에게 발송된다는 장점도 있습니다.

## 3. C/I Consignee와 운송장 수취인이 동일한 경우 업무 절차

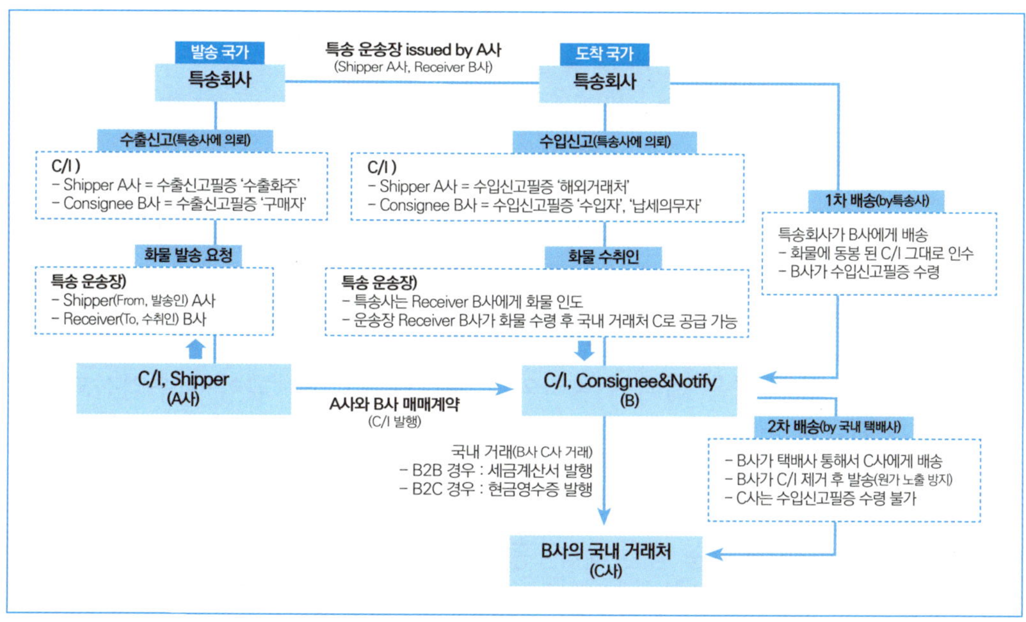

# 특송 화물, 동일 국가 내에 수취인과 수입자가 다른 경우 C/I Consignee≠운송장 수취인

〈질문〉 특송사를 통해서 인천공항(목적지 공항)에 도착한 물품을 수입자로서 폐사가 수령하지 않고 인천공항에서 직접 국내 거래처에게 납품하고자 합니다. 이때 해외 거래처와 계약한 당사자는 폐사이기 때문에 수입신고필증의 수입자와 납세의무자는 모두 폐사입니다. 문제는 수입통관된 물품이 폐사를 거치지 않고 직접 국내 거래처에게 공급되기 때문에 수입신고필증과 C/I가 국내 거래처에게 노출될 것이 우려됩니다.
폐사가 물품을 받아서 다시 국내 거래처에게 발송할 이유가 없는 상황에서 이러한 문제를 어떻게 해결할 수 있을까요?

〈답변〉 **1. DHL의 NDS의 목적** : NDS(Neutral Delivery Service)는 DHL 서비스이며, 목적국에 도착한 화물을 운송장 수취인(Receiver)에게 발송하기 전에 DHL이 C/I 제거해서, 수취인에게 C/I와 수입신고필증이 전달되지 않도록 하는 서비스입니다. 이러한 NDS의 목적은 해외 수출자와 매매계약해 C/I를 받아서 수입신고하는 수입자와 수입통관된 물품을 실제로 수취하는 수취인이 상이한 경우, 수입자가 자신의 원가 노출을 방지하기 위함이라고 할 수 있습니다. 이때 C/I Consignee(수입자)와 운송장 수취인(물품을 받는 자)은 동일 국가에 위치하고 있어야 합니다. 이들이 각각 다른 국가에 위치하고 있으면, 삼각무역이 됩니다.

**2. DHL NDS 활용 절차** : 발송인이 DHL에게 배송 접수할 당시부터 NDS 적용을 요청해야 합니다. 물론 NDS는 발송인의 필요에 의한 것이 아니라, 발송인으로서 수출자(C/I Shipper=운송장 Shipper)[215]와 매매계약한 수입자의 필요에 의한 것이니 수입자가 수출자에게 물품 발송 전에 미리 요구해야 합니다.

그런데 NDS는 모든 국가에서 적용되지는 않습니다. 한국 수입자가 NDS가 필요한 경우에는 한국 DHL을 통해서 사전 체크할 필요가 있습니다. 아울러 NDS를 사용하는 경우에는 NDS 수수료가 한국 돈으로 2만 원 정도 발생될 수 있습니다.



**3. NDS 건, C/I 및 운송장 작성** : C/I의 Consignee는 수입자를 기재하고 Notify를 별도로 만들어서 물품을 수취하는 자의 의미로 활용할 수 있습니다. 그런데 이러한 내용이 DHL에게 정확하게 전달되지 않을 수 있기 때문에 C/I의 Consignee 및 Notify 부분에 그 의미를 별도로 적어 두면 좋습니다.

운송장을 작성할 때는 발송인 및 수취인 부분에 'NDS'라는 문구를 삽입하고, 운송장의 수취인(Receiver)에는 C/I의 Notify와 같은 자로서 목적국에서 수입통관 완료된 물품을 DHL을 통해서 실제로 수취하는 자를 기재합니다.

참고로 C/I의 Consignee 대신에 Bill to, Notify 대신에 Ship to를 사용할 수 있습니다.

**4. 세관장 확인 대상과 거래 관계** : 수입신고물품의 HS Code에 세관장 확인(수입요건)이 요구되는 경우, 요건 확인은 C/I의 Consignee로서 수입자가 득해야 합니다. 따라서 NDS로 진행하더라도 C/I의 Consignee가 자신의 비용으로 수입신고물품의 요건을 득한 이후에 DHL을 통해서 수입통관이 가능합니다.

그리고 질문자의 질문 상황에서 C/I의 Consignee와 운송장 수취인은 국내 거래

---

215) C/I Shipper는 해외 수입자(C/I Consignee)와 매매계약한 자로서 판매 물품의 대금을 청구하는 자입니다. 그리고 운송장의 Shipper는 물품 발송인입니다. 일반적으로 물품을 판매하는 자와 물품을 발송하는 자는 동일합니다.

처 관계입니다. 비록 C/I의 Consignee의 손을 거치지 않고 수입통관된 물품이 직접 운송장 수취인에게 발송되지만, C/I Consignee가 운송장 수취인에게 국내에서 물품을 판매하는 형태의 거래입니다. 따라서 수입자로서 C/I Consignee가 운송장 수취인 앞으로 세금계산서 또는 현금영수증을 발행할 수 있습니다.

## 5. C/I Consignee와 운송장 수취인이 다른 경우 업무 절차(단, 양자는 동일 국가 내에 위치)

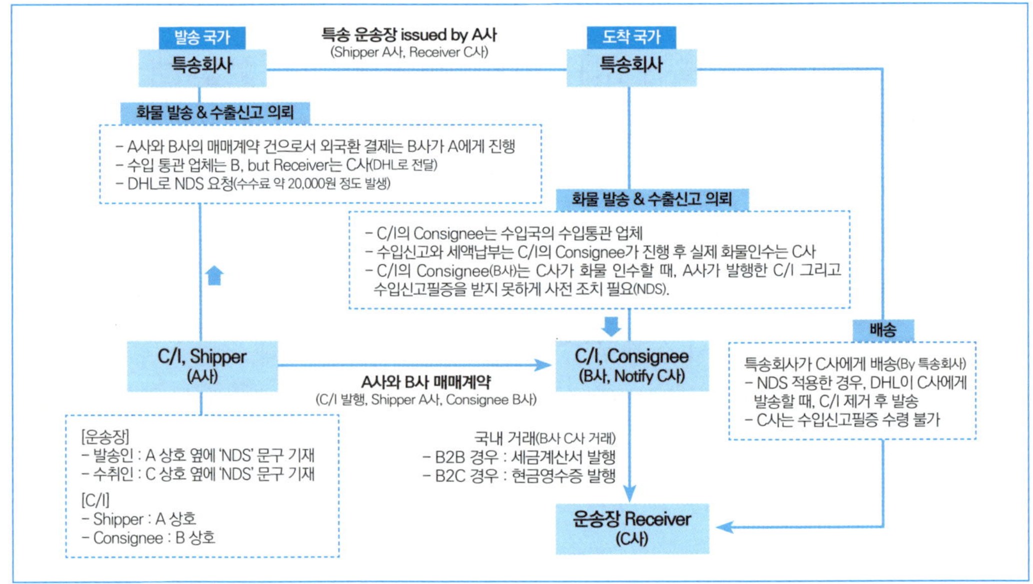

에듀트레이드허브
# 무역·물류 실무자 상담 사례집

**제1판 1쇄**  2019년 10월 30일

**지은이**  최주호
**펴낸이**  서정희
**기획제작**  ㈜두드림미디어
**책임편집**  배성분
**마케팅**  김선미 김형진 이진희

**펴낸곳**  매경출판㈜
**등    록**  2003년 4월 24일(No. 2-3759)
**주    소**  (04557) 서울시 중구 충무로 2(필동 1가) 매일경제 별관 2층 매경출판㈜
**홈페이지**  www.mkbook.co.kr
**전    화**  02)333-3577(내용 문의 및 상담)   02)2000-2645(마케팅)
**팩    스**  02)2000-2609   **이메일**  dodreamedia@naver.com
**인쇄·제본**  ㈜M-print 031)8071-0961

**ISBN**   979-11-6484-023-6  03320

책값은 뒤표지에 있습니다.
파본은 구입하신 서점에서 교환해드립니다.

이 도서의 국립중앙도서관 출판예정도서목록(CIP)은 서지정보유통지원시스템 홈페이지(http://seoji.nl.go.kr)와
국가자료공동목록시스템(http://www.nl.go.kr/kolisnet)에서 이용하실 수 있습니다.
(CIP제어번호: CIP2019040761)

무역·물류
실무자
상담 사례집

부동산 투자자, 계약자가 꼭 알아야 하는
부동산 실무 法 용어사전 1,000
부동산 거래의 핵심 단어 1,000개!

부자가 되기 위한 새로운 패러다임
부자로 환승하라 머니트레인
부동산 투자, 이제는 지하철이 핵심이다!

부동산 투자 인사이트
고수가 알려주는 집값이 움직이는 원리

그는 어떻게 부동산 1인 창업으로 10억을 벌었을까?
부동산 투자의 숨겨진 진실!

절세해님 이상욱 세무사의
절세의 모든 기술 부동산 법인에 있다!
부동산 법인 A to Z

노무초보 사장님, 하루 만에 고수되는 비법
알고 보면 별거 없는
1일 사장님반이 알고 있는 노무관리 비밀레시피!

유학생을 위한 해외 취업 코디네이터
글로벌 커리어 가이드북
GLOBAL CAREER GUIDEBOOK

NEW 내 월급 사용설명서

新 명품 토지 중개 실무
다양한 사례와 함께 살펴보는 실무 노하우

직장인들도 쉽게 따라할 수 있는
新 부동산 공매 가이드북
실전편

부동산 매매·임대사업자 세무 가이드북
Real estate Business Tax Guide Book
실전편

중소기업 세무
Small and Medium-sized Enterprises Tax Guide Book
가이드북 실전편

상속·증여 세무
Inheritance Gift Tax Book
가이드북 실전편

병의원 세무
Hospital Tax Guide Book
가이드북 실전편

부동산 법인세무 가이드북
실전편

세무조사 대비의 모든 것

dodreamedia
두드림미디어
경제·경영, 재테크, 자기계발, 실용서 전문 출판 임프린트